한국전력공사
고졸채용

4개년 기출 + NCS + 모의고사 4회

시대에듀

2025 최신판 시대에듀 한국전력공사 고졸채용
4개년 기출 + NCS + 모의고사 4회 + 무료한전특강

Always **with you**

사람의 인연은 길에서 우연하게 만나거나 함께 살아가는 것만을 의미하지는 않습니다.
책을 펴내는 출판사와 그 책을 읽는 독자의 만남도 소중한 인연입니다.
시대에듀는 항상 독자의 마음을 헤아리기 위해 노력하고 있습니다. 늘 독자와 함께하겠습니다.

머리말 PREFACE

미래 에너지산업을 이끌 글로벌 기업으로 도약하기 위해 노력하는 한국전력공사는 2025년에 고졸 채용형인턴을 채용할 예정이다. 한국전력공사 고졸채용의 채용절차는 「지원서 접수 ➡ 1차 전형(필기시험) ➡ 2차 전형(직무면접) ➡ 3차 전형(종합면접) ➡ 건강검진 및 신원조사 ➡ 합격」 순서로 진행된다. 필기시험은 직무능력검사로 진행되는데, 의사소통능력, 수리능력, 문제해결능력을 공통으로 평가하고, 자원관리능력, 정보능력, 기술능력을 직렬별로 평가한다. 또한, 필기시험 고득점자 순으로 채용 예정인원의 8배수에게 2차 전형 응시 기회가 주어지므로 다양한 유형에 대한 폭넓은 학습과 문제풀이능력을 높이는 등 철저한 준비가 필요하다.

한국전력공사 고졸채용 필기시험 합격을 위해 시대에듀에서는 한국전력공사 고졸채용 판매량 1위의 출간 경험을 토대로 다음과 같은 특징을 가진 도서를 출간하였다.

도서의 특징

❶ 한국전력공사 4개년 기출복원문제를 통한 출제 유형 확인!
  • 한국전력공사 4개년(2024~2020년) 기출문제를 복원하여 한전 필기 유형을 확인할 수 있도록 하였다.

❷ 출제 영역 맞춤 문제를 통한 실력 상승!
  • 직무능력검사 대표기출유형&기출응용문제를 수록하여 유형별로 학습할 수 있도록 하였다.

❸ 최종점검 모의고사를 통한 완벽한 실전 대비!
  • 철저한 분석을 통해 실제 유형과 유사한 최종점검 모의고사를 수록하여 자신의 실력을 점검할 수 있도록 하였다.

❹ 다양한 콘텐츠로 최종 합격까지!
  • 한국전력공사 고졸채용 채용 가이드와 면접 예상&기출질문을 수록하여 채용 전반에 대비할 수 있도록 하였다.
  • 온라인 모의고사를 무료로 제공하여 필기시험을 준비하는 데 부족함이 없도록 하였다.

끝으로 본 도서를 통해 한국전력공사 고졸채용을 준비하는 모든 수험생 여러분이 합격의 기쁨을 누리기를 진심으로 기원한다.

SDC(Sidae Data Center) 씀

한국전력공사 기업분석

◇ **미션**

전력수급 안정으로 국민경제 발전에 이바지

◇ **비전**

Global Energy & Solution Leader

◇ **핵심가치**

도전혁신	개방형 혁신을 통한 시너지 창출, 급변하는 환경에서 새로운 기회를 포착할 수 있는 변화에 대한 적응력 확보
고객감동	고객에게 최고의 서비스 제공을 위한 고객중심 경영 실천, 소비자선택권 확대를 위한 의욕적이고 열정적인 업무 추진
미래성장	글로벌 전력산업 트렌드에 선제적 대응, 혁신적인 에너지기술 및 신사업모델 개발을 통해 지속 가능한 미래 창출
기술선도	기술력과 전문성 강화를 통해 모든 분야에서 세계 최고수준 지향하며, 전력산업의 새로운 기준을 제시
상생소통	다양한 이해관계자와의 열린 소통과 협업 중시, 에너지 생태계 발전과 성장을 촉진하는 분권과 포용의 자세 견지

◇ 중장기(2025~2029년) 경영목표

전방위 경영혁신 추진을 통한 지속가능한 경영기반 확립	▶	• 차질 없는 자구노력 이행 통한 재무구조 개선 • 합리적인 전력시장 제도 개선 및 요금체계 마련 • 내부역량 강화를 위한 조직 · 인력 효율화 • 디지털 · 모바일 기반 일하는 방식 혁신
국민편익 극대화를 위한 본원사업 역량 강화	▶	• 국민 핵심 전력망 적기 구축 • 전력설비 운영 및 인프라 효율화 • 고객 중심의 서비스 플랫폼 · 제도 혁신 • 에너지 안보를 위한 수요관리 강화
글로벌 에너지 시장 선점을 통한 미래 전략산업 新성장동력 확보	▶	• 핵심 에너지신기술 개발 확대 • 플랫폼 기반 에너지 신사업 활성화 주도 • 원전 · 청정에너지 중심 글로벌 시장 적극 확장 • 질서 있는 재생에너지 확산 선도
에너지산업 생태계 주도를 위한 ESG 기반의 책임경영 고도화	▶	• 상생 생태계 조성으로 동반성장 견인 • 안전 최우선의 경영 패러다임 정착 • 국민에게 신뢰받는 윤리준법경영 확립 • 기후위기 대응을 위한 ESG경영 확산

◇ 인재상

통섭형 인재

융합적 사고를 바탕으로 Multi-specialist를 넘어 오케스트라 지휘자 같이 조직 역량의 시너지를 극대화하는 인재

기업가형 인재

회사에 대한 무한한 책임과 주인의식을 가지고 개인의 이익보다는 회사를 먼저 생각하는 인재

Global Pioneer

가치창조형 인재

현재 가치에 안주하지 않고, 글로벌 마인드에 기반한 날카로운 통찰력과 혁신적인 아이디어로 새로운 미래가치를 충족해 내는 인재

도전적 인재

뜨거운 열정과 창의적 사고를 바탕으로 실패와 좌절을 두려워하지 않고 지속적으로 새로운 도전과 모험을 감행하는 역동적 인재

◇ 지원자격

① 연령 : 제한 없음[단, 공사 정년(만 60세) 미만의 최종학력이 '고등학교 졸업'인 자]
  - 고교 졸업(예정)자 지원 가능
  - 전문대, 대학 재학 중인 경우 지원 가능하나, 졸업예정자는 지원 불가
    - 졸업예정자 : 최종학기를 이수(등록)한 자
    - 인턴근무 시작일 전 최종학기를 이수(등록)하는 자는 합격 제외
② 학력 · 전공(자격증)
  - 사무 : 제한 없음
  - 배전 · 송변전 : 아래 두 가지 중 한 가지 이상 조건 충족 시 지원 가능
    - 전기 기능사 + 해당분야 2년 이상 경력 보유자 또는 산업기사(전기, 전기공사) 이상 자격증 보유자
    - 졸업(예정)자 중 전기 기능사 자격증 보유자
③ 병역 : 병역법 제76조에서 정한 병역의무 불이행 사실이 없는 자
④ 한국전력공사 인사관리규정 제11조 신규채용자의 결격사유가 없는 자
⑤ 인턴근무 시작일로부터 즉시 근무 가능한 자

◇ 필기시험&면접

구분	사무	배전 · 송변전
직무능력검사	(공통) 의사소통능력, 수리능력, 문제해결능력	
	자원관리능력, 정보능력	자원관리능력, 기술능력
인성 · 인재상 · 조직적합도검사	한전 인재상 및 핵심가치, 태도, 직업윤리, 대인관계능력 등 인성 전반	
직무면접	전공지식 등 직무수행능력 평가	
종합면접	인성, 조직적합도, 청렴수준, 안전역량 등 종합평가	

❖ 위 채용 안내는 2024년 하반기 채용공고를 기준으로 작성하였으므로 세부사항은 확정된 채용공고를 확인하기 바랍니다.

총평

한국전력공사 고졸채용의 필기시험은 피듈형으로 출제되었으며, 난이도가 비교적 높았다는 후기가 많았다. 특히, 수리능력에서 복잡한 계산을 요구하는 문제가 많았고, 정보능력에서 생소한 단어가 나왔다는 평이 있었다. 따라서 출제 특징을 바탕으로 꼼꼼하고 확실한 학습이 필요해 보인다.

◆ 영역별 출제 비중

구분	출제 특징	출제 키워드
의사소통능력	• 한전 관련 문제가 출제됨 • 맞춤법 문제가 출제됨	• 견고, 인하, 인지 등
수리능력	• 응용 수리 문제가 출제됨 • 그래프 문제가 출제됨	• 원가, 확률, 증감률 등
문제해결능력	• 명제 추론 문제가 출제됨 • 법 조항 문제가 출제됨	• 논리, 체류 기간, 문제해결절차 등
자원관리능력	• 모듈형 문제가 출제됨	• 예산, 날짜, 자원관리과정 등
정보능력	• 엑셀 함수 문제가 출제됨 • 모듈형 문제가 출제됨	• 정보화 시대, 1차 자료, 코드 등
기술능력	• 모듈형 문제가 출제됨	• 기술 등

NCS 문제 유형 소개 NCS TYPES

PSAT형

04 다음은 신용등급에 따른 아파트 보증률에 대한 사항이다. 자료와 상황에 근거할 때, 갑(甲)과 을(乙)의 보증료의 차이는 얼마인가?(단, 두 명 모두 대지비 보증금액은 5억 원, 건축비 보증금액은 3억 원이며, 보증서 발급일로부터 입주자 모집공고 안에 기재된 입주 예정 월의 다음 달 말일까지의 해당 일수는 365일이다)

- (신용등급별 보증료)=(대지비 부분 보증료)+(건축비 부분 보증료)
- 신용평가 등급별 보증료율

구분	대지비 부분	건축비 부분				
		1등급	2등급	3등급	4등급	5등급
AAA, AA		0.178%	0.185%	0.192%	0.203%	0.221%
A⁺		0.194%	0.208%	0.215%	0.226%	0.236%
A⁻, BBB⁺	0.138%	0.216%	0.225%	0.231%	0.242%	0.261%
BBB⁻		0.232%	0.247%	0.255%	0.267%	0.301%
BB⁺ ~ CC		0.254%	0.276%	0.296%	0.314%	0.335%
C, D		0.404%	0.427%	0.461%	0.495%	0.531%

※ (대지비 부분 보증료)=(대지비 부분 보증금액)×(대지비 부분 보증료율)×(보증서 발급일로부터 입주자 모집공고 안에 기재된 입주 예정 월의 다음 달 말일까지의 해당 일수)÷365

※ (건축비 부분 보증료)=(건축비 부분 보증금액)×(건축비 부분 보증료율)×(보증서 발급일로부터 입주자 모집공고 안에 기재된 입주 예정 월의 다음 달 말일까지의 해당 일수)÷365

- 기여고객 할인율 : 보증료, 거래기간 등을 기준으로 기여도에 따라 6개 군으로 분류하며, 건축비 부분 요율에서 할인 가능

구분	1군	2군	3군	4군	5군	6군
차감률	0.058%	0.050%	0.042%	0.033%	0.025%	0.017%

〈상황〉

- 갑 : 신용등급은 A⁺이며, 3등급 아파트 보증금을 내야 한다. 기여고객 할인율에서는 2군으로 선정되었다.
- 을 : 신용등급은 C이며, 1등급 아파트 보증금을 내야 한다. 기여고객 할인율은 3군으로 선정되었다.

---

① 554,000원
② 566,000원
③ 582,000원
④ 591,000원
⑤ 623,000원

특징
▸ 대부분 의사소통능력, 수리능력, 문제해결능력을 중심으로 출제(일부 기업의 경우 자원관리능력, 조직이해능력을 출제)
▸ 자료에 대한 추론 및 해석 능력을 요구

대행사
▸ 엑스퍼트컨설팅, 커리어넷, 태드솔루션, 한국행동과학연구소(행과연), 휴노 등

모듈형

| 문제해결능력

41 문제해결절차의 문제 도출 단계는 (가)와 (나)의 절차를 거쳐 수행된다. 다음 중 (가)에 대한 설명으로 적절하지 않은 것은?

(가)	→	(나)
전체 문제를 개별화된 이슈들로 세분화		문제에 영향력이 큰 핵심이슈를 선정

① 문제의 내용 및 영향 등을 파악하여 문제의 구조를 도출한다.

② 본래 문제가 발생한 배경이나 문제를 일으키는 메커니즘을 분명히 해야 한다.

③ 현상에 얽매이지 말고 문제의 본질과 실제를 봐야 한다.

④ 눈앞의 결과를 중심으로 문제를 바라봐야 한다.

⑤ 문제 구조 파악을 위해서 Logic Tree 방법이 주로 사용된다.

특징
- 이론 및 개념을 활용하여 푸는 유형
- 채용 기업 및 직무에 따라 NCS 직업기초능력평가 10개 영역 중 선발하여 출제
- 기업의 특성을 고려한 직무 관련 문제를 출제
- 주어진 상황에 대한 판단 및 이론 적용을 요구

대행사
- 인트로맨, 휴스테이션, ORP연구소 등

피듈형(PSAT형 + 모듈형)

| 자원관리능력

07 다음 자료를 근거로 판단할 때, 연구모임 A ~ E 중 세 번째로 많은 지원금을 받는 모임은?

〈지원계획〉

- 지원을 받기 위해서는 한 모임당 5명 이상 9명 미만으로 구성되어야 한다.
- 기본지원금은 모임당 1,500천 원을 기본으로 지원한다. 단, 상품개발을 위한 모임의 경우는 2,000천 원을 지원한다.
- 추가지원금

등급	상	중	하
추가지원금(천 원/명)	120	100	70

※ 추가지원금은 연구 계획 사전평가결과에 따라 달라진다.

- 협업 장려를 위해 협업이 인정되는 모임에는 위의 두 지원금을 합한 금액의 30%를 별도로 지원한다.

〈연구모임 현황 및 평가결과〉

특징
- 기초 및 응용 모듈을 구분하여 푸는 유형
- 기초인지모듈과 응용업무모듈로 구분하여 출제
- PSAT형보다 난도가 낮은 편
- 유형이 정형화되어 있고, 유사한 유형의 문제를 세트로 출제

대행사
- 사람인, 스카우트, 인크루트, 커리어케어, 트리피, 한국사회능력개발원 등

주요 공기업 적중 문제 TEST CHECK

한국전력공사

06 다음 중 빈칸에 들어갈 문장으로 가장 적절한 것은?

> 사회가 변하면 사람들은 새로운 생활에 맞는 새로운 언어를 필요로 하게 된다. 그 언어가 자연스럽
> 게 육성되기를 기다릴 수도 있지만, 사람들은 대개 외국으로부터 그러한 개념의 언어를 빌려오려고
> 한다. 돈이나 기술을 빌리는 것에 비하면 언어는 대가 없이 빌려 쓸 수 있으므로 대개 제한 없이
> 외래어를 빌린다. 특히 _____ 광복 이후 우리 사회에서 외래어가 넘
> 쳐나는 것은 그간 우리나라의 고도성장과 절대 무관하지 않다.

① 외래어의 증가는 사회의 팽창과 함께 진행된다.
② 새로운 언어는 사회의 변화를 선도하기도 한다.
③ 외래어가 증가하면 범람한다는 비판을 받게 된다.
④ 새로운 언어는 인간의 욕망을 적절히 표현해 준다.
⑤ 새로운 언어는 필연적으로 외국의 개념을 빌릴 수밖에 없다.

09 K공사에 근무하는 A씨는 사정이 생겨 퇴사하게 되었다. A씨의 근무기간 및 기본급 등의 기본정보가
다음과 같다면, A씨가 받게 되는 퇴직금의 세전금액은 얼마인가?(단, A씨의 퇴직일 이전 3개월간
기타수당은 720,000원이며, 퇴직일 이전 3개월간 총일수는 80일이다)

> • 입사일자 : 2021년 9월 1일
> • 퇴사일자 : 2023년 9월 4일
> • 재직일수 : 730일
> • 월기본급 : 2,000,000원
> • 월기타수당 : 월별 상이
> • 퇴직 전 3개월 임금 총액 계산(세전금액)
>
> | 퇴직 이전 3개월간 총일수 | 기본급(3개월분) | 기타수당(3개월분) |
> | --- | --- | --- |
> | 80일 | 6,000,000원 | 720,000원 |
>
> • (1일 평균임금)=[퇴직일 이전 3개월간에 지급 받은 임금총액(기본급)+(기타수당)]/(퇴직일 이전
> 3개월간 총일수)
> • (퇴직금)=(1일 평균임금)×(30일)×[(재직일수)/365]

① 5,020,000원   ② 5,030,000원
③ 5,040,000원   ④ 5,050,000원
⑤ 5,060,000원

한전KDN

농도 ▶ 유형

05 농도를 알 수 없는 설탕물 500g에 3%의 설탕물 200g을 온전히 섞었더니 섞은 설탕물의 농도는 7%가 되었다. 이때, 처음 500g의 설탕물에 녹아있던 설탕은 몇 g인가?

① 40g ② 41g

③ 42g ④ 43g

⑤ 44g

비율 ▶ 키워드

※ 다음은 외국인 직접투자의 투자건수 비율과 투자금액 비율을 투자규모별로 나타낸 자료이다. 이어지는 질문에 답하시오. **[12~13]**

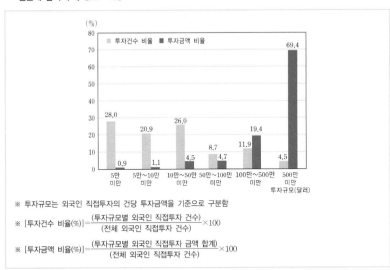

※ 투자규모는 외국인 직접투자의 건당 투자금액을 기준으로 구분함

※ [투자건수 비율(%)] = (투자규모별 외국인 직접투자 건수) / (전체 외국인 직접투자 건수) × 100

※ [투자금액 비율(%)] = (투자규모별 외국인 직접투자 금액 합계) / (전체 외국인 직접투자 건수) × 100

12 다음 중 투자규모가 50만 달러 미만인 투자건수 비율은?

① 55.3% ② 62.8%

③ 68.6% ④ 74.9%

⑤ 83.6.3%

한국수력원자력

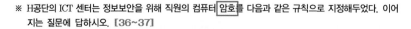

암호 ▶ 키워드

2024년 적중

※ H공단의 ICT 센터는 정보보안을 위해 직원의 컴퓨터 암호를 다음과 같은 규칙으로 지정해두었다. 이어지는 질문에 답하시오. [36~37]

〈규칙〉

1. 자음과 모음의 배열은 국어사전의 배열 순서에 따른다.
   • 자음
     – 국어사전 배열 순서에 따라 알파벳 소문자(a, b, c, …)로 치환하여 사용한다.
     – 받침으로 사용되는 자음의 경우 대문자로 구분한다.
     – 겹받침일 경우, 먼저 쓰인 순서대로 알파벳을 나열한다.
   • 모음
     – 국어사전 배열 순서에 따라 숫자(1, 2, 3, …)로 치환하여 사용한다.
2. 비밀번호는 임의의 세 글자로 구성하되 마지막 음절 뒤 한 자리 숫자는 다음의 규칙에 따라 지정한다.
   • 음절에 사용된 각 모음의 합으로 구성한다.
   • 모음의 합이 두 자리 이상일 경우엔 각 자릿수를 다시 합하여 한 자리 수가 나올 때까지 더한다.
   • '–'을 사용하여 단어와 구별한다.

36 김사원 컴퓨터의 비밀번호는 '자전거'이다. 이를 암호로 바르게 치환한 것은?

① m1m3ca5-9   ② m1m5Ca5-2

신재생에너지 ▶ 키워드

2024년 적중

02 다음은 2022년도 신재생에너지 산업통계에 대한 자료이다. 이를 토대로 작성한 그래프로 옳지 않은 것은?

〈신재생에너지원별 산업 현황〉

(단위 : 억 원)

구분	기업체 수(개)	고용인원(명)	매출액	내수	수출액	해외공장매출	투자액
태양광	127	8,698	75,637	22,975	33,892	18,770	5,324
태양열	21	228	290	290	0	0	1
풍력	37	2,369	14,571	5,123	5,639	3,809	583
연료전지	15	802	2,837	2,143	693	0	47
지열	26	541	1,430	1,430	0	0	251
수열	3	46	29	29	0	0	0
수력	4	83	129	116	13	0	0
바이오	128	1,511	12,390	11,884	506	0	221
폐기물	132	1,899	5,763	5,763	0	0	1,539
합계	493	16,177	113,076	49,753	40,743	22,579	7,966

① 신재생에너지원별 기업체 수(단위 : 개)

한국에너지공단

글의 주제 ▶ 유형

05 다음 글의 주제로 가장 적절한 것은?

서양에서는 아리스토텔레스가 중용을 강조했다. 하지만 우리의 중용과는 다르다. 아리스토텔레스가 말하는 중용은 균형을 중시하는 서양인의 수학적 의식에 기초했으며 또한 우주와 천체의 운동을 완벽한 원과 원운동으로 이해한 우주관에 기초한 것이다. 그러므로 그것은 명백한 대칭과 균형의 의미를 갖는다. 팔씨름에 비유해 보면 아리스토텔레스는 두 팔이 똑바로 서 있을 때 중용이라고 본 데 비해 우리는 팔이 한 쪽으로 완전히 기울었다 해도 아직 승부가 나지 않았으면 중용이라고 보는 것이다. 그러므로 비대칭도 균형을 이루면 중용을 이룰 수 있다는 생각은 분명 서양의 중용관과는 다르다.

이러한 정신은 병을 다스리고 약을 쓰는 방법에도 나타난다. 서양의 의학은 병원체와의 전쟁이고 그 대상을 완전히 제압하는 데 반해, 우리 의학은 각 장기 간의 균형을 중시한다. 만약 어떤 이가 간장이 나쁘다면 서양 의학은 그 간장의 능력을 회생시키는 방향으로만 애를 쓴다. 그런데 우리는 만약 더 이상 간장 기능을 강화할 수 없다고 할 때 간장과 대치되는 심장의 기능을 약하게 만드는 방법을 쓰는 것이다. 한쪽의 기능이 치우치면 병이 심해진다고 보기 때문이다. 우리는 의학 처방에 있어서조차 중용관에 기초해서 서양의 그것과는 다른 가치관과 세계관을 적용하면서 살아온 것이다.

① 아리스토텔레스의 중용의 의미
② 서양 의학과 우리 의학의 차이
③ 서양과 우리 가치관의 공통점
④ 서양 중용관과 우리 중용관의 차이

성과급 ▶ 키워드

39 다음은 어느 기업의 팀별 성과급 지급 기준 및 영업팀의 분기별 평가표이다. 영업팀에게 지급되는 성과급의 1년 총액은?(단, 성과평가등급이 A등급이면 직전 분기 차감액의 50%를 가산하여 지급한다)

〈성과급 지급 기준〉

성과평가 점수	성과평가 등급	분기별 성과급 지급액
9.0 이상	A	100만 원
8.0 ~ 8.9	B	90만 원(10만 원 차감)
7.0 ~ 7.9	C	80만 원(20만 원 차감)
6.9 이하	D	40만 원(60만 원 차감)

〈영업팀 평가표〉

구분	1/4분기	2/4분기	3/4분기	4/4분기
유용성	8	8	10	8
안정성	8	6	8	8
서비스 만족도	6	8	10	8

※ (성과평가 점수)=[(유용성)×0.4]+[(안정성)×0.4]+[(서비스 만족도)×0.2]

① 350만 원
② 360만 원
③ 370만 원
④ 380만 원

도서 200% 활용하기 STRUCTURES

1 기출복원문제로 출제경향 파악

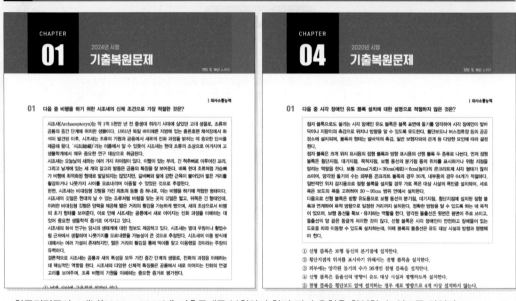

▶ 한국전력공사 4개년(2024~2020년) 기출문제를 복원하여 한전 필기 유형을 확인할 수 있도록 하였다.

2 대표기출유형 + 기출응용문제로 NCS 완벽 대비

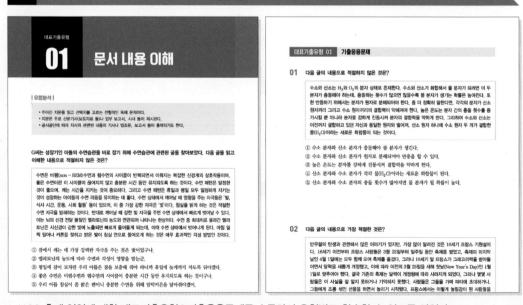

▶ NCS 출제 영역에 대한 대표기출유형&기출응용문제를 수록하여 유형별로 학습할 수 있도록 하였다.

3 최종점검 모의고사 + OMR을 활용한 실전 연습

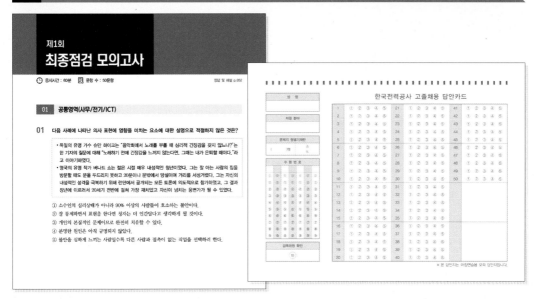

▶ 철저한 분석을 바탕으로 실제 유형과 유사한 최종점검 모의고사를 수록하여 자신의 실력을 점검할 수 있도록 하였다.
▶ 모바일 OMR 답안채점/성적분석 서비스를 통해 필기시험에 대비할 수 있도록 하였다.

4 인성검사부터 면접까지 한 권으로 최종 마무리

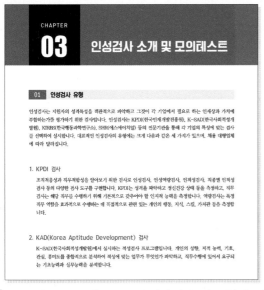
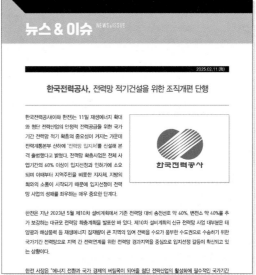

▶ 인성검사 및 모의테스트를 수록하여 인성검사 유형 및 문항을 확인할 수 있도록 하였다.
▶ 한국전력공사 고졸채용 면접 예상&기출질문을 수록하여 실제 면접에서 나오는 질문을 미리 파악하고 연습할 수 있도록 하였다.

2025.02.11.(화)

한국전력공사, 전력망 적기건설을 위한 조직개편 단행

한국전력공사(이하 한전)는 11일 재생에너지 확대와 첨단 전략산업의 안정적 전력공급을 위한 국가기간 전력망 적기 확충의 중요성이 커지는 가운데 전력계통본부 산하에 '전력망 입지처'를 신설해 본격 출범했다고 밝혔다. 전력망 확충사업은 전체 사업기간의 60% 이상이 입지선정과 인허가에 소요되며 이때부터 지역주민을 비롯한 지자체, 지방의회와의 소통이 시작되기 때문에 입지선정이 전력망 사업의 성패를 좌우하는 매우 중요한 단계다.

한전은 지난 2023년 5월 제10차 설비계획에서 기존 전력망 대비 송전선로 약 60%, 변전소 약 40%를 추가 보강하는 대규모 전력망 확충계획을 발표한 바 있다. 제10차 설비계획의 신규 전력망 사업 대부분은 태양광과 해상풍력 등 재생에너지 잠재량이 큰 지역의 잉여 전력을 수요가 풍부한 수도권으로 수송하기 위한 국가기간 전력망으로 지역 간 전력연계를 위한 전력망 경과지역을 중심으로 입지선정 갈등이 확산되고 있는 상황이다.

한전 사장은 "에너지 전환과 국가 경제의 버팀목이 되어줄 첨단 전략산업의 활성화에 필수적인 국가기간 전력망 적기 확충을 위해 전사의 모든 역량을 집중할 계획"이라고 강조했다.

Keyword

▶ 전력망 입지처 : 전원개발촉진법 개정으로 시행되고 있는 입지선정위원회 운영 절차를 고도화해 전력망 입지선정의 객관성과 투명성을 제고하는 역할을 할 것으로 기대되며, 지자체와 지방의회는 물론 시민·사회단체를 중심으로 확산되고 있는 전력망 입지선정 갈등 현장을 직접 발로 뛰면서 사업 초기단계부터 이해관계자와의 소통을 강화할 예정이다.

예상 면접 질문

▶ 전력망 입지처에 대해 아는 대로 설명해 보시오.
▶ 전력망 입지선정 갈등을 해결하기 위한 방안에 대해 말해 보시오.

2025.02.10.(월)

한국전력공사, 제2의 창사 NEW 비전 선포

한국전력공사(이하 한전)가 10일 한전 본사 비전 홀에서 한전 사장, 노조위원장, 본사 · 지역본부 임직원 등이 참석한 가운데 2025년 NEW 비전 선포식을 개최했다.

최근 글로벌 에너지 시장이 급변하고 있고 재무위기 상황은 지속되고 있어, AI와 데이터센터 등에 따른 전력수요 급증과 신재생에너지 확대로 전력계통의 불확실성 또한 날로 증가하고 있다.

이에 한전은 'Global Energy&Solution Leader'를 NEW 비전으로 선포해 한전 임직원 모두가 한마음 한 뜻으로 위기를 극복하고, 지속가능한 경영체계를 구축해 국가 미래성장에 기여하는 명실상부한 글로벌 에너지리더로 도약할 것을 다짐했다. 또한, NEW 비전을 실현하고자 향후 10년간의 로드맵을 담아 4대 전략방향을 설정하고 2035 중 · 장기 전략을 수립했다.

한전 사장은 "새로운 비전 달성을 위한 여정을 시작했으며, 국민편익을 제고하고 에너지생태계 혁신성장 견인을 위해 전 직원이 합심해 총력을 다하겠다."라고 강조했다.

Keyword

▶ **Global Energy&Solution Leader** : 한전의 2025년 새로운 비전으로, 미래를 향한 강력한 선언으로 전력산업의 리더로서 전력 공급의 효율과 편익을 제고하고, 가치사슬 전반에 걸쳐 핵심기술 개발과 사업모델을 혁신해 국내를 넘어 세계 최고의 유틸리티 기업으로 도약하겠다는 의미이다.

예상 면접 질문

▶ 한전의 2025년 비전과 그 의미에 대해 설명해 보시오.
▶ 한전의 4대 전략방향과 2035 중 · 장기 전략에 대해 아는 대로 말해 보시오.

2025.01.09.(목)

한국전력공사, 분산에너지 활성화 위한 'DSO-MD 제주센터' 개소

한국전력공사(이하 한전)은 9일 한전 제주본부에서 'DSO-MD 제주센터'를 개소하고 본격적인 운영에 들어갔다. DSO-MD 제주센터는 분산에너지 활성화를 지원하기 위해 전력시장에 참여하는 분산에너지사업자가 보다 계획적으로 발전할 수 있도록 입찰 가능용량 등 정보를 제공해 배전망 내 전력거래를 원활하게 관리하고 촉진하기 위한 목적으로 만들었다.

한전 관계자는 "분산에너지사업자들은 전력시장에 참여해 발전 계획을 세우고, 계획에 따라 전력을 생산하는데 날씨·설비 공사·고장 등으로 인해 계획대로 전력을 생산하기 어려운 상황이 발생할 때가 있다."라며 "DSO-MD 제주센터는 분산에너지사업자들과 제어·통신설비를 연결해 사업자들의 전력시장 입찰계획을 사전에 검증해 발전이 가능한 범위를 제공하고, 사업자들이 좀 더 계획적으로 발전할 수 있도록 지원한다."라고 설명했다.

한전은 DSO-MD 제주센터와 배전망 연계형 에너지저장장치인 LG 에너지솔루션의 VPP 플랫폼을 연결해 안정적인 전력시장 참여 지원과 더불어 제주 서귀포시 표선면 배전선로의 피크부하 저감을 통한 전력망 비증설투자대안(NWAs) 효과를 분석할 예정이다.

Keyword

▸ **DSO-MD** : 전력시장에 참여하는 분산에너지를 배전망운영자(DSO)가 관제해 안정적으로 배전망을 관리하고 시장 활동을 지원하는 플랫폼이다.

예상 면접 질문

▸ 한전의 DSO-MD 사업에 대해 아는 대로 말해 보시오.
▸ DSO-MD 제주센터 개소로 인해 기대할 수 있는 효과에 대해 설명해 보시오.

2024.12.19.(목)

한국전력공사,
"일상공간으로 탈바꿈하는 주민친화형 복합변전소 건설"

한국전력공사(이하 한전)가 변전소에 대한 부정적 이미지를 개선하고 주민수용성을 확보하기 위한 '미래형 변전소'의 청사진을 제시했다.

19일 한전에 따르면 향후 건설되는 변전소는 사옥과 변전소 기능을 통합하고 미관을 개선해 지역의 랜드마크가 되도록 할 예정이다. 이를 통해 전력설비 전자파에 대한 과도한 우려를 불식시키고 주민 신뢰를 강화, 전력망 적기 확충에 박차를 가할 계획이다.

변전소에 한전 직원이 상시 근무하게 되면 설비운영 효율성 제고, 전자파 불안감 해소 등의 효과를 기대할 수 있으며, 사업지연의 주요 원인인 변전소 건설반대 민원에도 예방적으로 대응할 수 있다.

이와 관련해 한전 사장은 "변전소는 전력을 공급하기 위한 필수 인프라"라며 "이제는 변전소를 근린생활시설로 보는 인식개선이 필요하다."라고 강조했다. 한전은 변전소에 대한 불필요한 민원과 갈등을 최소화하면서, 본연의 업무인 전력망 적기 건설에 최선을 다할 계획이다.

Keyword

▶ 미래형 변전소 : 기존에는 사옥과 인근 변전소의 입지선정, 부지매입, 설계 및 시공 등을 개별 시행했으나 앞으로는 '복합변전소 심의위원회(가칭)'를 운영하고, 사옥과 변전소의 기능을 통합한 복합변전소로 건설할 계획이다. 또한, 입지선정 단계부터 지자체 및 지역주민 의견을 수렴해 변전소 부지 내에 공원, 주차장, 체육문화시설 등을 필수적으로 확보하여 주민친화형 변전소를 도입할 예정이며, 독특한 조형미로 주목받는 해외의 우수 사례를 벤치마킹하고 주민의견을 적극 수렴하여 랜드마크형 변전소 모델을 개발할 예정이다.

예상 면접 질문

▶ 한전에서 추진 중인 미래형 변전소에 대해 아는 대로 말해 보시오.
▶ 미래형 변전소 건설로 인해 기대할 수 있는 효과에 대해 설명해 보시오.

이 책의 차례 CONTENTS

PART 1

한국전력공사 4개년 기출복원문제

| 의사소통능력

01 다음 중 비행을 하기 위한 시조새의 신체 조건으로 가장 적절한 것은?

시조새(Archaeopteryx)는 약 1억 5천만 년 전 중생대 쥐라기 시대에 살았던 고대 생물로, 조류와 공룡의 중간 단계에 위치한 생물이다. 1861년 독일 바이에른 지방에 있는 졸른호펜 채석장에서 화석이 발견된 이후, 시조새는 조류의 기원과 공룡에서 새로의 진화 과정을 밝히는 데 중요한 단서를 제공해 왔다. '시조(始祖)'라는 이름에서 알 수 있듯이 시조새는 현대 조류의 조상으로 여겨지며 고생물학계에서 매우 중요한 연구 대상으로 취급된다.

시조새는 오늘날의 새와는 여러 가지 차이점이 있다. 이빨이 있는 부리, 긴 척추뼈로 이루어진 꼬리, 그리고 날개에 있는 세 개의 갈고리 발톱은 공룡의 특징을 잘 보여준다. 비록 현대 조류처럼 가슴뼈가 비행에 최적화된 형태로 발달되지는 않았지만, 갈비뼈와 팔에 강한 근육이 붙어있어 짧은 거리를 활강하거나 나뭇가지 사이를 오르내리며 이동할 수 있었던 것으로 추정된다.

한편, 시조새는 비대칭형 깃털을 가진 최초의 동물 중 하나로, 이는 비행을 하기에 적합한 형태이다. 시조새의 깃털은 현대의 날 수 있는 조류처럼 바람을 맞는 곳의 깃털은 짧고, 뒤쪽은 긴 형태인데, 이러한 비대칭형 깃털은 양력을 제공해 짧은 거리의 활강을 가능하게 했으며, 새의 조상으로서 비행의 초기 형태를 보여준다. 이로 인해 시조새는 공룡에서 새로 이어지는 진화 과정을 이해하는 데 있어 중요한 생물학적 증거로 여겨지고 있다.

시조새의 화석 연구는 당시의 생태계에 대한 정보도 제공하고 있다. 시조새는 열대 우림이나 활엽수림 근처에서 생활하며 나뭇가지를 오르내렸을 가능성이 큰 것으로 추정된다. 시조새의 이동 방식에 대해서는 여러 가설이 존재하지만, 짧은 거리의 활강을 통해 먹이를 찾고 이동했을 것이라는 주장이 유력하다.

결론적으로 시조새는 공룡과 새의 특성을 모두 가진 중간 단계의 생물로, 진화의 과정을 이해하는 데 핵심적인 역할을 한다. 시조새의 다양한 신체적 특징들은 공룡에서 새로 이어지는 진화의 연결고리를 보여주며, 조류 비행의 기원을 이해하는 중요한 증거로 평가된다.

① 날개 사이에 근육질의 익막이 있다.

② 날개에는 세 개의 갈고리 발톱이 있다.

③ 날개의 깃털이 비대칭 구조로 형성되어 있다.

④ 척추뼈가 꼬리까지 이어지는 유선형 구조이다.

⑤ 현대 조류처럼 가슴뼈가 비행에 최적화된 구조이다.

02 다음 글의 주제로 가장 적절한 것은?

> 사람들에게 의학을 대표하는 인물을 물어본다면 대부분 히포크라테스(Hippocrates)를 떠올릴 것이다. 히포크라테스는 당시 신의 징벌이나 초자연적인 힘으로 생각되었던 질병을 관찰을 통해 자연적 현상으로 이해하였고, 당시 마술이나 철학으로 여겨졌던 의학을 분리하였다. 이에 따라 의사라는 직업이 과학적인 기반 위에 만들어지게 되었다. 현재에는 의학의 아버지로 불리며 히포크라테스 선서라고 불리는 의사의 윤리적 기준을 저술한 것으로 알려져 있다. 이처럼 히포크라테스는 서양의학의 상징으로 받아들여지지만, 서양의학에 절대적인 영향을 준 사람은 클라우디오스 갈레노스(Claudius Galenus)이다.
> 갈레노스는 로마 시대 검투사 담당의에서 황제 마르쿠스 아우렐리우스의 주치의로 활동한 의사로, 해부학, 생리학, 병리학에 걸친 방대한 의학체계를 집대성하여 이후 1,000년 이상 서양의학의 토대를 닦았다. 당시에는 인체의 해부가 금지되어 있었기 때문에 갈레노스는 원숭이, 돼지 등을 사용하여 해부학적 지식을 쌓았으며, 임상 실험을 병행하여 의학적 지식을 확립하였다. 이러한 해부 및 실험을 통해 갈레노스는 여러 장기의 기능을 밝히고, 근육과 뼈를 구분하였으며, 심장의 판막이나 정맥과 동맥의 차이점 등을 밝혀내거나, 혈액이 혈관을 통해 신체 말단까지 퍼져나가며 신진대사를 조절하는 물질을 운반한다고 밝혀냈다. 물론 갈레노스도 히포크라테스가 주장한 4원소에 따른 4체액설(혈액, 담즙, 황담즙, 흑담즙)을 믿거나 피를 뽑아 치료하는 사혈법을 주장하는 등 현대 의학과는 거리가 있지만, 당시에 의학 이론을 해부와 실험을 통해 증명하고 방대한 저술을 남겼다는 놀라운 업적을 가지고 있으며, 이것이 가장 오랫동안 서양의학을 실제로 지배하는 토대가 되었다.

① 갈레노스의 생애와 의학의 발전
② 고대에서 현대까지 해부학의 발전 과정
③ 히포크라테스 선서에 의한 전문직의 도덕적 기준
④ 히포크라테스와 갈레노스가 서양의학에 미친 영향과 중요성
⑤ 히포크라테스와 갈레노스의 4체액설이 현대 의학에 미친 영향

03 다음 중 빈칸에 들어갈 단어로 가장 적절한 것은?

> 감사원의 조사 결과 J공사는 공공사업을 위해 투입된 세금을 본래의 목적에 사용하지 않고 무단으로 _____했음이 밝혀졌다.

① 전용(轉用)
② 남용(濫用)
③ 적용(適用)
④ 활용(活用)
⑤ 준용(遵用)

04 다음 중 제시된 단어와 가장 비슷한 단어는?

비상구

① 진입로   ② 출입구
③ 돌파구   ④ 여울목
⑤ 탈출구

05 다음 글에 대한 설명으로 적절하지 않은 것은?

우리나라에서 1년 중 가장 전력 사용량이 많은 시기는 여름철이다. 특히 2023년 8월의 경우 전력 거래량이 5.1만 GWh에 달해 역대 최고치를 기록하였다. 이처럼 집중된 전력 사용량에 의해 부과 되는 전기요금은 큰 부담이 되므로 한국전력공사는 에너지 사용 증가로 인한 국민의 에너지비용 증가 부담 완화를 위해 전기요금에 대하여 하절기 및 동절기에 한시적으로 분할납부제도를 시행하 고 있다.

전기요금 분할납부제도는 전기 사용량이 많아지는 시기에 높아진 전기요금을 분납하는 제도로, 분 납방법은 신청 월에 전기요금 50%를 납부하고 나머지는 고객이 요금수준, 계절별 사용패턴 등을 고려하여 2 ~ 6개월 범위 내에서 선택하여 납부하는 것이다. 다만, 아파트처럼 집합건물 내 개별세 대 및 개별상가는 관리사무소의 업무부담 증가를 고려하여 6개월로 고정된다.

기존의 전기요금 분할납부제도는 일부 주택용 고객만 신청 가능하였으나 주거용, 주택용 고객을 포 함한 소상공인 및 뿌리기업 고객(일반용·산업용·비주거용 주택용)까지 신청 가능대상이 확대되 었으며, 한전과 직접적인 계약관계 없이 전기요금을 관리비 등에 포함하여 납부하는 집합건물(아파 트 등 포함) 내 개별세대까지 모두 참여가 가능해졌다.

한전과 직접 전기 사용계약을 체결한 고객은 한전:ON(한국전력공사 서비스 플랫폼)을 통해 분할납 부를 직접 신청 할 수 있으며, 전기요금을 관리비에 포함하여 납부하는 아파트 개별세대와 집합건물 내 개별고객은 관리사무소를 통해 신청할 수 있다. 다만, 신청 시점에 미납요금이 없어야 하고 일부 행정처리기간(납기일 전·후 3영업일) 내에는 신청이 제한될 수 있으며 월별 분납적용을 위해서는 매월 신청해야 한다. 또한, 계약전력이 20kW를 초과(집합상가의 경우, 관리비에 포함하여 납부하 는 전기요금이 35만 원을 초과)하는 소상공인 및 뿌리기업은 자격 여부 확인을 위해 관련 기관으로 부터 확인서를 발급받아 한전에 제출해야 한다.

① 25일 금요일이 납부일이라면 22 ~ 30일까지는 신청이 제한될 수 있다.

② 분할납부제도를 관리사무소를 통해 신청한 경우 분할납부 기간은 6개월로 고정된다.

③ 아파트에서 살고 있는 사람은 한전:ON을 통해 직접적으로 분할납부를 신청할 수 없다.

④ 한전과 직접 전기 사용계약을 체결한 고객은 한전:ON을 통해 언제든지 분할납부를 신청할 수 있다.

⑤ 한 달 전기요금이 50만 원인 집합상가의 경우 전기요금을 분할납부하려면 관련 기관으로부터 확인서를 발급받아야 한다.

06 다음 글에 대한 추론으로 적절하지 않은 것은?

매년 심해지는 폭염 등 기후변화는 우리가 피부로 체감할 만큼 빠르게 진행되고 있으며, 세계 각지에서는 지구 온난화와 관련된 문제를 해결하기 위하여 다양한 방법을 모색하고 있다. 에너지 분야에서도 마찬가지로 온실가스를 많이 배출하는 화석연료의 사용을 자제하고, 환경에 미치는 부담을 최소화하면서 안정적인 에너지 공급원으로서 신재생에너지에 대한 투자와 연구를 지속하고 있다.

신재생에너지는 신에너지와 재생에너지를 총칭하는 단어이다. 2022년 시행된 신에너지 및 재생에너지 개발·이용·보급 촉진법(신재생에너지법)에 따르면 신에너지는 기존의 화석연료를 변환시켜 이용하거나 수소·산소 등의 화학 반응을 통하여 전기 또는 열을 이용하는 에너지로서 수소에너지, 연료전지, 석탄을 액화·가스화한 에너지 등이 있고, 재생에너지는 햇빛, 물, 지열, 강수, 생물유기체 등을 포함하는 재생 가능한 에너지를 변환시켜 이용하는 에너지로서 태양, 풍력, 수력, 해양, 지열, 바이오, 폐기물에너지 등이 있다.

전기를 생산하는 발전사업자의 경우 신재생에너지법상 총발전량의 일정 비율을 신재생에너지로 공급해야 하며, 2030년까지 전체 발전량의 30% 이상을 신재생에너지로 전환하는 목표를 세우고 이를 실현하기 위한 신재생에너지 발전플랜트 건축, 신재생에너지 공급인증서(REC; Renewable Energy Certificate) 거래 등 다양한 제도를 실시하고 있다.

그러나 최근 조사에 따르면 2023년 전 세계의 전체 발전량 대비 재생에너지 발전량 비율이 처음으로 30%를 넘어섰음에도 불구하고, 우리나라의 재생에너지 발전량은 9%에 불과해 세계 평균에 크게 미치지 못한 것으로 파악되었으며, 2030년까지 신재생에너지 발전 비율을 21.6%로 하향조정하였다. 반면 에너지 관련 전문가들은 시간이 지날수록 신재생에너지의 중요성은 더욱 증가할 것으로 예상하고 있다. 화석연료의 고갈, 자원의 전략적 무기화 등을 고려할 때 에너지 공급방식의 다양화가 필요하며, 기후변화협약 등 환경규제에 대응하기 위해 청정에너지 비중 확대의 중요성은 증대되고 있다. 특히 신재생에너지 산업은 정보통신기술(IT), 생명공학기술(BT), 나노기술(NT)과 더불어 차세대 산업으로 시장 규모가 급격히 팽창하고 있는 미래 산업인 만큼 발전 사업에 있어 신재생에너지에 대한 연구와 투자가 반드시 필요하다.

① 재생에너지는 비고갈성에너지로 볼 수 있다.
② 미래에는 신재생에너지에 대한 수요가 높아질 것이다.
③ 우리나라의 신재생에너지 발전은 세계적 흐름에 역행하고 있다.
④ 시간이 지날수록 신재생에너지의 중요성은 화석에너지에 비해 증대될 것이다.
⑤ 신재생에너지는 석탄 등 화석연료를 원료로 전혀 사용하지 않는 청정에너지이다.

PART 1

07 다음 글에 대한 설명으로 가장 적절한 것은?

> 지구온난화로 인한 기상이변으로 해가 지날수록 더 빨리 무더위가 찾아오고 있으며, 특히 2023년은 30℃를 웃도는 더위가 10일이 넘게 지속되었다.
>
> 해가 갈수록 가속화되는 더위 탓에 전기요금에 대한 부담감도 커지고 있어, 정부는 하루 전기 소비량을 1kW 줄여 월 전기요금 7,800원을 줄일 수 있는 '사용하지 않는 전기 플러그 뽑기', '사용하지 않는 전등 끄기', '에어컨 설정온도 높이기'의 3가지 방법을 소개했다.
>
> 특히 에어컨과 같은 냉방 가전은 효율적 사용만으로도 전기요금을 크게 줄일 수 있다. 먼저 에어컨의 경우 단시간에 실내 온도를 낮추는 것이 효율적이다. 왜냐하면 에어컨은 희망 온도에 도달한 이후에는 전기 소비량이 현저히 감소하기 때문이다. 따라서 바람을 세게 틀어 빠르게 희망 온도에 도달시킨 후 서서히 바람을 줄여야 하며, 실외와의 온도 차가 크면 그만큼 에어컨 가동량이 커지기 때문에 온도 차를 고려하여 24~26℃에 희망 온도를 맞추는 것이 좋다. 여기서 주의할 점은 전기요금을 줄이고 에어컨을 켰다 껐다를 반복하면 오히려 전기요금을 높이는 역효과가 발생할 수도 있다는 점이다.
>
> 이 밖에도 에어컨의 제습과 냉방 기능은 사실상 별 차이가 없지만, 장마철과 같이 습도가 높은 때에는 오히려 제습 모드일 때 전력 소비량이 높아 냉방 모드일 때보다 과한 전기요금이 부과될 수 있어 주의하여야 한다. 이와 더불어 에어컨 가동 시 에어컨 대비 전력 소비량이 현저히 적은 선풍기를 함께 사용할 경우 빠른 공기 순환이 가능해 에어컨의 전력 소비량이 줄어 전기요금 역시 감소할 수 있을 것이다.

① 하루 전기 소비량을 1kW 줄이면 연간 약 20만 원 상당의 전기요금을 줄일 수 있다.
② 난방 가전보다 냉방 가전의 효율적 사용이 전기요금 감소에 큰 영향을 준다.
③ 실외 온도가 높을 경우 에어컨 희망 온도도 같이 높이는 것이 전기요금 감소에 유리하다.
④ 습도가 낮을 때는 에어컨의 제습 모드 보다 냉방 모드일 때 더 높은 전기요금이 부과된다.
⑤ 선풍기 단독 사용보다 선풍기와 에어컨을 함께 사용하는 것이 전기요금 감소에 유리하다.

08 다음 글의 주제로 가장 적절한 것은?

> 정부는 그동안 단일요금 체계로 전기 가격이 책정된 탓에 발전원은 경북과 강원 등지에 집중되어 있지만 실제 전력 소비는 수도권에서 집중되어 있어 지역 간 전력 불균형이 발생했다며, 이를 해결할 방안으로 지역별 전기요금을 상이하게 책정하는 '차등 요금제'를 제시하였다.
>
> 실제로 한국전력의 통계에 따르면, 부산의 전력 자체 공급율은 216.7%로 실제 지역에서 사용하는 전기량의 2배 이상을 만들어내지만, 이에 반해 서울과 대전은 각각 8.9%, 2.9%로 10%에도 채 미치지 못하게 생산한다.
>
> 이 때문에 실제로 전기 가격 차등 요금제가 시행된다면 발전원이 설비된 지역 내 주민들의 전기요금은 낮아지지만, 반대로 생산보다는 소비에 집중되어 있는 수도권 지역의 주민들의 전기요금은 높아질 것으로 보인다.

① 지역 불균형 해소와 균등한 발전을 위한 차등 요금제
② 사용량이 높을수록 전기요금도 높아지는 차등 요금제
③ 수도권 지역의 전력 자급률을 높이는 방안인 차등 요금제
④ 전력 자급률이 높을수록 전기요금이 저렴해지는 차등 요금제
⑤ 지역별 전기요금 가격 차등화가 불러일으킨 전기요금 상승세

09 A열차가 어떤 터널을 진입하고 5초 후 B열차가 같은 터널에 진입하였다. 그로부터 5초 후 B열차가 터널을 빠져나왔고 5초 후 A열차가 터널을 빠져나왔다. A열차가 터널을 빠져나오는 데 걸린 시간이 14초일 때, B열차는 A열차보다 몇 배 빠른가?(단, A열차와 B열차 모두 속력의 변화는 없으며, 두 열차의 길이는 서로 같다)

① 2배   ② 2.5배
③ 3배   ④ 3.5배
⑤ 4배

10 A팀은 5일부터 5일마다 회의실을 사용하고, B팀은 4일부터 4일마다 회의실을 사용하기로 하였으며, 두 팀이 사용하고자 하는 날이 겹칠 경우에는 A, B팀이 번갈아가며 사용하기로 하였다. 어느 날 A팀과 B팀이 사용하고자 하는 날이 겹쳤을 때, 겹친 날을 기준으로 A팀이 9번, B팀이 8번 회의실을 사용했다면, 이때까지 A팀은 회의실을 최대 몇 번 이용하였는가?(단, 회의실 사용일이 첫 번째로 겹친 날에는 A팀이 먼저 사용하였으며, 회의실 사용일은 주말 및 공휴일도 포함한다)

① 61회   ② 62회

③ 63회   ④ 64회

⑤ 65회

11 J공사는 A ~ E의 면접을 진행하기 위해 다음과 같이 자리를 마련하였으나, A지원자가 면접에 불참하게 되어, B ~ E지원자는 J공사가 마련한 면접 자리에 무작위로 앉기로 하였다. 이때 지정된 자리에 앉지 않는 지원자가 2명 이하일 경우의 수는?

A	B	C	D	E

① 21가지   ② 23가지

③ 25가지   ④ 27가지

⑤ 29가지

※ 다음은 2023년 7 ~ 12월 경상수지에 대한 자료이다. 이어지는 질문에 답하시오. **[12~13]**

〈2023년 7 ~ 12월 경상수지〉

(단위 : 백만 달러)

구분		2023년 7월	2023년 8월	2023년 9월	2023년 10월	2023년 11월	2023년 12월
경상수지(계)		4,113.9	5,412.7	6,072.7	7,437.8	3,890.7	7,414.6
상품수지		4,427.5	5,201.4	7,486.3	5,433.3	6,878.2	8,037.4
	수출	50,247.2	53,668.9	56,102.5	57,779.9	56,398.4	ㄴ
	수입	45,819.7	ㄱ	48,616.2	52,346.6	49,520.2	50,966.5
서비스수지		−2,572.1	−1,549.5	−3,209.9	−1,279.8	−2,210.9	−2,535.4
본원소득수지		3,356.3	1,879	2,180.4	3,358.5	−116.6	2,459.5
이전소득수지		−1,097.8	−118.2	−384.1	−74.2	−660	−546.9

※ (경상수지)=(상품수지)+(서비스수지)+(본원소득수지)+(이전소득수지)
※ (상품수지)=(수출)−(수입)
※ 수지가 양수일 경우 흑자, 음수일 경우 적자임

| 수리능력

12 다음 중 자료에 대한 설명으로 옳은 것은?

① 본원소득수지는 항상 흑자를 기록하였다.
② 경상수지는 2023년 11월에 적자를 기록하였다.
③ 상품수지가 가장 높은 달의 경상수지가 가장 높았다.
④ 2023년 8월 이후 서비스수지가 가장 큰 적자를 기록한 달의 상품수지 증가폭이 가장 크다.
⑤ 2023년 8월 이후 전월 대비 경상수지 증가폭이 가장 작은 달의 상품수지 증가폭이 가장 낮다.

| 수리능력

13 다음 중 빈칸 ㄱ, ㄴ에 들어갈 수로 옳은 것은?

	ㄱ	ㄴ
①	48,256.2	59,003.9
②	48,256.2	58,381.1
③	48,467.5	59,003.9
④	48,467.5	58,381.1
⑤	47,685.7	59,003.9

※ 다음은 2019 ~ 2023년 K국의 인구 수에 대한 자료이다. 이어지는 질문에 답하시오. [14~15]

〈2019 ~ 2023년 K국의 인구 수〉

(단위 : 천 명)

구분	2019년	2020년	2021년	2022년	2023년
전체 인구수	36,791	36,639	36,498	36,233	35,956
경제활동인구수	25,564	25,134	25,198	25,556	25,580
취업자 수	24,585	24,130	24,280	24,824	24,891

※ (전체 인구수)=(경제활동인구수)+(비경제활동인구수)

※ (고용률)$=\dfrac{(취업자\ 수)}{(전체\ 인구수)}$

※ (실업률)$=\dfrac{(실업자\ 수)}{(경제활동인구수)}=\dfrac{(경제활동인구수)-(취업자\ 수)}{(경제활동인구수)}$

14 다음 중 자료에 대한 설명으로 옳은 것은?

① 취업자 수는 꾸준히 증가하였다.

② 실업자 수는 꾸준히 감소하였다.

③ 경제활동인구 수는 꾸준히 증가하였다.

④ 비경제활동인구 수는 꾸준히 감소하였다.

⑤ 2019 ~ 2023년 동안 고용률은 70%를 넘지 못하였다.

15 다음 중 연도별 실업자 수와 실업률로 옳은 것은?

	연도	실업자 수	실업률
①	2019년	979,000명	약 2.7%
②	2020년	1,004,000명	약 4.8%
③	2021년	918,000명	약 8.6%
④	2022년	732,000명	약 2.9%
⑤	2023년	689,000명	약 1.7%

16 다음 모스 굳기 10단계에 해당하는 광물 A ~ C가 〈조건〉을 만족할 때, 이에 대한 설명으로 옳은 것은?

〈모스 굳기 10단계〉

단계	1단계	2단계	3단계	4단계	5단계
광물	활석	석고	방해석	형석	인회석
단계	6단계	7단계	8단계	9단계	10단계
광물	정장석	석영	황옥	강옥	금강석

- 모스 굳기 단계의 단계가 낮을수록 더 무른 광물이고, 단계가 높을수록 단단한 광물이다.
- 단계가 더 낮은 광물로 단계가 더 높은 광물을 긁으면 긁힘 자국이 생기지 않는다.
- 단계가 더 높은 광물로 단계가 더 낮은 광물을 긁으면 긁힘 자국이 생긴다.

조건

- 광물 A로 광물 B를 긁으면 긁힘 자국이 생기지 않는다.
- 광물 A로 광물 C를 긁으면 긁힘 자국이 생긴다.
- 광물 B로 광물 C를 긁으면 긁힘 자국이 생긴다.
- 광물 B는 인회석이다.

① 광물 A는 방해석이다.
② 광물 C는 석영이다.
③ 광물 A가 가장 무르다.
④ 광물 B가 가장 단단하다.
⑤ 광물 B는 모스 굳기 단계가 7단계 이상이다.

17 J공사는 A ~ C주차장 3곳을 운영하고 있다. 다음 J공사 직영 주차장 이용료와 J공사 직원 주차장 이용자 정보를 참고할 때, 세 직원의 주차장 이용료의 총합은?

〈J공사 직영 주차장 이용료〉

(단위 : 원)

구분	시간별 요금 (5분당)	1일 주차권	월정기권 (일반/환승)	5등급 차량 월정기권 (일반/환승)
A주차장	400	28,800	182,000/91,000	273,000/136,500
B주차장	360	25,920	157,000/75,000	235,500/117,000
C주차장	320	23,040	168,000/91,000	252,000/136,500

※ 월정기권 중 환승 주차는 도심으로의 승용차 진입을 억제하고, 대중교통 이용을 장려하기 위해 승용차를 주차장에 주차 후, 대중교통을 이용하는 운전자에게 적용되는 요금제임
※ 5등급 차량 월정기권은 배출가스 등급이 5등급인 차량에 적용되는 요금제임

〈J공사 직원 주차장 이용자 정보〉

구분	이용가능 주차장	이용 예정 시간	환승 주차 여부	배출가스 등급
금재선 사원	B, C	10시간 20분	×	2등급
차두진 부장	A, C	52시간 50분	○	5등급
황근영 대리	A, B	56시간 30분	○	3등급

※ 각 운전자는 이용가능 주차장의 요금 중 가장 저렴한 방법을 선택함

① 162,680원
② 165,440원
③ 168,540원
④ 170,180원
⑤ 174,160원

18 J공사는 지방에 있는 지점 사무실을 공유 오피스로 이전하고자 한다. 다음 사무실 이전 조건을 참고할 때, 〈보기〉 중 이전할 오피스로 가장 적절한 곳은?

〈사무실 이전 조건〉

• 지점 근무 인원 : 71명
• 사무실 예상 이용 기간 : 5년
• 교통 조건 : 역이나 버스 정류장에서 도보 10분 이내
• 시설 조건 : 자사 홍보영상 제작을 위한 스튜디오 필요, 회의실 필요
• 비용 조건 : 다른 조건이 모두 가능한 공유 오피스 중 가장 저렴한 곳(1년 치 비용 선납 가능)

보기

구분	가용 인원수	보유시설	교통 조건	임대비용
A오피스	100명	라운지, 회의실, 스튜디오, 복사실, 탕비실	A역에서 도보 8분	1인당 연간 600만 원
B오피스	60명	회의실, 스튜디오, 복사실	B정류장에서 도보 5분	1인당 월 40만 원
C오피스	100명	라운지, 회의실, 스튜디오	C역에서 도보 7분	월 3,600만 원
D오피스	90명	회의실, 복사실, 탕비실	D정류장에서 도보 4분	월 3,500만 원 (1년 치 선납 시 8% 할인)
E오피스	80명	라운지, 회의실, 스튜디오	E역과 연결된 사무실	월 3,800만 원 (1년 치 선납 시 10% 할인)

① A오피스   ② B오피스
③ C오피스   ④ D오피스
⑤ E오피스

〈에너지바우처〉

1. 에너지바우처란?

  국민 모두가 시원한 여름, 따뜻한 겨울을 보낼 수 있도록 에너지 취약계층을 위해 에너지바우처(이용권)를 지급하여 전기, 도시가스, 지역난방, 등유, LPG, 연탄을 구입할 수 있도록 지원하는 제도

2. 신청대상 : 소득기준과 세대원 특성기준을 모두 충족하는 세대

  • 소득기준 : 국민기초생활 보장법에 따른 생계급여 / 의료급여 / 주거급여 / 교육급여 수급자

  • 세대원 특성기준 : 주민등록표 등본상 기초생활수급자(본인) 또는 세대원이 다음 중 어느 하나에 해당하는 경우

    − 노인 : 65세 이상

    − 영유아 : 7세 이하의 취학 전 아동

    − 장애인 : 장애인복지법에 따라 등록한 장애인

    − 임산부 : 임신 중이거나 분만 후 6개월 미만인 여성

    − 중증질환자, 희귀질환자, 중증난치질환자 : 국민건강보험법 시행령에 따라 보건복지부장관이 정하여 고시하는 중증질환, 희귀질환, 중증난치질환을 가진 사람

    − 한부모가족 : 한부모가족지원법에 따른 '모' 또는 '부'로서 아동인 자녀를 양육하는 사람

    − 소년소녀가정 : 보건복지부에서 정한 아동분야 지원대상에 해당하는 사람(아동복지법에 의한 가정위탁보호 아동 포함)

  • 지원 제외 대상 : 세대원 모두가 보장시설 수급자인 경우

  • 다음의 경우 동절기 에너지바우처 중복 지원 불가

    − 긴급복지지원법에 따라 동절기 연료비를 지원받은 자(세대)

    − 한국에너지공단의 등유바우처를 발급받은 자(세대)

    − 한국광해광업공단의 연탄쿠폰을 발급받은 자(세대)

    ※ 하절기 에너지바우처를 사용한 수급자가 동절기에 위 사업들을 신청할 경우 동절기 에너지바우처를 중지 처리한 후 신청함(중지사유 : 타동절기 에너지이용권 수급)

    ※ 동절기 에너지바우처를 일부 사용한 경우 위 사업들은 신청 불가함

3. 바우처 지원금액

구분	1인 세대	2인 세대	3인 세대	4인 이상 세대
하절기	55,700원	73,800원	90,800원	117,000원
동절기	254,500원	348,700원	456,900원	599,300원
총액	310,200원	422,500원	547,700원	716,300원

4. 지원방법

  • 요금차감

    − 하절기 : 전기요금 고지서에서 요금을 자동으로 차감

    − 동절기 : 도시가스 / 지역난방 중 하나를 선택하여 고지서에서 요금을 자동으로 차감

  • 실물카드 : 동절기 도시가스, 등유, LPG, 연탄을 실물카드(국민행복카드)로 직접 결제

19 다음 중 에너지바우처에 대한 설명으로 옳지 않은 것은?

① 36개월의 아이가 있는 의료급여 수급자 A는 에너지바우처를 신청할 수 있다.

② 혼자서 아이를 3명 키우는 교육급여 수급자 B는 1년에 70만 원을 넘게 지원받을 수 있다.

③ 보장시설인 양로시설에 살면서 생계급여를 받는 70세 독거노인 C는 에너지바우처를 신청할 수 있다.

④ 에너지바우처 기준을 충족하는 D는 겨울에 연탄보일러를 사용하므로 실물카드를 받는 방법으로 지원을 받아야 한다.

⑤ 희귀질환을 앓고 있는 어머니와 함께 단둘이 사는 생계급여 수급자 E는 에너지바우처를 통해 여름에 전기비에서 73,800원이 차감될 것이다.

20 다음은 A, B가족의 에너지바우처 정보이다. A, B가족이 올해 에너지바우처를 통해 지원받는 금액의 총합은 얼마인가?

〈A, B가족의 에너지바우처 정보〉

구분	세대 인원	소득기준	세대원 특성기준	특이사항
A가족	5명	의료급여 수급자	영유아 2명	연탄쿠폰 발급받음
B가족	2명	생계급여 수급자	소년소녀가정	지역난방 이용

① 190,800원

② 539,500원

③ 948,000원

④ 1,021,800원

⑤ 1,138,800원

21 다음 C 프로그램을 실행하였을 때의 결과로 옳은 것은?

```
#include <stdio.h>
int main() {
    int result=0;
    while (result<2) {
        result=result+1;
        printf("%d\n",result);
        result=result-1;
    }
}
```

① 실행되지 않는다.

② 0
　 1

③ 0
　 -1

④ 1
　 1

⑤ 1이 무한히 출력된다.

22 다음은 A국과 B국의 물가지수 동향에 대한 자료이다. [E2] 셀에 「＝ROUND(D2,－1)」를 입력하였을 때, 출력되는 값은?

<A, B국 물가지수 동향>

	A	B	C	D	E
1		A국	B국	평균 판매지수	
2	2024년 1월	122.313	112.36	117.3365	
3	2024년 2월	119.741	110.311	115.026	
4	2024년 3월	117.556	115.379	116.4675	
5	2024년 4월	124.739	118.652	121.6955	
6	⋮	⋮	⋮	⋮	
7					

① 100 ② 117

③ 117.3 ④ 117.34

⑤ 120

※ 다음은 국제표준도서번호(ISBN-13)와 부가기호의 기본 구조에 대한 자료이다. 이어지는 질문에 답하시오. [23~25]

<국제표준도서번호 기본 구조>

제1군		제2군		제3군		제4군		제5군
접두부		국별번호		발행자번호		서명식별번호		체크기호
978	–	89	–	671876	–	6	–	8

- 접두부 : 국제상품코드관리협회에서 부여하는 3자리 수이며, 도서의 경우 '978', '979'를 부여한다. 단, '978'은 배정이 완료되어 2013년 3월 6일 이후로 '979'를 부여한다.
- 국별번호 : 국가, 지역별 또는 언어별 군을 나타내는 수이다. 대한민국의 경우 제1군(접두부)의 숫자가 '978'일 때 '89'를 부여하고 '979'일 때 '11'을 부여한다.
- 발행자번호 : 출판사, 개인, 기관 등의 발행처를 나타내는 수이며, 대한민국은 국립중앙도서관 한국서지표준센터에서 배정한다.
- 서명식별번호 : 발행처가 간행한 출판물의 특정 서명이나 판을 나타내는 수이며, 제3군(발행자번호)의 자릿수와 제4군의 자릿수의 합은 항상 7이다.
- 체크기호 : ISBN의 정확성 여부를 자동으로 점검할 수 있는 기호로 다음과 같은 규칙을 따른다.
  1. ISBN번호의 1번째 자리부터 12번째 자리까리 1, 3, 1, 3, … 의 가중치를 부여한다.
  2. 각 자릿수와 가중치를 곱하여 더한다.
  3. 2.의 값에 10을 나눈 나머지를 구한다.
  4. 10에서 3.에서 구한 나머지를 뺀 값이 체크기호 수이다.

예 어떤 도서의 ISBN-13기호가 978-89-671876-6-8일 때

ISBN	9	7	8	8	9	6	7	1	8	7	6	6
가중치	1	3	1	3	1	3	1	3	1	3	1	3

$9 \times 1 + 7 \times 3 + 8 \times 1 + 8 \times 3 + 9 \times 1 + 6 \times 3 + 7 \times 1 + 1 \times 3 + 8 \times 1 + 7 \times 3 + 6 \times 1 + 6 \times 3 = 152$

$152 \div 10 = 15 \cdots 2 \rightarrow 10 - 2 = 8$

따라서 978-89-671876-6-8 도서의 체크기호는 정확하다.

<부가기호 기본 구조>

제1행	제2행	제3행
독자대상기호	발행형태기호	내용분류기호
1	3	320

- 독자대상기호

기호	0	1	2	3	4
내용	교양	실용	(예비)	(예비)	청소년(비교육)
기호	5	6	7	8	9
내용	중등·고등 교육	초등교육	아동(비교육)	(예비)	학술·전문

단, 기호가 2개 이상 중복될 경우, 발행처가 선택할 수 있다.

• 발행형태기호

기호	0	1	2	3	4
내용	문고본	사전	신서판	단행본	전집
기호	5	6	7	8	9
내용	전자출판물	도감	만화 및 그림책	혼합 자료	(예비)

1. 발행형태기호로 '9'는 임의사용이 불가능하다.
2. 발행형태기호를 2개 이상 적용할 수 있다면 가장 큰 수를 적용하되, 전자출판물은 항상 '5'를 적용한다.

• 내용분류기호

주제 – 세부분야 – 0으로 이루어져 있으며, 다섯 번째 자리 숫자는 '0' 이외의 숫자는 예외 없이 사용이 불가능하다.

번호	000 ~ 099	100 ~ 199	200 ~ 299	300 ~ 399	400 ~ 499
내용	수필, 간행물 등	철학, 심리학 등	종교	사회과학	자연과학
번호	500 ~ 599	600 ~ 699	700 ~ 799	800 ~ 899	900 ~ 999
내용	기술과학	예술	언어	문학	역사

23 다음 중 자료에 대한 설명으로 옳지 않은 것은?

① 부가기호 '53415'는 존재하지 않는다.

② 아동 대상의 학습용 만화 단행본의 부가기호 앞 두 자리 숫자는 '77'이다.

③ 고등학교 교육용 도서와 중학교 교육용 도서의 부가기호 앞자리 숫자는 다르다.

④ 국제표준도서번호의 앞 다섯 자리 숫자가 '97889'인 도서는 2013년 3월 6일 이전에 번호가 부여됐다.

⑤ 2024년 초 신규 발행처에서 발행한 국내도서의 국제표준도서번호의 앞 다섯 자리 숫자는 '97911'이다.

24 어떤 도서의 국제표준도서번호가 '9791125483360'일 때, 이 도서의 체크기호(0)는?

① 6   ② 7

③ 8   ④ 9

⑤ 0

25 다음 중 도서의 주제와 부가기호의 내용분류기호의 범위가 바르게 연결되지 않은 것은?

① 동아시아사 – 900 ~ 999   ② 행정학 – 800 ~ 899

③ 일본어 – 700 ~ 799   ④ 천문학 – 400 ~ 499

⑤ 불교 – 200 ~ 299

26 다음은 J사 제품의 안전인증번호 부여기준을 나타낸 자료이다. 이를 바탕으로 〈보기〉에서 설명하는 제품이 안전인증을 받게 될 때, 안전인증번호로 옳은 것은?

〈안전인증번호 부여기준〉

A	1	A	0	0	1	–	1	2
(1)	(2)	(3)		(4)		–		(5)

(1) 안전관리단계 구분코드

안전관리단계 구분	코드	
안전인증 대상 생활용품	일반	A
	제품검사만을 통해 안전성 증명을 하는 경우	L
	동일모델 확인을 통해 공장심사 및 제품검사 없이 안전인증서를 발급하는 경우	M
안전확인 대상 생활용품	일반	B
	동일모델 확인을 통해 안전성 검사 없이 확인증을 발급하는 경우	N
어린이보호포장 대상 생활용품	C	

(2) 안전인증기관 구분코드

코드	안전인증기관명
1	한국건설생활환경시험연구원
2	한국화학융합시험연구원
3	한국기계전기전자시험연구원
4	한국의류시험연구원
5	FITI시험연구원
6	한국산업기술시험원
7	KOTITI시험연구원

(3) 제조공장의 지역구분 코드

국내				국외	
지역	코드	지역	코드	지역	코드
서울특별시	A	경기도	H	아시아	R
부산광역시	B	강원도	I	미주	S
대구광역시	C	충청북도	J	유럽	T
인천광역시	D	충청남도	K	중동	U
광주광역시	E	경상북도	L	아프리카	V
대전광역시	F	경상남도	M	–	–
울산광역시	G	전라북도	N	–	–

(4) 동일공장에서 동일제품을 생산하는 순서를 3자리 숫자로 기재
(5) 연도별 끝자리 번호를 2자리 숫자로 기재(예 2024년 – 24)

> **보기**
>
> 박대리님, 안녕하세요. 새해인사를 드린 게 엊그제 같은데 2023년도 이제 얼마 남지 않았네요. 다름이 아니라 이번에 출시되는 제품과 관련해서 진행 사항을 공유하고자 연락드렸습니다. 올해 중국 공장에서 처음 생산한 제품의 안전인증번호를 받기 위해 KOTITI시험연구원에 현재 안전인증을 의뢰해 두었습니다. 아무래도 어린이보호포장이 필요한 제품이라 안전인증 결과가 지연되는 것 같습니다. 안전인증번호를 부여받는 대로 바로 전달드리도록 하겠습니다.

① L7R001-22

② M7R001-23

③ M7U001-23

④ C7R001-23

⑤ C7T001-22

| 의사소통능력

01 다음 중 RPS 제도에 대한 설명으로 적절하지 않은 것은?

> 신·재생에너지 공급의무화 제도(RPS; Renewable energy Portfolio Standard)는 발전설비 규모가 일정 수준 이상을 보유한 발전사업자(공급의무자)에게 일정 비율만큼 구체적인 수치의 신·재생에너지 공급 의무발전량을 할당하여 효율적으로 신·재생에너지 보급을 확대하기 위해 2012년에 도입된 제도다. 2018년 기준 공급의무자는 한국전력공사(KEPCO)의 자회사 6개사 등 21개사이며, 공급의무자는 신·재생에너지 발전소를 스스로 건설하여 전력을 자체 생산하거나 기타 발전사업자들로부터 신·재생에너지 공급인증서(REC; Renewable Energy Certificate)를 구매하는 방법 등을 통해 할당받은 공급의무량을 충당할 수 있다.
>
> 이 제도를 통해 신·재생에너지를 이용한 발전량과 발전설비 용량이 지속적으로 증가하였고, 최근에는 목표 대비 의무 이행 비율 역시 90%를 상회하는 등 긍정적인 성과가 있었으나 다음과 같은 문제점들이 지적되고 있다. 첫째, 제도 도입취지와 달리 제도의 구조적 특징으로 신·재생에너지 공급 비용 절감 효과가 불확실한 면이 있다. 둘째, 단기간 내 사업 추진이 용이한 '폐기물 및 바이오매스 혼소 발전' 등의 에너지원에 대한 편중성이 나타나고 있다. 셋째, 발전 공기업 등 공급의무자에게 할당되는 공급의무량이 단계적으로 증가함에 따라 최종 전력소비자인 국민들에게 전가되는 비용 부담 또한 지속적으로 증가할 가능성이 있다.
>
> 이에 다음과 같은 개선방안을 고려해 볼 수 있다. 첫째, RPS 제도의 구조적 한계를 보완하고 신·재생에너지 공급 비용의 효과적 절감을 도모하기 위해, 제도화된 신·재생에너지 경매 시장을 도입하고 적용 범위를 확대하는 방안을 고려해 볼 필요가 있다. 둘째, 신·재생에너지 공급인증서(REC) 지급 기준을 지속적으로 재정비할 필요가 있다. 셋째, 에너지 다소비 기업 및 탄소 다량 배출 산업분야의 기업 등 민간 에너지 소비 주체들이 직접 신·재생에너지를 통해 생산된 전력을 구매할 수 있거나, 민간 기업들이 직접 REC 구매를 가능하게 하는 등 관련 제도 보완을 마련할 필요가 있다.

① 다양한 종류의 신·재생에너지원 사업이 추진되었다.

② 발전 비용 증가로 전기료가 인상될 가능성이 있다.

③ 민간 기업은 직접 REC를 구매할 수 없다.

④ 신·재생에너지 발전량이 증가하였다.

⑤ 자체 설비만으로 RPS 비율을 채울 수 없을 경우 신·재생에너지 투자 등의 방법으로 대신할 수 있다.

02 다음 문단을 논리적 순서대로 바르게 나열한 것은?

(가) 최초 전등 점화에 성공하기는 하였지만, 전등 사업은 예상처럼 순조롭게 진행되지는 못하였다. 설비비용, 발전 시설 운전에 소요되는 석탄 등 연료비용, 외국 기술자 초빙에 따른 비용이 너무 높았기 때문에 전기 점등에 반대하는 상소를 올리는 사람들도 등장하였다. 게다가 점등된 전등들이 얼마 지나지 않아 툭하면 고장이 나서 전기가 들어오지 않기 일쑤거나 소음도 심해서 사람들은 당시 전등을 '건달불'이라고 부르기도 했다. 더군다나 경복궁에 설치된 발전 설비를 담당하던 유일한 전기 기사 맥케이(William Mckay)가 갑작스럽게 죽으면서 전기 점등이 몇 개월이나 지연되는 사태도 일어났다.

(나) 기록에 의하면 우리나라에 처음 전기가 도입된 때는 개항기였던 1884년쯤이다. 최초의 전기 소비자는 조선의 황실이었으며, 도입국은 미국이었다. 황실의 전기 도입은 '조미 수호 통상 조약' 체결에 대한 감사의 표시로 미국이 조선의 사절단을 맞아들인 것이 직접적인 계기가 되었다. 1883년 미국에 파견된 '보빙사절단'은 발전소와 전신국을 방문하면서 전기의 위력에 감탄해 마지않았고, 특히 에디슨(Edison, Thomas Alva)의 백열등이 발하는 밝은 빛에 매료되고 말았다. 밀초나 쇠기름의 희미한 촛불에 익숙해 있던 그들에게 백열등의 빛은 개화의 빛으로 보였던가 보다. 그들은 미국 방문 중에 에디슨 전기 회사로 찾아가 전기등에 대한 주문 상담까지 벌였고, 귀국 후에는 고종에게 자신들이 받은 강렬한 인상을 전달하였다. 외국 사신들과 서적을 통해 전기에 관해서는 이미 알고 있던 고종은 이들의 귀국 보고를 받고는 바로 전등 설치를 허가하였다. 그리고 3개월 후 공식적으로 에디슨 사에 전등 설비 도입을 발주하였다.

(다) 이런 우여곡절에도 불구하고 고종의 계속적인 지원으로 전등 사업은 계속되어, 1903년에는 경운궁에 자가 발전소가 설치되어 궁내에 약 900개의 백열등이 밝혀지게 되었다. 그 후 순종 황제의 거처가 된 창덕궁에는 45마력의 석유 발전기와 25kW 직류 발전기가 도입되어, 1908년 9월부터 발전에 들어가기도 했다. 전등은 이렇게 항시적으로 구중궁궐(九重宮闕)을 밝히는 조명 설비로 자리를 잡아 갔다.

(라) 갑신정변에 의해 잠시 중단되었던 이 전등 사업은 다시 속개되어, 마침내 1887년 3월 경복궁 내 건천궁에 처음으로 100촉짜리 전구 두 개가 점등될 수 있었다. 프레이자(Everett Frazar)가 총책임을 맡은 이 일은 당시로서는 경복궁 전체에 750개의 16촉짜리 전등을 설치하고 이에 필요한 발전 설비를 갖추는 대형 사업이었다. 40마력의 전동기 한 대와 이 엔진에 연결할 25kW 직류 발전기가 발전 설비로 도입되었고, 경복궁 내에 있는 향원정의 물이 발전기를 돌리는 데 이용되었다.

① (가) – (나) – (다) – (라)
② (나) – (다) – (가) – (라)
③ (나) – (라) – (가) – (다)
④ (다) – (라) – (가) – (나)
⑤ (다) – (라) – (나) – (가)

03 다음 글의 내용 전개 방식으로 가장 적절한 것은?

> 4차 산업혁명이라는 새로운 산업혁신 담론이 제시되면서 각각 분리되어 있던 기존 산업이 IT기술을 통해 서로 융복합하여 새로운 혁신을 이루어 내고 있다. 이러한 산업의 융복합은 부동산서비스업계에서도 함께 진행되어 부동산(Property)과 기술(Technology)이 결합한 프롭테크(Proptech)라는 혁신을 이루어 내고 있다.
>
> 프롭테크는 단순히 부동산 매물을 스마트폰으로 확인하는 것 이외에도 다양한 기술을 가지고 있다. 대면계약 대신 모바일로 부동산 계약을 진행하거나, 인공지능 기술을 활용하여 부동산 자산 컨설팅을 받을 수 있으며, 블록체인 기술을 통해 부동산 거래정보를 공유할 수도 있다. 또한 빅데이터 기술을 통해 집값을 실시간으로 산출 및 예측해 주거나, 2차원의 건축도면을 3차원의 입체화면으로 변환하여 보여주는 등 부동산에 관련된 다양하고 편리한 기능들을 사용자에게 제공하고 있다. 특히 코로나19 사태 이후로 메타버스 등의 가상현실 기술을 활용하여 오프라인 견본주택 대신에 모바일 등의 환경에서 가상 모델하우스를 선보이는 등 대형 건설사도 프롭테크 기업들과 협업을 하는 사례가 증가하고 있다.
>
> 이처럼 프롭테크 기술을 통해 굳이 발로 뛰어다니며 발품을 팔지 않아도 스마트폰으로 편리하게 다양한 정보를 손쉽게 얻을 수 있고 거래 사실이 확실한 정보로 남기 때문에 정부에서도 J공사와 S공사가 공급하는 모든 공공분양에 프롭테크 기술을 활용한 전자계약을 의무화 하는 등 프롭테크 기술을 적극적으로 활용하고 있다.
>
> 그러나 프롭테크 기술이 성장하면서 기존 산업과의 마찰도 심해지고 있다. 특히 부동산 중개수수료에 대한 기존 공인중개사 업체와 프롭테크 업체 간 갈등이 심하게 진행되고 있다. 그러므로 기존의 업계들과 공존할 수 있도록 정부차원에서 제도적 장치를 마련하는 것이 시급하다.

① 전문가의 말을 인용하여 기술을 소개하고 있다.

② 예상되는 반론을 논파하여 기술의 장점을 강조하고 있다.

③ 비유와 상징을 통해 기술을 설명하고 있다.

④ 다양한 예시를 통해 산업의 융합을 소개하고 있다.

⑤ 기존과 달리 새로운 시각으로 기술을 바라보고 있다.

04 다음 글의 내용으로 적절하지 않은 것은?

전남 나주시가 강소연구개발특구 운영 활성화를 위해 한국전력공사, 특구기업과의 탄탄한 소통 네트워크 구축에 나섰다.

나주시는 혁신산업단지에 소재한 에너지신기술연구원에서 전라남도, 한국전력공사, 강소특구 44개 기업과 전남 나주 강소연구개발특구 기업 커뮤니티 협약을 체결했다고 밝혔다. 이번 협약은 각 주체 간 정보 교류, 보유 역량 활용 등을 위해 특구기업의 자체 커뮤니티 구성에 목적을 뒀다. 협약 주체들은 강소특구 중장기 성장모델과 전략수립 시 공동으로 노력을 기울이고, 적극적인 연구개발(R&D) 참여를 통해 상호 협력의 밸류체인(Value Chain)을 강화하기로 했다.

커뮤니티 구성에는 총 44개 기업이 참여해 강소특구 주력사업인 지역특성화육성사업에 부합하는 에너지효율화, 특화사업, 지능형 전력그리드 등 3개 분과로 운영된다. 또한 ㈜한국항공조명, ㈜유진테크노, ㈜미래이앤아이가 분과 리더기업으로 각각 지정되어 커뮤니티 활성화를 이끌 예정이다.

나주시와 한국전력공사는 협약을 통해 기업의 판로 확보와 에너지산업 수요·공급·연계 지원 등 특구기업과의 동반성장 플랫폼 구축에 힘쓸 계획이다.

한국전력공사 기술기획처장은 "특구사업의 선택과 집중을 통한 차별화된 지원을 추진하고, 기업 성장단계에 맞춘 효과적인 지원을 통해 오는 2025년까지 스타기업 10개사를 육성하겠다."라는 계획을 밝혔다. 또한 나주시장 권한대행은 "이번 협약을 통해 기업 수요 기반 통합정보 공유로 각 기업의 성장단계별 맞춤형 지원을 통한 기업 경쟁력 확보와 동반성장 인프라 구축에 힘쓰겠다."라고 말했다.

① 협약에 참여한 기업들은 연구개발 활동에 적극적으로 참여해야 한다.
② 나주시의 에너지신기술연구원은 혁신산업단지에 위치해 있다.
③ 협약 주체들은 한국전력공사와 강소특구의 여러 기업들이다.
④ 협약의 커뮤니티 구성은 총 3개 분과로 이루어져 있고, 분과별로 2개의 리더 그룹이 분과를 이끌어갈 예정이다.
⑤ 나주시와 한국전력공사는 협약을 통해 기업의 판로 확보와 에너지산업 연계 지원 등에 힘쓸 계획이다.

05 다음 글을 읽고 추론할 수 있는 내용으로 적절하지 않은 것은?

현재 화성을 탐사 중인 미국의 탐사 로버 '퍼시비어런스'는 방사성 원소인 플루토늄이 붕괴하면서 내는 열을 전기로 바꿔 에너지를 얻는다. 하지만 열을 전기로 바꾸는 변환 효율은 4 ~ 5%에 머물고 있다. 전기를 생산하기 어려운 화성에서는 충분히 쓸만하지만 지구에서는 효율적인 에너지원이 아니다. 그러나 최근 국내 연구팀이 오랫동안 한계로 지적된 열전 발전의 효율을 20% 이상으로 끌어올린 소재를 개발했고, 지금까지 개발된 열전 소재 가운데 세계에서 가장 효율이 높다는 평가를 받고 있다.

서울대 화학생물공학부 교수팀은 메르쿠리 카나치디스 미국 노스웨스턴대 화학부 교수 연구팀과 공동으로 주석과 셀레늄을 이용한 다결정 소재를 이용해 세계 최초로 열전성능지수(zT) 3을 넘기는 데 성공했다고 밝혔다.

전 세계적으로 생산된 에너지의 65% 이상은 사용되지 못하고 열로 사라진다. 온도차를 이용해 전기를 생산하는 열전 기술은 이러한 폐열을 전기에너지로 직접 변환할 수 있다. 하지만 지금까지 개발된 소재들은 유독한 납과 지구상에서 8번째로 희귀한 원소인 텔루늄을 활용하는 등 상용화에 어려움이 있었다. 발전 효율이 낮은 것도 문제였다. 때문에 퍼시비어런스를 비롯한 화성탐사 로버에 탑재된 열전소재도 낮은 효율을 활용할 수밖에 없었다.

카나치디스 교수팀은 이를 대체하기 위한 소재를 찾던 중 2014년 셀레늄화주석 단결정 소재로 zT 2.6을 달성해 국제학술지 '네이처'에 소개했다. 그러나 다이아몬드처럼 만들어지는 단결정 소재는 대량 생산이 어렵고 가공도 힘들어 상용화가 어렵다는 점이 문제로 꼽혔다. 이를 다결정으로 만들면 열이 결정 사이를 오가면서 방출돼 열전효율이 낮아지는 문제가 있었다. 또한 결과가 재현되지 않아 네이처에 셀레늄화 주석 소재의 열전성능에 대해 반박하는 논문이 나오기도 했다.

연구팀은 셀레늄화 주석의 구조를 분석해 원인을 찾았다. 주석을 활용하는 소재인 페로브스카이트 전고체 태양전지를 세계 처음으로 만든 교수팀은 순도 높은 주석이라도 표면이 산화물로 덮인다는 점을 주목했다. 열이 전도성 물질인 산화물을 따라 흐르면서 열전효율이 떨어진 것이다. 연구팀은 주석의 산화물을 제거한 후 셀레늄과 반응시키고 이후로도 추가로 순도를 높이는 공정을 개발해 문제를 해결했다.

연구팀이 개발한 주석셀레늄계(SnSe) 신소재는 기존 소재보다 월등한 성능을 보였다. 신소재는 섭씨 510도에서 zT가 3.1인 것으로 나타났고 소재 중 처음으로 3을 돌파했다. 납 텔루늄 소재 중 지금까지 최고 성능을 보인 소재의 zT가 2.6이었던 것을 감안하면 매우 높은 수치다. 에너지 변환효율 또한 기존 소재들이 기록한 5 ~ 12%보다 높은 20% 이상을 기록했다. 연구팀은 "지도교수였던 카나치디스 교수에게도 샘플을 보내고 열전도도를 측정하는 회사에도 소재를 보내 교차검증을 통해 정확한 수치를 얻었다."라고 말했다.

① 주석셀레늄계 신소재는 열전발전의 효율이 기존보다 4배 이상 높다.
② 현재까지 한국에서 개발한 열전소재가 가장 열전효율이 높다.
③ 주석셀레늄계 신소재는 어떤 환경에서든 열전발전의 효율지수(zT)가 3.1을 넘는다.
④ 열전소재에 전기가 통하는 물질이 있다면 열전효율이 저하될 수 있다.
⑤ 화성 탐사 로버 '퍼시비어런스'는 열을 전기로 바꿔 에너지원으로 삼지만, 그 효율은 5% 정도에 그쳤다.

06 다음 글을 읽고 추론할 수 있는 '넛지효과'의 예시로 적절하지 않은 것은?

우리 대다수는 이메일을 일상적으로 사용하면서 첨부 파일을 깜빡 잊는 실수를 종종 범한다. 만약 이메일 서비스 제공 업체가 제목이나 본문에 '파일 첨부'란 단어가 있음에도 사용자가 파일을 첨부하지 않을 경우 '혹시 첨부해야 할 파일은 없습니까?'라고 발송 전 미리 알려주면 어떨까? 예시로 안전벨트 미착용 문제를 해결하기 위해 지금처럼 경찰이 단속하고 과태료를 물리는 것보다 애초에 안전벨트를 착용하지 않으면 주행이 되지 않게 설계하는 것은 어떨까? 이처럼 우리 인간의 선택과 행동을 두고 규제, 단속, 처벌보다는 부드럽게 개입하는 방식은 어떨까?

넛지(Nudge)는 강압적이지 않은 방법으로 사람들의 행동을 바꾸는 현상을 의미한다. 넛지의 사전적 의미는 '팔꿈치로 슬쩍 찌르다.', '주위를 환기하다.'인데, 시카고대 교수이자 행동경제학자인 리처드 탈러(Richard H. Thaler)와 하버드대 로스쿨 교수인 캐스 선스타인(Cass R. Sunstein)은 2008년 공동집필한 책 『Nudge : Improving Decisions about Health, Wealth, and Happiness』를 내놓으면서 넛지를 '사람들의 선택을 유도하는 부드러운 개입'이라고 정의하였다. 이 책은 세계 여러 나라에서 번역되었는데, 특히 한국에서는 2009년 봄 『넛지 : 똑똑한 선택을 이끄는 힘』이라는 제목으로 출간된 이후 대통령이 여름휴가 때 읽고 청와대 직원들에게 이 책을 선물하면서 화제가 되었다.

부드러운 간섭을 통한 넛지효과를 활용해 변화를 이끌어낸 사례는 많다. 그중에서 기업마케팅 전략으로 '넛지마케팅'이 최근 각광받고 있다. 예를 들어, 제품을 효율적으로 재배치만 해도 특정 상품의 판매를 늘릴 수 있다는 연구결과가 속속 나오고 있다. 그렇다면 설탕을 줄인 제품을 잘 보이는 곳에 진열하면 어떨까? 최근 각국에서 비만의 사회적 비용을 줄이기 위한 설탕세(Soda Tax, Sugar Tax, Sugary Drinks Tax) 도입을 두고 찬반 논쟁이 치열한데 징벌적 성격의 세금부과보다 넛지효과를 이용해 설탕 소비 감소를 유도하는 것은 어떨까? 우리나라 미래를 이끌 20 ~ 30대 청년의 초고도비만이 가파르게 증가하는 현실에서 소아비만과 청년비만 대응책으로 진지하게 생각해 볼 문제이다.

이처럼 공익적 목적으로 넛지효과를 사용하는 현상을 '넛지 캠페인'이라 한다. 특히 개인에게 '넛지'를 가할 수 있는 '선택 설계자(Choice Architecture)'의 범위를 공공영역으로 확대하는 것은 공공선을 달성하기 위해 매우 중요하다.

① 계단을 이용하면 10원씩 기부금이 적립되어 계단 이용을 장려하는 '기부 계단'
② 쓰레기통에 쓰레기를 집어넣도록 유도하기 위해 농구 골대 형태로 만든 '농구대 쓰레기통'
③ 금연율을 높이기 위해 직접적이고 재미있는 'No담배' 문구를 창작한 캠페인
④ 계단을 오르내리면 피아노 소리가 나와 호기심으로 계단 이용을 장려하는 '피아노 계단'
⑤ 아이들의 손씻기를 장려하기 위해 비누 안에 장난감을 집어넣은 '희망 비누'

07 다음 글을 읽고 추론할 수 있는 내용으로 적절하지 않은 것은?

해외여행을 떠날 때, 필수품 중의 하나는 여행용 멀티 어댑터라고 볼 수 있다. 나라마다 사용 전압과 콘센트 모양이 다르기 때문에 여행자들은 어댑터를 이용해 다양한 종류의 표준전압에 대처하고 있다. 일본·미국·대만은 110V를 사용하고, 유럽은 220 ~ 240V를 사용하는 등 나라마다 이용 전압도 다르고, 주파수·플러그 모양·크기도 제각각으로 형성되어 있다.

그렇다면 왜 세계 여러 나라는 전압을 통합해 사용하지 않고, 왜 우리나라는 220V를 사용할까? 한국도 처음 전기가 보급될 때는 11자 모양 콘센트의 110V를 표준전압으로 사용했다. 1973년부터 2005년까지 32년에 걸쳐 1조 4,000억 원을 들여 220V로 표준전압을 바꾸는 작업을 진행했다. 어렸을 때, 집에서 일명 '도란스(Trance)'라는 변압기를 사용했던 기억이 있다.

한국전력공사 승압 작업으로 인해 110V의 가전제품을 220V의 콘센트·전압에 이용했다. 220V 승압 작업을 진행했던 이유는 전력 손실을 줄이고 같은 굵기의 전선으로 많은 전력을 보내기 위함이었다. 전압이 높을수록 저항으로 인한 손실도 줄어들고 발전소에서 가정으로 보급하는 데까지의 전기 전달 효율이 높아진다. 쉽게 말해서 수도관에서 나오는 물이 수압이 높을수록 더욱더 강하게 나오는 것에 비유하면 되지 않을까 싶다.

한국전력공사에 따르면 110V에서 220V로 전압을 높임으로써 설비의 증설 없이 기존보다 2배 정도의 전기 사용이 가능해지고, 전기 손실도 줄어 세계 최저 수준의 전기 손실률을 기록하게 됐다고 한다. 물론 220V를 이용할 때 가정에서 전기에 노출될 경우 위험성은 더 높을 수 있다.

110V를 표준전압으로 사용하는 일본·미국은 비교적 넓은 대지와 긴 송전선로로 인해 220V로 전압을 높이려면 전력설비 교체 비용과 기존의 전자제품 이용으로 엄청난 비용과 시간이 소요되므로 승압이 어려운 상황이다. 또한 지진이나 허리케인과 같은 천재지변으로 인한 위험성이 높고 유지 관리에 어려운 점, 다수의 민영 전력회사로 운영된다는 점도 승압이 어려운 이유라고 생각한다.

국가마다 표준전압이 달라서 조심해야 할 사항도 있다. 콘센트 모양만 맞추면 사용할 수 있겠다고 생각하겠지만 110V 가전제품을 우리나라로 가져와서 220V의 콘센트에 연결 후 사용하면 제품이 망가지고 화재나 폭발이 일어날 수도 있다. 반대로 220V 가전제품을 110V에 사용하면 낮은 전압으로 인해 정상적으로 작동되지 않는다. 해외에 나가서 가전제품을 이용하거나 해외 제품을 직접 구매해 가정에서 이용할 때는 꼭 주의하여 사용하기 바란다.

① 한국에 처음 전기가 보급될 때는 110V를 사용했었다.

② 일본과 미국에서는 전력을 공급하는 사기업들이 있을 것이다.

③ 전압이 다른 가전제품을 변압기 없이 사용하면 위험하거나 제품의 고장을 초래할 수 있다.

④ 220V로 전압을 높이면 전기 전달 과정에서 발생하는 손실을 줄여 효율적으로 가정에 전달할 수 있다.

⑤ 1조 4,000억 원가량의 예산을 들여 220V로 전환한 이유는 가정에서의 전기 안전성을 높이기 위함이다.

08 다음 문단을 논리적 순서대로 바르게 나열한 것은?

(가) 이 플랫폼은 IoT와 클라우드 기반의 빅데이터 시스템을 통해 수소경제 전 주기의 데이터를 수집·활용해 안전관련 디지털 트윈 정보와 인프라 감시, EMS, 수소·전력 예측 서비스 등을 제공하는 '통합 안전관리 시스템'과 수집된 정보를 한전KDN이 운영하는 마이크로그리드 전력관리시스템(MG – EMS)과 에너지 집중 원격감시 제어시스템(SCADA, Supervisory Control And Data Acquisition)으로부터 제공받아 실시간 인프라 감시정보를 관리자에게 제공하는 '에너지 통합감시 시스템'으로 구성된 솔루션이다. 특히, 수소도시의 주요 설비를 최상의 상태로 운영하고자 안전 포털 서비스, AI 예측 서비스, 에너지 SCADA, 디지털트윈, 수소설비 데이터 수집 및 표준화 기능을 제공하는 것이 특징이다. 한전KDN 관계자는 "한전KDN은 에너지 ICT 전문 공기업의 역할을 성실히 수행하며 올해 창립 30주년이 됐다."면서 "안정적 전력산업 운영 경험을 통한 최신 ICT 기술력을 국제원자력산업전 참가로 널리 알리고 사업 다각화를 통한 기회의 장으로 삼을 수 있도록 노력할 것"이라고 밝혔다.

(나) 국내 유일의 에너지 ICT 공기업인 한전KDN은 이번 전시회에 원전 전자파 감시시스템, 수소도시 통합관리 플랫폼 등 2종의 솔루션을 출품·전시했다. 원전 전자파 감시시스템'은 올해 새롭게 개발되고 있는 신규솔루션으로, 국내 전자파 관련 규제 및 지침 법규에 따라 원자력발전소 내 무선통신 기반 서비스 운영설비의 전자파를 감시·분석해 안정성을 확보하고 이상 전자파로부터 원자력의 안전 운용을 지원하는 시스템이다. 특히, 이상 전자파 검증기준에 따라 지정된 배제구역(출입통제구역)에 설치된 민감기기의 경우 무단 출입자에 따른 안정을 확보하기 어렵다는 점을 극복하고자 현장 무선기기의 전자파 차단과 함께 실시간으로 민감기기 주변 전자파를 감시해 이상 전자파 감지 시 사용자 단말기에 경보 알람을 발생시키는 등 안정적인 발전소 관리에 기여할 것으로 기대된다. 한전KDN이 함께 전시하는 수소도시 통합관리 플랫폼은 정부가 추진하는 수소시범도시의 안전관리를 위한 것으로 수소 생산시설, 충전소, 파이프라인, 튜브 트레일러, 연료전지, 수소버스까지 다양한 수소도시의 설비운영과 안전관리를 위해 개발된 솔루션이다.

(다) 한전KDN이 4월 부산 벡스코(BEXCO)에서 열리는 2022 부산 국제원자력산업전에 참가했다. 올해 6회째를 맞는 국내 최대 원자력분야 전문 전시회인 부산 국제원자력산업전은 국내외 주요 원자력발전사업체들이 참가해 원전 건설, 원전 기자재, 원전 해체 등 원자력 산업 관련 전반과 함께 전기·전자통신 분야의 새로운 기술과 제품을 선보이며, 12개국 126개사 356부스 규모로 개최됐다.

① (가) – (나) – (다)   ② (나) – (가) – (다)
③ (나) – (다) – (가)   ④ (다) – (가) – (나)
⑤ (다) – (나) – (가)

09　다음 글의 내용을 바르게 설명한 사람을 〈보기〉에서 모두 고르면?

우리는 가끔 평소보다 큰 보름달인 '슈퍼문(Supermoon)'을 보게 된다. 실제 달의 크기는 일정한데 이러한 현상이 발생하는 까닭은 무엇일까? 이 현상은 달의 공전 궤도가 타원 궤도라는 점과 관련이 있다.

타원은 두 개의 초점이 있고 두 초점으로부터의 거리를 합한 값이 일정한 점들의 집합이다. 두 초점이 가까울수록 원 모양에 가까워진다. 타원에서 두 초점을 지나는 긴지름을 가리켜 장축이라 하는데, 두 초점 사이의 거리를 장축의 길이로 나눈 값을 이심률이라 한다. 두 초점이 가까울수록 이심률은 작아진다.

달은 지구를 한 초점으로 하면서 이심률이 약 0.055인 타원 궤도를 돌고 있다. 이 궤도의 장축상에서 지구로부터 가장 먼 지점을 '원지점', 가장 가까운 지점을 '근지점'이라 한다. 지구에서 보름달은 약 29.5일 주기로 세 천체가 '태양 – 지구 – 달'의 순서로 배열될 때 볼 수 있는데, 이때 보름달이 근지점이나 그 근처에 위치하면 슈퍼문이 관측된다. 슈퍼문은 보름달 중 크기가 가장 작게 보이는 것보다 14% 정도 크게 보인다. 이는 지구에서 본 달의 겉보기 지름이 달라졌기 때문이다. 지구에서 본 천체의 겉보기 지름을 각도로 나타낸 것을 각지름이라 하는데, 관측되는 천체까지의 거리가 가까워지면 각지름이 커진다. 예를 들어, 달과 태양의 경우 평균적인 각지름은 각각 0.5° 정도이다.

지구의 공전 궤도에서도 이와 같은 현상이 나타난다. 지구 역시 태양을 한 초점으로 하는 타원 궤도로 공전하고 있으므로, 궤도상의 지구의 위치에 따라 태양과의 거리가 다르다. 달과 마찬가지로 지구도 공전 궤도의 장축상에서 태양으로부터 가장 먼 지점과 가장 가까운 지점을 갖는데, 이를 각각 원일점과 근일점이라 한다. 지구와 태양 사이의 이러한 거리 차이에 따라 일식 현상이 다르게 나타난다. 세 천체가 '태양 – 달 – 지구'의 순서로 늘어서고, 달이 태양을 가릴 수 있는 특정한 위치에 있을 때, 일식 현상이 일어난다. 이때 달이 근지점이나 그 근처에 위치하면 대부분의 경우 태양 면의 전체 면적이 달에 의해 완전히 가려지는 개기 일식이 관측된다. 하지만 일식이 일어나는 같은 조건에서 달이 원지점이나 그 근처에 위치하면 대부분의 경우 태양 면이 달에 의해 완전히 가려지지 않아 태양 면의 가장자리가 빛나는 고리처럼 보이는 금환 일식이 관측될 수 있다.

이러한 원일점, 근일점, 원지점, 근지점의 위치는 태양, 행성 등 다른 천체들의 인력에 의해 영향을 받아 미세하게 변한다. 현재 지구 공전 궤도의 이심률은 약 0.017인데, 일정한 주기로 이심률이 변한다. 천체의 다른 조건들을 고려하지 않을 때 지구 공전 궤도의 이심률만이 현재보다 더 작아지면 근일점은 현재보다 더 멀어지며 원일점은 현재보다 더 가까워지게 된다. 이는 달의 공전 궤도상에 있는 근지점과 원지점도 마찬가지이다. 천체의 다른 조건들을 고려하지 않을 때 천체의 공전 궤도의 이심률만이 현재보다 커지면 반대의 현상이 일어난다.

보기

재석 : 달 공전 궤도의 이심률은 태양의 인력에 의해서 변화하기도 해.
명수 : 현재를 기준으로 하였을 때 지구 공전 궤도보다 달 공전 궤도가 더 원에 가까워.
하하 : 지구 공전 궤도의 근일점에서 본 태양의 각지름은 원일점에서 본 태양의 각지름보다 더 커.
준하 : 태양, 달, 지구의 배열이 동일하더라도 달이 지구 공전 궤도의 어느 지점에 위치하느냐에 따라서 일식의 종류가 달라질 수 있어.

① 재석, 명수　　　　　　　　　② 명수, 하하
③ 하하, 준하　　　　　　　　　④ 재석, 하하, 준하
⑤ 명수, 하하, 준하

10 다음 글을 읽고 추론할 수 있는 내용으로 적절하지 않은 것은?

> '메기 효과'란 용어가 있다. 정체된 생태계에 메기 같은 강력한 포식자(경쟁자)가 나타나면 개체들이 생존을 위해 활력을 띄게 되는 현상을 말하며, 주로 경영학에서 비유적으로 사용된다. 이는 과거 유럽 어부들이 북해 연안에서 잡은 청어를 싱싱하게 운반하기 위해 수조에 천적인 메기를 넣었다는 주장에서 비롯된 것으로 알려졌으며, 역사학자 아놀드 토인비가 즐겨 사용한 것으로 알려졌다. 그런 데 최근에는 메기 효과 자체가 없거나 과장됐다는 주장도 나온다.
>
> 메기 효과의 기원에 대해서는 영어권에서도 논란이다. 영문판 위키피디아에서는 메기 효과의 기원에 대해서 알려진 것이 없으며 영어 문헌에서는 거의 다뤄지지 않는다고 적고 있다. 서울특별시 미디어 기업인 뉴스톱은 메기 효과의 역사적 기원에 대해서 추적을 해보았으나 관련 내용을 찾지 못했다. 노르웨이(혹은 영국) 어부가 청어를 싱싱하게 운송하기 위해 수조에 메기를 넣는 방법을 사용했다는 주장만 있을 뿐, 이 방법이 실제 사용됐는지, 효과가 있는지는 확인되지 않았다. 소수의 영어 문헌만이 동일한 주장을 반복하고 있을 뿐이다.
>
> 이처럼 메기 효과는 영미권에서는 잘 사용하지 않지만 한국과 중국에서 많이 사용하고 있다. 2019년 12월 16일 금융위원회가 토스 뱅크의 인터넷 전문은행 예비인가를 의결했을 때, 관련 전문가들은 토스 뱅크의 등장이 기존 금융시장에 메기 효과를 일으킬 것이라며 기업의 경쟁력을 키우기 위해 적절한 위협요인과 자극이 필요하다고 메기 효과를 강조하였다.
>
> 이처럼 메기 효과는 영미권이 기원으로 알려졌지만, 실제로는 한국, 중국 등 동아시아 지역에서 많이 사용되며 영미권에서는 제한적으로 사용되고 있다. 이는 개인 간 경쟁을 장려하는 동아시아 특유의 문화가 반영된 것으로 보인다.

① 메기 효과란 강력한 경쟁자가 나타났을 때 기존 경쟁자 간의 경쟁력을 키워주는 것을 말한다.

② 메기 효과는 때로는 위협요인이 성장에 도움이 될 수 있다는 생각을 바탕으로 할 것이다.

③ 메기 효과의 기원은 유럽 어부들이 청어를 더 싱싱하게 운반하기 위해 청어 수조에 메기를 집어넣던 것으로 확실히 밝혀졌다.

④ 메기 효과가 서양보다는 동양에서 많이 사용되고 언급되는 것은 두 문화권이 경쟁을 보는 관점에 차이가 있기 때문일 것이다.

⑤ 메기 효과의 사례로 마라토너가 혼자 뛸 때보다 경쟁자와 함께 뛸 때 기록이 더 좋아지는 경우를 들 수 있을 것이다.

11 다음 '밀그램 실험'에 대한 글을 읽고 〈보기〉와 같이 요약하였다. 빈칸에 들어갈 단어로 가장 적절한 것은?

> 밀그램 실험은 예일 대학교 사회심리학자인 스탠리 밀그램(Stanley Milgram)이 1961년에 한 실험으로, 사람이 권위자의 잔인한 명령에 얼마나 복종하는지를 알아보는 실험이다.
>
> 인간성에 대해 탐구하기 위해 밀그램은 특수한 실험 장치를 고안했다. 실험자는 피실험자가 옆방에 있는 사람에게 비교적 해가 되지 않는 15V에서 사람에게 치명적인 피해를 줄 수 있는 450V까지 순차적으로 전기충격을 가하도록 명령한다. 이와 동시에 고압 전기충격에 대한 위험성도 피실험자에게 알려 주었다. 물론 이 실험에서 실제로 전기가 통하게 하지 않았으며, 전문 배우가 실제로 전기충격을 받는 것처럼 고통스럽게 비명을 지르거나 그만하라고 소리치게 하였다. 이때 실험자는 피실험자에게 과학적 발전을 위한 실험이라며 중간에 전기충격을 중단해서는 안 된다는 지침을 내렸다. 밀그램은 실험 전에는 단 0.1%만이 450V까지 전압을 올릴 것으로 예상했지만, 실제로는 실험에 참가한 40명 중 65%가 전문 배우가 그만하라고 고통스럽게 소리를 지르는데도 실험자의 명령에 따라 가장 높은 450V까지 전압을 올렸다. 이들은 상대가 죽을 수도 있다는 것을 알고 있었고, 비명도 들었으나 모든 책임은 실험자가 지겠다는 말에 복종한 것이다.

> **보기**
>
> 밀그램의 전기충격 실험은 사람들이 권위자의 명령에 어디까지 복종하는지를 알아보기 위한 실험이다. 실험 결과 밀그램이 예상한 것과 달리 아주 일부의 사람만 _____하였다.

① 복종　　　　　　　　　② 순응
③ 고민　　　　　　　　　④ 불복종
⑤ 참가

12 다음 문단을 논리적 순서대로 바르게 나열한 것은?

> (가) 당시 테메르 대통령의 거부권 행사가 노르웨이 방문을 앞두고 환경친화적인 모습을 보여주기 위한 행동이라는 비난이 제기됐다. 노르웨이는 아마존 열대우림 보호를 위해 국제사회의 기부를 통해 조성되는 아마존 기금에 가장 많은 재원을 낸 국가다. '아마존 기금'은 지난 2008년 루이스 이나시우 룰라 다 시우바 전 대통령의 요청으로 창설됐으며, 아마존 열대우림 파괴 억제와 복구 활동 지원을 목적으로 한다. 현재까지 조성된 기금은 28억 4천 300만 헤알(약 1조 원)이다. 노르웨이가 97%에 해당하는 27억 7천만 헤알을 기부했고 독일이 6천만 헤알, 브라질이 1천 300만 헤알을 냈다.
>
> (나) 브라질 정부가 지구의 허파로 불리는 아마존 열대우림 내 환경보호구역 축소를 추진하면서 상당한 논란이 예상된다. 15일(현지시간) 브라질 언론에 따르면 환경부는 북부 파라 주(州)의 남서부에 있는 130만 ha 넓이의 자만심 국립공원 가운데 27%를 환경보호구역에서 제외하는 법안을 의회에 제출했다. 이 법안은 환경보호구역으로 지정된 열대우림을 벌목, 채굴, 영농 등의 목적으로 용도 변경하는 것이다. 브라질 의회는 지난 5월 자만심 국립공원의 37%를 용도 변경하는 법안을 통과시켰으나 미셰우 테메르 대통령이 거부권을 행사했다. 환경단체들은 "새 법안이 통과되면 열대우림 파괴를 가속하는 결과를 가져올 것"이라면서 "2030년까지 이 지역에서 배출되는 탄산가스가 배로 늘어날 것으로 추산된다."라고 주장했다.
>
> (다) 노르웨이 정부는 브라질 정부의 아마존 열대우림 보호 정책에 의문을 제기하면서, 이에 대한 명확한 설명이 없으면 올해 기부하기로 한 금액 가운데 절반 정도를 줄이겠다고 밝혔다. 독일 정부도 아마존 열대우림 파괴 면적이 최근 2년간 60%가량 늘었다고 지적하면서 지난해 현황이 발표되면 기부 규모를 결정할 것이라고 말했다. 브라질 아마존 환경연구소(IPAM)에 따르면 2015년 8월 ~ 2016년 7월에 아마존 열대우림 7천 989km^2가 파괴된 것으로 확인됐다. 이는 중남미 최대 도시인 상파울루의 5배에 달하는 면적으로, 1시간에 128개 축구경기장 넓이에 해당하는 열대우림이 사라진 것과 마찬가지라고 IPAM은 말했다. 아마존 열대우림 파괴 면적은 2003년 8월부터 2004년 7월까지 2만 7천 772km^2를 기록한 이후 감소세를 보였다.

① (가) - (나) - (다)
② (나) - (가) - (다)
③ (나) - (다) - (가)
④ (다) - (가) - (나)
⑤ (다) - (나) - (가)

13 다음은 농부 A씨가 경기도 광주시에 있는 농장에서 최근 1년간 사용한 전력량 기록이다. 농장의 계약전력은 500kW이고, 주어진 송전요금 계산 규정과 요금표를 참고할 때, 2022년 5월 A씨가 지불한 송전이용요금은?(단, 기본요금과 사용요금 계산 시 각각 10원 미만은 절사한다)

년월	전력소비량(kWh)	년월	전력소비량(kWh)
2021.04	3,800	2021.11	3,970
2021.05	3,570	2021.12	4,480
2021.06	3,330	2022.01	4,790
2021.07	2,570	2022.02	3,960
2021.08	2,200	2022.03	3,880
2021.09	2,780	2022.04	3,760
2021.10	3,000	2022.05	3,500

송전이용요금의 계산 및 청구(제43조)
① 송전이용요금은 기본요금과 사용요금의 합계액으로 하며, 1이용계약에 대하여 1개월마다 [별표 1 – 송전이용요금표]에 따라 계산하여 청구합니다.
② 고객에 대한 [별표 1 – 송전이용요금표]의 송전이용요금단가 적용지역은 이용계약서의 이용장소를 기준으로 합니다.
③ 기본요금은 다음 각 호의 1과 같이 계산합니다.
  1. 수요고객의 경우는 [별표 1 – 송전이용요금표]의 수요지역별 송전이용요금단가의 기본요금단가(원kW/월)에 검침 당월을 포함한 직전 12개월 및 당월분으로 고지한 송전요금 청구서상의 가장 큰 최대이용전력을 곱하여 계산합니다(단, 월 사용 전력량은 450시간 사용을 기준으로 환산). 단, 최대이용전력이 계약전력의 30% 미만인 경우에는 계약전력의 30% 해당 전력을 곱하여 계산합니다.
  2. 발전고객의 경우는 [별표 1 – 송전이용요금표]의 발전지역별 송전이용요금단가의 기본요금단가(원/kW/월)에 계약전력(kW)을 곱하여 계산합니다.
④ 사용요금은 다음과 같이 계산합니다.
  1. 수요고객의 경우 수요지역별 사용요금단가(원/kWh)에 당월 사용전력량(kWh)을 곱하여 계산합니다.
  2. 발전고객의 경우 발전지역별 사용요금단가(원/kWh)에 당월 거래전력량(kWh)을 곱하여 계산합니다.
  3. 수요고객의 예비공급설비에 대한 사용요금은 상시 공급설비와 동일한 단가를 적용합니다.

[별표 1 – 송전이용요금표]

1. 발전지역별 송전이용요금단가

발전지역		사용요금 [원/kWh]	기본요금 [원/kW/월]
수도권 북부지역	서울특별시 일부(강북구, 광진구, 노원구, 도봉구, 동대문구, 마포구, 서대문구, 성동구, 성북구, 용산구, 은평구, 종로구, 중구, 중랑구), 경기도 일부(의정부시, 구리시, 남양주시, 고양시, 동두천시, 파주시, 포천시, 양평군, 양주시, 가평군, 연천군)	1.25	667.36
수도권 남부지역	서울특별시 일부(강남구, 강동구, 송파구, 강서구, 관악구, 영등포구, 구로구, 금천구, 동작구, 서초구, 양천구), 인천광역시, 경기도 일부(과천시, 수원시, 안양시, 의왕시, 군포시, 성남시, 평택시, 광명시, 안산시, 안성시, 오산시, 용인시, 이천시, 하남시, 광주시, 여주군, 화성시, 부천시, 김포시, 시흥시)	1.20	
비수도권 지역	부산광역시, 대구광역시, 광주광역시, 대전광역시, 울산광역시, 강원도, 충청북도, 충청남도, 전라북도, 전라남도, 경상북도, 경상남도	1.92	
제주지역	제주특별자치도	1.90	

2. 수요지역별 송전이용요금단가

발전지역		사용요금 [원/kWh]	기본요금 [원/kW/월]
수도권지역	서울특별시, 인천광역시, 경기도	2.44	
비수도권 지역	부산광역시, 대구광역시, 광주광역시, 대전광역시, 울산광역시, 강원도, 충청북도, 충청남도, 전라북도, 전라남도, 경상북도, 경상남도	1.42	667.61
제주지역	제주특별자치도	6.95	

① 11,300원   ② 11,470원
③ 12,070원   ④ 13,820원
⑤ 15,640원

14 한국전력공사의 직원 A와 B는 해외사업 보고를 위한 프레젠테이션 준비를 하고 있다. A가 혼자 준비할 때 7일, B가 혼자 준비할 때 10일이 걸린다면, 두 명이 같이 준비할 때 최소 며칠이 걸리는가?(단, 소수점 첫째 자리에서 올림한다)

① 2일   ② 3일

③ 4일   ④ 5일

⑤ 6일

15 K마켓에서는 4,000원의 물건이 한 달에 1,000개 팔린다. 물가상승으로 인해 가격을 x 원 올렸을 때, 판매량은 $0.2x$ 개 감소하지만 한 달 매출액이 동일하였다면, 인상한 가격은 얼마인가?

① 1,000원   ② 1,100원

③ 1,200원   ④ 1,300원

⑤ 1,400원

16 어떤 물건에 원가의 50% 이익을 붙여 판매했지만 잘 팔리지 않아서 다시 20% 할인해서 판매했더니 물건 1개당 1,000원의 이익을 얻었다. 이 물건의 원가는 얼마인가?

① 5,000원   ② 5,500원

③ 6,000원   ④ 6,500원

⑤ 7,000원

17 다음 자료를 참고할 때, 8월 말 기준 서울에서 업체 하나가 운영하는 전동 킥보드의 평균 대수는?
(단, 평균값은 소수점 첫째 자리에서 반올림한다)

공유 전동 킥보드 플랫폼 업체들은 다음 달 서울에만 3천 대 이상의 새 기기를 공급할 계획인 것으로 조사됐다. 기존 전동 킥보드 고장에 따른 대체 수량은 제외한 수치다.

작년 해외에서 인기를 끈 마이크로모빌리티 서비스 유행이 국내에 상륙하면서 관련 신생 업체들이 빠르게 생겨나고 있다. 연말까지 관련 업체 수십 곳이 문을 열고, 전동 킥보드 3만 ~ 4만 대가 새로 공급될 전망이다. 한국교통연구원은 2020년까지 전동 킥보드 20만 ~ 30만 대가 도로 위를 달릴 것이라고 예상했다.

〈서울에서 운영되는 공유 전동 킥보드 플랫폼 현황〉

서비스명	킥보드 운영 대수 (7월 말 기준)	예정 시기	내용
킥고잉	2,000대	9월	타지역(경기 시흥) 진출
씽씽	1,000대	8월	2,000대 추가
고고씽	300대	9월	5,000대 추가
스윙	300대	8월	300대 추가
지빌리티	200대	–	오디오 콘텐츠 계획
일레클	150대	8월	700대 추가
라이드	150대	–	대학가 확장 계획
플라워로드	100대	–	–
카카오T바이크	100대	–	–
디어	100대	–	–
빔	100대	–	–
윈드	100대	–	–
무빗	100대	–	–

① 415대

② 515대

③ 592대

④ 746대

⑤ 977대

18 다음은 J대학 학생식당의 요일별 평균 이용자 수 및 매출액에 대한 자료이다. 식재료 가격 인상 등 전반적인 물가상승을 식대에 반영하기 위해 이용자들을 대상으로 가격 인상 시의 이용자 수 예측을 실시하였다. 예측작업에 대한 최종 보고회에서 발표된 내용을 토대로 식대 1,000원 인상에 따른 학생식당의 주간 매출액 예측치는 얼마인가?(단, 현재 학생식당은 학생, 교직원, 외부인에 대해 모두 동일한 식대를 적용하고 있다)

〈매출액 조사표〉

요일 \ 구분	이용자 수(명)				매출액(천 원)
	학생	교직원	외부인	합계	
일	138	10	4	152	608
월	1,168	53	20	1,241	4,964
화	1,595	55	15	1,665	6,660
수	1,232	52	19	1,303	5,212
목	1,688	51	21	1,760	7,040
금	905	50	20	975	3,900
토	204	12	5	221	884
합계	6,930	283	104	7,317	29,268

〈식대 인상에 따른 영향 분석 예측 보고서 요약본〉

1. 가격을 동결할 경우 현재의 이용자 수가 유지될 것으로 예상됨
2. 식대 1,000원 인상 시 학생들의 요일별 수요가 10% 감소할 것으로 예측되며, 교직원의 수요 변화는 없을 것으로 예측되었으나 외부인의 수요는 50% 감소할 것으로 예측되었음

① 29,268,000원
② 32,860,000원
③ 33,120,000원
④ 36,325,000원
⑤ 36,585,000원

19 J사는 직원들의 다면평가를 실시하고, 평가항목별 점수의 합으로 상대평가를 실시하여 성과급을 지급한다. 상위 25% 직원에게는 월급여의 200%, 상위 25 ∼ 50% 이내의 직원에게는 월급여의 150%, 나머지는 월급여의 100%를 지급한다. 다음 자료를 참고할 때, 수령하는 성과급의 차이가 A와 가장 적은 직원은?

〈경영지원팀 직원들의 평가 결과〉

(단위 : 점, 만 원)

직원	업무전문성	조직친화력	책임감	월급여
A	37	24	21	320
B	25	29	20	330
C	24	18	25	340
D	21	28	17	360
E	40	18	21	380
F	33	21	30	370

〈전체 직원의 평가 결과〉

구분	합산점수 기준
평균	70.4
중간값	75.5
제1사분위 수	50.7
제3사분위 수	79.8
표준편차	10.2

① B 　　　　　　② C
③ D 　　　　　　④ E
⑤ F

20 다음은 입사지원자 5명의 정보와 J사의 서류전형 평가기준이다. 5명의 지원자 중 서류전형 점수가 가장 높은 사람은 누구인가?

〈입사지원자 정보〉

지원자	전공	최종학력	제2외국어	관련 경력	자격증	특이사항
A	법학	석사	스페인어	2년	변호사	장애인
B	경영학	대졸	일본어	–	–	다문화가족
C	기계공학	대졸	–	3년	변리사	국가유공자
D	–	고졸	아랍어	7년	정보처리기사	–
E	물리학	박사	독일어	–	–	–

〈평가기준〉

1. 최종학력에 따라 대졸 10점, 석사 20점, 박사 30점을 부여한다.
2. 자연과학 및 공학 석사 이상 학위 취득자에게 가산점 10점을 부여한다.
3. 일본어 또는 독일어 가능자에게 20점을 부여한다. 기타 구사 가능한 제2외국어가 있는 지원자에게는 5점을 부여한다.
4. 관련업무 경력 3년 이상인 자에게 20점을 부여하고, 3년을 초과하는 추가 경력에 대해서는 1년마다 10점을 추가로 부여한다.
5. 변호사 면허 소지자에게 20점을 부여한다.
6. 장애인, 국가유공자, 보훈보상대상자에 대해 10점을 부여한다.

① A지원자
② B지원자
③ C지원자
④ D지원자
⑤ E지원자

21 흰색, 빨간색, 노란색, 초록색, 검은색의 5가지 물감이 주어졌다. 다음의 물감 조합표를 참고할 때, 주어진 5가지 물감으로 만들어 낼 수 없는 색상은?

〈물감 조합표〉

연분홍색=흰색(97)+빨간색(3)	황토색=노란색(90)+검정색(2)+빨간색(8)	진보라색=보라색(90)+검정색(10)
분홍색=흰색(90)+빨간색(10)	살구색=흰색(90)+주황색(10)	고동색=검정색(20)+빨간색(80)
진분홍색=흰색(80)+빨간색(20)	옥색=흰색(97)+초록색(3)	카키색=초록색(90)+검정색(10)
진노란색=흰색(98)+노란색(2)	연두색=노란색(95)+파란색(5)	연하늘색=흰색(97)+파란색(3)
주황색=노란색(80)+빨간색(20)	초록색=노란색(70)+파란색(30)	하늘색=흰색(90)+파란색(10)
연회색=흰색(98)+검정색(2)	청록색=노란색(50)+파란색(50)	진하늘색=흰색(80)+파란색(20)
회색=흰색(95)+검정색(5)	고동색=빨간색(80)+검정색(20)	소라색=흰색(90)+파란색(7)+빨간색(3)
진회색=흰색(90)+검정색(10)	연보라색=흰색(90)+보라색(10)	−
밝은황토색=갈색(98)+노란색(2)	보라색=빨간색(70)+파란색(30)	−

※ 괄호 안의 숫자는 비율을 뜻함

① 고동색   ② 연보라색
③ 살구색   ④ 카키색
⑤ 옥색

22 J공사는 인사이동에 앞서 직원들의 근무 희망부서를 조사하였다. 각 직원의 기존 근무부서, 이동 희망부서, 배치부서가 다음과 같을 때, 〈조건〉에 따라 본인이 희망한 부서에 배치된 사람은 몇 명인가?

구분	기존부서	희망부서	배치부서
A	회계팀	인사팀	?
B	국내영업팀	해외영업팀	?
C	해외영업팀	?	?
D	홍보팀	?	홍보팀
E	인사팀	?	해외영업팀

조건
- A ~ E 다섯 사람은 각각 회계팀, 국내영업팀, 해외영업팀, 홍보팀, 인사팀 중 한 곳을 희망하였다.
- A ~ E 다섯 사람은 인사이동 후 회계팀, 국내영업팀, 해외영업팀, 홍보팀, 인사팀에 각 1명씩 근무한다.
- 본인이 근무하던 부서를 희망부서로 제출한 사람은 없다.
- B는 다른 직원과 근무부서를 서로 맞바꾸게 되었다.

① 없음   ② 1명
③ 2명   ④ 3명
⑤ 4명

23 J공사는 다음과 같은 기준으로 국내출장여비를 지급한다. 국내출장여비 지급 기준과 김차장의 국내출장 신청서를 참고할 때, 김차장이 받을 수 있는 국내출장여비는?

〈국내출장여비 지급 기준〉

- 직급은 사원 – 대리 – 과장 – 차장 – 부장 순이다.
- 사원을 기준으로 기본 교통비는 2만 원이 지급되며, 직급이 올라갈 때마다 기본 교통비에 10%씩 가산하여 지급한다. … ㉠
- 출장지까지의 거리가 50km 미만인 지역까지는 기본 교통비만 지급하며, 50km 이상인 지역은 50km를 지나는 순간부터 50km 구간마다 5천 원을 추가 지급한다. 예를 들어 출장지까지의 거리가 120km라면 기본 교통비에 1만 원을 추가로 지급받는다. … ㉡
- 출장지가 광주광역시, 전라남도인 경우에는 기본 교통비에 ㉠, ㉡이 적용된 금액을 그대로 지급받으며, 출장지가 서울특별시, 인천광역시, 경기도 남부인 경우 10%, 경기도 북부인 경우 15%, 강원도인 경우 20%, 제주특별자치도인 경우 25%의 가산율을 기본 교통비와 추가 여비의 합산 금액에 적용하여 교통비를 지급받는다. 기타 지역에 대해서는 일괄적으로 5%의 가산율을 기본 교통비와 추가 여비의 합산 금액에 적용한다.
- 지급금액은 백 원 단위에서 올림한다.

〈국내출장 신청서〉

- 성명 : 김건우
- 직급 : 차장
- 출장지 : 산업통상자원부(세종특별자치시 한누리대로 402)
- 출장지까지의 거리(자동계산) : 204km
- 출장목적 : 스마트그리드 추진 민관협의체 회의 참석

---

① 49,000원
② 50,000원
③ 51,000원
④ 52,000원
⑤ 53,000원

※ 다음은 J공사 S팀 직원의 월급 정보이다. 이어지는 질문에 답하시오. [24~25]

<기본급 외 임금수당>

구분	금액	비고
식비	10만 원	전 직원 공통지급
교통비	10만 원	전 직원 공통지급
근속수당	10만 원	근속연수 1년부터 지급, 3년마다 10만 원씩 증가
자녀수당	10만 원	자녀 1명당
자격증수당	전기기사 : 50만 원 전기산업기사 : 25만 원 전기기능사 : 15만 원	–

<직원 정보>

구분	근속연수	자녀 수	보유 자격증
A부장	7년	2명	–
B과장	2년	1명	전기기사
C과장	6년	3명	–
D대리	4년	1명	전기기능사
E사원	1년	0명	전기산업기사

<직원별 기본급>

구분	기본급
A부장	4,260,000원
B과장	3,280,000원
C과장	3,520,000원
D대리	2,910,000원
E사원	2,420,000원

※ (월급)=(기본급)+(기본급 외 임금수당)

24 다음 중 자료에 대한 설명으로 옳지 않은 것은?

① 근속연수가 높을수록 기본급 또한 높다.
② S팀의 자녀수당의 합보다 근속수당의 합이 더 높다.
③ A부장의 월급은 E사원의 기본급의 2배 이상이다.
④ C과장이 전기기능사에 합격하면 S팀 직원 중 가장 많은 기본급 외 임금수당을 받게 된다.
⑤ 자녀의 수가 가장 많은 직원은 근속연수가 가장 높은 직원보다 기본급 외 임금수당을 더 받는다.

25 다음 중 자료를 바탕으로 월급이 높은 직원을 순서대로 바르게 나열한 것은?

① A부장 → B과장 → C과장 → D대리 → E사원

② A부장 → B과장 → C과장 → E사원 → D대리

③ A부장 → C과장 → B과장 → D대리 → E사원

④ C과장 → A부장 → B과장 → D대리 → E사원

⑤ C과장 → A부장 → B과장 → E사원 → D대리

26 다음은 J공사의 비품신청서이다. 각 열의 2행에서 〈Ctrl〉＋채우기 핸들로 7행까지 드래그할 때, 표시되는 값이 바르게 연결된 것은?

	A	B	C	D	E
1	순서	신청일	부서	품명	금액
2	1	2022-12-20	영업1팀	A	₩10,000
3					
4					
5					
6					
7					

	순서	신청일	부서	품명	금액
①	1	2022-12-25	영업1팀	F	₩10,000
②	1	2022-12-25	영업2팀	A	₩10,005
③	1	2022-12-20	영업1팀	F	₩10,005
④	6	2022-12-20	영업1팀	A	₩10,005
⑤	6	2022-12-20	영업2팀	F	₩10,000

27 다음은 K헬스장의 회원별 기록표이다. 전체 회원의 개인별 합산 기록과 최대 기록을 입력하기 위해 [B7] 셀과 [B8] 셀에 함수를 입력한 후 채우기 핸들 기능을 사용하려고 할 때, 입력할 함수가 바르게 연결된 것은?

	A	B	C	D	E	F
1		A	B	C	D	E
2	1일 차	20	38	37	58	44
3	2일 차	23	44	40	55	45
4	3일 차	21	45	45	61	47
5	4일 차	24	47	44	62	50
6	5일 차	25	50	52	65	51
7	합산 기록					
8	최대 기록					

	[B7]	[B8]
①	=COUNT(B2:B6)	=MAX(B2:B6)
②	=COUNT(B2:B6)	=LARGE(B2:B6)
③	=SUM(B2:B6)	=MAX(B2:B6)
④	=SUM(B2:B6)	=LARGE(B2:B6)
⑤	=SUM(B2:B6)	=COUNT(B2:B6)

※ 다음은 J도서관의 도서 분류번호에 대한 자료이다. 이어지는 질문에 답하시오. [28~29]

도서 분류는 8자리로 이루어진다.

A	BB	C	D	E	FF
도서 구분	작가 국적	도서 분류	출판연도	시리즈 유무	판매처

도서 구분	작가 국적	도서 분류
N : 국내도서 F : 해외도서	01 : 한국 02 : 영미 03 : 독일 04 : 프랑스 05 : 중국 06 : 일본	A : 경제 B : 인물 C : 예술 D : 자기계발 E : 에세이 F : 소설 G : 교육 H : 육아

출판연도	시리즈 유무	판매처
a : 1980년대 b : 1990년대 c : 2000년대 d : 2010년대 e : 2020년대	1 : 시리즈 있음 0 : 시리즈 없음	01 : 온라인 단독 10 : 오프라인 단독 11 : 온·오프라인

┃ 정보능력

28 한국에서 유명한 프랑스 소설가인 A씨가 그동안 연재했던 소설 '이상한 나라'의 마지막 편인 '이상한 나라 5'가 2022년 출판되어 큰 화제가 되었다. 이 소설이 오프라인 서점인 S서점에서 단독판매를 하기로 결정되었을 때, 해당 도서의 J도서관 분류번호로 옳은 것은?

① F04Fe001
② F04Fe010
③ F04Fe101
④ F04Fe110
⑤ F04Fe111

┃ 정보능력

29 다음 중 갑이 J도서관에서 대여한 도서의 분류번호로 옳은 것은?

곧 출산예정인 갑은 육아에 대한 정보를 얻기 위해 온·오프라인 베스트셀러인 국내 유명 육아전문가 을이 쓴 도서를 읽기로 결심했다. 단행본이지만 을은 매년 개정판을 냈는데 이 도서관에는 2018년과 2017년 개정판밖에 없어 갑은 그 중 가장 최신판을 대여하였다.

① N01Hd011
② N01Hd111
③ N01He011
④ N01He101
⑤ N01He111

※ 다음은 J공사의 당직 규정이다. 이어지는 질문에 답하시오. [1~2]

〈당직 규정〉

목적(제1조)
이 규정은 당직에 관한 사항을 규정함으로써 회사의 자산을 안전하게 관리하고자 하는 데 목적이 있다.

정의(제2조)
당직은 정상적인 업무를 수행하기 위해 근무시간 이외의 시간에 근무하는 것으로서 일직과 숙직으로 구분한다.

준수사항(제3조)
① 당직자는 담당구역을 수시 순찰하여 회사 자산관리, 보존에 안전을 기하여야 하며 이상이 있을 때에는 적절히 조치하고 조치 결과를 사무처장에게 보고하여야 한다.
② 외부로부터 오는 전화는 상대방의 성명, 연락처, 용건 등을 묻고 별지에 적어 관계자에게 연락하도록 하며 긴급사항은 즉시 사무처장과 담당 부서장에게 연락하여 처리한다.
③ 전보, 우편물은 전부 접수하여 내용을 확인하고, 긴급한 것은 즉시 사무처장과 해당 부서장에게 연락하여 지시를 받아야 한다.
④ 사무처장의 특별지시가 없는 경우를 제외하고는 근무시간 외에 물품의 반출을 허용해서는 아니 된다.
⑤ 긴급한 사태가 발생하였을 때에는 당직 책임자가 즉시 응급처치를 취함과 동시에 담당 부서장에게 지체 없이 보고하여야 한다.
⑥ 근무 종료 시 총무부에 있는 당직 근무일지에 당직 근무 종료를 기록한 후 퇴근한다.
⑦ 근무 전 총무부에서 당직 시 사용할 물품을 빌린 후 대여일지에 작성하고, 근무 종료 시 총무부에 당직 시 사용했던 물품을 반납하고 반납일지에 작성한다(단, 공휴일인 경우 다음 당직자에게 직접 전해준다).
⑧ 당직일지는 소속 부서장이 관리하며, 매월 말에 총무부에 제출하고 확인받도록 한다.
⑨ 처음 당직 근무를 하는 경우, 당직 근무 1일 전까지 회사 웹 사이트에 있는 당직 규정 교육을 들어야 한다.

당직 명령 및 변경(제4조)
① 당직 명령은 주무 부서의 장 또는 사무처장이 근무예정일 5일 전까지 하여야 한다.
② 당직 명령을 받은 자가 출장, 휴가, 기타 부득이한 사유로 당직 근무를 할 수 없을 때에는 지체 없이 당직 변경신청서(별지서식 제1호)에 의거 당직 명령자로부터 당직 근무일지 변경승인을 받아야 한다.

당직비 규정(제5조)
당직자에게는 당직비 지급 규정에 따른 당직비를 지급한다.

견책(제6조)
총무부장은 당직근무자가 정당한 사유 없이 근무를 불참하거나 근무 중 금지행위를 할 때에는 시말서를 청구할 수 있다.

---

01 다음 중 J공사 당직 규정에 대한 내용으로 적절하지 않은 것은?

① 당직 근무자는 근무 전 당직 근무일지에 당직 근무 시작을 기록해야 한다.

② 당직 명령은 주무 부서의 장 또는 사무처장이 근무예정일 5일 전까지 하여야 한다.

③ 긴급한 사태가 발생하였을 때에는 당직 책임자가 즉시 담당 부서장에게 보고해야 한다.

④ 긴급한 전보, 우편물은 즉시 사무처장과 담당 부서장에게 연락하여 지시를 받아야 한다.

⑤ 총무부장은 당직 근무자가 정당한 사유 없이 근무를 불참하거나 근무 중 금지행위를 할 때에는 시말서를 청구할 수 있다.

02 J공사에서 처음 당직 근무를 하는 신입사원 A씨는 다음과 같이 당직 근무를 했다. ㉠~㉤ 중 A씨가 잘못한 행동은 무엇인가?

> ㉠ A씨는 이번 주 토요일에 해야 할 당직 근무를 위해 목요일에 회사 웹 사이트에 접속하여 당직 규정 교육을 들었다. ㉡ 당직 근무를 하기 전 총무부에 물품을 빌린 후 대여일지에 작성했다. ㉢ 근무 중 외부로부터 걸려 온 긴급한 전화는 즉시 사무처장과 담당 부서장에게 연락하여 처리하였다. ㉣ 사무처장의 특별지시가 없어 물품의 반출을 허용하지 않았다. ㉤ 근무 종료 시 총무부에 당직 시 사용했던 물품을 반납하고 반납일지에 작성했다.

① ㉠

② ㉡

③ ㉢

④ ㉣

⑤ ㉤

※ 다음 글을 읽고 이어지는 질문에 답하시오. [3~4]

리튬은 원자번호 3번으로 알칼리 금속이다. 리튬은 아르헨티나와 칠레 등 남미와 호주에서 대부분 생산된다. 소금호수로 불리는 염호에서 리튬을 채굴하는 것이다. 리튬을 비롯한 알칼리 금속은 쉽게 전자를 잃어버리고 양이온이 되는 특성이 있으며, 전자를 잃은 리튬은 리튬이온(Li+) 상태로 존재한다.

리튬의 가장 큰 장점은 가볍다는 점이다. 스마트폰이나 노트북 등 이동형 기기가 등장할 수 있었던 이유다. 이동형 기기에 전원을 공급하는 전지가 무겁다면 들고 다니기 쉽지 않다. 경량화를 통해 에너지 효율을 추구하는 전기차도 마찬가지다. 또 양이온 중 수소를 제외하면 이동 속도가 가장 빠르다. 리튬이온의 이동 속도가 빠르면 더 큰 전기에너지를 내는 전지로 만들 수 있기 때문에 리튬이온전지 같은 성능을 내는 2차 전지는 현재로서는 없다고 할 수 있다.

리튬이온전지는 양극과 음극, 그리고 전지 내부를 채우는 전해질로 구성된다. 액체로 구성된 전해질은 리튬이온이 이동하는 경로 역할을 한다. 일반적으로 리튬이온전지의 음극에는 흑연을, 양극에는 금속산화물을 쓴다.

충전은 외부에서 전기에너지를 가해 리튬이온을 음극재인 흑연으로 이동시키는 과정이며, 방전은 음극에 모인 리튬이온이 양극으로 이동하는 과정을 말한다. 양극재로 쓰이는 금속산화물에는 보통 리튬코발트산화물이 쓰인다. 충전 과정을 통해 음극에 삽입되어 있던 리튬이온이 빠져나와 전해질을 통해 양극으로 이동한다. 이때 리튬이온을 잃은 전자가 외부 도선을 통해 양극으로 이동하게 되는데, 이 과정에서 전기에너지가 만들어진다. 리튬이온이 전부 양극으로 이동하면 방전상태가 된다. 다시 외부에서 전기에너지를 가하면 리튬이온이 음극으로 모이면서 충전된다. 이와 같은 충·방전 과정을 반복하며 전기차나 스마트폰, 노트북 등에 전원을 공급하는 역할을 하는 것이다.

리튬이온전지와 같은 2차 전지 기술의 발달로 전기차는 대중화를 바라보고 있다. 하지만 전기차에 집어넣을 수 있는 2차 전지의 양을 무작정 늘리기는 어렵다. 전지의 양이 많아지면 무게가 그만큼 무거워져 에너지 효율이 낮아지기 때문이다. 무거운 일반 내연기관차가 경차보다 단위 연료(가솔린, 디젤)당 주행거리를 의미하는 연비가 떨어지는 것과 같은 이치다.

전기차를 움직이는 리튬이온전지의 용량 단위는 보통 킬로와트시(kWh)를 쓴다. 이때 와트는 전기에너지 양을 나타내는 일반적인 단위로, 1볼트(V)의 전압을 가해 1암페어(A)의 전류를 내는 양을 말한다. 와트시(Wh)는 1시간 동안 소모할 수 있는 에너지의 양을 의미한다. 1시간 동안 1W의 전력량을 소모하면 1Wh가 된다. 전지의 용량은 전기차를 선택하는 핵심 요소인 완전 충전 시 주행거리와 연결된다. 테슬라 모델3 스탠더드 버전의 경우 공개된 자료에 따르면 1kWh당 6.1km를 주행할 수 있다. 이를 기준으로 50kWh의 전지 용량을 곱하게 되면 약 300km를 주행하는 것으로 계산된다. 물론 운전자의 주행 습관이나 기온, 도로 등 주행 환경에 따라 주행거리는 달라진다.

보편적으로 쓰이는 2차 전지인 리튬이온전지의 성능을 개선하려는 연구 노력도 이어지고 있다. 대표적인 것이 양극에 쓰이는 금속산화물을 개선하는 것이다. 현재 리튬이온전지 양극재는 리튬에 니켈, 코발트, 망간, 알루미늄을 섞은 금속산화물이 쓰인다. 리튬이온전지 제조사마다 쓰이는 성분이 조금씩 다른데 각 재료의 함유량에 따라 성능이 달라지기 때문이다. 특히 충·방전을 많이 하면 전지 용량이 감소하는 현상을 개선하고 리튬이온을 양극에 잘 붙들 수 있는 소재 조성과 구조를 개선하는 연구가 이뤄지고 있다.

03 다음 〈보기〉 중 윗글의 내용을 바르게 파악한 사람을 모두 고르면?

> A : 리튬의 장점은 가볍다는 것이며, 양이온 중에서도 이동속도가 가장 빠르다.
> B : 리튬이온은 충전 과정을 통해 전지의 양극에 모이게 된다.
> C : 내연기관차는 무게가 무겁기 때문에 에너지 효율이 그만큼 떨어진다.
> D : 테슬라 모델3 스탠더드 버전의 배터리 용량이 20kWh일 때 달리면 약 20km를 주행하게 된다.
> E : 전지의 충전과 방전이 계속되면 전지 용량이 줄어들게 된다.

① A, B   ② B, C
③ C, D   ④ C, E
⑤ D, E

04 다음 중 윗글의 주된 서술 방식으로 가장 적절한 것은?

① 대상이 지난 문제점을 파악하고 이를 해결하기 위한 방안을 제시하고 있다.
② 대상과 관련된 논쟁을 비유적인 표현을 통해 묘사하고 있다.
③ 구체적인 예시를 통해 대상의 특징을 설명하고 있다.
④ 시간의 흐름에 따른 대상의 변화를 설명하고 있다.
⑤ 대상을 여러 측면에서 분석하고 현황을 소개하고 있다.

05 다음 글을 읽고 추론한 내용으로 적절하지 않은 것은?

1인 가구가 급속히 증가하는 상황에 대응하기 위하여 한국전력공사는 전력 데이터를 활용하여 국민이 체감할 수 있는 사회안전망 서비스를 제공하고 사회적 가치를 구현하고자 '1인 가구 안부 살핌 서비스'를 개발하여 지자체에 제공하고 있다. '1인 가구 안부 살핌 서비스'는 전력 빅데이터와 통신 데이터를 분석하여 1인 가구의 안부 이상 여부를 확인한 후 이를 사회복지 공무원 등에게 SMS로 알려주어 고독사를 예방하는 인공지능 서비스이다.

이 서비스의 핵심인 돌봄 대상자의 안부 이상 여부를 판단하는 인공지능 모델은 딥러닝 기법을 활용하는 오토 인코더(Auto Encoder)를 기반으로 설계하였다. 이 모델은 정상적인 전력 사용 패턴을 학습하여 생성되고 난 후, 평소와 다른 비정상적인 사용패턴이 모델에 입력되면 돌봄 대상의 안부에 이상이 있다고 판단하고 지자체 담당 공무원에게 경보 SMS를 발송하는 알고리즘을 가지고 있다. 경보 SMS에는 전력 사용 패턴 이상 여부 이외에 돌봄 대상자의 전화 수・발신, 문자 발신, 데이터 사용량 등 통신사용량 정보도 추가로 제공되고 있다. 향후 전력 및 통신데이터 이외에 수도나 가스 등 다양한 이종 데이터도 융합하여 서비스 알람 신뢰도를 더욱 향상시킬 수 있을 것으로 기대하고 있다.

'1인 가구 안부 살핌 서비스'는 2019년에 에스케이텔레콤(SKT)과 사회안전망 서비스를 개발하기 위한 협약의 체결로 시작되었다. 이후 양사는 아이디어 공유를 위한 실무회의 등을 거쳐 서비스를 개발하였고, 서비스의 효과를 검증하기 위하여 광주광역시 광산구 우산동과 협약을 체결하여 실증 사업을 시행하였다. 실증사업 기간 동안 우산동 복지담당자들은 서비스에 커다란 만족감을 나타내었다.

우산동 복지담당 공무원이었던 A씨는 관내 돌봄 대상자가 자택에서 어지러움으로 쓰러진 후 지인의 도움으로 병원에 내진한 사실을 서비스 알람을 받아 빠르게 파악할 수 있었다. 이 사례를 예로 들며 "관리 지역은 나이가 많고 혼자 사는 분들이 많아 고독사가 발생할 가능성이 큰데, 매일 건강 상태를 확인할 수도 없어 평소에 이를 예방하기란 쉽지가 않다."면서 "한국전력공사의 1인 가구 안부 살핌 서비스가 큰 도움이 되었고 많은 기대가 된다."라고 밝혔다.

① 한국전력공사는 고독사를 예방하기 위해 데이터 기술을 적용한 서비스를 만들었다.
② 오토 인코더 모델은 비정상적인 패턴을 감지하면 알람이 가도록 설계되었다.
③ 앞으로 '1인 가구 안부 살핌 서비스'에는 전력 데이터가 추가로 수집될 수 있다.
④ 광주광역시 광산구 우산동 지역 사람들이 처음으로 이 서비스를 사용하였다.
⑤ 우산동에서 이 서비스의 주요 대상은 고령의 1인 가구이다.

06 다음은 칸트의 미적 기준에 대한 글이다. 밑줄 친 ㉠에 대해 '미적 무관심성'을 보인 사람은?

한 떨기 ㉠흰 장미가 우리 앞에 있다고 하자. 하나의 동일한 대상이지만 그것을 받아들이는 방식은 다양하다. 그것은 이윤을 창출하는 상품으로 보일 수도 있고, 식물학적 연구 대상으로 보일 수도 있다. 또한 어떤 경우에는 나치에 항거하다 죽어 간 저항 조직 '백장미'의 젊은이들을 떠올리게 할 수도 있다. 그런데 이런 경우들과 달리 우리는 종종 그저 그 꽃잎의 모양과 순백의 색깔이 아름답다는 이유만으로 충분히 만족을 느끼기도 한다.

가끔씩 우리는 이렇게 평소와는 매우 다른 특별한 순간들을 맛본다. 평소에 중요하게 여겨지던 것들이 이 순간에는 철저히 관심 밖으로 밀려나고, 오직 대상의 내재적인 미적 형식만이 관심의 대상이 된다. 이러한 마음의 작동 방식을 가리키는 개념어가 '미적 무관심성'이다. 칸트가 이 개념의 대표적인 대변자인데, 그에 따르면 미적 무관심성이란 대상의 아름다움을 판정할 때 요구되는 순수하게 심미적인 심리 상태를 뜻한다. 즉 'X는 아름답다.'라고 판단할 때 우리의 관심은 오로지 X의 형식적 측면이 우리의 감수성에 쾌·불쾌를 주는지를 가리는 데 있으므로 '무관심적 관심'이다. 그리고 무언가를 실질적으로 얻거나 알고자 하는 모든 관심으로부터 자유로운 X의 존재 가치는 '목적 없는 합목적성'에 있다. 대상의 개념이나 용도 및 현존으로부터의 완전한 거리 두기를 통해 도달할 수 있는 순수 미적인 차원에 대한 이러한 이론적 정당화는 쇼펜하우어에 이르러서는 예술미의 관조를 인간의 영적 구원의 한 가능성으로 평가하는 사상으로까지 발전하였다. 불교에 심취한 그는 칸트의 '미적 무관심성' 개념에서 더 나아가 '미적 무욕성'을 주창했다. 그에 따르면 이 세계는 '맹목적 의지'가 지배하는 곳으로, 거기에 사는 우리는 욕구와 결핍의 부단한 교차 속에서 고통받지만, 예술미에 도취하는 그 순간만큼은 해방을 맛본다. 즉 '의지의 폭정'에서 벗어나 잠정적인 열반에 도달한다.

미적 무관심성은 예술의 고유한 가치를 옹호하는 데 큰 역할을 하는 개념이다. 그러나 우리는 그것이 극단적으로 추구될 경우에 가해질 수 있는 비판을 또한 존중하지 않을 수 없다. 왜냐하면 독립 선언이 곧 고립 선언은 아니기 때문이다. 예술의 고유한 가치는 진리나 선과 같은 가치 영역들과 유기적인 조화를 이룰 때 더욱 고양된다. 요컨대 예술은 다른 목적에 종속되는 한갓된 수단이 되어서도 안 되겠지만, 그것의 지적·실천적 역할이 완전히 도외시되어서도 안 된다.

① 예지 : 성년의 날에 장미를 대학교 앞에 가져가 팔면 많은 돈을 벌 수 있겠어.
② 지원 : 장미의 향기를 맡고 있자니 이 세상에서 영혼이 해방된 느낌이 들어.
③ 도일 : 장미에서 흐르는 윤기와 단단한 줄기에서 아름다움이 느껴져.
④ 지은 : 인위적으로 하얀색 장미를 만들어내는 것은 논란의 여지가 있어.
⑤ 수림 : 빨간 장미와 달리 흰 장미가 흰색을 띠는 이유가 무엇인지 분석해 보고 싶어.

07 다음 글의 내용으로 가장 적절한 것은?

> 지진해일은 지진, 해저 화산폭발 등으로 바다에서 발생하는 파장이 긴 파도이다. 지진에 의해 바다
> 밑바닥이 솟아오르거나 가라앉으면 바로 위의 바닷물이 갑자기 상승 또는 하강하게 된다. 이 영향으
> 로 지진해일파가 빠른 속도로 퍼져나가 해안가에 엄청난 위험과 피해를 일으킬 수 있다.
> 전 세계의 모든 해안 지역이 지진해일의 피해를 받을 수 있지만, 우리에게 피해를 주는 지진해일의
> 대부분은 태평양과 주변해역에서 발생한다. 이는 태평양의 규모가 거대하고 이 지역에서 대규모 지
> 진이 많이 발생하기 때문이다. 태평양에서 발생한 지진해일은 발생 하루 만에 발생지점에서 지구의
> 반대편까지 이동할 수 있으며, 수심이 깊을 경우 파고가 낮고 주기가 길기 때문에 선박이나 비행기
> 에서도 관측할 수 없다.
> 먼 바다에서 지진해일의 파고는 해수면으로부터 수십 cm 이하이지만 얕은 바다에서는 급격하게 높
> 아진다. 또한 수심이 6,000m 이상인 곳에서 지진해일은 비행기의 속도와 비슷한 시속 800km로
> 이동할 수 있다. 지진해일은 얕은 바다에서 파고가 급격히 높아짐에 따라 그 속도가 느려지며, 지진
> 해일이 해안가의 수심이 얕은 지역에 도달할 때 그 속도는 시속 45 ~ 60km까지 느려지면서 파도가
> 강해진다. 이것이 해안을 강타함에 따라 파도의 에너지는 더 짧고 더 얕은 곳으로 모여 무시무시한
> 파괴력을 가져 우리의 생명을 위협하는 파도로 발달하게 된다. 최악의 경우 파고가 15m 이상으로
> 높아지고 지진의 진앙 근처에서 발생한 지진해일의 경우 파고가 30m를 넘을 수도 있다. 파고가
> 3 ~ 6m 높이가 되면 많은 사상자와 피해를 일으키는 아주 파괴적인 지진해일이 될 수 있다.
> 지진해일의 파도 높이와 피해 정도는 에너지의 양, 지진해일의 전파 경로, 앞바다와 해안선의 모양
> 등으로 결정된다. 또한 암초, 항만, 하구나 해저의 모양, 해안의 경사 등 모든 것이 지진해일을 변형
> 시키는 요인이 된다.

① 지진해일은 파장이 짧으며, 화산폭발 등으로 인해 발생한다.
② 태평양 인근에서 발생한 지진해일은 대부분 한 달에 걸쳐 지구 반대편으로 이동하게 된다.
③ 바다가 얕을수록 지진해일의 파고가 높아진다.
④ 지진해일이 해안가에 도달할수록 파도가 강해지며 속도는 800km에 달한다.
⑤ 해안의 경사는 지진해일에 아무런 영향을 주지 않는다.

08 다음 글을 통해 확인할 수 있는 사실로 가장 적절한 것은?

많은 것들이 글로 이루어진 세상에서 읽지 못한다는 것은 생활하는 데에 큰 불편함을 준다. 난독증이 바로 그 예이다. 난독증(Dyslexia)은 그리스어로 불충분, 미성숙을 뜻하는 접두어 Dys에 말과 언어를 뜻하는 Lexis가 합쳐져 만들어진 단어이다.

난독증은 지능에는 문제가 없으며, 단지 언어활동에만 문제가 있는 질환이다. 특히 영어권에서 많이 나타나는데, 비교적 복잡한 발음체계 때문이다. 인구의 5 ~ 10% 정도가 난독증이 있으며 피카소, 톰 크루즈, 아인슈타인 등이 난독증을 극복하고 자신의 분야에서 성공한 사례이다.

난독증은 단순히 읽지 못하는 것뿐만이 아니라, 여러 가지 증상으로 나타난다. 단어의 의미를 다른 것으로 바꾸어 해석하거나 글자를 섞어서 보는 경우가 있다. 또한 문자열을 전체로는 처리하지 못하고 하나씩 취급하여 전체 문맥을 이해하지 못하기도 한다.

지금까지 난독증의 원인은 흔히 두뇌의 역기능이나 신경장애와 연관된 것이라고 여겨졌으며, 유전적인 원인이나 청각의 왜곡 등이 거론되기도 하였다. 우리나라에서는 실제 아동의 2 ~ 8% 정도가 난독증을 경험하는 것으로 알려져 있으며, 지능과 시각, 청각이 모두 정상임에도 경험하는 경우가 있다.

난독증을 유발하는 원인은 많이 있지만 그중 하나는 바로 '얼렌 증후군'이다. 미국의 교육심리학자 얼렌(Helen L. lrlen)이 먼저 발견했다고 해서 붙여진 이름으로, 광과민 증후군으로도 알려져 있다. 이는 시신경 세포와 관련이 있는 난독증 유발 원인이다.

얼렌 증후군이 생기는 이유는 유전인 경우가 많으며 시신경 세포가 정상인보다 작거나 미성숙해서 망막으로 들어오는 정보를 뇌에 제대로 전달하지 못한다. 이로 인해 집중력이 떨어지고 능률이 저하되며 독서의 경우에는 속독이 어렵게 된다.

얼렌 증후군 환자들은 사물이 흐릿해지면서 두세 개로 보이는 시각적 왜곡이 생기기 때문에 책을 보고 있으면 눈이 쉽게 충혈되고 두통이나 어지럼증 등 신체 다른 부분에도 영향을 미친다. 그래서 얼렌 증후군 환자들은 어두운 곳에서 책을 보고 싶어 하는 경우가 많다.

얼렌 증후군의 치료를 위해서는 원인이 되는 색조합을 찾아서 얼렌필터 렌즈를 착용하는 것이 일반적이다. 특정 빛의 파장을 걸러주면서 이 질환을 교정하는 것이다. 얼렌 증후군은 교정이 된 후에 글씨가 뚜렷하게 보여 읽기가 편해지고 난독증이 어느 정도 치유되기 때문에 증상을 보이면 안과를 찾아 정확한 검사를 받는 것이 중요하다.

① 난독증은 주로 지능에 문제가 있는 사람들에게서 나타난다.
② 단순히 전체 문맥을 이해하지 못하는 것은 난독증에 해당하지 않는다.
③ 시각과 청각이 모두 정상이라면 난독증을 경험하지 않는다.
④ 시신경 세포가 적어서 생기는 난독증의 경우 환경의 요인을 많이 받는다.
⑤ 얼렌 증후군 환자들은 밝은 곳에서 난독증을 호소하는 경우가 더 많다.

※ 다음 자료를 보고 이어지는 질문에 답하시오. [9~10]

〈지역별 폐기물 현황〉

지역	1일 폐기물 배출량	인구수
용산구	305.2톤/일	132,259명
중구	413.7톤/일	394,679명
종로구	339.9톤/일	240,665명
서대문구	240.1톤/일	155,106명
마포구	477.5톤/일	295,767명

〈지역별 폐기물 집하장 위치 및 이동시간〉

다음은 지역별 폐기물 집하장 간 이동에 걸리는 시간을 표시한 자료이다.

지역	용산구	중구	종로구	서대문구	마포구
용산구		50분	200분	150분	100분
중구	50분		60분	70분	100분
종로구	200분	60분		50분	100분
서대문구	150분	70분	50분		80분
마포구	100분	100분	100분	80분	

| 수리능력

09 자료에 제시된 지역 중 1인당 1일 폐기물 배출량이 가장 많은 곳에 폐기물 처리장을 만든다고 할 때, 다음 중 어느 구에 설치해야 하는가?(단, 1인당 1일 폐기물 배출량은 소수점 셋째 자리에서 반올림한다)

① 용산구 ② 중구
③ 종로구 ④ 서대문구
⑤ 마포구

10 9번의 결과를 참고하여 폐기물 처리장이 설치된 구에서 폐기물 수집 차량이 출발하여 1인당 1일 폐기물 배출량이 많은 지역을 순서대로 수거하고 다시 돌아올 때, 걸리는 최소 시간은?

① 3시간 10분   ② 4시간 20분

③ 5시간 40분   ④ 6시간 00분

⑤ 7시간 10분

11 한국전력공사의 가대리, 나사원, 다사원, 라사원, 마대리 중 1명이 어제 출근하지 않았다. 이와 관련하여 5명의 직원이 〈보기〉와 같이 말했다. 이들 중 2명이 거짓말을 한다고 할 때, 다음 중 출근하지 않은 사람은 누구인가?(단, 출근을 하였어도, 결근 사유를 듣지 못할 수도 있다)

> **보기**
>
> 가대리 : 나는 출근했고, 마대리도 출근했다. 누가 출근하지 않았는지는 알지 못한다.
> 나사원 : 다사원은 출근 하였다. 가대리님의 말은 모두 사실이다.
> 다사원 : 라사원은 출근하지 않았다.
> 라사원 : 나사원의 말은 모두 사실이다.
> 마대리 : 출근하지 않은 사람은 라사원이다. 라사원이 개인 사정으로 인해 출석하지 못한다고 가대리님에게 전했다.

① 가대리   ② 나사원

③ 다사원   ④ 라사원

⑤ 마대리

※ 유통업체인 J사는 유통대상의 정보에 따라 12자리로 구성된 분류코드를 부여하여 관리하고 있다. 다음 자료를 보고 이어지는 질문에 답하시오. [12~13]

〈분류코드 생성 방법〉

- 분류코드는 한 상품당 하나가 부과된다.
- 분류코드는 '발송코드 – 배송코드 – 보관코드 – 운송코드 – 서비스코드'가 순서대로 연속된 12자리 숫자로 구성되어 있다.
- 발송지역

발송지역	발송코드	발송지역	발송코드	발송지역	발송코드
수도권	a1	강원	a2	경상	b1
전라	b2	충청	c4	제주	t1
기타	k9	–	–	–	–

※ 수도권은 서울, 경기, 인천 지역임

- 배송지역

배송지역	배송코드	배송지역	배송코드	배송지역	배송코드
서울	011	인천	012	강원	021
경기	103	충남	022	충북	203
경남	240	경북	304	전남	350
전북	038	제주	040	광주	042
대구	051	부산	053	울산	062
대전	071	세종	708	기타	009

- 보관구분

보관구분	보관코드	보관구분	보관코드	보관구분	보관코드
냉동	FZ	냉장	RF	파손주의	FG
고가품	HP	일반	GN	–	–

- 운송수단

운송수단	운송코드	운송수단	운송코드	운송수단	운송코드
5톤 트럭	105	15톤 트럭	115	30톤 트럭	130
항공운송	247	열차수송	383	기타	473

- 서비스종류

배송서비스	서비스코드	배송서비스	서비스코드	배송서비스	서비스코드
당일 배송	01	지정일 배송	02	일반 배송	10

12 다음 분류코드로 확인할 수 있는 정보로 옳지 않은 것은?

c4304HP11501

① 해당 제품은 충청지역에서 발송되어 경북지역으로 배송되는 제품이다.
② 냉장보관이 필요한 제품이다.
③ 15톤 트럭에 의해 배송될 제품이다.
④ 당일 배송 서비스가 적용된 제품이다.
⑤ 해당 제품은 고가품이다.

13 다음 〈조건〉에 따라 제품 A에 부여될 분류코드로 옳은 것은?

> **조건**
> • A는 Q업체가 7월 5일에 경기도에서 울산지역에 위치한 구매자에게 발송한 제품이다.
> • 수산품인 만큼, 냉동 보관이 필요하며, 발송자는 택배 도착일을 7월 7일로 지정하였다.
> • A는 5톤 트럭을 이용해 배송된다.

① k9062RF10510
② a1062FZ10502
③ a1062FZ11502
④ a1103FZ10501
⑤ a1102FZ10502

14 다음은 농수산물 식품수거검사에 대한 자료이다. 〈보기〉 중 옳지 않은 것을 모두 고르면?

〈농수산물 식품수거검사〉

• 검사
  – 월별 정기 및 수시 수거검사
• 대상
  – 다년간 부적합 비율 및 유통점유율이 높은 품목대상
  – 신규 생산품목 및 문제식품의 신속 수거·검사 실시
  – 언론이나 소비자단체 등 사회문제화된 식품
  – 재래시장, 연쇄점, 소형슈퍼마켓 주변의 유통식품
  – 학교주변 어린이 기호식품류
  – 김밥, 도시락, 햄버거 등 유통식품
  – 유통 중인 농·수·축산물(엽경채류, 콩나물, 어류, 패류, 돼지고기, 닭고기 등)
• 식품종류별 주요 검사항목
  – 농산물 : 잔류농약
  – 수산물 : 총수은, 납, 항생물질, 장염비브리오 등 식중독균 오염 여부
  – 축산물 : 항생물질, 합성항균제, 성장호르몬제, 대장균O-157:H7, 리스테리아균, 살모넬라균, 클로스트리디움균
  – 식품제조·가공품 : 과산화물가, 대장균, 대장균군, 보존료, 타르색소 등
• 부적합에 따른 조치
  – 제조업체 해당 시·군에 통보(시정명령, 영업정지, 품목정지, 폐기처분 등 행정조치)
  – 식품의약안전청 홈페이지 식품긴급회수창에 위해정보 공개
  – 부적합 유통식품 수거검사 및 폐기

> **보기**
>
> ㄱ. 유통 중에 있는 식품은 식품수거검사 대상에 해당되지 않는다.
> ㄴ. 항생물질 함유 여부를 검사하는 항목은 축산물뿐이다.
> ㄷ. 식품수거검사는 월별 정기검사와 수시검사 모두 진행된다.
> ㄹ. 식품수거검사 결과 적발한 위해정보는 제조업체 해당 시·군 홈페이지에서 확인할 수 있다.

① ㄱ, ㄷ   ② ㄴ, ㄹ

③ ㄱ, ㄴ, ㄹ   ④ ㄱ, ㄷ, ㄹ

⑤ ㄴ, ㄷ, ㄹ

15 서울에서 근무 중인 A대리는 현재 P지부와 N지부에 근무 중인 협력업체 직원과 화상 회의를 하고자 한다. N지부 현지시간은 서울보다 11시간 느리며, P지부 현지시간은 N지부보다 6시간 빠르다. 회의에 대한 시간 정보가 〈조건〉과 같을 때, 다음 중 세 번째 화상 회의에 정시 참석하기 위해 K주임이 접속해야 하는 현지시간으로 옳은 것은?

> **조건**
> • A대리는 P지부에 근무 중인 K주임과 N지부에 근무 중인 S대리와 총 5회의 화상 회의를 진행하고자 한다.
> • 첫 회의는 서울 시간을 기준으로 오전 11시에 열린다.
> • 매회 회의는 직전 회의보다 2시간 늦게 시작된다.

① 8:00
② 9:00
③ 10:00
④ 11:00
⑤ 12:00

16 S대리는 J도시의 해안지역에 설치할 발전기를 검토 중이다. 설치 환경 및 요건에 대한 정보가 다음과 같을 때, 설치될 발전기로 옳은 것은?

〈발전기 설치 환경 및 요건 정보〉

• 발전기는 동일한 종류를 2기 설치한다.
• 발전기를 설치할 대지는 $1,500m^2$이다.
• 에너지 발전단가가 1,000kWh당 97,500원을 초과하지 않도록 한다.
• 후보 발전기 중 탄소배출량이 가장 많은 발전기는 제외한다.
• 운송수단 및 운송비를 고려하여, 개당 중량은 3톤을 초과하지 않도록 한다.

〈후보 발전기 정보〉

발전기 종류	발전방식	발전단가	탄소배출량	필요면적	중량
A	수력	92원/kWh	45g/kWh	$690m^2$	3,600kg
B	화력	75원/kWh	91g/kWh	$580m^2$	1,250kg
C	화력	105원/kWh	88g/kWh	$450m^2$	1,600kg
D	풍력	95원/kWh	14g/kWh	$800m^2$	2,800kg
E	풍력	80원/kWh	22g/kWh	$720m^2$	2,140kg

① A
② B
③ C
④ D
⑤ E

17 다음 〈보기〉는 업무수행 과정 중 발생한 문제 상황이다. 문제 유형과 상황을 바르게 연결한 것은?

> **보기**
>
> ㄱ. A회사의 에어컨 판매부서는 현재 어느 정도 매출이 나오고 있는 상황이지만, 경쟁이 치열해지고 있기 때문에 생산성 제고를 위한 활동을 하려 한다.
> ㄴ. B고객으로부터 작년에 구입한 A회사의 에어컨이 고장으로 작동하지 않는다며 항의전화가 왔다.
> ㄷ. 에어컨에 주력하던 A회사는 올해부터 새로운 사업으로 공기청정기 분야에 진출하기 위한 계획을 해야 한다.

	ㄱ	ㄴ	ㄷ
①	발생형 문제	탐색형 문제	설정형 문제
②	설정형 문제	탐색형 문제	발생형 문제
③	설정형 문제	발생형 문제	탐색형 문제
④	탐색형 문제	발생형 문제	설정형 문제
⑤	탐색형 문제	설정형 문제	발생형 문제

18 다음 주 당직 근무에 대한 일정표를 작성하고 있다. 작성하고 봤더니 잘못된 점이 보여 수정을 하려고 한다. 한 사람만 옮겨 일정표를 완성하려고 할 때, 일정을 변경해야 하는 사람은?

〈당직 근무 규칙〉

• 낮에 2명, 야간에 2명은 항상 당직을 서야 하고, 더 많은 사람이 당직을 설 수도 있다.
• 낮과 야간을 합하여 하루에 최대 6명까지 당직을 설 수 있다.
• 같은 날에 낮과 야간 당직 근무는 함께 설 수 없다.
• 낮과 야간 당직을 합하여 주에 세 번 이상 다섯 번 미만으로 당직을 서야 한다.
• 월요일부터 일요일까지 모두 당직을 선다.

〈당직 근무 일정〉

직원	낮	야간	직원	낮	야간
가	월요일	수요일, 목요일	바	금요일, 일요일	화요일, 수요일
나	월요일, 화요일	수요일, 금요일	사	토요일	수요일, 목요일
다	화요일, 수요일	금요일, 일요일	아	목요일	화요일, 금요일
라	토요일	월요일, 수요일	자	목요일, 금요일	화요일, 토요일
마	월요일, 수요일	화요일, 토요일	차	토요일	목요일, 일요일

① 나   ② 라
③ 마   ④ 바
⑤ 사

19 J팀은 정기행사를 진행하기 위해 공연장을 대여하려 한다. J팀의 상황을 고려하여 공연장을 대여한다고 할 때, 총비용은 얼마인가?

〈공연장 대여비용〉

구분	공연 준비비	공연장 대여비	소품 대여비	보조진행요원 고용비
단가	50만 원	20만 원(1시간)	5만 원(1세트)	5만 원(1인, 1시간)
할인	총비용 150만 원 이상 : 10%	2시간 이상 : 3% 5시간 이상 : 10% 12시간 이상 : 20%	3세트 : 4% 6세트 : 10% 10세트 : 25%	2시간 이상 : 5% 4시간 이상 : 12% 8시간 이상 : 25%

※ 할인은 품목마다 개별적으로 적용됨

〈K팀 상황〉

A : 저희 총예산은 수입보다 많으면 안 됩니다. 티켓은 4만 원이고, 50명 정도 관람할 것으로 예상됩니다.

B : 공연은 2시간이고, 리허설 시간으로 2시간이 필요하며, 공연 준비 및 정리를 하려면 공연 앞뒤로 1시간씩은 필요합니다.

C : 소품은 공연 때 2세트 필요한데, 예비로 1세트 더 준비하도록 하죠.

D : 진행은 저희끼리 다 못하니까 주차장을 관리할 인원 1명을 고용해서 공연 시간 동안과 공연 앞뒤 1시간씩 공연장 주변을 정리하도록 합시다. 총예산이 모자라면 예비 소품 1세트 취소, 보조진행요원 미고용, 리허설 시간 1시간 축소 순서로 줄이도록 하죠.

① 1,800,000원
② 1,850,000원
③ 1,900,000원
④ 2,050,000원
⑤ 2,100,000원

20 한국전력공사의 나주 본사에서 근무하는 K대리는 대구 본부와 광주 본부에서 열리는 회의에 참석하기 위해 출장을 다녀올 예정이다. 출장 기간 동안의 경비에 대한 정보는 다음과 같다. K대리가 기차와 택시를 이용해 이동을 한다고 할 때, 본사에서 출발하여 모든 회의에 참석한 후 다시 본사로 돌아오기까지 소요되는 총경비로 옳은 것은?

> K대리는 8월 10일에 나주 본사에서 출발하여 대구에 도착하고, S호텔에서 잠을 잔 후, 11일에 대구 본부에서 열리는 회의에 참석할 계획이다. 회의 후에는 광주로 이동하여 광주의 T호텔에서 잠을 잔 후, 12일에 광주 본부에서 열리는 회의에 참석하고 본사로 돌아올 계획이다.
> ※ 이동에는 기차와 택시만 이용함
>
> <소요경비 정보>
>
> • 숙박비
>
> | 호텔 | 요금(1박) |
> | --- | --- |
> | S호텔 | 75,500원 |
> | T호텔 | 59,400원 |
>
> • 철도 요금
>
> | 출발지 | 도착지 | 편도 요금 |
> | --- | --- | --- |
> | 나주역 | 대구역 | 42,000원 |
> | 나주역 | 광주역 | 39,500원 |
> | 대구역 | 광주역 | 37,100원 |
> | 대구역 | 나주역 | 45,000원 |
> | 광주역 | 대구역 | 36,500원 |
> | 광주역 | 나주역 | 43,000원 |
>
> • 택시비
>
> | 출발 정류장 | 도착 정류장 | 편도 요금 |
> | --- | --- | --- |
> | 한국전력공사 본사 앞 | 나주역 | 7,900원 |
> | 대구역 | S호텔 | 4,300원 |
> | 광주역 | T호텔 | 6,500원 |
> | S호텔 | 한국전력공사 대구 본부 앞 | 4,900원 |
> | T호텔 | 한국전력공사 광주 본부 앞 | 5,700원 |
> | 한국전력공사 대구 본부 앞 | 대구역 | 4,300원 |
> | 한국전력공사 광주 본부 앞 | 광주역 | 5,400원 |
>
> ※ 도착 정류장과 출발 정류장이 바뀌어도 비용은 같음

① 169,000원
② 226,000원
③ 274,500원
④ 303,900원
⑤ 342,600원

21 다음은 J오디션의 1, 2차 결과를 나타낸 표이다. [E2:E7]에 아래 그림과 같이 최종점수를 구하고자 할 때, 필요한 함수는?

	A	B	C	D	E
1	이름	1차	2차	평균점수	최종 점수
2	유재석	96.45	45.67	71.06	71.1
3	전현무	89.67	34.77	62.22	62.2
4	강호동	88.76	45.63	67.195	67.2
5	신동엽	93.67	43.56	68.615	68.6
6	김성주	92.56	38.45	65.505	65.5
7	송해	95.78	43.65	69.715	69.7

① ROUND ② INT
③ TRUNC ④ COUNTIF
⑤ ABS

22 학교에서 자연어처리(NLP)에 대해 배우고 있는 희영은 간단한 실습과제를 수행하는 중이다. 다음 상황에서 희영은 자연어처리 과정 중 어떤 단계를 수행한 것인가?

> 희영은 프로그램이 잘 돌아가는지 확인하기 위해 시험 삼아 '나는 밥을 먹는다.'를 입력해 보았다. 그 결과 '나/NP 는/JXS 밥/NNG 을/JKO 먹/VV 는다/EFN ./SF'가 출력되었다.

① 형태소 분석 ② 구문 분석
③ 의미 분석 ④ 특성 추출
⑤ 단어 분석

23 다음은 파이썬으로 구현된 프로그램이다. 실행 결과로 옳은 것은?

```
kks=['두', '바', '퀴', '로', '가', '는', '자', '동', '차']

kks.insert(1, '다')
del kks[3]
print(kks[4], kks[6])
```

① 가 자 ② 로 는
③ 로 자 ④ 는 동
⑤ 퀴 가

| 의사소통능력

01 다음 중 시각 장애인 유도 블록 설치에 대한 설명으로 적절하지 않은 것은?

점자 블록으로도 불리는 시각 장애인 유도 블록은 블록 표면에 돌기를 양각하여 시각 장애인이 발바닥이나 지팡이의 촉감으로 위치나 방향을 알 수 있도록 유도한다. 횡단보도나 버스정류장 등의 공공장소에 설치되며, 블록의 형태는 발바닥의 촉감, 일반 보행자와의 관계 등 다양한 요인에 따라 결정된다.

점자 블록은 크게 위치 표시용의 점형 블록과 방향 표시용의 선형 블록 두 종류로 나뉜다. 먼저 점형 블록은 횡단지점, 대기지점, 목적지점, 보행 동선의 분기점 등의 위치를 표시하거나 위험 지점을 알리는 역할을 한다. 보통 30cm(가로)×30cm(세로)×6cm(높이)의 콘크리트제 사각 형태가 많이 쓰이며, 양각된 돌기의 수는 외부용 콘크리트 블록의 경우 36개, 내부용의 경우 64개가 적절하다. 일반적인 위치 감지용으로 점형 블록을 설치할 경우 가로 폭은 대상 시설의 폭만큼 설치하며, 세로 폭은 보도의 폭을 고려하여 30 ~ 90cm 범위 안에서 설치한다.

다음으로 선형 블록은 방향 유도용으로 보행 동선의 분기점, 대기지점, 횡단지점에 설치된 점형 블록과 연계하여 목적 방향으로 일정한 거리까지 설치한다. 정확한 방향을 알 수 있도록 하는 데 목적이 있으며, 보행 동선을 확보·유지하는 역할을 한다. 양각된 돌출선은 윗면은 평면이 주로 쓰이고, 돌출선의 양 끝은 둥글게 처리한 것이 많다. 선형 블록은 시각 장애인이 안전하고 장애물이 없는 도로를 따라 이동할 수 있도록 설치하는데, 이때 블록의 돌출선은 유도 대상 시설의 방향과 평행해야 한다.

① 선형 블록은 보행 동선의 분기점에 설치한다.

② 횡단지점의 위치를 표시하기 위해서는 점형 블록을 설치한다.

③ 외부에는 양각된 돌기의 수가 36개인 점형 블록을 설치한다.

④ 선형 블록은 돌출선의 방향이 유도 대상 시설과 평행하도록 설치한다.

⑤ 점형 블록을 횡단보도 앞에 설치하는 경우 세로 방향으로 4개 이상 설치하지 않는다.

02 자사의 마스코트가 '소'인 J은행이 캐릭터를 활용한 상품 프로모션을 진행하고자 할 때, 다음 중 가장 적절한 의견을 제시하고 있는 사원은?

> 홍보팀장 : 우리 회사에 대해 고객들이 친밀감을 가질 수 있도록 인지도가 높으면서도 자사와 연관될 수 있는 캐릭터를 활용하여 홍보 방안을 세웠으면 좋겠어요.

① A사원 : 남녀노소 누구나 좋아하는 연예인을 캐릭터화하여 상품의 홍보 모델로 사용하는 것은 어떨까요?

② B사원 : 요즘 인기 있는 펭귄 캐릭터와 협업하여 우리 회사의 인지도를 높이는 방법은 어떨까요?

③ C사원 : 우리 은행의 마스코트인 소를 캐릭터로 활용하여 인형이나 디자인 소품으로 상품화하는 것은 어떨까요?

④ D사원 : 우리 은행의 마스코트인 소의 울음소리를 녹음하여 상담 전화 연결 시 활용하는 것은 어떨까요?

⑤ E사원 : 저금통을 상징하는 돼지 캐릭터와 우리 은행의 특징을 드러내는 소 캐릭터를 함께 사용하여 '~소'를 활용한 홍보문구를 작성해 보는 건 어떨까요?

03 다음은 의류 생산공장의 생산 코드 부여 방식이다. 자료를 참고할 때, 〈보기〉에 해당하지 않는 생산 코드는 무엇인가?

〈의류 생산 코드〉

- 생산 코드 부여 방식

  [종류] – [색상] – [제조일] – [공장지역] – [수량] 순으로 16자리이다.

- 종류

티셔츠	스커트	청바지	원피스
OT	OH	OJ	OP

- 색상

검정색	붉은색	푸른색	노란색	흰색	회색
BK	RD	BL	YL	WH	GR

- 제조일

해당연도	월	일
마지막 두 자리 숫자 예 2019 → 19	01 ~ 12	01 ~ 31

- 공장지역

서울	수원	전주	창원
475	869	935	753

- 수량

100벌 이상 150벌 미만	150장 이상 200벌 미만	200장 이상 250벌 미만	250장 이상	50벌 추가 생산
aaa	aab	aba	baa	ccc

〈예시〉

- 2020년 5월 16일에 수원 공장에서 검정 청바지 170벌을 생산하였다.
- 청바지 생산 코드 : OJBK – 200516 – 869aab

보기

ㄱ. 2019년 12월 4일에 붉은색 스커트를 창원 공장에서 120벌 생산하였다.

ㄴ. 회색 티셔츠를 추가로 50벌을 서울 공장에서 2020년 1월 24일에 생산하였다.

ㄷ. 흰색 청바지를 전주 공장에서 265벌을 납품일(2020년 7월 23일) 전날에 생산하였다.

ㄹ. 티셔츠와 스커트를 노란색으로 178벌씩 수원 공장에서 2020년 4월 30일에 생산했다.

ㅁ. 생산날짜가 2019년 7월 5일인 푸른색 원피스는 창원 공장에서 227벌 생산되었다.

① OPGR – 200124 – 475ccc

② OJWH – 200722 – 935baa

③ OHRD – 191204 – 753aaa

④ OHYL – 200430 – 869aab

⑤ OPBL – 190705 – 753aba

04 다음 중국의 인스턴트 커피 시장에 대한 분석 내용을 바탕으로 제품을 출시할 때 고려해야 할 점으로 적절하지 않은 것은?

중국의 인스턴트 커피 시장 규모는 574억 위안으로 전년보다 1.8% 성장한 것으로 보이며, 2024년까지 매년 평균 1.7%의 성장세를 이어갈 것으로 예측된다.

• 4P 분석

4P 분석	분석 내용
판매가격 (Price)	중국 스타벅스의 아메리카노 한 잔 가격은 22위안으로 중국의 최저임금을 상회한다. 이에 비해 S사의 캡슐 커피는 24개에 약 190위안으로 한 잔당 8위안에 불과하다. 스틱형 커피의 경우 그 격차는 훨씬 커진다.
유통경로 (Place)	로스팅 커피는 카페에서 구매가 이루어지나, 인스턴트 커피는 슈퍼, 편의점, 대형마트 등 다양한 장소에서 구매가 가능하다. 최근에는 중국 내 온라인 플랫폼 마켓의 발전으로 스마트폰이나 컴퓨터로 간편하게 구입이 가능하다.
판매촉진 (Promotion)	최근 인스턴트 커피 브랜드는 SNS를 이용하여 고객과 소통하고, 할인 쿠폰 및 행사 관련 정보를 제공하는 등 시장을 적극적으로 공략하고 있다.
제품 (Product)	공간과 시간에 구애받지 않고 언제든 편하게 마실 수 있다는 '편의성'을 통해 소비자들에게 꾸준한 관심을 받고 있다. 스타벅스, 코카콜라 등의 기업들은 자사의 장점을 살린 RTD 인스턴트 커피 및 캡슐 커피 등을 출시해 인스턴트 커피 시장에 진입하고 있다.

• 중국 인스턴트 커피 제품 현황 및 특징

1) 스틱형 커피 : 가장 초기의 인스턴트 커피 형태로, 출시 역사가 길고 브랜드가 다양하다. 초기에는 단맛이 나는 믹스 형태의 제품이 대부분이었지만, 최근 콜드브루, 블랙커피 등 다양한 유형의 스틱 커피가 출시되고 있다.

2) RTD(Ready To Drink) 커피 : 주로 편의점과 온라인 쇼핑몰에 보급되어 있는 제품으로, 병이나 종이 용기 등의 형태로 유통된다. 제조과정이 없어 마시기 간편하고 콜드브루, 라떼 등 다양한 맛을 즐길 수 있다. 기존의 인스턴트 커피 제조업체뿐만 아니라 커피숍 브랜드도 RTD 커피 시장에 진출하고 있다.

3) 소포장 형식 : 휴대하기 용이하고 제품의 품질이 좋아 소비자들에게 좋은 반응을 얻고 있다. 제품 유형에 따라 캡슐 커피와 작은 용기에 담겨 있는 인스턴트 커피로 나눌 수 있다.

4) 드립백 커피 : 커피 가루가 담긴 티백을 커피잔에 걸쳐 뜨거운 물을 부어서 우려내 마시는 커피이다. 핸드드립 커피를 보다 간편하게 즐기고 싶은 소비자의 수요에 맞춰 출시한 제품으로, 신선하고 고급스러운 풍미를 맛볼 수 있다는 장점이 있다. 그러나 다른 인스턴트 커피 종류에 비해 커피의 맛이 비교적 제한적이다.

---

① 스틱형 커피는 다른 인스턴트 커피에 비해 종류가 다양하지 못하므로 차별화된 프리미엄 상품을 스틱형으로 출시한다.

② 스마트폰으로 간편하게 구입할 수 있도록 캡슐 커피를 출시하고, 중국 내 이용자가 가장 많은 SNS를 통해 이벤트를 진행한다.

③ 현지 소비자들의 입맛에 맞으면서도 다양한 맛을 선택할 수 있도록 여러 종류의 드립백 커피 상품을 출시한다.

④ 현지 로스팅 커피 브랜드와 협력하여 RTD 커피를 출시하고, 온라인 쇼핑몰을 통해 쉽게 구매할 수 있다는 점을 홍보 전략으로 세운다.

⑤ 휴대가 편리한 소포장 형식의 인스턴트 커피를 출시하고, 언제 어디서든 쉽게 마실 수 있다는 점을 홍보 전략으로 세운다.

※ 다음은 바이오에너지에 대한 자료이다. 이어지는 질문에 답하시오. [5~6]

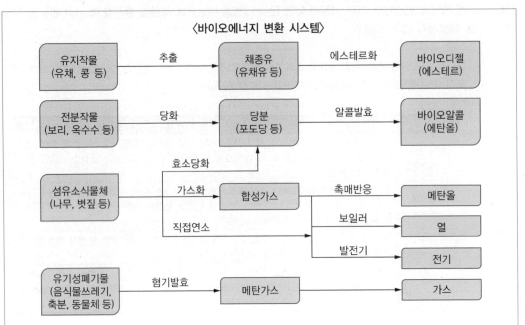

〈바이오에너지 변환 시스템〉

• 바이오에너지란?
생물체로부터 발생하는 에너지를 이용하는 것으로, 나무를 사용해 땔감으로 사용하기도 하고 식물에서 기름을 추출해 액체 연료로 만드는 방법 등 동·식물의 에너지를 이용하여 자연환경을 깨끗하게 유지할 수 있다. 쓰레기 매립지에서 발생하는 매립지 가스(LFG; Landfill Gas)를 원료로 발전 설비를 가동하고 전력을 생산하는 과정을 통하여 매립지 주변의 대기 중 메탄가스 방출을 줄이고, 폐기물을 자원으로 재활용하여 환경오염을 줄일 수 있다.

〈바이오에너지 원리 및 구조〉

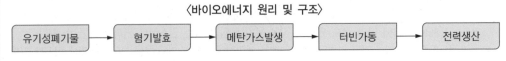

• 매립가스를 포집
보일러에서 메탄(CH_4)을 연소하여 과열 증기를 생산한다.
• 메탄(CH_4)을 보일러로 공급하여 보일러에서 연소
쓰레기 매립지에서 발생하는 매립지 가스(Landfill Gas) 중 가연성 기체인 메탄(CH_4)을 포집하여 발전의 열원으로 사용한다.
• 과열 증기로 터빈과 발전기 가동 및 전력생산
보일러에서 공급되는 과열 증기로 터빈 발전기를 가동시켜 전력을 생산하고 송전계통을 통해 이를 한국전력공사로 공급한다.
• 잔열의 재사용
터빈과 발전기 가동 시 증기의 일부가 급수의 가열에 재사용되고 나머지 폐열은 복수기를 통해 순환수 계통으로 방출되어 한국전력공사로 공급한다.

05 다음 중 바이오에너지에 대한 설명으로 옳지 않은 것은?

① 바이오에너지 사용은 환경오염을 줄일 수 있다.

② '열에너지 → 운동에너지 → 전기에너지'의 단계로 바뀌어 한국전력공사로 전기를 공급한다.

③ 섬유소식물체인 나무, 볏짚 등에서 3가지 이상의 연료를 얻을 수 있다.

④ 보리를 이용하여 얻을 수 있는 연료는 에탄올과 메탄올이다.

⑤ 발전기를 가동할 때 일부 증기는 급수 가열에 재사용된다.

06 바이오에너지를 만들기 위해서는 다양한 공정이 필요하다. 공정마다 소요되는 비용을 점수로 매겼을 때, 최종 공정이 끝난 후 공정가격으로 옳지 않은 것은?(단, 공정별 점수표에 제시된 공정만 시행한다)

〈공정별 점수표〉

공정	추출	에스테르화	당화	알콜발효	효소당화	가스화	보일러	혐기발효
점수	4점	5점	9점	3점	7점	8점	2점	6점

※ 공정 단계별 비용은 다음과 같음
- 1점 이상 4점 미만 : 1점당 3만 원
- 4점 이상 8점 미만 : 1점당 4만 원
- 8점 이상 11점 미만 : 1점당 5만 원

	에너지원	연료	공정가격
①	옥수수	에탄올	54만 원
②	유채	에스테르	36만 원
③	나무	열	44만 원
④	음식물쓰레기	가스	24만 원
⑤	볏짚	바이오알콜	37만 원

07 다음 프로그램의 실행 결과로 옳은 것은?

```
a = 0
for i in range(1, 11, 2):
    a += i
print (a)
```

① 1

② 2

③ 11

④ 25

⑤ 30

08 다음 시트에서 상품이 '하모니카'인 악기의 평균매출액을 구하려고 할 때, [E11] 셀에 입력할 수식으로 옳은 것은?

	A	B	C	D	E
1	모델명	상품	판매금액	판매수량	매출액
2	D7S	통기타	₩189,000	7	₩1,323,000
3	LC25	우쿨렐레	₩105,000	11	₩1,155,000
4	N1120	하모니카	₩60,000	16	₩960,000
5	MS083	기타	₩210,000	3	₩630,000
6	H904	하모니카	₩63,000	25	₩1,575,000
7	C954	통기타	₩135,000	15	₩2,025,000
8	P655	기타	₩193,000	8	₩1,544,000
9	N1198	하모니카	₩57,000	10	₩570,000
10	하모니카의 평균 판매수량				17
11	하모니카 평균매출액				₩1,035,000

① =COUNTIF(B2:B9,"하모니카")

② =AVERAGE(E2:E9)

③ =AVERAGEIFS(B2:B9,E2:E9,"하모니카")

④ =AVERAGEA(B2:B9,"하모니카",E2:E9)

⑤ =AVERAGEIF(B2:B9,"하모니카",E2:E9)

PART 2

직무능력검사

의사소통능력

합격 Cheat Key

의사소통능력은 평가하지 않는 공사·공단이 없을 만큼 필기시험에서 중요도가 높은 영역으로, 세부 유형은 문서 이해, 문서 작성, 의사 표현, 경청, 기초 외국어로 나눌 수 있다. 문서 이해·문서 작성과 같은 지문에 대한 주제 찾기, 내용 일치 문제의 출제 비중이 높으며, 문서의 특성을 파악하는 문제도 출제되고 있다.

1 문제에서 요구하는 바를 먼저 파악하라!

의사소통능력에서 가장 중요한 것은 제한된 시간 안에 빠르고 정확하게 답을 찾아내는 것이다. 의사소통능력에서는 지문이 아니라 문제가 주인공이므로 지문을 보기 전에 문제를 먼저 파악해야 하며, 문제에 따라 전략적으로 빠르게 풀어내는 연습을 해야 한다.

2 잠재되어 있는 언어 능력을 발휘하라!

세상에 글은 많고 우리가 학습할 수 있는 시간은 한정적이다. 이를 극복할 수 있는 방법은 다양한 글을 접하는 것이다. 실제 시험장에서 어떤 내용의 지문이 나올지 아무도 예측할 수 없으므로 평소에 신문, 소설, 보고서 등 여러 글을 접하는 것이 필요하다.

3   상황을 가정하라!

업무 수행에 있어 상황에 따른 언어 표현은 중요하다. 같은 말이라도 상황에 따라 다르게 해석될 수 있기 때문이다. 그런 의미에서 자신의 의견을 효과적으로 전달할 수 있는 능력을 평가하는 것이다. 업무를 수행하면서 발생할 수 있는 여러 상황을 가정하고 그에 따른 올바른 언어표현을 정리하는 것이 필요하다.

4   말하는 이의 입장에서 생각하라!

잘 듣는 것 또한 하나의 능력이다. 상대방의 이야기에 귀 기울이고 공감하는 태도는 업무를 수행하는 관계 속에서 필요한 요소이다. 그런 의미에서 다양한 상황에서 듣는 능력을 평가하는 것이다. 말하는 이가 요구하는 듣는 이의 태도를 파악하고, 이에 따른 판단을 할 수 있도록 언제나 말하는 사람의 입장이 되는 연습이 필요하다.

| 유형분석 |

- 주어진 지문을 읽고 선택지를 고르는 전형적인 독해 문제이다.
- 지문은 주로 신문기사(보도자료 등)나 업무 보고서, 시사 등이 제시된다.
- 공사공단에 따라 자사와 관련된 내용의 기사나 법조문, 보고서 등이 출제되기도 한다.

G씨는 성장기인 아들의 수면습관을 바로 잡기 위해 수면습관에 관련된 글을 찾아보았다. 다음 글을 읽고 이해한 내용으로 적절하지 않은 것은?

> 수면은 비렘(non - REM)수면과 렘수면의 사이클이 반복되면서 이뤄지는 복잡한 신경계의 상호작용이며, 좋은 수면이란 이 사이클이 끊어지지 않고 충분한 시간 동안 유지되도록 하는 것이다. 수면 패턴은 일정한 것이 좋으며, 깨는 시간을 지키는 것이 중요하다. 그리고 수면 패턴은 휴일과 평일 모두 일정하게 지키는 것이 성장하는 아이들의 수면 리듬을 유지하는 데 좋다. 수면 상태에서 깨어날 때 영향을 주는 자극들은 '빛, 식사 시간, 운동, 사회 활동' 등이 있으며, 이 중 가장 강한 자극은 '빛'이다. 침실을 밝게 하는 것은 적절한 수면 자극을 방해하는 것이다. 반대로 깨어날 때 강한 빛 자극을 주면 수면 상태에서 빠르게 벗어날 수 있다. 이는 뇌의 신경 전달 물질인 멜라토닌의 농도와 연관되어 나타나는 현상이다. 수면 중 최대치로 올라간 멜라토닌은 시신경이 강한 빛에 노출되면 빠르게 줄어들게 되는데, 이때 수면 상태에서 벗어나게 된다. 아침 일찍 일어나 커튼을 젖히고 밝은 빛이 침실 안으로 들어오게 하는 것은 매우 효과적인 각성 방법인 것이다.

① 잠에서 깨는 데 가장 강력한 자극을 주는 것은 빛이었구나.
② 멜라토닌의 농도에 따라 수면과 각성이 영향을 받는군.
③ 평일에 잠이 모자란 우리 아들은 잠을 보충해 줘야 하니까 휴일에 늦게까지 자도록 둬야겠다.
④ 좋은 수면은 비렘수면과 렘수면의 사이클이 충분한 시간 동안 유지되도록 하는 것이구나.
⑤ 우리 아들 침실이 좀 밝은 편이니 충분한 수면을 위해 암막커튼을 달아줘야겠어.

정답 ③

수면 패턴은 휴일과 평일 모두 일정하게 지키는 것이 성장하는 아이들의 수면 리듬을 유지하는 데 좋다. 따라서 휴일에 늦잠을 자는 것은 적절하지 않다.

풀이 전략!

주어진 선택지에서 키워드를 체크한 후, 지문의 내용과 비교해 가면서 내용의 일치 유무를 빠르게 판단한다.

01   다음 글의 내용으로 적절하지 않은 것은?

> 수소와 산소는 H_2와 O_2의 분자 상태로 존재한다. 수소와 산소가 화합해서 물 분자가 되려면 이 두 분자가 충돌해야 하는데, 충돌하는 횟수가 많으면 많을수록 물 분자가 생기는 확률은 높아진다. 또한 반응하기 위해서는 분자가 원자로 분해되어야 한다. 좀 더 정확히 말한다면, 각각의 분자가 산소 원자끼리 그리고 수소 원자끼리의 결합력이 약해져야 한다. 높은 온도는 분자 간의 충돌 횟수를 증가시킬 뿐 아니라 분자를 강하게 진동시켜 분자의 결합력을 약하게 한다. 그리하여 수소와 산소는 이전까지 결합하고 있던 자신과 동일한 원자와 떨어져, 산소 원자 하나에 수소 원자 두 개가 결합한 물(H_2O)이라는 새로운 화합물이 되는 것이다.

① 수소 분자와 산소 분자가 충돌해야 물 분자가 생긴다.
② 수소 분자와 산소 분자가 원자로 분해되어야 반응을 할 수 있다.
③ 높은 온도는 분자를 강하게 진동시켜 결합력을 약하게 한다.
④ 산소 분자와 수소 분자가 각각 물(H_2O)이라는 새로운 화합물이 된다.
⑤ 산소 분자와 수소 분자의 충돌 횟수가 많아지면 물 분자가 될 확률이 높다.

02   다음 글의 내용으로 가장 적절한 것은?

> 만우절의 탄생과 관련해서 많은 이야기가 있지만, 가장 많이 알려진 것은 16세기 프랑스 기원설이다. 16세기 이전부터 프랑스 사람들은 3월 25일부터 일주일 동안 축제를 벌였고, 축제의 마지막 날인 4월 1일에는 모두 함께 모여 축제를 즐겼다. 그러나 16세기 말 프랑스가 그레고리력을 받아들이면서 달력을 새롭게 개정했고, 이에 따라 이전의 3월 25일을 새해 첫날(New Year's Day)인 1월 1일로 맞추어야 했다. 결국 기존의 축제는 달력이 개정됨에 따라 사라지게 되었다. 그러나 몇몇 사람들은 이 사실을 잘 알지 못하거나 기억하지 못했다. 사람들은 그들을 가짜 파티에 초대하거나, 그들에게 조롱 섞인 선물을 하면서 놀리기 시작했다. 프랑스에서는 이렇게 놀림감이 된 사람들을 '4월의 물고기'라는 의미의 '푸아송 다브릴(Poisson d'Avril)'이라 불렀다. 갓 태어난 물고기처럼 쉽게 낚였기 때문이다. 18세기에 이르러 프랑스의 관습이 영국으로 전해지면서 영국에서는 이날을 '오래된 바보의 날(All* Fool's Day)'이라고 불렀다.
>
> *All : 'Old'를 뜻하는 'Auld'의 변형 형태(스코틀랜드)

① 만우절은 프랑스에서 기원했다.
② 프랑스에서는 만우절을 '4월의 물고기'라고 불렀다.
③ 프랑스는 16세기 이전부터 그레고리력을 사용하였다.
④ 16세기 말 이전 프랑스에서는 3월 25일부터 4월 1일까지 축제가 열렸다.
⑤ 영국의 만우절은 18세기 이전 프랑스에서 전해졌다.

03 다음 글의 내용으로 적절하지 않은 것은?

개항 이후 나타난 서양식 건축물은 양관(洋館)이라고 불렸다. 양관은 우리의 전통 건축 양식보다는 서양식 건축 양식에 따라 만들어진 건축물이었다. 정관헌(靜觀軒)은 대한제국 정부가 경운궁에 지은 대표적인 양관이다. 이 건축물은 고종의 연희와 휴식 장소로 쓰였는데, 한때 태조와 고종 및 순종의 영정을 이곳에 모셨다고 한다.

정관헌은 중앙의 큰 홀과 부속실로 구성되어 있으며 중앙 홀 밖에는 회랑이 설치되어 있다. 이 건물의 외형은 다음과 같은 점에서 상당히 이국적이다. 우선 처마가 밖으로 길게 드러나 있지 않다. 또한 바깥쪽의 서양식 기둥과 함께 붉은 벽돌이 사용되었고, 회랑과 바깥 공간을 구분하는 난간은 화려한 색채를 띠며 내부에는 인조석으로 만든 로마네스크풍의 기둥이 위치해 있다.

그럼에도 불구하고 이 건물에서 우리 건축의 맛이 느껴지는 것은 서양에서 사용하지 않는 팔작지붕의 건물이라는 점과 회랑의 난간에 소나무와 사슴, 그리고 박쥐 등의 형상이 보이기 때문이다. 소나무와 사슴은 장수를, 박쥐는 복을 상징하기에 전통적으로 즐겨 사용되는 문양이다. 비록 서양식 정자이지만 우리의 문화와 정서가 녹아들어 있는 것이다. 물론 이 건물에는 이국적인 요소가 많다. 회랑을 덮고 있는 처마를 지지하는 바깥 기둥은 전형적인 서양식 기둥의 모습이다. 이 기둥은 19세기 말 서양의 석조 기둥이 철제 기둥으로 바뀌는 과정에서 갖게 된 날렵한 비례감을 지니고 있다. 이 때문에 그리스의 도리아, 이오니아, 코린트 기둥의 안정감 있는 비례감에 익숙한 사람들에게는 다소 어색해 보이기도 한다.

그런데 정관헌에는 서양과 달리 철이 아닌 목재가 바깥 기둥의 재료로 사용되었다. 이는 당시 정부가 철을 자유롭게 사용할 수 있을 정도의 재정적 여력을 갖지 못했기 때문이다. 정관헌의 바깥 기둥 윗부분에는 대한제국을 상징하는 오얏꽃 장식이 선명하게 자리 잡고 있다. 정관헌은 건축적 가치가 큰 궁궐 건물이었지만 규모도 크지 않고 가벼운 용도로 지어졌기 때문에 그동안 소홀히 취급되어 왔다.

---

① 정관헌은 동서양의 건축적 특징이 조합된 양관으로서 궁궐 건물이었다.
② 정관헌의 난간에 보이는 동식물과 바깥 기둥에 보이는 꽃 장식은 상징성을 지니고 있다.
③ 정관헌은 그 규모와 용도 때문에 건축물로서 지닌 가치에 걸맞은 취급을 받지 못했다.
④ 정관헌에 사용된 서양식 기둥과 붉은 벽돌은 정관헌을 이국적으로 보이게 한다.
⑤ 정관헌의 바깥 기둥은 서양식 철 기둥 모양을 하고 있지만 우리 문화와 정서를 반영하기 위해 목재를 사용하였다.

04 다음 글의 내용으로 가장 적절한 것은?

신재생에너지의 일환인 연료전지는 전해질의 종류에 따라 구분된다. 먼저 알칼리형 연료전지가 있다. 대표적인 강염기인 수산화칼륨을 전해질로 이용하는데, 85% 이상의 진한 농도는 고온용에 사용하고, 35 ～ 50%의 묽은 농도는 저온용에 사용한다. 촉매로는 은, 금속 화합물, 귀금속 등 다양한 고가의 물질을 쓰지만, 가장 많이 사용하는 것은 니켈이다. 전지가 연료나 촉매에서 발생하는 이산화탄소를 잘 버티지 못한다는 단점이 있는데, 이 때문에 1960년대부터 우주선에 주로 사용해 왔다.

인산형 연료전지는 진한 인산을 전해질로, 백금을 촉매로 사용한다. 인산은 안정도가 높아 연료전지를 장기간 사용할 수 있게 하는데, 원래 효율은 40% 정도나 열병합발전 시 최대 85%까지 상승하고, 출력 조정이 가능하다. 천연가스 외에도 다양한 에너지를 대체 연료로 사용하는 것도 가능하며 현재 분산형 발전 컨테이너 패키지나 교통수단 부품으로 세계에 많이 보급되어 있다.

용융 탄산염형 연료전지는 수소와 일산화탄소를 연료로 쓰고, 리튬·나트륨·칼륨으로 이뤄진 전해질을 사용하며 고온에서 작동한다. 일반적으로 연료전지는 백금이나 귀금속 등의 촉매제가 필요한데, 고온에서는 이런 고가의 촉매제가 필요치 않고, 열병합에도 용이한 덕분에 발전 사업용으로 활용할 수 있다.

다음은 용융 탄산염형과 공통점이 많은 고체 산화물형 연료전지이다. 일단 수소와 함께 일산화탄소를 연료로 이용한다는 점이 같고, 전해질은 용융 탄산염형과 다르게 고체 세라믹을 주로 이용하는데, 대체로 산소에 의한 이온 전도가 일어나는 800 ～ 1,000℃에서 작동한다. 이렇게 고온에서 작동하다 보니, 발전 사업용으로 활용할 수 있다는 공통점도 있다. 원래부터 기존의 발전 시설보다 장점이 있는 연료전지인데, 연료전지의 특징이자 한계인, 전해질 투입과 전지 부식 문제를 보완해서 한 단계 더 나아간 형태라고 볼 수 있다. 이러한 장점들 때문에 소형기기부터 대용량 시설까지 다방면으로 개발하고 있다.

마지막으로 고분자 전해질형 연료전지이다. 주로 탄소를 운반체로 사용한 백금을 촉매로 사용하지만, 연료인 수소에 일산화탄소가 조금이라도 들어갈 경우 백금과 루테늄의 합금을 사용한다. 고체 산화물형과 더불어 가정용으로 주로 개발되고 있고, 자동차, 소형 분산 발전 등 휴대성과 이동성이 필요한 장치에 유용하다.

① 알칼리형 연료전지는 이산화탄소를 잘 버텨내기 때문에 우주선에 주로 사용해 왔다.

② 안정도가 높은 인산형 연료전지는 진한 인산을 촉매로, 백금을 전해질로 사용한다.

③ 발전용으로 적절한 연료전지는 용융 탄산염형 연료전지와 고체 산화물형 연료전지이다.

④ 고체 산화물형 연료전지는 전해질을 투입하지 않아 전지 부식 문제를 보완한 형태이다.

⑤ 고분자 전해질형 연료전지는 수소에 일산화탄소가 조금이라도 들어갈 경우 인산을 촉매로 사용한다.

| 유형분석 |

- 주어진 지문을 파악하여 전달하고자 하는 핵심 주제를 고르는 문제이다.
- 정보를 종합하고 중요한 내용을 구별하는 능력이 필요하다.
- 설명문부터 주장, 반박문까지 다양한 성격의 지문이 제시되므로 글의 성격별 특징을 알아두는 것이 좋다.

다음 글의 주제로 가장 적절한 것은?

표준화된 언어는 의사소통을 효과적으로 하기 위하여 의도적으로 선택해야 할 공용어로서의 가치가 있다. 반면에 방언은 지역이나 계층의 언어와 문화를 보존하고 드러냄으로써 국가 전체의 언어와 문화를 다양하게 발전시키는 토대로서의 가치가 있다. 이러한 의미에서 표준화된 언어와 방언은 상호 보완적인 관계에 있다. 표준화된 언어가 있기에 정확한 의사소통이 가능하며, 방언이 있기에 개인의 언어생활에서나 언어 예술 활동에서 자유롭고 창의적인 표현이 가능하다. 결국 우리는 표준화된 언어와 방언 둘 다의 가치를 인정해야 하며, 발화(發話) 상황(狀況)을 잘 고려해서 표준화된 언어와 방언을 잘 가려서 사용할 줄 아는 능력을 길러야 한다.

① 창의적인 예술 활동에서는 방언의 기능이 중요하다.
② 표준화된 언어와 방언에는 각각 독자적인 가치와 역할이 있다.
③ 정확한 의사소통을 위해서는 표준화된 언어가 꼭 필요하다.
④ 표준화된 언어와 방언을 구분할 줄 아는 능력을 길러야 한다.
⑤ 표준화된 언어는 방언보다 효용가치가 있다.

정답 ②

마지막 문장의 '표준화된 언어와 방언 둘 다의 가치를 인정'하고, '잘 가려서 사용할 줄 아는 능력을 길러야 한다.'는 내용을 바탕으로 ②와 같은 주제를 이끌어낼 수 있다.

풀이 전략!

'결국', '즉', '그런데', '그러나', '그러므로' 등의 접속어 뒤에 주제가 드러나는 경우가 많다는 것에 주의하면서 지문을 읽는다.

※ 다음 글의 주제로 가장 적절한 것을 고르시오. [1~2]

01

동영상 압축 기술인 MPEG는 일반적으로 허프만 코딩 방식을 사용한다. 허프만 코딩은 데이터 발생 빈도수에 따라 서로 다른 길이의 부호를 부여하여 데이터를 비트로 압축하는 방식이다. 예를 들어, 데이터 abccdd dddd를 허프만 코딩 방식으로 압축하는 경우 먼저 데이터 abccddddd를 발생빈도와 발생확률에 따라 정리한다. 그리고 발생확률이 0.1로 가장 낮은 문자 a와 b를 합하여 0.2로 만들고, 이것을 S1로 표시한다. 이 S1을 다음으로 발생확률이 낮은 c의 0.2와 합한다. 그리고 이를 S2라고 표시한다. 다시 S2의 발생확률 0.4를 d의 발생확률 0.6과 더하고 그것을 S3이라고 한다. 이런 방식으로 만들면 발생확률의 합은 1이 된다. 이와 같은 과정을 이어가며 나타낸 것을 허프만 트리라고 한다. 허프만 트리는 맨 위 S3을 기준으로 왼쪽으로 뻗어나가는 줄기는 0으로 표시하고, 오른쪽으로 뻗어가는 줄기는 1로 표시한다. 이렇게 원래의 데이터를 0과 1의 숫자로 코드화하면 a는 000, b는 001, c는 01, d는 1이 된다. 발생빈도에 따라 데이터의 부호 길이는 달리 표시된다. 이런 과정을 거치면 코딩 이전의 원래 데이터 abccddddd는 0000010101111111로 표현된다.

① 데이터의 표현 방법　　　　　　② 허프만 트리의 양상
③ 허프만 코딩 방식의 정의　　　　④ 허프만 코딩 방식의 과정
⑤ MPEG의 종류

02

높은 유류세는 자동차를 사용함으로써 발생하는 다음과 같은 문제들을 줄이는 교정적 역할을 수행한다. 첫째, 유류세는 사람들의 대중교통수단 이용을 유도하고, 자가용 사용을 억제함으로써 교통 혼잡을 줄여준다. 둘째, 교통사고 발생 시 대형 차량이나 승합차가 중소형 차량에 비해 보다 치명적인 피해를 줄 가능성이 높다. 이와 관련해서 유류세는 유류를 많이 소비하는 대형 차량을 운행하는 사람에게 보다 높은 비용을 치르게 함으로써 교통사고 위험에 대한 간접적인 비용을 징수하는 효과를 가진다. 셋째, 유류세는 유류 소비를 억제함으로써 대기오염을 줄이는 데 기여한다.

① 유류세의 용도　　　　　　　　② 높은 유류세의 정당성
③ 유류세의 지속적 인상　　　　　④ 에너지 소비 절약
⑤ 유류세의 감소 원인

03 다음 글의 제목으로 가장 적절한 것은?

구글어스가 세계 환경의 보안관 역할을 톡톡히 하고 있어 화제다. 구글어스는 가상 지구본 형태로 제공되는 세계 최초의 위성영상지도 서비스로서, 간단한 프로그램만 내려받으면 지구 전역의 위성 사진 및 지도, 지형 등의 정보를 확인할 수 있다. 구글은 그동안 축적된 인공위성 빅데이터 등을 바탕으로 환경 및 동물 보호 활동을 지원하고 있다.

지구에서는 그동안 약 230만 km^2 이상의 삼림이 사라졌다. 병충해 및 태풍, 산불 등으로 사라진 것이다. 특히 개발도상국들의 산림 벌채와 농경지 확보가 주된 이유다. 이처럼 사라지는 숲에 비해 자연의 자생력으로 복구되는 삼림은 아주 적은 편이다.

그런데 최근에 개발된 초고해상도의 구글어스 이미지를 이용해 육지표면을 정밀 분석한 결과, 식물이 살 수 없을 것으로 여겨졌던 건조지대에서도 많은 숲이 분포한다는 사실이 밝혀졌다. 국제연합식량농업기구(FAO) 등 13개국 20개 기관과 구글이 참여한 대규모 국제공동연구진은 구글어스로 얻은 위성 데이터를 세부 단위로 쪼개 그동안 잘 알려지지 않은 전 세계의 건조지역을 집중적으로 분석했다.

그 결과 강수량이 부족해 식물의 정상적인 성장이 불가능할 것으로 알려졌던 건조지대에서 약 467만 km^2의 숲을 새로이 찾아냈다. 이는 한반도 면적의 약 21배에 달한다. 연구진은 이번 발견으로 세계 삼림 면적의 추정치가 9% 정도 증가할 것이라고 주장했다.

건조지대는 지구 육지표면의 40% 이상을 차지하지만, 명확한 기준과 자료 등이 없어 그동안 삼림 분포에 대해서는 잘 알려지지 않았다. 그러나 이번 연구결과로 인해 전 세계 숲의 이산화탄소 처리량 등에 대해 보다 정확한 계산이 가능해짐으로써 과학자들의 지구온난화 및 환경보호 연구에 많은 도움이 될 것으로 기대되고 있다.

① 전 세계 환경 보안관, 구글어스
② 환경오염으로 심각해지는 식량난
③ 인간의 이기심으로 사라지는 삼림
④ 사막화 현상으로 건조해지는 지구
⑤ 구글어스로 보는 환경훼손의 심각성

04 다음 중 (가) ~ (마)의 핵심 주제로 적절하지 않은 것은?

(가) 한 아이가 길을 가다가 골목에서 갑자기 튀어나온 큰 개에게 발목을 물렸다. 아이는 이 일을 겪은 뒤 개에 대한 극심한 불안에 시달렸다. 멀리 있는 강아지만 봐도 몸이 경직되고 호흡 곤란을 느꼈으며 심할 경우 응급실을 찾기도 하였다. 이것은 한 번의 부정적인 경험이 공포증으로 이어진 경우라고 할 수 있다.

(나) '공포증'이란 위의 경우에서 보듯이 특정 대상에 대한 과도한 두려움으로 그 대상을 계속해서 피하게 되는 증세를 말한다. 특정한 동물, 높은 곳, 비행기나 엘리베이터 등이 공포증을 유발하는 대상이 될 수 있다. 물론 일반적인 사람들도 이런 대상을 접하여 부정적인 경험을 할 수 있지만 공포증으로까지 이어지는 경우는 드물다.

(다) 심리학자 와이너는 부정적인 경험을 한 상황을 어떻게 해석하느냐에 따라 이러한 공포증이 생길 수도 있고 그렇지 않을 수도 있으며 공포증이 지속될 수도 있고 극복될 수도 있다고 했다. 그는 상황을 해석하는 방식을 설명하기 위해 상황의 원인을 어디에서 찾느냐, 상황의 변화 가능성에 대해 어떻게 인식하느냐의 두 가지 기준을 제시했다. 상황의 원인을 자신에게서 찾으면 '내부적'으로 해석한 것이고, 자신이 아닌 다른 것에서 찾으면 '외부적'으로 해석한 것이다. 또 상황이 바뀔 가능성이 전혀 없다고 생각하면 '고정적'으로 인식한 것이고, 상황이 충분히 바뀔 수 있다고 생각하면 '가변적'으로 인식한 것이다.

(라) 와이너에 의하면 큰 개에게 물렸지만 공포증에 시달리지 않는 사람들은 개에게 물린 상황에 대해 '내 대처 방식이 잘못되었어.'라며 내부적이고 가변적으로 해석한다. 이것은 나의 대처 방식에 따라 상황이 충분히 바뀔 수 있다고 생각하는 것이므로 이들은 개와 마주치는 상황을 굳이 피하지 않는다. 그 후 개에게 물리지 않는 상황이 반복되면 '나도 어떤 경우라도 개를 감당할 수 있어.'라며 내부적이고 고정적으로 해석하는 단계로 나아가게 된다.

(마) 반면에 공포증을 겪는 사람들은 개에 물린 상황에 대해 '나는 약해서 개를 감당하지 못해.'라며 내부적이고 고정적으로 해석하거나 '개는 위험한 동물이야.'라며 외부적이고 고정적으로 해석한다. 자신의 힘이 개보다 약하다고 생각하거나 개를 맹수로 여기는 것이므로 이들은 자신이 개에게 물린 것을 당연한 일로 받아들인다. 하지만 공포증에 시달리지 않는 사람들처럼 상황을 해석하고 개를 피하지 않는 노력을 기울이면 공포증에서 벗어날 수 있다.

① (가) : 공포증이 생긴 구체적 상황
② (나) : 공포증의 개념과 공포증을 유발하는 대상
③ (다) : 와이너가 제시한 상황 해석의 기준
④ (라) : 공포증을 겪지 않는 사람들의 상황 해석 방식
⑤ (마) : 공포증을 겪는 사람들의 행동 유형

| 유형분석 |

- 각 문단의 내용을 파악하고 논리적 순서에 맞게 배열하는 복합적인 문제이다.
- 전체적인 글의 흐름을 이해하는 것이 중요하며, 각 문장의 지시어나 접속어에 주의한다.

다음 문단을 논리적 순서대로 바르게 나열한 것은?

(가) 오류가 발견된 교과서들은 편향적 내용을 검증 없이 인용하거나 부실한 통계를 일반화하는 등의 문제점을 보였다. 대표적으로 교과서 대부분이 대도시의 온도 상승 평균값만을 보고 한반도의 기온 상승이 세계 평균보다 2배 높다고 과장한 것으로 나타났다.

(나) 환경 관련 교과서 대부분이 표면적으로 드러나는 사실을 검증하지 않고 그대로 싣는 문제점을 보였다. 고등학생들이 보는 교과서인 만큼 객관적 사실에 기반을 둬 균형 있는 내용을 실어야 한다.

(다) 고등학교 환경 관련 교과서 대부분이 특정 주장을 검증 없이 게재하는 등 많은 오류가 존재한다는 보수 환경·시민단체의 지적이 제기됐다. 환경정보평가원이 고등학교 환경 관련 교과서 23종을 분석한 결과 총 1,175개의 오류가 발견됐다.

(라) 또한 우리나라 전력 생산의 상당 부분을 차지하는 원자력 발전의 경우 단점만을 자세히 기술하고 경제성과 효율성이 낮은 신재생 에너지는 장점만 언급한 교과서도 있었다.

① (가) - (라) - (나) - (다)   ② (나) - (가) - (라) - (다)

③ (나) - (다) - (가) - (라)   ④ (다) - (가) - (라) - (나)

⑤ (다) - (라) - (나) - (가)

정답 ④

제시문은 교과서에서 많은 오류가 발견된 사실을 제시하고 오류의 유형과 예시를 차례로 언급하며 문제 해결에 대한 요구를 제시하고 있는 글이다. 따라서 (다) 교과서에서 많은 오류가 발견됨 - (가) 교과서에서 나타나는 오류의 유형과 예시 - (라) 편향된 내용을 담은 교과서의 또 다른 예시 - (나) 교과서의 문제 지적과 해결 촉구의 순서로 나열해야 한다.

풀이 전략!

상대적으로 시간이 부족하다고 느낄 때는 선택지를 참고하여 문장의 순서를 생각해 본다.

※ 다음 문단을 논리적 순서대로 바르게 나열한 것을 고르시오. **[1~2]**

01

> (가) 보통 라면은 일본에서 유래된 것으로 알려졌다. 그러나 우리가 좋아하는 라면과 일본의 라멘은 다르다. 일본의 라멘은 하나의 '요리'로서 위치하고 있으며, 처음에 인스턴트 라면이 발명된 것은 라멘을 휴대하고 다니면서 어떻게 하면 쉽게 먹을 수 있을까 하는 발상에서 기인한다. 그러나 한국의 라면은 그렇지 않다.
>
> (나) 일본의 라멘이 고기 육수를 통한 맛을 추구한다면, 한국의 인스턴트 라면에서 가장 중요한 특징은 '매운맛'이다. 한국의 라면은 매운맛을 좋아하는 한국 소비자의 입맛에 맞춰 변화되었다.
>
> (다) 이렇게 한국의 라면이 일본 라멘과 전혀 다른 모습을 보이면서, 라멘과 한국의 라면은 독자적인 영역을 만들어내기 시작했고, 당연히 해외에서도 한국의 라면은 라멘과 달리 나름대로 마니아층을 만들어내고 있다.
>
> (라) 한국의 라면은 요리라기보다는 일종의 간식으로서 취급되며, '일본 라멘의 간소화'로 인스턴트 라면과는 그 맛도 다르다. 이는 일본의 라멘이 어떠한 맛을 추구하고 있는지에 대해서 생각해 보면 알 수 있다.

① (가) - (다) - (나) - (라)   ② (가) - (라) - (나) - (다)
③ (가) - (라) - (다) - (나)   ④ (라) - (가) - (나) - (다)
⑤ (라) - (가) - (다) - (나)

02

> (가) 이 방식을 활용하면 공정의 흐름에 따라 제품이 생산되므로 자재의 운반 거리를 최소화할 수 있어 전체 공정 관리가 쉽다.
>
> (나) 그러나 기계 고장과 같은 문제가 발생하면 전체 공정이 지연될 수 있고, 규격화된 제품 생산에 최적화된 설비 및 배치 방식을 사용하기 때문에 제품의 규격이나 디자인이 변경되면 설비 배치 방식을 재조정해야 한다는 문제가 있다.
>
> (다) 제품을 효율적으로 생산하기 위해서는 생산 설비의 효율적인 배치가 중요하다. 설비의 효율적인 배치란 자재의 불필요한 운반을 최소화하고, 공간을 최대한 활용하면서 적은 노력으로 빠른 시일 내에 목적하는 제품을 생산할 수 있도록 설비를 배치하는 것이다.
>
> (라) 그중에서도 제품별 배치(Product Layout) 방식은 생산하려는 제품의 종류는 적지만 생산량이 많은 경우에 주로 사용된다. 제품별로 완성품이 될 때까지의 공정 순서에 따라 설비를 배열해 부품 및 자재의 흐름을 단순화하는 것이 핵심이다.

① (가) - (다) - (나) - (라)   ② (나) - (가) - (라) - (다)
③ (다) - (나) - (라) - (가)   ④ (다) - (라) - (가) - (나)
⑤ (다) - (라) - (나) - (가)

※ 다음 제시된 문단을 읽고, 이어질 문단을 논리적 순서대로 바르게 나열한 것을 고르시오. [3~4]

03

담배는 임진왜란 때 일본으로부터 호박, 고구마 등과 함께 들어온 것으로 알려져 있다. 당시에는 담배를 약초로 많이 생각했었는데, 이러한 생각을 이수광이 펴낸 〈지봉유설〉에서도 볼 수 있다. 그러나 선조들이 알고 있던 것과는 달리, 담배는 약초가 아니다.

(가) 흡연자와 비흡연자 사이의 후두암, 폐암 등의 질병별 발생위험도에 대해서 K공사는 유의미한 연구 결과를 내놓기도 했는데, 연구 결과에 따르면 흡연자는 비흡연자에 비해서 후두암 발생률이 6.5배, 폐암 발생률이 4.6배 등 각종 암에 걸릴 확률이 높은 것으로 나타났다.

(나) K공사는 이에 대해 담배회사가 절차적 문제로 방어막을 치고 있는 것에 지나지 않는다며 비판을 제기하고 있다. 소송이 이제 시작된 만큼 담배회사와 K공사 간의 '담배 소송'의 결과를 보려면 오랜 시간을 기다려야 할 것이다.

(다) 이와 같은 담배의 유해성 때문에 K공사는 현재 담배회사와 소송을 진행하고 있는데, 당해 소송에서는 담배의 유해성에 대한 인과관계 입증 이전에 다른 문제가 부상하였다. K공사가 소송당사자가 될 수 있는지가 문제가 된 것이다.

(라) 우선 담배의 유해성은 담뱃갑이 스스로를 경고하는 경고 문구에 나타나 있다. 담뱃갑에는 '흡연은 폐암 등 각종 질병의 원인'이라는 문구를 시작으로, '담배 연기에는 발암성 물질인 나프틸아민, 벤젠, 비닐 크롤라이드, 비소, 카드뮴이 들어 있다.'라고 적시하고 있다.

① (가) – (다) – (라) – (나)
② (가) – (라) – (다) – (나)
③ (라) – (가) – (다) – (나)
④ (라) – (나) – (가) – (다)
⑤ (라) – (다) – (가) – (나)

04

우리는 어떤 범죄를 같이 저지른 사람을 흔히 '공범'이라고 부른다. 우리가 쓰는 공범의 의미는 법학적으로는 '광의의 공범'으로서, 조금 더 개념 분화를 철저하게 시키면 공범은 직접정범을 제외한 정범과 협의의 공범으로 나뉜다.

(가) 앞서 본 정범과 달리 협의의 공범은 정범성의 표지가 결여된 형태로서 우리의 판례와 학설은 공범의 성립을 위해서는 정범이 있어야 한다는 공범종속성설의 취지에 따르고, 더하여 다수설은 본인이 참여한 범죄의 정범의 행위가 구성요건에 해당하고 위법성이 인정되어야 한다는 제한적 종속 형식을 취하고 있다.

(나) 직접정범을 제외한 정범에는 공동정범과 간접정범이 있다. 공동정범은 2인 이상이 공동으로 범행한 경우이며, 간접정범은 타인을 생명 있는 도구로 이용하여 간접적으로 범죄를 성립한 행위이다.

(다) 공동정범의 성립을 위해 통설은 공동 의사와 기능적 행위지배가 필요하다고 한다. 반면에 간접정범의 성립을 위해서는 어느 행위로 인하여 처벌되지 않는 자 또는 과실범으로 처벌하는 자를 교사 또는 방조하여 범죄행위의 결과를 발생케 하여야 하는데, 여기서 통설에 따르면 의사 지배가 필요하다.

(라) 따라서 협의의 공범유형인 교사범과 종범 혹은 방조범의 경우, 정범이 구성요건에 해당하지 않고 위법성 또한 없다면 처벌될 수 없으며 이에 대해서 우리 형법은 특별한 예로 실패한 교사·효과 없는 교사 등의 규정을 두고 있다.

① (나) – (다) – (가) – (라)　　　　② (나) – (다) – (라) – (가)
③ (나) – (라) – (다) – (가)　　　　④ (다) – (라) – (가) – (나)
⑤ (다) – (라) – (나) – (가)

PART 2

| 유형분석 |

- 주어진 지문을 바탕으로 도출할 수 있는 내용을 찾는 문제이다.
- 선택지의 내용을 정확하게 확인하고 지문의 정보와 비교하여 추론하는 능력이 필요하다.

다음 글을 읽고 추론할 수 있는 내용으로 적절하지 않은 것은?

제약 연구원이란 제약 회사에서 약을 만드는 과정에 참여하는 사람을 말한다. 제약 연구원은 이러한 모든 단계에 참여하지만, 특히 신약 개발 단계와 임상 시험 단계에서 가장 중점적인 역할을 한다. 일반적으로 약을 만드는 과정은 새로운 약품을 개발하는 신약 개발 단계, 임상 시험을 통해 개발된 신약의 약효를 확인하는 임상 시험 단계, 식약처에 신약이 판매될 수 있도록 허가를 요청하는 약품 허가 요청 단계, 마지막으로 의료진과 환자를 대상으로 신약에 대해 홍보하는 영업 및 마케팅의 단계로 나눈다.

제약 연구원이 되기 위해서는 일반적으로 약학을 전공해야 한다고 생각하기 쉽지만, 약학 전공자 이외에도 생명 공학, 화학 공학, 유전 공학 전공자들이 제약 연구원으로 활발하게 참여하고 있다. 만일 신약 개발의 전문가가 되고 싶다면 해당 분야에서 오랫동안 연구한 경험이 필요하기 때문에 대학원에서 석사나 박사 학위를 취득하는 것이 유리하다.

제약 연구원이 되기 위해서는 전문적인 지식도 중요하지만, 사람의 생명과 관련된 일인 만큼, 무엇보다도 꼼꼼함과 신중함, 책임 의식이 필요하다. 또한 제약 회사라는 공동체 안에서 일을 하는 것이므로 원만한 일의 진행을 위해서 의사소통 능력도 필수적으로 요구된다. 오늘날 제약 분야가 빠르게 성장하고 있다는 점을 고려할 때, 일에 대한 도전 의식, 호기심과 탐구심 등도 제약 연구원에게 필요한 능력으로 꼽을 수 있다.

① 제약 연구원은 약품 허가 요청 단계에 참여한다.
② 오늘날 제약 연구원에게 요구되는 능력이 많아졌다.
③ 생명이나 유전 공학 전공자도 제약 연구원으로 일할 수 있다.
④ 신약 개발 전문가가 되려면 반드시 석사나 박사를 취득해야 한다.
⑤ 제약 연구원과 관련된 정보가 부족하다면 약학을 전공해야만 제약 연구원이 될 수 있다고 생각할 수 있다.

정답 ④

제시문에 따르면 신약 개발의 전문가가 되기 위해서는 해당 분야에서 오랫동안 연구한 경험이 필요하므로 석사나 박사 학위를 취득하는 것이 유리하다고 하였다. 그러나 석사나 박사 학위가 신약 개발 전문가가 되는 데 도움을 준다는 것일 뿐이므로 반드시 필요한 필수 조건인지는 알 수 없다. 따라서 ④는 추론할 수 없는 내용이다.

풀이 전략!

주어진 지문이 어떠한 내용을 다루고 있는지 파악한 후 선택지의 키워드를 확실하게 체크하고, 지문의 정보에서 도출할 수 있는 내용을 찾는다.

01 다음 중 밑줄 친 사람들의 주장으로 가장 적절한 것은?

> 최근 여러 나라들은 화석연료 사용으로 인한 기후 변화를 억제하기 위해, 화석연료의 사용을 줄이고 목재연료의 사용을 늘리고 있다. 다수의 과학자와 경제학자들은 목재를 '탄소 중립적 연료'라고 생각하고 있다. 나무를 태우면 이산화탄소가 발생하지만, 새로 심은 나무가 자라면서 다시 이산화탄소를 흡수하는데, 나무를 베어낸 만큼 다시 심으면 전체 탄소배출량은 '0'이 된다는 것이다. 대표적으로 유럽연합이 화석연료를 목재로 대체하려고 하는데, 2020년까지 탄소 중립적 연료로 전체 전력의 20%를 생산할 계획을 가지고 있다. 영국, 벨기에, 덴마크 네덜란드 등의 국가에서는 나무 화력발전소를 건설하거나 기존의 화력발전소에서 나무를 사용할 수 있도록 전환하는 등의 설비를 갖추고 있다. 우리나라 역시 재생에너지원을 중요시하면서 나무 펠릿 수요가 증가하고 있다.
> 하지만 일부 과학자들은 목재가 친환경 연료가 아니라고 주장한다. 이들 주장의 핵심은 지금 심은 나무가 자라는 데는 수십 ~ 수백 년이 걸린다는 것이다. 즉, 지금 나무를 태워 나온 이산화탄소는 나무를 심는다고 해서 줄어드는 것이 아니라 수백 년에 걸쳐서 천천히 흡수된다는 것이다. 또 화석연료에 비해 발전 효율이 낮기 때문에 같은 전력을 생산하는 데 발생하는 이산화탄소의 양은 더 많아질 것이라고 강조한다. 눈앞의 배출량만 줄이는 것은 마치 지금 당장 지갑에서 현금이 나가지 않는다고 해서 신용카드를 무분별하게 사용하는 것처럼 위험할 수 있다는 생각이다. 이들은 기후 변화 방지에 있어서, 배출량을 줄이는 것이 아니라 배출하지 않는 방법을 택하는 것이 더 낫다고 강조한다.

① 나무의 발전 효율을 높이는 연구가 선행되어야 한다.
② 목재연료를 통한 이산화탄소 절감은 전 세계가 동참해야만 가능하다.
③ 목재연료의 사용보다는 화석연료의 사용을 줄이는 것이 중요하다.
④ 목재연료의 사용보다는 태양광과 풍력 등의 발전효율을 높이는 것이 효과적이다.
⑤ 목재연료의 사용은 현재의 상황에서 가장 합리적인 대책이다.

02 다음 중 밑줄 친 ㉠에 해당하는 사례로 적절하지 않은 것은?

> 지금까지 산업혁명들은 주로 제조업과 서비스업에서 혁신이 일어나 경제 시스템을 변화시켜 왔다. 이에 반해 4차 산업혁명은 제조와 서비스의 혁신뿐만 아니라 경제, 사회, 문화, 고용, 노동 시스템 등 인류 삶의 전반에 걸친 ㉠ 변혁을 초래할 것이다.
>
> 4차 산업혁명이 삶과 일하는 방식에 어떠한 변화를 줄 것인가. 무엇보다 4차 산업혁명 시대에 인류의 삶의 편의성은 더욱 향상될 것이라는 전망이다. 우선 의료 분야에서 빅데이터 활용과 인공지능의 분석력, 예측력이 높아지면서 질병 진단 및 치료 정확도를 향상시켜 궁극적으로 의료비용 절감과 의료품질 및 의료접근성 향상 등의 긍정적인 영향을 미칠 것이다. 또한 고도화된 언어 인지와 자동 번역 기술의 발달로 국내 외 서비스 이용이 편리해지고, 그 덕에 많은 사람들이 언어 장벽으로 인해 느끼는 불편이 크게 감소할 것이다.
>
> 인류의 생활환경도 한층 안전해질 것으로 전망된다. 경계 감시, 위험임무 수행에 무인 시스템과 로봇 · 드론 기술이 도입되고, 빅데이터를 활용한 범죄예측 모델이 활용됨으로써, 안전한 생활을 보장하는 시스템이 확산될 것이다. 아울러 각종 센서와 사물인터넷 기술을 이용해 실시간으로 교통정보를 획득하고, 인공지능 기술로 교통 빅데이터를 분석 · 예측하면 교통정보의 실시간 공유와 교통 흐름의 지능적 제어를 통해 교통 혼잡을 줄여 교통사고 발생도 획기적으로 줄일 것으로 보인다.
>
> 교육 분야에서는 개인 맞춤형 서비스 제공이 늘어나 학원, 과외 등 사교육 부담이 줄어들게 되고, 보다 효율적 · 창의적인 교육환경이 구축될 것이다. 최근 들어 점차 증가하는 복지 수요에 대한 효율적 대응도 가능해질 것이다. 노인, 장애인, 아동 등 취약계층과 저숙련, 저임금 노동자 등의 빈곤계층에 대한 복지 사각지대의 예측을 강화해 복지 행정을 내실화하고, 복지 예산의 효율적 지출을 가능하게 한다.

① 해외여행을 떠난 A는 인공지능이 탑재된 번역 앱을 통해 현지인과 자유롭게 의사소통을 한다.

② B국에서는 신종 바이러스로 인해 감염증이 확산되자 사람과의 직접적인 접촉을 피하기 위해 체온을 측정하는 무인 로봇을 도입하였다.

③ C사가 개발한 전자알약은 내장된 인공지능 칩을 통해 환자의 복약 순응도를 객관적으로 추적할 수 있다.

④ D사는 인공지능 기술로 교통 빅데이터를 분석하여 설 연휴 귀성 · 귀경길 교통상황을 예측하고, 최적의 교통정보를 제공하였다.

⑤ 공부방을 운영 중인 E는 다양한 연령대의 아동들을 혼합반으로 구성하여 관찰과 모방의 효율적 교육 경험을 제공한다.

03 다음 글을 읽고 추론할 수 있는 내용으로 적절하지 않은 것은?

최근 온라인에서 '동서양 만화의 차이'라는 제목의 글이 화제가 되었다. 공개된 글에 따르면 동양만화의 대표 격인 일본 만화는 대사보다는 등장인물의 표정, 대인관계 등에 초점을 맞춰 이미지나 분위기 맥락에 의존한다. 또 다채로운 성격의 캐릭터들이 등장하고 사건 사이의 무수한 복선을 통해 스토리가 진행된다.

반면 서양만화를 대표하는 미국 만화는 정교한 그림체와 선악의 확실한 구분, 수많은 말풍선을 사용한 스토리 전개 등이 특징이다. 서양 사람들은 동양 특유의 느긋한 스토리와 말없는 칸을 어색하게 느낀다. 이처럼 동서양 만화의 차이가 발생하는 이유는 동서양이 고맥락 문화와 저맥락 문화로 구분되기 때문이다. 고맥락 문화는 민족적 동질을 이루며 역사, 습관, 언어 등에서 공유하고 있는 맥락의 비율이 높다. 또한 집단주의와 획일성이 발달했다. 일본, 한국, 중국과 같은 한자문화권에 속한 동아시아 국가가 이러한 고맥락 문화에 속한다.

반면 저맥락 문화는 다인종·다민족으로 구성된 미국, 캐나다 등이 대표적이다. 저맥락 문화의 국가는 멤버 간에 공유하고 있는 맥락의 비율이 낮아 개인주의와 다양성이 발달한 문화를 가진다. 이렇듯 고맥락 문화와 저맥락 문화의 만화는 말풍선 안에 대사의 양으로 큰 차이점을 느낄 수 있다.

① 일본 만화는 무수한 복선을 통한 스토리 진행이 특징이다.

② 저맥락 문화는 멤버간의 공유하고 있는 맥락의 비율이 낮아서 다양성이 발달했다.

③ 동서양 만화를 접했을 때 표면적으로 느낄 수 있는 차이점은 대사의 양이다.

④ 고맥락 문화의 만화는 등장인물의 표정, 대인관계 등 이미지나 분위기 맥락에 의존하는 경향이 있다.

⑤ 미국은 고맥락 문화의 대표국으로 다양성이 발달하는 문화를 갖기 때문에 다채로운 성격의 캐릭터가 등장한다.

| 유형분석 |

- 주어진 지문을 바탕으로 빈칸에 들어갈 내용을 찾는 문제이다.
- 선택지의 내용을 정확하게 확인하고 빈칸 앞뒤 문맥을 파악하는 능력이 필요하다.

다음 글의 빈칸에 들어갈 내용으로 가장 적절한 것은?

힐링(Healing)은 사회적 압박과 스트레스 등으로 손상된 몸과 마음을 치유하는 방법을 포괄적으로 일컫는 말이다. 우리보다 먼저 힐링이 정착된 서구에서는 질병 치유의 대체 요법 또는 영적·심리적 치료 요법 등을 지칭하고 있다. 국내에서도 최근 힐링과 관련된 갖가지 상품이 유행하고 있다. 간단한 인터넷 검색을 통해 수천 가지의 상품을 확인할 수 있을 정도이다. 종교적 명상, 자연 요법, 운동 요법 등 다양한 형태의 힐링 상품이 존재한다. 심지어 고가의 힐링 여행이나 힐링 주택 등의 상품도 나오고 있다. 그러나 _____
우선 명상이나 기도 등을 통해 내면에 눈뜨고, 필라테스나 요가를 통해 육체적 건강을 회복하여 자신감을 얻는 것부터 출발할 수 있다.

① 힐링이 먼저 정착된 서구의 힐링 상품들을 참고해야 할 것이다.

② 많은 돈을 들이지 않고서도 쉽게 할 수 있는 일부터 찾는 것이 좋을 것이다.

③ 이러한 상품들의 값이 터무니없이 비싸다고 느껴지지는 않을 것이다.

④ 자신을 진정으로 사랑하는 법을 알아야 할 것이다.

⑤ 혼자만 할 수 있는 힐링 상품을 찾는 것보다는 다른 사람과 함께 하는 힐링 상품을 찾는 것이 좋을 것이다.

정답 ②

빈칸의 전후 문장을 통해 내용을 파악해야 한다. 우선 '그러나'라는 접속어를 통해 빈칸에는 앞의 내용에 상반되는 내용이 오는 것임을 알 수 있다. 따라서 수천 가지의 힐링 상품이나 고가의 상품들을 참고하는 것과는 상반된 내용을 찾으면 된다. 또한, 빈칸 뒤의 내용이 주위에서 쉽게 할 수 있는 힐링 방법을 통해 자신감을 얻는 것부터 출발해야 한다는 내용이므로, 빈칸에는 많은 돈을 들이지 않고도 쉽게 할 수 있는 일부터 찾아야 한다는 내용이 담긴 문장이 오는 것이 적절하다.

풀이 전략!

빈칸 앞뒤의 문맥을 파악한 후 선택지에서 가장 어울리는 내용을 찾는다. 빈칸 앞에 접속어가 있다면 이를 활용한다.

※ 다음 글의 빈칸에 들어갈 내용으로 가장 적절한 것을 고르시오. [1~3]

01

일반적으로 물체, 객체를 의미하는 프랑스어 오브제(Objet)는 라틴어에서 유래된 단어로, 어원적으로는 앞으로 던져진 것을 의미한다. 미술에서 대개 인간이라는 '주체'와 대조적인 '객체'로서의 대상을 지칭할 때 사용되는 오브제가 미술사 전면에 나타나게 된 것은 입체주의 이후이다.

20세기 초 입체파 화가들이 화면에 나타나는 공간을 자연의 모방이 아닌 독립된 공간으로 인식하기 시작하면서 회화는 재현미술로서의 단순한 성격을 벗어나기 시작한다. 즉, '미술은 그 자체가 실재이다. 또한 그것은 객관세계의 계시 혹은 창조이지 그것의 반영이 아니다.'라는 세잔의 사고에 의하여 공간의 개방화가 시작된 것이다. 이는 평면에 실제 사물이 부착되는 콜라주 양식의 탄생과 함께 일상의 평범한 재료들이 회화와 자연스레 연결되는 예술과 비예술의 결합으로 차츰 변화하게 된다. 이러한 오브제의 변화는 다다이즘과 쉬르리얼리슴에서 '일용의 기성품과 자연물 등을 원래의 그 기능이나 있어야 할 장소에서 분리하고, 그대로 독립된 작품으로서 제시하여 일상적 의미와는 다른 상징적·환상적인 의미를 부여하는 것'으로 일반화된다. 그리고 동시에 기존 입체주의에서 단순한 보조 수단에 머물렀던 오브제를 캔버스와 대리석의 대체하는 확실한 표현 방법으로 완성시켰다. 이후 오브제는 그저 예술가가 지칭하는 것만으로도 우리의 일상생활과 환경 그 자체가 곧 예술작품이 될 수 있음을 주장한다. _____
거기에서 더 나아가 오브제는 일상의 오브제를 다양하게 전환시켜 다양성과 대중성을 내포하고, 오브제의 진정성과 상징성을 제거하는 팝아트에서 다시 한 번 새롭게 변화하기에 이른다.

① 화려하게 채색된 소변기를 통해 일상성에 환상적인 의미를 부여한 것이다.

② 무너진 베를린 장벽의 조각을 시내 한복판에 장식함으로써 예술과 비예술이 결합한 것이다.

③ 폐타이어나 망가진 금관악기 등으로 제작된 자동차를 통해 일상의 비일상화를 나타낸 것이다.

④ 평범한 세면대일지라도 예술가에 의해 오브제로 정해진다면 일상성을 간직한 미술과 일치되는 것이다.

⑤ 기존의 수프 통조림을 실크 스크린으로 동일하게 인쇄하여 손쉽게 대량생산되는 일상성을 풍자하는 것이다.

02

태양은 지구의 생명체가 살아가는 데 필요한 빛과 열을 공급해 준다. 태양은 이런 막대한 에너지를 어떻게 계속 내놓을 수 있을까?

16세기 이전까지는 태양을 포함한 별들이 지구상의 물질을 이루는 네 가지 원소와 다른, 불변의 '제5원소'로 이루어졌다고 생각했다. 하지만 밝기가 변하는 신성(新星)이 별 가운데 하나라는 사실이 알려지면서 별이 불변이라는 통념은 무너지게 되었다. 또한, 태양의 흑점 활동이 관측되면서 태양 역시 불덩어리일지도 모른다고 생각하기 시작했다. 그 후 섭씨 5,500℃로 가열된 물체에서 노랗게 보이는 빛이 나오는 것을 알게 되면서 유사한 빛을 내는 태양의 온도도 비슷할 것이라고 추측하게 되었다.

19세기에는 에너지 보존 법칙이 확립되면서 새로운 에너지 공급이 없다면 태양의 온도가 점차 낮아져야 한다는 결론을 내렸다. 그렇다면 과거에는 태양의 온도가 훨씬 높았어야 했고, 지구의 바다가 펄펄 끓어야 했을 것이다. 하지만 실제로는 그렇지 않았고, 사람들은 태양의 온도를 일정하게 유지해 주는 에너지원이 무엇인지에 대해 생각하게 되었다.

20세기 초 방사능이 발견되면서 사람들은 방사능 물질의 붕괴에서 나오는 핵분열 에너지를 태양의 에너지원으로 생각하였다. 그러나 태양빛의 스펙트럼을 분석한 결과 태양에는 우라늄 등의 방사능 물질 대신 수소와 헬륨이 있다는 것을 알게 되었다. 즉, 방사능 물질의 붕괴에서 나오는 핵분열 에너지가 태양의 에너지원이 아니었던 것이다.

현재 태양의 에너지원은 수소 원자핵 네 개가 헬륨 원자핵 하나로 융합하는 과정의 질량 결손으로 인해 생기는 핵융합 에너지로 알려져 있다. 태양은 엄청난 양의 수소 기체가 중력에 의해 뭉쳐진 것으로, 그 중심으로 갈수록 밀도와 압력, 온도가 증가한다. 태양에서의 핵융합은 천만℃ 이상의 온도를 유지하는 중심부에서만 일어난다. 높은 온도에서만 원자핵들은 높은 운동 에너지를 가지게 되며, 그 결과로 원자핵들 사이의 반발력을 극복하고 융합되기에 충분히 가까운 거리로 근접할 수 있기 때문이다. 태양빛이 핵융합을 통해 나온다는 사실은 태양으로부터 온 중성미자가 관측됨으로써 더 확실해졌다.

중심부의 온도가 올라가 핵융합 에너지가 늘어나면 그 에너지로 인한 압력으로 수소를 밖으로 밀어내어 중심부의 밀도와 온도를 낮추게 된다. 이렇게 온도가 낮아지면 방출되는 핵융합 에너지가 줄어들며, 그 결과 압력이 낮아져서 수소가 중심부로 들어오게 되어 중심부의 밀도와 온도를 다시 높인다. 이렇듯 태양 내부에서 중력과 핵융합 반응의 평형상태가 유지되기 때문에 _____ _____ 태양은 이미 50억 년간 빛을 냈고, 앞으로도 50억 년 이상 더 빛날 것이다.

① 태양의 핵융합 에너지가 폭발적으로 증가할 수 있게 된다.
② 태양 외부의 밝기가 내부 상태에 따라 변할 수 있게 된다.
③ 태양이 오랫동안 안정적으로 빛을 낼 수 있게 된다.
④ 태양이 일정한 크기를 유지할 수 있었다.
⑤ 과거와 달리 태양이 일정한 온도를 유지할 수 있게 된다.

03

노랑초파리에 있는 Ir75a 유전자는 시큼한 냄새가 나는 아세트산을 감지하는 후각수용체 단백질을 만들 수 있다. 하지만 세이셸 군도의 토착종인 세셸리아초파리는 Ir75a 유전자를 가지고 있지만 아세트산 냄새를 못 맡는다. 따라서 이 세셸리아초파리의 Ir75a 유전자는 해당 단백질을 만들지 못하는 '위유전자(Pseudogene)'라고 여겨졌다. 세셸리아초파리는 노니의 열매만 먹고 살기 때문에 아세트산의 시큼한 냄새를 못 맡아도 별 문제가 없다. 그런데 스위스 로잔대 연구진은 세셸리아초파리가 땀 냄새가 연상되는 프로피온산 냄새를 맡을 수 있다는 사실을 발견했다.

이 발견이 중요한 이유는 _____ 그렇다면 세셸리아초파리의 Ir75a 유전자도 후각수용체 단백질을 만든다는 것인데, 왜 세셸리아초파리는 아세트산 냄새를 못 맡을까? 세셸리아초파리와 노랑초파리의 Ir75a 유전자가 만드는 후각수용체 단백질의 아미노산 서열을 비교한 결과, 냄새 분자가 달라붙는 걸로 추정되는 부위에서 세 군데가 달랐다. 단백질의 구조가 바뀌어 감지할 수 있는 냄새 분자의 목록이 달라진 것이다. 즉, 노랑초파리의 Ir75a 유전자가 만드는 후각수용체는 아세트산과 프로피온산에 반응하고, 세셸리아초파리의 이것은 프로피온산과 들쩍지근한 다소 불쾌한 냄새가 나는 부티르산에 반응한다.

흥미롭게도 세셸리아초파리의 주식인 노니의 열매는 익으면서 부티르산이 연상되는 냄새가 강해진다. 연구자들은 세셸리아초파리의 Ir75a 유전자는 위유전자가 아니라 노랑초파리와는 다른 기능을 하는 후각수용체 단백질을 만드는 유전자로 진화한 것이라 주장하며, 세셸리아초파리의 Ir75a 유전자를 '위 – 위유전자(Pseudo – Pseudogene)'라고 불렀다.

① 세셸리아초파리가 주로 먹는 노니의 열매는 프로피온산 냄새가 나지 않기 때문이다.

② 프로피온산 냄새를 담당하는 후각수용체 단백질은 Ir75a 유전자와 상관이 없기 때문이다.

③ 노랑초파리에서 프로피온산 냄새를 담당하는 후각수용체 유전자는 위유전자가 되었기 때문이다.

④ 세셸리아초파리와 노랑초파리에서 Ir75a 유전자가 만드는 후각수용체 단백질이 똑같기 때문이다.

⑤ 노랑초파리에서 프로피온산 냄새를 담당하는 후각수용체 단백질을 만드는 것이 Ir75a 유전자이기 때문이다.

06 맞춤법·어휘

| 유형분석 |

- 맞춤법에 맞는 단어를 찾거나 주어진 지문의 내용에 어울리는 단어를 찾는 문제가 주로 출제된다.
- 단어 사이의 관계에 대한 문제가 출제되므로 뜻이 비슷하거나 반대되는 단어를 함께 학습하는 것이 좋다.
- 자주 출제되는 단어나 헷갈리는 단어에 대한 학습을 꾸준히 하는 것이 좋다.

다음 중 밑줄 친 부분의 표기가 옳은 것은?

① 나의 <u>바램</u>대로 내일은 흰 눈이 왔으면 좋겠다.

② 엿가락을 고무줄처럼 <u>늘였다</u>.

③ 학생 신분에 <u>알맞는</u> 옷차림을 해야 한다.

④ 계곡물에 손을 <u>담구니</u> 시원하다.

⑤ <u>지리한</u> 장마가 끝나고 불볕더위가 시작되었다.

정답 ②

'본디보다 더 길어지게 하다.'라는 의미로 쓰였으므로 '늘였다'로 쓰는 것이 옳다.

오답분석

① 바램 → 바람

③ 알맞는 → 알맞은

④ 담구니 → 담그니

⑤ 지리한 → 지루한

풀이 전략!

문제에서 물어보는 단어를 정확히 확인해야 하고, 어휘문제의 경우 주어진 지문의 전체적인 흐름에 어울리는 단어를 생각해본다.

01 다음 중 밑줄 친 단어와 바꾸어 쓸 수 없는 것은?

> 일정이 예상보다 앞당겨지는 바람에 이틀간의 <u>말미</u>를 얻었다.

① 휴가   ② 여유
③ 알음   ④ 겨를
⑤ 여가

02 다음 중 밑줄 친 단어의 맞춤법이 옳지 않은 것은?

① 우리는 첨단산업을 <u>개발하고</u> 육성해야 한다.
② 기술자가 없어서 고가의 장비를 <u>썩이고</u> 있다.
③ 생선 장수들이 좌판을 <u>벌이고</u> 손님을 맞아들였다.
④ 메모지를 벽에 덕지덕지 <u>붙여</u> 놓아 지저분해 보인다.
⑤ 언제인지 모르게 그 아이가 자신과 <u>맞먹고</u> 있다는 걸 느꼈다.

03 다음 중 밑줄 친 부분과 같은 의미로 쓰인 것은?

> 이번 주말에는 치과에 가서 사랑니를 <u>뽑아야</u> 해.

① 뷔페에 가면 본전을 <u>뽑을</u> 만큼 먹을 테야.
② 은솔이의 머리에서 흰 머리카락을 <u>뽑았다.</u>
③ 영희는 지난주 피를 <u>뽑아</u> 검사를 의뢰했고, 현재 결과를 기다리는 중이다.
④ 학기 초 서먹서먹한 학급 분위기에서 반장을 <u>뽑는</u> 일은 생각보다 쉽지 않다.
⑤ 높은 곳에 매달린 나뭇잎을 뜯기 위해 기린은 목을 길게 <u>뽑았다.</u>

07 경청 · 의사 표현

| 유형분석 |

- 주로 특정 상황을 제시한 뒤 올바른 의사소통 방법을 묻는 형태의 문제가 출제된다.
- 경청과 관련한 이론에 대해 묻거나 대화문 중에서 올바른 경청 자세를 고르는 문제가 출제되기도 한다.

다음 중 올바른 경청 자세로 적절하지 않은 것은?

① 상대를 정면으로 마주하는 자세는 상대방이 자칫 위축되거나 부담스러워할 수 있으므로 지양한다.
② 손이나 다리를 꼬지 않는 개방적인 자세는 상대에게 마음을 열어놓고 있음을 알려주는 신호이다.
③ 우호적인 눈의 접촉(Eye – Contact)은 자신이 상대방에게 관심을 가지고 있음을 알려준다.
④ 비교적 편안한 자세는 전문가다운 자신만만함과 아울러 편안한 마음을 상대방에게 전할 수 있다.
⑤ 상대방을 향하여 상체를 기울여 다가앉은 자세는 자신이 열심히 듣고 있다는 사실을 강조한다.

정답 ①

상대를 정면으로 마주하는 자세는 자신이 상대방과 함께 의논할 준비가 되어있다는 것을 알리는 자세이므로 경청을 하는 데 있어 올바른 자세이다.

풀이 전략!

별다른 암기 없이도 풀 수 있는 문제가 자주 출제되지만, 문제에 주어진 상황에 대한 확실한 이해가 필요하다.

01 다음 글에서 나타나는 경청의 방해요인은?

> 내 친구는 한 번도 약속을 지킨 적이 없던 것 같다. 작년 크리스마스 때의 약속, 지난 주말에 했던 약속 모두 늦게 오거나 당일에 문자로 취소 통보를 했었다. 그 친구가 오늘 학교에서 나에게 다음 주 주말에 개봉하는 영화를 함께 보러 가자고 했고, 나는 당연히 다음 주에는 그 친구와 만날 수 없을 것이라고 생각했다.

① 판단하기   ② 조언하기
③ 언쟁하기   ④ 걸러내기
⑤ 비위 맞추기

02 다음 중 의사소통을 저해하는 요인이 아닌 것은?

① 정보의 양이 너무 많다.
② 분위기가 매우 진지하다.
③ 의미가 단순한 언어를 사용한다.
④ 대화 구성원의 사이가 친밀하지 않다.
⑤ 물리적인 제약이 있다.

03 다음 중 비언어적 의사 표현에 대한 설명으로 적절하지 않은 것은?

① 눈살을 찌푸리는 표정은 불만족과 불쾌를 나타낸다.
② 상대방의 눈을 쳐다보는 것은 흥미와 관심이 있음을 나타낸다.
③ 어조가 높으면 적대감이나 대립감을 나타낸다.
④ 말의 속도와 리듬에 있어서 매우 빠르거나 짧게 얘기하면 흥분, 즐거움을 나타낸다.
⑤ 말을 자주 중지하면 결정적인 의견이 없음 또는 긴장・저항을 나타낸다.

CHAPTER 02

수리능력

합격 Cheat Key

수리능력은 사칙 연산·통계·확률의 의미를 정확하게 이해하고 이를 업무에 적용하는 능력으로, 기초 연산과 기초 통계, 도표 분석 및 작성의 문제 유형으로 출제된다. 수리능력 역시 채택하지 않는 공사·공단이 거의 없을 만큼 필기시험에서 중요도가 높은 영역이다.

특히, 난이도가 높은 공사·공단의 시험에서는 도표 분석, 즉 자료 해석 유형의 문제가 많이 출제되고 있고, 응용 수리 역시 꾸준히 출제하는 공사·공단이 많기 때문에 기초 연산과 기초 통계에 대한 공식의 암기와 자료 해석 능력을 기를 수 있는 꾸준한 연습이 필요하다.

1 응용 수리의 공식은 반드시 암기하라!

응용 수리는 공사·공단마다 출제되는 문제는 다르지만, 사용되는 공식은 비슷한 경우가 많으므로 자주 출제되는 공식을 반드시 암기하여야 한다. 문제에서 묻는 것을 정확하게 파악하여 그에 맞는 공식을 적절하게 적용하는 꾸준한 노력과 공식을 암기하는 연습이 필요하다.

2 자료의 해석은 자료에서 즉시 확인할 수 있는 지문부터 확인하라!

수리능력 중 도표 분석, 즉 자료 해석 능력은 많은 시간을 필요로 하는 문제가 출제되므로, 증가·감소 추이와 같이 눈으로 확인이 가능한 지문을 먼저 확인한 후 복잡한 계산이 필요한 지문을 확인하는 방법으로 문제를 풀이한다면 시간을 조금이라도 아낄 수 있다. 또한, 여러 가지 보기가 주어진 문제 역시 지문을 잘 확인하고 문제를 풀이한다면 불필요한 계산을 생략할 수 있으므로 항상 지문부터 확인하는 습관을 들여야 한다.

3 도표 작성에서 지문에 작성된 도표의 제목을 반드시 확인하라!

도표 작성은 하나의 자료 혹은 보고서와 같은 수치가 표현된 자료를 도표로 작성하는 형식으로 출제되는데, 대체로 표보다는 그래프를 작성하는 형태로 많이 출제된다. 지문을 살펴보면 각 지문에서 주어진 도표에도 소제목이 있는 경우가 대부분이다. 이때, 자료의 수치와 도표의 제목이 일치하지 않는 경우 함정이 존재하는 문제일 가능성이 높으므로 도표의 제목을 반드시 확인하는 것이 중요하다.

01 응용 수리

| 유형분석 |

- 문제에서 제공하는 정보를 파악한 뒤, 사칙연산을 활용하여 계산하는 전형적인 수리문제이다.
- 문제를 풀기 위한 정보가 산재되어 있는 경우가 많으므로 주어진 조건 등을 꼼꼼히 확인해야 한다.

대학 서적을 도서관에서 빌리면 10일간 무료이고, 그 이상은 하루에 100원의 연체료가 부과되며 한 달 단위로 연체료는 두 배로 늘어난다. 1학기 동안 대학 서적을 도서관에서 빌려 사용하는 데 얼마의 비용이 드는가?(단, 1학기의 기간은 15주이고, 한 달은 30일로 정한다)

① 18,000원
② 20,000원
③ 23,000원
④ 25,000원
⑤ 28,000원

정답 ④

- 1학기의 기간 : $15 \times 7 = 105$일
- 연체료가 부과되는 기간 : $105 - 10 = 95$일
- 연체료가 부과되는 시점에서부터 한 달 동안의 연체료 : $30 \times 100 = 3,000$원
- 첫 번째 달부터 두 번째 달까지의 연체료 : $30 \times 100 \times 2 = 6,000$원
- 두 번째 달부터 세 번째 달까지의 연체료 : $30 \times 100 \times 2 \times 2 = 12,000$원
- 95일(3개월 5일) 연체료 : $3,000 + 6,000 + 12,000 + 5 \times (100 \times 2 \times 2 \times 2) = 25,000$원

따라서 1학기 동안 대학 서적을 도서관에서 빌려 사용한다면 25,000원의 비용이 든다.

풀이 전략!

문제에서 묻는 바를 정확하게 확인한 후, 필요한 조건 또는 정보를 구분하여 신속하게 풀어 나간다. 단, 계산에 착오가 생기지 않도록 유의한다.

01 K팀의 작년 승률은 40%였고, 올해는 총 120경기 중 65승을 하였다. 작년과 올해의 경기를 합하여 구한 승률이 45%일 때, K팀이 승리한 총 횟수는?

① 151회   ② 152회

③ 153회   ④ 154회

⑤ 155회

02 연휴 첫 날 A지역 톨게이트에는 오전 8시 전에 이미 50,000대가 통과하였다. 오전 8시 이후부터는 차량이 늘어나서 톨게이트 통과 차량이 30분당 15,200대씩 통과한다고 가정한다면, 이날 오후 4시까지 A지역 톨게이트를 통과한 차량은 총 몇 대인가?

① 50,000대   ② 243,200대

③ 273,200대   ④ 293,200대

⑤ 303,200대

03 미국산 자동차의 평균 연비가 휘발유 1갤런당 20마일이고 한국산 자동차의 평균 연비가 이보다 20% 높다고 하면, 한국산 자동차의 평균 연비는?(단, 1마일은 1.6km이고, 1갤런은 4L이다)

① 9.6km/L   ② 10km/L

③ 10.5km/L   ④ 15km/L

⑤ 18km/L

04 신영이는 제주도로 여행을 갔다. A호텔에서 B공원까지 거리는 지도상에서 10cm이고, 지도의 축척은 1 : 50,000이다. 신영이가 30km/h의 속력으로 자전거를 타고 갈 때, A호텔에서 출발하여 B공원에 도착하는 데 걸리는 시간은?

① 10분
② 15분
③ 20분
④ 25분
⑤ 30분

05 K공사의 해외사업부, 온라인 영업부, 영업지원부에서 각각 2명, 2명, 3명이 대표로 회의에 참석하기로 하였다. 자리 배치는 원탁 테이블에 같은 부서 사람이 옆자리에 앉는다고 할 때, 7명이 앉을 수 있는 경우의 수는?

① 48가지
② 42가지
③ 36가지
④ 30가지
⑤ 28가지

06 농도가 8%인 소금물 200g에서 한 컵의 소금물을 떠내고 떠낸 양만큼 물을 부었다. 그리고 다시 농도가 2%인 소금물을 더 넣었더니 농도가 3%인 소금물 320g이 되었다고 할 때, 떠낸 소금물의 양은?

① 100g
② 110g
③ 120g
④ 130g
⑤ 150g

07 철수는 다음과 같은 길을 따라 A에서 C까지 최단 거리로 이동하려고 한다. 최단 거리로 이동하는 동안 B를 거쳐서 이동하는 경우의 수는?

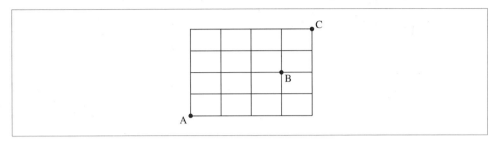

① 15가지
② 24가지
③ 28가지
④ 30가지
⑤ 32가지

08 그림과 같은 모양의 직각삼각형 ABC가 있다. 변 AB의 길이는 18cm이고 직각삼각형의 둘레가 72cm일 때, 직각삼각형 ABC의 넓이는?

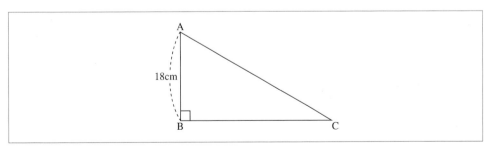

① $182cm^2$
② $186cm^2$
③ $192cm^2$
④ $210cm^2$
⑤ $216cm^2$

02 자료 계산

| 유형분석 |

- 문제에 주어진 자료를 분석하여 각 선택지의 정답 유무를 판단하는 문제이다.
- 주로 그래프와 표로 제시되며, 경영·경제·산업 등과 관련된 최신 이슈를 많이 다룬다.
- 자료 간의 증감률·비율·추세 등을 자주 묻는다.

다음은 K국의 부양인구비를 나타낸 자료이다. 2024년 15세 미만 인구 대비 65세 이상 인구의 비율은 얼마인가?(단, 비율은 소수점 둘째 자리에서 반올림한다)

<부양인구비>

구분	2020년	2021년	2022년	2023년	2024년
부양비	37.3	36.9	36.8	36.8	36.9
유소년부양비	22.2	21.4	20.7	20.1	19.5
노년부양비	15.2	15.6	16.1	16.7	17.3

※ (유소년부양비)$=\dfrac{(15세\ 미만\ 인구)}{(15\sim64세\ 인구)}\times100$

※ (노년부양비)$=\dfrac{(65세\ 이상\ 인구)}{(15\sim64세\ 인구)}\times100$

① 72.4%

② 77.6%

③ 81.5%

④ 88.7%

정답 ④

2024년 15세 미만 인구를 x명, 65세 이상 인구를 y명, $15\sim64$세 인구를 a명이라 하면,

15세 미만 인구 대비 65세 이상 인구 비율은 $\dfrac{y}{x}\times100$이므로 다음과 같은 식이 성립한다.

(2024년 유소년부양비)$=\dfrac{x}{a}\times100=19.5 \rightarrow a=\dfrac{x}{19.5}\times100 \cdots \bigcirc$

(2024년 노년부양비)$=\dfrac{y}{a}\times100=17.3 \rightarrow a=\dfrac{y}{17.3}\times100 \cdots \bigcirc$

$\bigcirc$, $\bigcirc$을 연립하면 $\dfrac{x}{19.5}=\dfrac{y}{17.3} \rightarrow \dfrac{y}{x}=\dfrac{17.3}{19.5}$ 이므로, 15세 미만 인구 대비 65세 이상 인구의 비율은 $\dfrac{17.3}{19.5}\times100 ≒ 88.7\%$이다.

풀이 전략!

선택지를 먼저 읽고 필요한 정보를 자료에서 확인하도록 하며, 계산이 필요한 경우에는 실제 수치를 사용하여 복잡한 계산을 하는 대신, 대소 관계의 비교나 선택지의 옳고 그름만을 판단할 수 있을 정도로 간소화하여 계산해 풀이시간을 단축할 수 있도록 한다.

01 K통신회사는 휴대전화의 통화시간에 따라 월 2시간까지는 기본요금이 부과되고, 2시간 초과 3시간까지는 분당 a원, 3시간 초과부터는 $2a$원을 부과한다. 다음과 같이 요금이 청구되었을 때, a의 값은 얼마인가?

〈휴대전화 이용요금〉

구분	통화시간	요금
8월	3시간 30분	21,600원
9월	2시간 20분	13,600원

① 50   ② 80

③ 100   ④ 120

⑤ 150

02 A회사원은 현재 보증금 7천만 원, 월세 65만 원인 K오피스텔에 거주하고 있다. 다음 해부터는 월세를 낮추기 위해 보증금을 증액하려고 한다. 다음 규정을 보고 A회사원이 월세를 최대로 낮췄을 때의 월세와 보증금을 바르게 짝지은 것은?

〈K오피스텔 월 임대료 임대보증금 전환 규정〉

• 1년 동안 임대료의 58%까지 보증금으로 전환 가능
• 연 1회 가능
• 전환이율 6.24%

※ (환산보증금)$=\dfrac{(전환\ 대상\ 금액)}{(전환이율)}$

	월세	보증금
①	25만 3천 원	1억 4,200만 원
②	25만 3천 원	1억 4,250만 원
③	27만 3천 원	1억 4,200만 원
④	27만 3천 원	1억 4,250만 원
⑤	29만 3천 원	1억 4,200만 원

PART 2

03 다음은 4개 국가의 연도별 관광 수입 및 지출을 나타낸 자료이다. 2023년 관광 수입이 가장 많은 국가와 가장 적은 국가의 2024년 관광 지출 대비 관광 수입 비율의 차이는 얼마인가?(단, 소수점 둘째 자리에서 반올림한다)

〈국가별 관광 수입 및 지출〉

(단위 : 백만 달러)

구분	관광 수입			관광 지출		
	2022년	2023년	2024년	2022년	2023년	2024년
한국	15,214	17,300	13,400	25,300	27,200	30,600
중국	44,969	44,400	32,600	249,800	250,100	257,700
홍콩	36,150	32,800	33,300	23,100	24,100	25,400
인도	21,013	22,400	27,400	14,800	16,400	18,400

① 25.0%p
② 27.5%p
③ 28.3%p
④ 30.4%p
⑤ 31.1%p

04 B씨가 올해 김장 준비를 위해 본 작년 김장 재료 양과 그 가격은 다음과 같았다. B씨가 올해 김장할 양도 작년과 같다고 할 때, K식자재에서 제시한 작년 대비 가격 변동률에 따라 예상되는 총 재료비는 얼마인가?

〈김장 재료별 가격 및 증감률〉

구분	마늘 2.5kg	대파 5단	절임배추 10kg	새우젓 500g	무 1개	고춧가루 250g	굴 1kg
작년 가격	16,500원	14,000원	52,000원	14,000원	5,000원	7,500원	13,000원
변동률	10%	5%	20%	−10%	−10%	8%	2%

※ 변동률 : 작년 가격 대비 올해 가격의 증감률

① 131,610원
② 133,710원
③ 135,710원
④ 137,910원
⑤ 139,910원

05 다음은 OECD 국가의 대학졸업자 취업에 대한 자료이다. A ~ L 국가 중 '전체 대학졸업자' 대비 '대학졸업자 중 취업자' 비율이 OECD 평균보다 높은 국가로 바르게 짝지어진 것은?

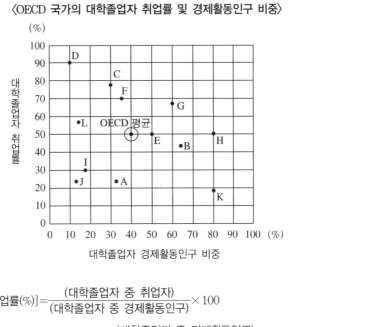

〈OECD 국가의 대학졸업자 취업률 및 경제활동인구 비중〉

- [대학졸업자 취업률(%)] = $\dfrac{(\text{대학졸업자 중 취업자})}{(\text{대학졸업자 중 경제활동인구})} \times 100$

- [대학졸업자의 경제활동인구 비중(%)] = $\dfrac{(\text{대학졸업자 중 경제활동인구})}{(\text{전체 대학졸업자})} \times 100$

① A, D

② B, C

③ D, H

④ G, K

⑤ H, L

03 자료 이해

| 유형분석 |

- 제시된 자료를 분석하여 선택지의 정답 유무를 판단하는 문제이다.
- 자료의 수치 등을 통해 변화량이나 증감률, 비중 등을 비교하여 판단하는 문제가 자주 출제된다.
- 지원하고자 하는 기업이나 산업과 관련된 자료 등이 문제의 자료로 많이 다뤄진다.

다음은 A ~ E 5개국의 경제 및 사회 지표 자료이다. 이에 대한 설명으로 옳지 않은 것은?

〈주요 5개국의 경제 및 사회 지표〉

구분	1인당 GDP(달러)	경제성장률(%)	수출(백만 달러)	수입(백만 달러)	총인구(백만 명)
A	27,214	2.6	526,757	436,499	50.6
B	32,477	0.5	624,787	648,315	126.6
C	55,837	2.4	1,504,580	2,315,300	321.8
D	25,832	3.2	277,423	304,315	46.1
E	56,328	2.3	188,445	208,414	24.0

※ (총 GDP)=(1인당 GDP)×(총인구)

① 경제성장률이 가장 큰 나라가 총 GDP는 가장 작다.
② 총 GDP가 가장 큰 나라의 GDP는 가장 작은 나라의 GDP보다 10배 이상 더 크다.
③ 5개국 중 수출과 수입에 있어서 규모에 따라 나열한 순위는 서로 일치한다.
④ A국이 E국보다 총 GDP가 더 크다.
⑤ 1인당 GDP에 따른 순위와 총 GDP에 따른 순위는 서로 일치한다.

정답 ⑤

1인당 GDP 순위는 E>C>B>A>D이다. 그런데 1인당 GDP가 가장 큰 E국은 1인당 GDP가 2위인 C국보다 1% 정도밖에 높지 않은 반면, 인구는 C국의 $\frac{1}{10}$ 이하이므로 총 GDP 역시 C국보다 작다. 따라서 1인당 GDP 순위와 총 GDP 순위는 일치하지 않는다.

풀이 전략!

평소 변화량이나 증감률, 비중 등을 구하는 공식을 알아두고 있어야 하며, 지원하는 기업이나 산업에 대한 자료 등을 확인하여 비교하는 연습 등을 한다.

01 다음은 K신도시 쓰레기 처리 관련 통계 자료이다. 이에 대한 설명으로 옳지 않은 것은?

<K신도시 쓰레기 처리 관련 통계>

구분	2021년	2022년	2023년	2024년
1kg 쓰레기 종량제 봉투 가격	100원	200원	300원	400원
쓰레기 1kg당 처리비용	400원	400원	400원	400원
K신도시 쓰레기 발생량	5,013톤	4,521톤	4,209톤	4,007톤
K신도시 쓰레기 관련 예산 적자	15억 원	9억 원	4억 원	0원

① 쓰레기 종량제 봉투 가격과 K신도시의 쓰레기 발생량의 증감 추이는 반비례한다.

② 연간 쓰레기 발생량 감소곡선보다 쓰레기 종량제 봉투 가격의 인상곡선이 더 가파르다.

③ 봉투 가격이 인상됨으로써 주민들은 비용에 부담을 느끼고 쓰레기 배출을 줄였을 것이다.

④ 쓰레기 1kg당 처리비용이 인상될수록 K신도시의 쓰레기 발생량과 쓰레기 관련 예산 적자가 급격히 감소하는 것을 볼 수 있다.

⑤ 쓰레기 종량제 봉투 가격이 100원이었던 2021년에 비해 400원이 된 2024년에는 쓰레기 발생량이 약 20%p나 감소하였고 쓰레기 관련 예산 적자는 0원이 되었다.

02 다음은 임진왜란 전기 · 후기 전투 횟수에 대한 자료이다. 이에 대한 설명으로 옳지 않은 것은?

<임진왜란 전기 · 후기 전투 횟수>

(단위 : 회)

구분	시기	전기		후기		합계
		1592년	1593년	1597년	1598년	
전체 전투		70	17	10	8	105
공격 주체	조선 측 공격	43	15	2	8	68
	일본 측 공격	27	2	8	0	37
전투 결과	조선 측 승리	40	14	5	6	65
	일본 측 승리	30	3	5	2	40
조선의 전투인력 구성	관군 단독전	19	8	5	6	38
	의병 단독전	9	1	0	0	10
	관군 · 의병 연합전	42	8	5	2	57

① 전체 전투 대비 일본 측 공격 비율은 임진왜란 전기에 비해 임진왜란 후기가 낮다.

② 조선 측 공격이 일본 측 공격보다 많았던 해에는 항상 조선 측 승리가 일본 측 승리보다 많았다.

③ 전체 전투 대비 관군 단독전 비율은 1598년이 1592년의 2배 이상이다.

④ 1592년 조선이 관군 · 의병 연합전으로 거둔 승리는 그해 조선 측 승리의 30% 이상이다.

⑤ 1598년에는 관군 단독전 중 조선 측 승리인 경우가 있다.

03 다음은 갑 연구소에서 제습기 A ~ E의 습도별 연간소비전력량을 측정한 자료이다. 이에 대한 설명으로 옳은 것을 〈보기〉에서 모두 고르면?

〈제습기 A ~ E의 습도별 연간소비전력량〉

(단위 : kWh)

습도 제습기	40%	50%	60%	70%	80%
A	550	620	680	790	840
B	560	640	740	810	890
C	580	650	730	800	880
D	600	700	810	880	950
E	660	730	800	920	970

보기

ㄱ. 습도가 70%일 때 연간소비전력량이 가장 적은 제습기는 A이다.

ㄴ. 각 습도에서 연간소비전력량이 많은 제습기부터 순서대로 나열하면, 습도 60%일 때와 습도 70%일 때의 순서는 동일하다.

ㄷ. 습도가 40%일 때 제습기 E의 연간소비전력량은 습도가 50%일 때 제습기 B의 연간소비전력량보다 많다.

ㄹ. 제습기 각각에서 연간소비전력량은 습도가 80%일 때가 40%일 때의 1.5배 이상이다.

① ㄱ, ㄴ
② ㄱ, ㄷ
③ ㄴ, ㄹ
④ ㄱ, ㄷ, ㄹ
⑤ ㄴ, ㄷ, ㄹ

04 다음은 K국의 자동차 매출에 대한 자료이다. 이에 대한 설명으로 옳은 것은?

〈2024년 10월 월매출액 상위 10개 자동차의 매출 현황〉

(단위 : 억 원, %)

자동차	순위	월매출액		
			시장점유율	전월 대비 증가율
A	1	1,139	34.3	60
B	2	1,097	33.0	40
C	3	285	8.6	50
D	4	196	5.9	50
E	5	154	4.6	40
F	6	149	4.5	20
G	7	138	4.2	50
H	8	40	1.2	30
I	9	30	0.9	150
J	10	27	0.8	40

※ (시장점유율)＝$\dfrac{\text{(해당 자동차 월매출액)}}{\text{(전체 자동차 월매출 총액)}}$×100

〈2024년 I자동차 누적매출액〉

(단위 : 억 원)

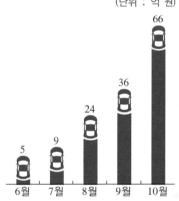

※ 월매출액은 해당 월 말에 집계됨

① 2024년 9월 C자동차의 월매출액은 200억 원 이상이다.

② 2024년 10월 월매출액 상위 6개 자동차의 순위는 전월과 동일하다.

③ 2024년 6월부터 9월 중 I자동차의 월매출액이 가장 큰 달은 9월이다.

④ 2024년 10월 월매출액 상위 5개 자동차의 10월 월매출액 기준 시장점유율은 80% 미만이다.

⑤ 2024년 10월 K국의 전체 자동차 월매출 총액은 4,000억 원 미만이다.

문제해결능력

합격 Cheat Key

문제해결능력은 업무를 수행하면서 여러 가지 문제 상황이 발생하였을 때, 창의적이고 논리적인 사고를 통하여 이를 올바르게 인식하고 적절히 해결하는 능력으로, 하위 능력에는 사고력과 문제처리능력이 있다.

문제해결능력은 NCS 기반 채용을 진행하는 대다수의 공사·공단에서 채택하고 있으며, 다양한 자료와 함께 출제되는 경우가 많아 어렵게 느껴질 수 있다. 특히, 난이도가 높은 문제로 자주 출제되기 때문에 다른 영역보다 더 많은 노력이 필요할 수는 있지만 그렇기에 차별화를 할 수 있는 득점 영역이므로 포기하지 말고 꾸준하게 노력해야 한다.

1 질문의 의도를 정확하게 파악하라!

문제해결능력은 문제에서 무엇을 묻고 있는지 정확하게 파악하여 먼저 풀이 방향을 설정하는 것이 가장 효율적인 방법이다. 특히, 조건이 주어지고 답을 찾는 창의적·분석적인 문제가 주로 출제되고 있기 때문에 처음에 정확한 풀이 방향이 설정되지 않는다면 문제를 제대로 풀지 못하게 되므로 첫 번째로 출제 의도 파악에 집중해야 한다.

2 **중요한 정보는 반드시 표시하라!**

출제 의도를 정확히 파악하기 위해서는 문제의 중요한 정보를 반드시 표시하거나 메모하여 하나의 조건, 단서도 잊고 넘어가는 일이 없도록 해야 한다. 실제 시험에서는 시간의 압박과 긴장감으로 정보를 잘못 적용하거나 잊어버리는 실수가 많이 발생하므로 사전에 충분한 연습이 필요하다.

3 **반복 풀이를 통해 취약 유형을 파악하라!**

문제해결능력은 특히 시간관리가 중요한 영역이다. 따라서 정해진 시간 안에 고득점을 할 수 있는 효율적인 문제 풀이 방법을 찾아야 한다. 이때, 반복적인 문제 풀이를 통해 자신이 취약한 유형을 파악하는 것이 중요하다. 정확하게 풀 수 있는 문제부터 빠르게 풀고 취약한 유형은 나중에 푸는 효율적인 문제 풀이를 통해 최대한 고득점을 맞는 것이 중요하다.

| 유형분석 |

- 주어진 조건을 토대로 논리적으로 추론하여 참 또는 거짓을 구분하는 문제이다.
- 자료를 제시하고 새로운 결과나 자료에 주어지지 않은 내용을 추론해 가는 형식의 문제가 출제된다.

어느 도시에 있는 병원의 공휴일 진료 현황은 다음과 같다. 공휴일에 진료하는 병원의 수는?

- B병원이 진료를 하지 않으면, A병원은 진료를 한다.
- B병원이 진료를 하면, D병원은 진료를 하지 않는다.
- A병원이 진료를 하면, C병원은 진료를 하지 않는다.
- C병원이 진료를 하지 않으면, E병원이 진료를 한다.
- E병원은 공휴일에 진료를 하지 않는다.

① 1곳
② 2곳
③ 3곳
④ 4곳
⑤ 5곳

정답 ②

제시된 진료 현황을 각각의 명제로 보고 이들을 수식으로 설명하면 다음과 같다(단, 명제가 참일 경우 그 대우도 참이다).
- B병원이 진료를 하지 않으면 A병원이 진료한다(~B → A / ~A → B).
- B병원이 진료를 하면 D병원은 진료를 하지 않는다(B → ~D / D → ~B).
- A병원이 진료를 하면 C병원은 진료를 하지 않는다(A → ~C / C → ~A).
- C병원이 진료를 하지 않으면 E병원이 진료한다(~C → E / ~E → C).

이를 하나로 연결하면, D병원이 진료를 하면 B병원이 진료를 하지 않고, B병원이 진료를 하지 않으면 A병원은 진료를 한다. A병원이 진료를 하면 C병원은 진료를 하지 않고, C병원이 진료를 하지 않으면 E병원은 진료를 한다(D → ~B → A → ~C → E).
명제가 참일 경우 그 대우도 참이므로 ~E → C → ~A → B → ~D가 된다. E병원은 공휴일에 진료를 하지 않으므로 위의 명제를 참고하면 C와 B병원만이 진료를 하는 경우가 된다. 따라서 공휴일에 진료를 하는 병원은 2곳이다.

풀이 전략!

명제와 관련한 기본적인 논법에 대해서는 미리 학습해 두며, 이를 바탕으로 각 문장에 있는 핵심단어 또는 문구를 기호화하여 정리한 후, 선택지와 비교하여 참 또는 거짓을 판단한다.

01 재무팀 A과장, 개발팀 B부장, 영업팀 C대리, 홍보팀 D차장, 디자인팀 E사원은 봄, 여름, 가을, 겨울에 중국, 러시아, 일본 중 한 나라로 출장을 간다. 다음 〈조건〉을 근거로 할 때, 항상 옳은 것은?(단, A ~ E는 중국, 러시아, 일본 중 반드시 한 국가에 출장을 가며, 아무도 가지 않은 국가와 계절은 없다)

> **조건**
> • 중국은 2명이 출장을 가고, 각각 여름 혹은 겨울에 출장을 간다.
> • 러시아에 출장 가는 사람은 봄 혹은 여름에 출장을 간다.
> • 재무팀 A과장은 반드시 개발팀 B부장과 함께 출장 간다.
> • 홍보팀 D차장은 혼자서 봄에 출장을 간다.
> • 개발팀 B부장은 가을에 일본으로 출장을 간다.

① 홍보팀 D차장은 혼자서 중국으로 출장을 간다.
② 영업팀 C대리와 디자인팀 E사원은 함께 일본으로 출장을 간다.
③ 재무팀 A과장과 개발팀 B부장은 함께 중국으로 출장을 간다.
④ 영업팀 C대리가 여름에 중국 출장을 가면, 디자인팀 E사원은 겨울에 중국 출장을 간다.
⑤ 홍보팀 D차장이 어디로 출장을 가는지는 주어진 조건만으로 알 수 없다.

02 호텔 라운지에 둔 화분이 투숙자 중 1명에 의해 깨진 사건이 발생했다. 이 호텔에는 갑 ~ 무 5명의 투숙자가 있었으며, 각 투숙자는 다음과 같이 진술하였다. 5명의 투숙자 중 4명은 진실을 말하고 1명이 거짓말을 하고 있다면, 거짓말을 하고 있는 사람은 누구인가?

> 갑 : '을'은 화분을 깨뜨리지 않았다.
> 을 : 화분을 깨뜨린 사람은 '정'이다.
> 병 : 내가 깨뜨렸다.
> 정 : '을'의 말은 거짓말이다.
> 무 : 나는 깨뜨리지 않았다.

① 갑　　　　　　　　　　　　② 을
③ 병　　　　　　　　　　　　④ 정
⑤ 무

03 9층 건물의 지하에서 출발한 엘리베이터에 타고 있던 A ~ I 9명은 1층부터 9층까지 각각 다른 층에 내렸다. 다음 〈조건〉을 근거로 할 때, 짝수 층에서 내리지 않은 사람은?

> **조건**
> - D는 F보다는 빨리 내렸고, A보다는 늦게 내렸다.
> - H는 홀수 층에 내렸다.
> - C는 3층에 내렸다.
> - G는 C보다 늦게 내렸고, B보다 빨리 내렸다.
> - B는 C보다 3층 후에 내렸고, F보다는 1층 전에 내렸다.
> - I는 D보다 늦게 내렸고, G보다는 일찍 내렸다.

① B   ② D
③ E   ④ G
⑤ I

04 다음 〈조건〉에 따라 교육부, 행정안전부, 보건복지부, 농림축산식품부, 외교부 및 국방부에 대한 국정감사 순서를 정한다고 할 때, 항상 옳은 것은?

> **조건**
> - 행정안전부에 대한 감사는 농림축산식품부와 외교부에 대한 감사 사이에 한다.
> - 국방부에 대한 감사는 보건복지부나 농림축산식품부에 대한 감사보다 늦게 시작되지만, 외교부에 대한 감사보다 먼저 시작한다.
> - 교육부에 대한 감사는 아무리 늦어도 보건복지부 또는 농림축산식품부 중 적어도 어느 한 부서에 대한 감사보다는 먼저 시작되어야 한다.
> - 보건복지부는 농림축산식품부보다 먼저 감사를 시작한다.

① 교육부는 첫 번째 또는 두 번째에 감사를 시작한다.
② 보건복지부는 두 번째로 감사를 시작한다.
③ 농림축산식품부보다 늦게 감사를 받는 부서의 수가 일찍 받는 부서의 수보다 적다.
④ 국방부는 행정안전부보다 감사를 일찍 시작한다.
⑤ 외교부보다 늦게 감사를 받는 부서가 있다.

05 K베이커리에서는 A ~ D단체에 우유식빵, 밤식빵, 옥수수식빵, 호밀식빵을 〈조건〉에 따라 한 종류씩 납품하려고 한다. 다음 중 반드시 참인 것은?

<blockquote>

조건
- 이전에 납품했던 종류의 빵은 다시 납품할 수 없다.
- 우유식빵과 밤식빵은 A에 납품된 적이 있다.
- 옥수수식빵과 호밀식빵은 C에 납품된 적이 있다.
- 옥수수식빵은 D에 납품된다.

</blockquote>

① 우유식빵은 B에 납품된 적이 있다.

② 옥수수식빵은 A에 납품된 적이 있다.

③ 호밀식빵은 A에 납품될 것이다.

④ 우유식빵은 C에 납품된 적이 있다.

⑤ 호밀식빵은 D에 납품된 적이 있다.

PART 2

06 A ~ F 6명의 학생이 아침, 점심, 저녁을 먹는데, 메뉴는 김치찌개와 된장찌개뿐이다. 주어진 〈조건〉이 모두 참일 때, 다음 중 옳지 않은 것은?

<blockquote>

조건
- 아침과 저녁은 다른 메뉴를 먹는다.
- 점심과 저녁에 같은 메뉴를 먹은 사람은 4명이다.
- 아침에 된장찌개를 먹은 사람은 3명이다.
- 하루에 된장찌개를 한 번만 먹은 사람은 3명이다.

</blockquote>

① 아침에 된장찌개를 먹은 사람은 모두 저녁에 김치찌개를 먹었다.

② 된장찌개는 총 9그릇이 필요하다.

③ 저녁에 된장찌개를 먹은 사람들은 모두 아침에 김치찌개를 먹었다.

④ 점심에 된장찌개를 먹은 사람은 아침이나 저녁 중 한 번은 된장찌개를 먹었다.

⑤ 김치찌개는 총 10그릇이 필요하다.

| 유형분석 |

- 주어진 상황과 규칙을 종합적으로 활용하여 풀어가는 문제이다.
- 일정, 비용, 순서 등 다양한 내용을 다루고 있어 유형을 한 가지로 단일화하기 어렵다.

A팀과 B팀은 보안등급 상에 해당하는 문서를 나누어 보관하고 있다. 이에 따라 두 팀은 보안을 위해 아래와 같은 규칙에 따라 각 팀의 비밀번호를 지정하였다. 다음 중 A팀과 B팀에 들어갈 수 있는 암호배열은?

<규칙>

- 1 ~ 9까지의 숫자로 (한 자릿수)×(두 자릿수)=(세 자릿수)=(두 자릿수)×(한 자릿수) 형식의 비밀번호로 구성한다.
- 가운데에 들어갈 세 자릿수의 숫자는 156이며 숫자는 중복 사용할 수 없다. 즉, 각 팀의 비밀번호에 1, 5, 6이란 숫자가 들어가지 않는다.

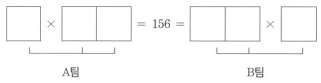

① 23
② 27
③ 29
④ 37
⑤ 39

정답 ⑤

규칙에 따라 사용할 수 있는 숫자는 1, 5, 6을 제외한 나머지 2, 3, 4, 7, 8, 9의 총 6개이다. (한 자릿수)×(두 자릿수)=156이 되는 수를 알기 위해서는 156의 소인수를 구해보면 된다. 156의 소인수는 3, 2^2, 13으로 여기서 156이 되는 수의 곱 중에 조건을 만족하는 것은 2×78과 4×39이다. 따라서 선택지 중에 A팀 또는 B팀에 들어갈 수 있는 암호배열은 39이다.

풀이 전략!

문제에 제시된 조건이나 규칙을 정확히 파악한 후, 선택지나 상황에 적용하여 문제를 풀어 나간다.

01 다음은 도서코드(ISBN)에 대한 자료이다. 주문한 도서에 대한 설명으로 옳은 것은?

〈[예시] 도서코드(ISBN)〉

국제표준도서번호					부가기호		
접두부	국가번호	발행자번호	서명식별번호	체크기호	독자대상	발행형태	내용분류
123	12	1234567		1	1	1	123

※ 국제표준도서번호는 5개의 군으로 나누어지고 군마다 '－'로 구분함

〈도서코드(ISBN) 세부사항〉

접두부	국가번호	발행자번호	서명식별번호	체크기호
978 또는 979	한국 89 미국 05 중국 72 일본 40 프랑스 22	발행자번호 – 서명식별번호 7자리 숫자 예 8491 – 208 : 발행자번호가 8491번인 출판사에서 208번째 발행한 책		0 ~ 9

독자대상	발행형태	내용분류
0 교양 1 실용 2 여성 3 (예비) 4 청소년 5 중고등 학습참고서 6 초등 학습참고서 7 아동 8 (예비) 9 전문	0 문고본 1 사전 2 신서판 3 단행본 4 전집 5 (예비) 6 도감 7 그림책, 만화 8 혼합자료, 점자자료, 전자책, 마이크로자료 9 (예비)	030 백과사전 100 철학 170 심리학 200 종교 360 법학 470 생명과학 680 연극 710 한국어 770 스페인어 740 영미문학 720 유럽사

〈주문도서〉

978 – 05 – 441 – 1011 – 314710

① 한국에서 출판한 도서이다.

② 441번째 발행된 도서이다.

③ 발행자번호는 총 7자리이다.

④ 한 권으로만 출판되지는 않았다.

⑤ 한국어로 되어 있다.

PART 2

02 K공사는 철도사고가 발생했을 경우 안전하고 신속한 대응태세를 확립하기 위한 비상대응훈련을 실시하고 있다. 철도사고의 종류, 형태, 대상, 위치를 고려하여 비상사고 유형을 분류하고, 이를 코드화하였다. 〈보기〉에 따라 비상대응훈련을 했을 때, 중앙관제센터에 비상사고 코드를 잘못 전송한 것은?

〈비상사고 유형 분류〉

철도사고 종류	철도사고 형태	철도사고 대상	철도사고 위치
충돌사고(C)	1. 열차 정면충돌	1. 전동열차 2. 고속열차 3. 여객열차 4. 여객·위험물 수송열차 5. 시설·전기분야	1. 역내 2. 본선구간 3. 터널 4. 교량
충돌사고(C)	2. 열차 추돌		
충돌사고(C)	3. 열차 측면충돌		
탈선사고(R)	1. 열차 탈선		
화재사고(F)	1. 열차 화재		
화재사고(F)	2. 차량 화재		
화재사고(F)	3. 역사 화재		
위험물(H)	1. 화학공업(유류)		
위험물(H)	2. 화약류(화약, 폭약, 화공품)		
위험물(H)	3. 산류(황산 등)		
위험물(H)	4. 가스류(압축·액화가스)		
위험물(H)	5. 가연성 물질(액체·고체류)		
위험물(H)	6. 산화부식제		
위험물(H)	7. 독물류(방사능물질, 휘산성)		
위험물(H)	8. 특별취급 화공품(타르류 등)		
자연재해(N)	1. 침수(노반 유실)		
자연재해(N)	2. 강설		
자연재해(N)	3. 지진		
테러(T)	1. 독가스 테러		
테러(T)	2. 폭발물 테러		
테러(T)	3. 생화학(탄저균) 테러		
차량 및 시설 장애(I)	1. 차량 고장 및 장애		
차량 및 시설 장애(I)	2. 시설 고장 및 장애		
차량 및 시설 장애(I)	3. 전기 고장 및 장애		

〈비상사고 코드화〉

구분	철도사고 종류	철도사고 형태	철도사고 대상	철도사고 위치
사용문자	알파벳 문자	숫자	숫자	숫자
표기방법	C : 충돌사고 R : 탈선사고 F : 화재사고 H : 위험물 N : 자연재해 T : 테러 I : 차량 및 시설장해	세부적인 사고 유형을 오름차순 숫자로 표현	1. 전동열차 2. 고속열차 3. 여객열차 4. 여객·위험물 열차 5. 시설·전기분야	1. 역내 2. 본선구간 3. 터널 4. 교량

(가) 사고 상황 : ○○터널 내 여객열차 폭발물 테러

(나) 사고 상황 : ○○터널 내 여객열차 탈선

(다) 사고 상황 : ○○터널 내 여객열차 화재

(라) 사고 상황 : ○○터널 내 황산 수송열차 누출 발생

(마) 사고 상황 : 여객열차 본선구간 폭우로 인한 선로 침수로 노반 유실 발생

① (가) : T233
② (나) : R133
③ (다) : F133
④ (라) : H343
⑤ (마) : N134

03 다음 〈조건〉을 근거로 〈보기〉를 계산한 값은?

연산자 A, B, C, D는 다음과 같이 정의한다.
- A : 좌우에 있는 두 수를 더한다. 단, 더한 값이 10 미만이면 좌우에 있는 두 수를 곱한다.
- B : 좌우에 있는 두 수 가운데 큰 수에서 작은 수를 뺀다. 단, 두 수가 같거나 뺀 값이 10 미만이면 두 수를 곱한다.
- C : 좌우에 있는 두 수를 곱한다. 단, 곱한 값이 10 미만이면 좌우에 있는 두 수를 더한다.
- D : 좌우에 있는 두 수 가운데 큰 수를 작은 수로 나눈다. 단, 두 수가 같거나 나눈 값이 10 미만이면 두 수를 곱한다.

※ 연산은 '( )', '[ ]'의 순으로 함

$$[(1 A 5) B (3 C 4)] D 6$$

① 10
② 12
③ 90
④ 210
⑤ 360

| 유형분석 |

- 주어진 자료를 해석하고 활용하여 풀어가는 문제이다.
- 꼼꼼하고 분석적인 접근이 필요한 다양한 자료들이 출제된다.

K사 인사팀 직원인 A씨는 사내 설문조사를 통해 요즘 사람들이 연봉보다는 일과 삶의 균형을 더 중요시하고 직무의 전문성을 높이고 싶어 한다는 결과를 도출했다. 다음 중 설문조사 결과와 K사 임직원의 근무여건에 대한 자료를 참고하여 인사제도를 합리적으로 변경한 것은?

〈임직원 근무여건〉

구분	주당 근무 일수(평균)	주당 근무시간(평균)	직무교육 여부	퇴사율
정규직	6일	52시간 이상	○	17%
비정규직 1	5일	40시간 이상	○	12%
비정규직 2	5일	20시간 이상	×	25%

① 정규직의 연봉을 7% 인상한다.
② 정규직을 비정규직으로 전환한다.
③ 비정규직 1의 직무교육을 비정규직 2와 같이 조정한다.
④ 정규직의 주당 근무시간을 비정규직 1과 같이 조정하고 비정규직 2의 직무교육을 시행한다.
⑤ 비정규직 2의 근무 일수를 정규직과 같이 조정한다.

정답 ④

정규직의 주당 근무시간을 비정규직 1과 같이 줄여 근무여건을 개선하고, 퇴사율이 가장 높은 비정규직 2의 직무교육을 시행하여 퇴사율을 줄이는 것이 가장 적절하다.

오답분석

① 설문조사 결과에서 연봉보다는 일과 삶의 균형을 더 중요시한다고 하였으므로 연봉이 상승하는 것은 퇴사율에 영향을 미치지 않음을 알 수 있다.
② 정규직을 비정규직으로 전환하는 것은 고용의 안정성을 낮추어 퇴사율을 더욱 높일 수 있다.
③ 직무교육을 하지 않는 비정규직 2보다 직무교육을 하는 정규직과 비정규직 1의 퇴사율이 더 낮기 때문에 이는 적절하지 않다.
⑤ 비정규직 2의 주당 근무 일수를 정규직과 같이 조정하면, 주 6일 20시간을 근무하게 되어 비효율적인 업무를 수행한다.

풀이 전략!

문제해결을 위해 필요한 정보가 무엇인지 먼저 파악한 후, 제시된 자료를 분석적으로 읽고 해석한다.

01 K공사에서는 직원들에게 다양한 혜택이 있는 복지카드를 제공한다. 복지카드의 혜택 사항이 다음과 같을 때, B사원의 일과에서 복지카드로 혜택을 볼 수 없는 것을 모두 고르면?

〈복지카드 혜택 사항〉

구분	세부내용
교통	대중교통(지하철, 버스) 3 ~ 7% 할인
의료	병원 5% 할인(동물병원 포함, 약국 제외)
쇼핑	의류, 가구, 도서 구입 시 5% 할인
영화	영화관 최대 6천 원 할인

〈B사원의 일과〉

B사원은 오늘 친구와 백화점에서 만나 쇼핑을 하기로 약속을 했다. 집에서 ㉠ 지하철을 타고 약 20분이 걸려 백화점에 도착한 B사원은 어머니 생신 선물로 ㉡ 화장품을 산 후, 동생의 이사 선물로 줄 ㉢ 이불도 구매하였다. 쇼핑이 끝난 후 B사원은 ㉣ 버스를 타고 집에 돌아와 자신이 키우는 애완견의 예방접종을 위해 ㉤ 병원에 가서 진료를 받았다.

① ㉠, ㉡

② ㉡, ㉢

③ ㉣, ㉤

④ ㉠, ㉡, ㉣

⑤ ㉢, ㉣, ㉤

02 K공사 홍보실에 근무하는 A사원은 12일부터 15일까지 워크숍을 가게 되었다. 워크숍을 떠나기 직전 A사원은 스마트폰의 날씨예보 어플을 통해 워크숍 장소인 춘천의 날씨를 확인해 보았다. 다음 중 A사원이 확인한 날씨예보의 내용으로 가장 적절한 것은?

① 워크숍 기간 중 오늘이 일교차가 가장 크므로 감기에 유의해야 한다.
② 내일 춘천지역의 미세먼지가 심하므로 주의해야 한다.
③ 워크숍 기간 중 비를 동반한 낙뢰가 예보된 날이 있다.
④ 글피엔 비가 내리지 않지만 최저기온이 영하이다.
⑤ 내일모레 춘천지역의 최고·최저기온이 모두 영하이므로 야외활동 시 옷을 잘 챙겨 입어야 한다.

※ 다음은 음료의 메뉴판과 이번 주 일기예보이다. A사원은 그 날의 날씨와 평균기온을 고려하여 〈조건〉에 따라 자신이 마실 음료를 고른다. 이어지는 질문에 답하시오. **[3~4]**

〈메뉴판〉

(단위 : 원)

커피류			차 및 에이드류		
구분	작은 컵	큰 컵	구분	작은 컵	큰 컵
아메리카노	3,900	4,300	자몽에이드	4,200	4,700
카페라테	4,400	4,800	레몬에이드	4,300	4,800
바닐라라테	4,600	5,000	자두에이드	4,500	4,900
카페모카	5,000	5,400	밀크티	4,300	4,800

〈이번 주 일기예보〉

구분	7월 22일 일요일	7월 23일 월요일	7월 24일 화요일	7월 25일 수요일	7월 26일 목요일	7월 27일 금요일	7월 28일 토요일
날씨	흐림	맑음	맑음	흐림	비	비	맑음
평균기온	24℃	26℃	28℃	27℃	27℃	25℃	26℃

조건

• A사원은 맑거나 흐린 날에는 차 및 에이드류를 마시고, 비가 오는 날에는 커피류를 마신다.
• 평균기온이 26℃ 미만인 날에는 작은 컵으로, 26℃ 이상인 날은 큰 컵으로 마신다.
• 커피를 마시는 날 중 평균기온이 25℃ 미만인 날은 아메리카노를, 25℃ 이상, 27℃ 미만인 날은 바닐라라테를, 27℃인 날은 카페라테를, 28℃ 이상인 날은 카페모카를 마신다.
• 차 및 에이드류를 마시는 날 중 평균기온이 27℃ 미만인 날은 자몽에이드를, 27℃ 이상인 날은 자두에이드를 마신다. 단, 비가 오지 않는 화요일과 목요일에는 반드시 밀크티를 마신다.

03 오늘이 7월 26일이라고 할 때, A사원이 오늘 마실 음료는?

① 아메리카노 큰 컵
② 카페라테 큰 컵
③ 바닐라라테 작은 컵
④ 카페모카 큰 컵
⑤ 자두에이드 작은 컵

04 A사원은 7월 24일에 직장동료인 B사원에게 음료를 사주고자 한다. B사원에게는 자신이 전날 마신 음료와 같은 종류의 음료를 사준다고 할 때, A사원이 음료 두 잔을 주문하며 지불할 금액은?

① 8,700원
② 9,000원
③ 9,200원
④ 9,500원
⑤ 9,700원

04 SWOT 분석

| 유형분석 |

- 상황에 대한 환경 분석 결과를 통해 주요 과제를 도출하는 문제이다.
- 주로 3C 분석 또는 SWOT 분석을 활용한 문제들이 출제되고 있으므로 해당 분석도구에 대한 사전 학습이 요구된다.

다음은 미용실에 대한 SWOT 분석 결과이다. 이에 대한 대응 방안으로 가장 적절한 것은?

S(강점)	W(약점)
• 뛰어난 실력으로 미용대회에서 여러 번 우승한 경험이 있다. • 인건비가 들지 않아 비교적 저렴한 가격에 서비스를 제공한다.	• 한 명이 운영하는 가게라 동시에 많은 손님을 받을 수 없다. • 홍보가 미흡하다.
O(기회)	T(위협)
• 바로 옆에 유명한 프랜차이즈 레스토랑이 생겼다. • 미용실을 위한 소셜 네트워크 예약 서비스가 등장했다.	• SNS를 활용하여 주변 미용실들이 열띤 가격경쟁을 펼치고 있다. • 대규모 프랜차이즈 미용실들이 잇따라 등장하고 있다.

① ST전략 : 여러 번 대회에서 우승한 경험을 가지고 가맹점을 낸다.

② WT전략 : 여러 명의 직원을 고용해 오히려 가격을 올리는 고급화 전략을 펼친다.

③ SO전략 : 소셜 네트워크 예약 서비스를 이용해 방문한 사람들에게만 저렴한 가격에 서비스를 제공한다.

④ WO전략 : 유명한 프랜차이즈 레스토랑과 연계하여 홍보물을 비치한다.

정답 ④

WO전략은 약점을 극복함으로써 기회를 활용할 수 있도록 내부 약점을 보완해 좀 더 효과적으로 시장 기회를 추구한다. 따라서 바로 옆에 유명한 프랜차이즈 레스토랑이 생겼다는 사실을 이용하여 홍보가 미흡한 점을 보완할 수 있도록 레스토랑과 제휴하여 레스토랑 내에 홍보물을 비치하는 방법은 WO전략으로 적절하다.

풀이 전략!

문제에 제시된 분석도구를 확인한 후, 분석 결과를 종합적으로 판단하여 각 선택지의 전략 과제와 일치 여부를 판단한다.

01 다음은 중국에 진출한 프랜차이즈 커피전문점에 대한 SWOT 분석 결과이다. 빈칸 (가) ~ (라)에 들어갈 전략으로 바르게 나열된 것은?

S(Strength)	W(Weakness)
• 풍부한 원두커피의 맛 • 독특한 인테리어 • 브랜드 파워 • 높은 고객 충성도	• 중국 내 낮은 인지도 • 높은 시설비 • 비싼 임대료
O(Opportunity)	T(Threat)
• 중국 경제 급성장 • 서구문화에 대한 관심 • 외국인 집중 • 경쟁업체 진출 미비	• 중국의 차 문화 • 유명 상표 위조 • 커피 구매 인구의 감소

(가)	(나)
• 브랜드가 가진 미국 고유문화 고수 • 독특하고 차별화된 인테리어 유지 • 공격적 점포 확장	• 외국인 많은 곳에 점포 개설 • 본사 직영으로 인테리어
(다)	(라)
• 고품질 커피로 상위 소수고객에 집중	• 녹차 향 커피 • 개발 상표 도용 감시

	(가)	(나)	(다)	(라)
①	SO전략	ST전략	WO전략	WT전략
②	WT전략	ST전략	WO전략	SO전략
③	SO전략	WO전략	ST전략	WT전략
④	ST전략	WO전략	SO전략	WT전략
⑤	WT전략	WO전략	ST전략	SO전략

02 다음은 K공사의 국내 자율주행자동차 산업에 대한 SWOT 분석 결과이다. 〈보기〉에서 적절하지 않은 것을 모두 고르면?

〈국내 자율주행자동차 산업에 대한 SWOT 분석 결과〉

구분	분석 결과
강점(Strength)	• 민간 자율주행기술 R&D지원을 위한 대규모 예산 확보 • 국내외에서 우수한 평가를 받는 국내 자동차기업 존재
약점(Weakness)	• 국내 민간기업의 자율주행기술 투자 미비 • 기술적 안전성 확보 미비
기회(Opportunity)	• 국가의 지속적 자율주행자동차 R&D 지원법안 본회의 통과 • 완성도 있는 자율주행기술을 갖춘 외국 기업들의 등장
위협(Threat)	• 자율주행차에 대한 국민들의 심리적 거부감 • 자율주행차에 대한 국가의 과도한 규제

〈SWOT 분석에 의한 경영 전략〉

• SO전략 : 기회를 이용해 강점을 활용하는 전략
• ST전략 : 강점을 활용하여 위협을 최소화하거나 극복하는 전략
• WO전략 : 기회를 활용하여 약점을 보완하는 전략
• WT전략 : 약점을 최소화하고 위협을 회피하는 전략

보기

ㄱ. 자율주행기술 수준이 우수한 외국 기업과의 기술이전협약을 통해 국내 우수 자동차기업들의 자율주행기술 연구 및 상용화 수준을 향상시키려는 전략은 SO전략에 해당한다.
ㄴ. 민간의 자율주행기술 R&D를 적극 지원하여 자율주행기술의 안전성을 높이려는 전략은 ST전략에 해당한다.
ㄷ. 자율주행자동차 R&D를 지원하는 법률을 토대로 국내 기업의 기술개발을 적극 지원하여 안전성을 확보하려는 전략은 WO전략에 해당한다.
ㄹ. 자율주행기술개발에 대한 국내기업의 투자가 부족하므로 국가기관이 주도하여 기술개발을 추진하는 전략은 WT전략에 해당한다.

① ㄱ, ㄴ
② ㄱ, ㄷ
③ ㄴ, ㄷ
④ ㄴ, ㄹ
⑤ ㄱ, ㄴ, ㄷ

03 다음은 K섬유회사에 대한 SWOT 분석 자료이다. 이에 대한 경영 전략으로 적절한 것을 〈보기〉에서 모두 고르면?

• 첨단 신소재 관련 특허 다수 보유			• 신규 생산 설비 투자 미흡 • 브랜드의 인지도 부족
	S(강점)	W(약점)	
	O(기회)	T(위협)	
• 고기능성 제품에 대한 수요 증가 • 정부 주도의 문화 콘텐츠 사업 지원			• 중저가 의류용 제품의 공급 과잉 • 저임금의 개발도상국과 경쟁 심화

보기

ㄱ. SO전략으로 첨단 신소재를 적용한 고기능성 제품을 개발한다.
ㄴ. ST전략으로 첨단 신소재 관련 특허를 개발도상국의 경쟁업체에 무상 이전한다.
ㄷ. WO전략으로 문화 콘텐츠와 디자인을 접목한 신규 브랜드 개발을 통해 적극적으로 마케팅 한다.
ㄹ. WT전략으로 기존 설비에 대한 재투자를 통해 대량생산 체제로 전환한다.

① ㄱ, ㄷ   ② ㄱ, ㄹ
③ ㄴ, ㄷ   ④ ㄴ, ㄹ
⑤ ㄷ, ㄹ

04 K공사의 기획팀 B팀장은 C사원에게 K공사에 대한 마케팅 전략 보고서를 요청하였다. C사원이 B팀장에게 제출한 SWOT 분석이 다음과 같을 때, ㉠~㉤ 중 SWOT 분석에 들어갈 내용으로 적절하지 않은 것은?

강점(Strength)	• 새롭고 혁신적인 서비스 • ㉠ 직원들에게 가치를 더하는 공사의 다양한 측면 • 특화된 마케팅 전문 지식
약점(Weakness)	• 낮은 품질의 서비스 • ㉡ 경쟁자의 시장 철수로 인한 시장 진입 가능성
기회(Opportunity)	• ㉢ 합작회사를 통한 전략적 협력 구축 가능성 • 글로벌 시장으로의 접근성 향상
위협(Threat)	• ㉣ 주력 시장에 나타난 신규 경쟁자 • ㉤ 경쟁 기업의 혁신적 서비스 개발 • 경쟁 기업과의 가격 전쟁

① ㉠   ② ㉡
③ ㉢   ④ ㉣
⑤ ㉤

| 유형분석 |

- 문제해결능력에 대한 이론을 활용하여 풀어가는 문제이다.
- 주로 문제의 유형이나 분류, 제3자를 통한 문제해결의 종류를 찾는 형식으로 출제된다.

다음 기사에 나타난 문제 유형에 대한 설명으로 가장 적절한 것은?

> 도색이 완전히 벗겨진 차선과 지워지기 직전의 흐릿한 차선이 서울 강남의 도로 여기저기서 발견되고 있다. 알고 보니 규격 미달의 불량 도료 때문이었다. 시공 능력이 없는 업체들이 서울시가 발주한 도색 공사를 따낸 뒤 브로커를 통해 전문 업체에 공사를 넘겼고, 이 과정에서 수수료를 떼인 전문 업체들이 손해를 만회하기 위해 값싼 도료를 사용한 것이다. 차선용 도료에 값싼 일반용 도료를 섞다 보니 야간에 차선이 잘 보이도록 하는 유리알이 제대로 붙어있지 못해 차선 마모는 더욱 심해졌다. 지난 4년간 서울 전역에서는 74건의 부실시공이 이뤄졌고, 총 공사 대금은 183억 원에 달하는 것으로 밝혀졌다.

① 발생형 문제로, 일탈 문제에 해당한다.
② 발생형 문제로, 미달 문제에 해당한다.
③ 탐색형 문제로, 잠재 문제에 해당한다.
④ 탐색형 문제로, 예측 문제에 해당한다.
⑤ 탐색형 문제로, 발견 문제에 해당한다.

정답 ②

도색이 벗겨진 차선과 지워지기 직전의 흐릿한 차선은 현재 직면하고 있으면서 바로 해결 방법을 찾아야 하는 문제이므로, 눈에 보이는 발생형 문제에 해당한다. 발생형 문제는 기준을 일탈함으로써 발생하는 일탈 문제와 기준에 미달하여 생기는 미달 문제로 나누어 볼 수 있는데, 기사에서는 정해진 규격 기준에 미달하는 불량 도료를 사용하여 문제가 발생하였다고 하였으므로, 미달 문제로 분류할 수 있다. 따라서 기사에 나타난 문제는 발생형 문제로, 미달 문제에 해당한다.

풀이 전략!

주어진 상황이나 대화를 꼼꼼하게 읽고 문제에서 묻는 개념이 무엇인지 빠르게 찾아야 한다. 이때 자주 틀리거나 헷갈리는 내용은 따로 정리하여 반드시 암기하도록 하자.

01 문제해결절차의 문제 도출 단계는 (가)와 (나)의 절차를 거쳐 수행된다. 다음 중 (가)에 대한 설명으로 적절하지 않은 것은?

(가)		(나)
전체 문제를 개별화된 이슈들로 세분화	→	문제에 영향력이 큰 핵심이슈를 선정

① 문제의 내용 및 영향 등을 파악하여 문제의 구조를 도출한다.
② 본래 문제가 발생한 배경이나 문제를 일으키는 메커니즘을 분명히 해야 한다.
③ 현상에 얽매이지 말고 문제의 본질과 실제를 봐야 한다.
④ 눈앞의 결과를 중심으로 문제를 바라봐야 한다.
⑤ 문제 구조 파악을 위해서 Logic Tree 방법이 주로 사용된다.

02 업무수행과정에서 발생하는 문제를 발생형, 탐색형, 설정형의 세 가지 문제 유형으로 나누어 볼 때, 다음 〈보기〉를 문제 유형에 따라 바르게 분류한 것은?

> **보기**
> ㉠ 제품을 배송하는 과정에서 고객의 개인정보를 잘못 기입하는 바람에 배송이 지연되고 있다.
> ㉡ 제약업계는 개발의 효율성 및 성과를 위해 매출액 가운데 상당 부분을 연구・개발에 투자하고 있으나, 기대만큼의 성과를 도출하지 못하고 있다.
> ㉢ 제품에서 기준치를 초과한 발암물질이 검출됨에 따라 회사는 전 제품에 대한 리콜을 고민하고 있다.
> ㉣ 연구팀은 제품 개발에 필수적인 제작 과정을 획기적으로 줄일 수 있는 기술을 개발할 것을 요청받았다.
> ㉤ 회사는 10대 전략 과제를 선정하고 부서별 역할과 세부추진계획을 점검하기로 하였다.
> ㉥ 정부의 사업 허가 기준이 강화될 것이라는 예측에 따라 새로운 사업 계획서 작성 방향에 대해 기업의 고민도 커질 것으로 예상된다.

	발생형	탐색형	설정형
①	㉠, ㉢	㉡, ㉣	㉤, ㉥
②	㉡, ㉢	㉠, ㉣	㉤, ㉥
③	㉢, ㉣	㉠, ㉤	㉡, ㉥
④	㉣, ㉤	㉡, ㉥	㉠, ㉢
⑤	㉤, ㉥	㉢, ㉣	㉠, ㉡

※ 다음 사례를 읽고 이어지는 질문에 답하시오. [3~4]

<상황>

설탕과 프림을 넣지 않은 고급 인스턴트 블랙커피를 커피믹스와 같은 스틱 형태로 선보이겠다는 아이디어를 제시하였지만, 인스턴트커피를 제조하고 판매하는 K회사의 경영진의 반응은 차가웠다. K회사의 커피믹스가 너무 잘 판매되고 있었기 때문이었다.

<회의 내용>

기획팀 부장 : 신제품 개발과 관련된 회의를 진행하도록 하겠습니다. 이 자리는 누구에게 책임이 있는지를 묻는 회의가 아닙니다. 신제품 개발에 대한 서로의 상황을 인지하고 문제상황을 해결해보자는 데 그 의미가 있습니다. 먼저 신제품 개발과 관련하여 마케팅팀 의견을 제시해주십시오.

마케팅 부장 : A제품이 생산될 수 있도록 연구소 자체 공장에 파일럿 라인을 만들어 샘플을 생산하였으면 합니다.

연구소 소장 : 성공 여부가 불투명한 신제품을 위한 파일럿 라인을 만들기는 어렵습니다.

기획팀 부장 : 조금이라도 신제품 개발을 위해 생산현장에서 무언가 협력할 방안은 없을까요?

마케팅 부장 : 고급 인스턴트커피의 생산이 가능한지를 먼저 알아본 후 한 단계씩 전진하면 어떨까요?

기획팀 부장 : 좋은 의견인 것 같습니다. 소장님은 어떻게 생각하십니까?

연구소 소장 : 커피 전문점 수준의 고급 인스턴트커피를 만들기 위해서는 최대한 커피 전문점이 만드는 커피와 비슷한 과정을 거쳐야 할 것 같습니다.

마케팅 부장 : 그렇습니다. 하지만 100% 커피전문점 원두커피를 만드는 것이 아닙니다. 전문점 커피를 100으로 봤을 때, 80 ~ 90% 정도 수준이면 됩니다.

연구소 소장 : 퀄리티는 높이고 일회용 스틱 형태의 제품인 믹스의 사용 편리성은 그대로 두자는 이야기죠?

마케팅 부장 : 그렇습니다. 우선 120°로 커피를 추출하는 장비가 필요합니다. 또한, 액체인 커피를 봉지에 담지 못하니 동결건조방식을 활용해야 할 것 같습니다.

연구소 소장 : 보통 믹스커피는 하루 1t 분량의 커피를 만들 수 있는데, 이야기한 방법으로는 하루에 100kg도 못 만듭니다.

마케팅 부장 : 예, 잘 알겠습니다. 그 부분에 대해서는 조금 더 논의가 필요할 것 같습니다. 검토를 해보겠습니다.

03 다음 중 윗글에서 마케팅 부장이 취하는 문제해결 방법은 무엇인가?

① 소프트 어프로치
② 하드 어프로치
③ 퍼실리테이션
④ 비판적 사고
⑤ 창의적 사고

04 다음 중 K회사의 신제품 개발과 관련하여 가장 필요했던 것은?

① 전략적 사고
② 분석적 사고
③ 발상의 전환
④ 내·외부자원의 효과적 활용
⑤ 성과지향 사고

05 다음은 창의적 사고를 개발하기 위한 방법인 자유연상법, 강제연상법, 비교발상법을 그림으로 나타낸 자료이다. (가) ~ (다)를 순서대로 바르게 나열한 것은?

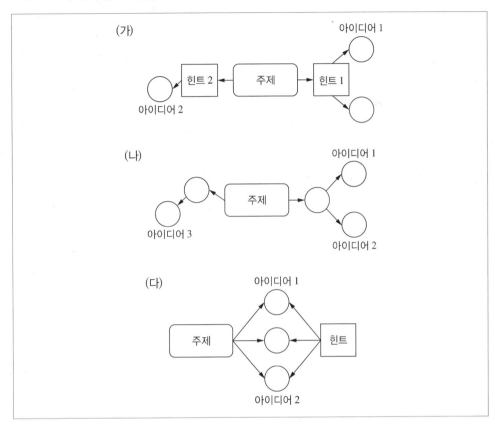

	(가)	(나)	(다)
①	비교발상법	자유연상법	강제연상법
②	강제연상법	자유연상법	비교발상법
③	강제연상법	비교발상법	자유연상법
④	자유연상법	비교발상법	강제연상법
⑤	자유연상법	강제연상법	비교발상법

자원관리능력

합격 Cheat Key

자원관리능력은 현재 NCS 기반 채용을 진행하는 많은 공사·공단에서 핵심영역으로 자리 잡아, 일부를 제외한 대부분의 시험에서 출제되고 있다.

세부 유형은 비용 계산, 해외파견 지원금 계산, 주문 제작 단가 계산, 일정 조율, 일정 선정, 행사 대여 장소 선정, 최단거리 구하기, 시차 계산, 소요시간 구하기, 해외파견 근무 기준에 부합하는 또는 부합하지 않는 직원 고르기 등으로 나눌 수 있다.

1 시차를 먼저 계산하라!

시간 자원 관리의 대표유형 중 시차를 계산하여 일정에 맞는 항공권을 구입하거나 회의시간을 구하는 문제에서는 각각의 나라 시간을 한국 시간으로 전부 바꾸어 계산하는 것이 편리하다. 조건에 맞는 나라들의 시간을 전부 한국 시간으로 바꾸고 한국 시간과의 시차만 더하거나 빼면 시간을 단축하여 풀 수 있다.

2 선택지를 잘 활용하라!

계산을 해서 값을 요구하는 문제 유형에서는 선택지를 먼저 본 후 자리 수가 몇 단위로 끝나는지 확인해야 한다. 예를 들어 412,300원, 426,700원, 434,100원인 선택지가 있다고 할 때, 제시된 조건에서 100원 단위로 나올 수 있는 항목을 찾아 그 항목만 계산하는 방법이 있다. 또한, 일일이 계산하는 문제가 많다. 예를 들어 640,000원, 720,000원, 810,000원 등의 수를 이용해 푸는 문제가 있다고 할 때, 만 원 단위를 절사하고 계산하여 64, 72, 81처럼 요약하는 방법이 있다.

3 최적의 값을 구하는 문제인지 파악하라!

물적 자원 관리의 대표유형에서는 제한된 자원 내에서 최대의 만족 또는 이익을 얻을 수 있는 방법을 강구하는 문제가 출제된다. 이때, 구하고자 하는 값을 x, y로 정하고 연립방정식을 이용해 x, y 값을 구한다. 최소 비용으로 목표생산량을 달성하기 위한 업무 및 인력 할당, 정해진 시간 내에 최대 이윤을 낼 수 있는 업체 선정, 정해진 인력으로 효율적 업무 배치 등을 구하는 문제에서 사용되는 방법이다.

4 각 평가항목을 비교하라!

인적 자원 관리의 대표유형에서는 각 평가항목을 비교하여 기준에 적합한 인물을 고르거나, 저렴한 업체를 선정하거나, 총점이 높은 업체를 선정하는 문제가 출제된다. 이런 유형은 평가항목에서 가격이나 점수 차이에 영향을 많이 미치는 항목을 찾아 1 ~ 2개의 선택지를 삭제하고, 남은 3 ~ 4개의 선택지만 계산하여 시간을 단축할 수 있다.

| 유형분석 |

- 시간 자원과 관련된 다양한 정보를 활용하여 풀어가는 문제이다.
- 대체로 교통편 정보나 국가별 시차 정보가 제공되며, 이를 근거로 '현지 도착시간 또는 약속된 시간 내에 도착하기 위한 방안'을 고르는 문제가 출제된다.

한국은 뉴욕보다 16시간 빠르고, 런던은 한국보다 8시간 느리다. 다음 비행기가 현지에 도착할 때의 시각 (㉠, ㉡)으로 옳은 것은?

구분	출발 일자	출발 시각	비행 시간	도착 시각
뉴욕행 비행기	6월 6일	22:20	13시간 40분	㉠
런던행 비행기	6월 13일	18:15	12시간 15분	㉡

	㉠	㉡
①	6월 6일 09시	6월 13일 09시 30분
②	6월 6일 20시	6월 13일 22시 30분
③	6월 7일 09시	6월 14일 09시 30분
④	6월 7일 13시	6월 14일 15시 30분
⑤	6월 7일 20시	6월 14일 20시 30분

정답 ②

㉠ 뉴욕행 비행기는 한국에서 6월 6일 22시 20분에 출발하고, 13시간 40분 동안 비행하기 때문에 6월 7일 12시에 도착한다. 한국 시간은 뉴욕보다 16시간 빠르므로 현지에 도착하는 시각은 6월 6일 20시가 된다.

㉡ 런던행 비행기는 한국에서 6월 13일 18시 15분에 출발하고, 12시간 15분 동안 비행하기 때문에 현지에 6월 14일 6시 30분에 도착한다. 한국 시간은 런던보다 8시간이 빠르므로 현지에 도착하는 시각은 6월 13일 22시 30분이 된다.

풀이 전략!

문제에서 묻는 것을 정확히 파악한다. 특히 제한사항에 대해서는 빠짐없이 확인해 두어야 한다. 이후 제시된 정보(시차 등)에서 필요한 것을 선별하여 문제를 풀어간다.

01 A대리는 다가오는 9월에 결혼을 앞두고 있다. 다음 〈조건〉을 참고할 때, A대리의 결혼날짜로 가능한 날은?

> **조건**
> • 9월은 1일부터 30일까지이며, 9월 1일은 금요일이다.
> • 9월 30일부터 추석연휴가 시작되고 추석연휴 이틀 전엔 A대리가 주관하는 회의가 있다.
> • A대리는 결혼식을 한 다음날 8박 9일간 신혼여행을 간다.
> • 회사에서 신혼여행으로 주는 휴가는 5일이다.
> • A대리는 신혼여행과 겹치지 않도록 수요일 3주 연속 치과 진료가 예약되어 있다.
> • 신혼여행에서 돌아오는 날 부모님 댁에서 하루 자고, 그 다음날 출근할 예정이다.

① 1일   ② 2일

③ 22일   ④ 23일

⑤ 29일

02 해외로 출장을 가는 김대리는 다음과 같이 이동하려고 계획하고 있다. 연착 없이 계획대로 출장지에 도착했다면, 도착했을 때의 현지 시각은?

> • 서울 시각으로 5일 오후 1시 35분에 출발하는 비행기를 타고, 경유지 한 곳을 거쳐 출장지에 도착한다.
> • 경유지는 서울보다 1시간 빠르고, 출장지는 경유지보다 2시간 느리다.
> • 첫 번째 비행은 3시간 45분이 소요된다.
> • 경유지에서 3시간 50분을 대기하고 출발한다.
> • 두 번째 비행은 9시간 25분이 소요된다.

① 오전 5시 35분   ② 오전 6시

③ 오후 5시 35분   ④ 오후 6시

⑤ 오전 7시

03 K공사에서는 5월 한 달 동안 임직원을 대상으로 금연교육 4회, 부패방지교육 2회, 성희롱방지교육 1회를 진행하려고 한다. 다음 〈조건〉을 근거로 판단할 때 가장 적절한 것은?

5월						
일	월	화	수	목	금	토
			1	2	3	4
5	6	7	8	9	10	11
12	13	14	15	16	17	18
19	20	21	22	23	24	25
26	27	28	29	30	31	

조건

- 교육은 하루에 하나만 실시할 수 있고, 주말에는 교육을 실시할 수 없다.
- 매주 월요일은 부서회의로 인해 교육을 실시할 수 없다.
- 5월 1일부터 3일까지는 공사의 주요 행사 기간이므로 어떠한 교육도 실시할 수 없다.
- 금연교육은 정해진 같은 요일에 주 1회 실시한다.
- 부패방지교육은 20일 이전 수요일 또는 목요일에 시행하며, 이틀 연속 실시할 수 없다.
- 성희롱방지교육은 5월 31일에 실시한다.

① 5월 넷째 주에는 금연교육만 실시된다.
② 금연교육은 금요일에 실시될 수 있다.
③ 부패방지교육은 같은 요일에 실시되어야 한다.
④ 성희롱방지교육은 목요일에 실시된다.
⑤ 금연교육은 5월 첫째 주부터 실시된다.

04 K회사에서 근무하는 김사원은 수출계약 건으로 한국에 방문하는 바이어를 맞이하기 위해 인천공항에 가야한다. 미국 뉴욕에서 오는 바이어는 현지시각으로 21일 오전 8시 30분에 한국행 비행기에 탑승할 예정이며, 비행시간은 17시간이다. K회사에서 인천공항까지는 1시간 30분이 걸리고, 바이어의 도착 예정시각보다는 30분 일찍 도착하여 대기하려고 할 때, 김사원이 적어도 회사에서 출발해야 하는 시각은?(단, 뉴욕은 한국보다 13시간이 느리다)

① 21일 10시 30분
② 21일 12시 30분
③ 22일 12시
④ 22일 12시 30분
⑤ 22일 14시 30분

05 K공사 홍보팀 팀원들은 함께 출장근무를 마치고 서울로 복귀하고자 한다. 다음 자료를 참고했을 때, 서울에 가장 일찍 도착할 수 있는 예정시각은?

〈상황〉

• 홍보팀 팀원은 총 4명이다.
• 대전에서 출장을 마치고 서울로 돌아가려고 한다.
• 고속버스터미널에는 은행, 편의점, 화장실, 패스트푸드점 등이 있다.
  ※ 시설별 소요시간 : 은행 30분, 편의점 10분, 화장실 20분, 패스트푸드점 25분

〈대화 내용〉

A과장 : 긴장이 풀려서 그런가? 배가 출출하네. 햄버거라도 사 먹어야겠어.
B대리 : 저도 출출하긴 한데 그것보다 화장실이 더 급하네요. 금방 다녀오겠습니다.
C주임 : 그럼 그사이에 버스표를 사야 하니 은행에 들러 현금을 찾아오겠습니다.
D사원 : 저는 그동안 버스 안에서 먹을 과자를 편의점에서 사 오겠습니다.
A과장 : 지금이 16시 50분이니까 다들 각자 볼일 보고 빨리 돌아와. 다 같이 타고 가야 하니까.

〈시외버스 배차정보〉

대전 출발	서울 도착	잔여좌석 수
17:00	19:00	6
17:15	19:15	8
17:30	19:30	3
17:45	19:45	4
18:00	20:00	8
18:15	20:15	5
18:30	20:30	6
18:45	20:45	10
19:00	21:00	16

① 19:00
② 19:15
③ 19:45
④ 20:15
⑤ 20:45

| 유형분석 |

- 예산 자원과 관련된 다양한 정보를 활용하여 풀어가는 문제이다.
- 대체로 한정된 예산 내에서 수행할 수 있는 업무 및 예산 가격을 묻는 문제가 출제된다.

A사원은 이번 출장을 위해 KTX 표를 미리 40% 할인된 가격에 구매하였으나, 출장 일정이 바뀌는 바람에 하루 전날 표를 취소하였다. 다음 환불 규정에 따라 16,800원을 돌려받았을 때, 할인되지 않은 KTX표의 가격은 얼마인가?

〈KTX 환불 규정〉

출발 2일 전	출발 1일 전 ~ 열차 출발 전	열차 출발 후
100%	70%	50%

① 40,000원
② 48,000원
③ 56,000원
④ 67,200원
⑤ 70,000원

정답 ①

할인되지 않은 KTX 표의 가격을 x원이라 하면, 표를 40% 할인된 가격으로 구매하였으므로 구매 가격은 $(1-0.4)x=0.6x$원이다. 환불 규정에 따르면 하루 전에 표를 취소하는 경우 70%의 금액을 돌려받을 수 있으므로 이를 식으로 정리하면 다음과 같다.

$0.6x \times 0.7 = 16,800$

→ $0.42x = 16,800$

∴ $x = 40,000$

따라서 할인되지 않은 KTX 표의 가격은 40,000원이다.

풀이 전략!

제한사항인 예산을 고려하여 문제에서 묻는 것을 정확히 파악한 후, 제시된 정보에서 필요한 것을 선별하여 문제를 풀어간다.

01 우유도매업자인 A씨는 소매업체에 납품하기 위해 (가로) 3m×(세로) 2m×(높이) 2m인 냉동 창고에 우유를 가득 채우려고 한다. 다음 〈조건〉을 참고할 때, 냉동 창고를 가득 채우기 위해 드는 비용은 얼마인가?

> **조건**
> • 우유의 1개당 단가는 700원이다.
> • 우유 한 궤짝에 우유가 총 40개가 들어간다.
> • 우유 한 궤짝의 크기는 (가로) 40cm×(세로) 40cm×(높이) 50cm이다.
> • 냉동 창고에 우유를 낱개로 채울 수 없다.

① 약 300만 원   ② 약 400만 원
③ 약 500만 원   ④ 약 600만 원
⑤ 약 700만 원

02 K기업은 창고업체를 통해 아래 세 제품군을 보관하고 있다. 각 제품군에 대한 정보를 참고하여, 다음 〈조건〉에 따라 K기업이 보관료로 지급해야 할 총금액은 얼마인가?

구분	매출액(억 원)	용량	
		용적(CUBIC)	무게(톤)
A제품군	300	3,000	200
B제품군	200	2,000	300
C제품군	100	5,000	500

> **조건**
> • A제품군은 매출액의 1%를 보관료로 지급한다.
> • B제품군은 1CUBIC당 20,000원의 보관료를 지급한다.
> • C제품군은 1톤당 80,000원의 보관료를 지급한다.

① 3억 2천만 원   ② 3억 4천만 원
③ 3억 6천만 원   ④ 3억 8천만 원
⑤ 4억 원

03 대구에서 광주까지 편도운송을 하는 K사는 다음과 같이 화물차량을 운용한다. 수송비 절감을 통해 경영에 필요한 예산을 확보하기 위하여 적재효율을 기존 1,000상자에서 1,200상자로 높여 운행 횟수를 줄인다면, K사가 절감할 수 있는 월 수송비는?

〈K사의 화물차량 운용 정보〉

• 차량 운행대수 : 4대
• 1대당 1일 운행횟수 : 3회
• 1대당 1회 수송비 : 100,000원
• 월 운행일수 : 20일

① 3,500,000원
② 4,000,000원
③ 4,500,000원
④ 5,000,000원
⑤ 5,500,000원

04 K씨는 개인사유로 인해 5년간 재직했던 회사를 그만두게 되었다. K씨에게 지급된 퇴직금이 1,900만 원일 때, K씨의 평균 연봉은 얼마인가?[단, 평균 연봉은 (1일 평균임금)×365이고, 천의 자리에서 올림한다]

〈퇴직금 산정 방법〉

▶ 고용주는 퇴직하는 근로자에게 계속근로기간 1년에 대해 30일분 이상의 평균임금을 퇴직금으로 지급해야 합니다.
　－ "평균임금"이란 이를 산정해야 할 사유가 발생한 날 이전 3개월 동안에 해당 근로자에게 지급된 임금의 총액을 그 기간의 총일수로 나눈 금액을 말합니다.
　－ 평균임금이 근로자의 통상임금보다 적으면 그 통상임금을 평균임금으로 합니다.
▶ 퇴직금 산정공식
　(퇴직금)＝[(1일 평균임금)×30일×(총계속근로기간)]÷365

① 4,110만 원
② 4,452만 원
③ 4,650만 원
④ 4,745만 원
⑤ 4,800만 원

05 다음은 K사의 성과급 지급 기준 및 영업팀의 평가표이다. 영업팀에게 지급되는 성과급의 1년 총액은? (단, 성과평가 등급이 A등급이면 직전 분기 차감액의 50%를 가산하여 지급한다)

〈성과급 지급 기준〉

성과평가 점수	성과평가 등급	분기별 성과급 지급액
9.0 이상	A	100만 원
8.0 ~ 8.9	B	90만 원(10만 원 차감)
7.0 ~ 7.9	C	80만 원(20만 원 차감)
6.9 이하	D	40만 원(60만 원 차감)

〈영업팀 평가표〉

구분	1/4분기	2/4분기	3/4분기	4/4분기
유용성	8	8	10	8
안정성	8	6	8	8
서비스 만족도	6	8	10	8

※ (성과평가 점수)=[(유용성)×0.4]+[(안정성)×0.4]+[(서비스 만족도)×0.2]

① 350만 원
② 360만 원
③ 370만 원
④ 380만 원
⑤ 400만 원

03 품목 확정

| 유형분석 |

- 물적 자원과 관련된 다양한 정보를 활용하여 풀어가는 문제이다.
- 주로 공정도·제품·시설 등에 대한 가격·특징·시간 정보가 제시되며, 이를 종합적으로 고려하는 문제가 출제된다.

K공사 인재개발원에 근무하고 있는 A대리는 〈조건〉에 따라 신입사원 교육을 위한 스크린을 구매하려고 한다. 다음 중 가장 적절한 제품은 무엇인가?

조건

- 조명도는 5,000lx 이상이어야 한다.
- 예산은 150만 원이다.
- 제품에 이상이 생겼을 때 A/S가 신속해야 한다.
- 위 조건을 모두 충족할 시, 가격이 저렴한 제품을 가장 우선으로 선정한다.

※ lux(럭스) : 조명이 밝은 정도를 말하는 조명도에 대한 실용단위로 기호는 lx임

	제품	가격(만 원)	조명도(lx)	특이사항
①	A	180	8,000	2년 무상 A/S 가능
②	B	120	6,000	해외직구(해외 A/S)
③	C	100	3,500	미사용 전시 제품
④	D	150	5,000	미사용 전시 제품
⑤	E	130	7,000	2년 무상 A/S 가능

정답 ⑤

오답분석

① 예산이 150만 원이라고 했으므로 예산을 초과하였다.
② 신속한 A/S가 조건이므로 해외 A/S만 가능하여 적절하지 않다.
③ 조명도가 5,000lx 미만이므로 적절하지 않다.
④ 가격과 조명도 적절하고 특이사항도 문제없지만 가격이 저렴한 제품을 우선으로 한다고 하였으므로 E가 적절하다.

풀이 전략!

문제에서 묻고자 하는 바를 정확히 파악하는 것이 중요하다. 문제에서 제시한 물적 자원의 정보를 문제의 의도에 맞게 선별하면서 풀어 간다.

01 K씨는 밤도깨비 야시장에서 푸드 트럭을 운영하기로 계획하고 있다. 매출 순이익이 가장 높은 메인 메뉴 한 가지를 선정하려고 할 때, K씨가 선정할 메뉴로 옳은 것은?

메뉴	예상 월간 판매량(개)	생산 단가(원)	판매 가격(원)
A	500	3,500	4,000
B	300	5,500	6,000
C	400	4,000	5,000
D	200	6,000	7,000
E	150	3,000	5,000

※ 매출 순이익 : [(판매 가격)−(생산 단가)]×(판매량)

① A   ② B

③ C   ④ D

⑤ E

02 K공사에서 근무하는 P사원은 기업 관련 홍보자료를 만들어서 배포하려고 한다. 다음 중 가장 저렴한 비용으로 인쇄할 수 있는 업체는?

〈인쇄업체별 비용 견적〉

(단위 : 원)

업체명	페이지당 비용	표지 가격 유광	표지 가격 무광	권당 제본 비용	할인
A인쇄소	50	500	400	1,500	−
B인쇄소	70	300	250	1,300	−
C인쇄소	70	500	450	1,000	100부 초과 시 초과 부수만 총비용에서 5% 할인
D인쇄소	60	300	200	1,000	−
E인쇄소	100	200	150	1,000	총 인쇄 페이지 5,000페이지 초과 시 총비용에서 20% 할인

※ 홍보자료는 관내 20개 지점에 배포하고, 지점마다 10부씩 배포함
※ 홍보자료는 30페이지 분량으로 제본하며, 표지는 유광표지로 함

① A인쇄소   ② B인쇄소

③ C인쇄소   ④ D인쇄소

⑤ E인쇄소

03 K공사는 직원들의 교양증진을 위해 사내 도서관에 도서를 추가로 구비하고자 한다. 새로 구매할 도서는 직원들을 대상으로 한 사전조사 결과를 바탕으로 선정점수를 결정한다. 〈조건〉에 따라 추가로 구매할 도서를 선정할 때, 다음 중 최종 선정될 도서는?

〈후보 도서 사전조사 결과〉

도서명	저자	흥미도 점수	유익성 점수
재테크, 답은 있다	정우택	6	8
여행학개론	W. George	7	6
부장님의 서랍	김수권	6	7
IT혁명의 시작	정인성, 유오진	5	8
경제정의론	S. Collins	4	5
건강제일주의	임시학	8	5

조건
- K공사는 전 직원들을 대상으로 후보 도서들에 대한 사전조사를 하였다. 후보 도서들에 대한 흥미도 점수와 유익성 점수는 전 직원들이 10점 만점으로 부여한 점수의 평균값이다.
- 흥미도 점수와 유익성 점수를 3 : 2의 가중치로 합산하여 1차 점수를 산정하고, 1차 점수가 높은 후보 도서 3개를 1차 선정한다.
- 1차 선정된 후보 도서 중 해외저자의 도서는 가점 1점을 부여하여 2차 점수를 산정한다.
- 2차 점수가 가장 높은 2개의 도서를 최종 선정한다. 만일 선정된 후보 도서들의 2차 점수가 모두 동일한 경우, 유익성 점수가 가장 낮은 후보 도서는 탈락시킨다.

① 재테크, 답은 있다 / 여행학개론
② 재테크, 답은 있다 / 건강제일주의
③ 여행학개론 / 부장님의 서랍
④ 여행학개론 / 건강제일주의
⑤ IT혁명의 시작 / 건강제일주의

04 K공사는 구내식당 기자재의 납품업체를 선정하고자 한다. 각 입찰업체에 대한 정보는 아래와 같다고 한다. 선정 조건에 따라 업체를 선정할 때, 다음 중 선정될 업체는?

〈선정 조건〉

- 선정 방식

  선정 점수가 가장 높은 업체를 선정한다. 선정 점수는 납품 품질 점수, 가격 경쟁력 점수, 직원 규모 점수에 가중치를 반영해 합산한 값을 의미한다. 선정 점수가 가장 높은 업체가 2개 이상일 경우, 가격 경쟁력 점수가 더 높은 업체를 선정한다.

- 납품 품질 점수

  업체별 납품 품질 등급에 따라 다음 표와 같이 점수를 부여한다.

구분	최상	상	중	하	최하
점수	100점	90점	80점	70점	60점

- 가격 경쟁력 점수

  업체별 납품가격 총액 수준에 따라 다음 표와 같이 점수를 부여한다.

구분	2억 원 미만	2억 원 이상 2억 5천만 원 미만	2억 5천만 원 이상 3억 원 미만	3억 원 이상
점수	100점	90점	80점	70점

- 직원 규모 점수

  업체별 직원 규모에 따라 다음 표와 같이 점수를 부여한다.

구분	50명 미만	50명 이상 100명 미만	100명 이상 200명 미만	200명 이상
점수	70점	80점	90점	100점

- 가중치

  납품 품질 점수, 가격 경쟁력 점수, 직원 규모 점수는 다음 표에 따라 각각 가중치를 부여한다.

구분	납품 품질 점수	가격 경쟁력 점수	직원 규모 점수	합계
가중치	40	30	30	100

〈입찰업체 정보〉

구분	납품 품질	납품가격 총액(원)	직원 규모(명)
A업체	상	2억	125
B업체	중	1억 7,000만	141
C업체	하	1억 9,500만	91
D업체	최상	3억 2,000만	98
E업체	상	2억 6천만	210

① A업체
② B업체
③ C업체
④ D업체
⑤ E업체

04 인원 선발

| 유형분석 |

- 인적 자원과 관련된 다양한 정보를 활용하여 풀어가는 문제이다.
- 주로 근무명단, 휴무일, 업무할당 등의 주제로 다양한 정보를 활용하여 종합적으로 풀어 가는 문제가 출제된다.

다음 자료를 토대로 K공사가 하루 동안 고용할 수 있는 최대 인원은?

〈K공사의 예산과 고용비〉		
총예산	본예산	500,000원
	예비비	100,000원
고용비	1인당 수당	50,000원
	산재보험료	(수당)0×.504%
	고용보험료	(수당)×1.3%

① 10명   ② 11명

③ 12명   ④ 13명

⑤ 14명

정답 ②

(하루 1인당 고용비)=(1인당 수당)+(산재보험료)+(고용보험료)

$=50,000+(50,000×0.504\%)+(50,000×1.3\%)$

$=50,000+252+650=50,902$원

(하루에 고용할 수 있는 인원 수)=[(본예산)+(예비비)]÷(하루 1인당 고용비)

$=600,000÷50,902≒11.8$

따라서 하루 동안 고용할 수 있는 최대 인원은 11명이다.

풀이 전략!

문제에서 신입사원 채용이나 인력배치 등의 주제가 출제될 경우에는 주어진 규정 혹은 규칙을 꼼꼼히 확인하여야 한다. 이를 근거로 각 선택지가 어긋나지 않는지 검토하며 문제를 풀어 간다.

01 K사에서 승진대상자 중 2명을 승진시키려고 한다. 승진의 조건은 동료평가에서 '하'를 받지 않고 합산점수가 높은 순이다. 합산점수는 100점 만점의 점수로 환산한 승진시험 성적, 영어 성적, 성과평가의 수치를 합산한다. 승진시험의 만점은 100점, 영어 성적의 만점은 500점, 성과평가의 만점은 200점이라고 할 때, 승진대상자 2명은 누구인가?

(단위 : 점)

구분	승진시험 성적	영어 성적	동료 평가	성과평가
A	80	400	중	120
B	80	350	상	150
C	65	500	상	120
D	70	400	중	100
E	95	450	하	185
F	75	400	중	160
G	80	350	중	190
H	70	300	상	180
I	100	400	하	160
J	75	400	상	140
K	90	250	중	180

① A, C

② B, K

③ E, I

④ F, G

⑤ H, D

02 K사에서는 직원 A ~ N 중 면접위원을 선발하고자 한다. 면접위원의 구성 조건이 다음과 같을 때, 옳지 않은 것은?

〈면접위원 구성 조건〉

- 면접관은 총 6명으로 구성한다.
- 이사 이상의 직급으로 50% 이상 구성해야 한다.
- 인사팀을 제외한 모든 부서는 2명 이상 선출할 수 없고, 인사팀은 반드시 2명 이상을 포함한다.
- 모든 면접위원의 입사 후 경력은 3년 이상으로 한다.

직원	직급	부서	입사 후 경력
A	대리	인사팀	2년
B	과장	경영지원팀	5년
C	이사	인사팀	8년
D	과장	인사팀	3년
E	사원	홍보팀	6개월
F	과장	홍보팀	2년
G	이사	고객지원팀	13년
H	사원	경영지원팀	5개월
I	이사	고객지원팀	2년
J	과장	영업팀	4년
K	대리	홍보팀	4년
L	사원	홍보팀	2년
M	과장	개발팀	3년
N	이사	개발팀	8년

---

① L사원은 면접위원으로 선출될 수 없다.

② N이사는 반드시 면접위원으로 선출된다.

③ B과장이 면접위원으로 선출됐다면 K대리도 선출된다.

④ 과장은 2명 이상 선출된다.

⑤ 모든 부서에서 면접위원이 선출될 수는 없다.

03 K구청은 주민들의 정보화 교육을 위해 정보화 교실을 동별로 시행하고 있고, 주민들은 각자 일정에 맞춰 정보화 교육을 수강하려고 한다. 다음 중 개인 일정상 신청과목을 수강할 수 없는 사람은?(단, 하루라도 수강을 빠진다면 수강이 불가능하다)

〈정보화 교육 일정표〉

교육날짜	교육시간	장소	과정명	장소	과정명
화, 목	09:30 ~ 12:00	A동	인터넷 활용하기	C동	스마트한 클라우드 활용
	13:00 ~ 15:30		그래픽 초급 픽슬러 에디터		스마트폰 SNS 활용
	15:40 ~ 18:10		ITQ한글2010(실전반)		
수, 금	09:30 ~ 12:00		한글 문서 활용하기		Windows10 활용하기
	13:00 ~ 15:30		스마트폰 / 탭 / 패드(기본앱)		스마트한 클라우드 활용
	15:40 ~ 18:10		컴퓨터 기초(윈도우 및 인터넷)		—
월	09:30 ~ 15:30		포토샵 기초		사진 편집하기
화 ~ 금	09:30 ~ 12:00	B동	그래픽 편집 달인되기	D동	한글 시작하기
	13:00 ~ 15:30		한글 활용 작품 만들기		사진 편집하기
	15:40 ~ 18:10		—		엑셀 시작하기
월	09:30 ~ 15:30		Windows10 활용하기		스마트폰 사진 편집&앱 배우기

〈개인 일정 및 신청과목〉

구분	개인일정	신청과목
D동의 홍길동 씨	• 매주 월~금 08:00~15:00 편의점 아르바이트 • 매주 월요일 16:00~18:00 음악학원 수강	엑셀 시작하기
A동의 이몽룡 씨	• 매주 화, 수, 목 09:00~18:00 학원 강의 • 매주 월 16:00~20:00 배드민턴 동호회 활동	포토샵 기초
C동의 성춘향 씨	• 매주 수, 금 17:00~22:00 호프집 아르바이트 • 매주 월 10:00~12:00 과외	스마트한 클라우드 활용
B동의 변학도 씨	• 매주 월, 화 08:00~15:00 카페 아르바이트 • 매주 수, 목 18:00~20:00 요리학원 수강	그래픽 편집 달인되기
A동의 김월매 씨	• 매주 월, 수, 금 10:00~13:00 필라테스 수강 • 매주 화 14:00~17:00 제빵학원 수강	인터넷 활용하기

① 홍길동 씨 ② 이몽룡 씨
③ 성춘향 씨 ④ 변학도 씨
⑤ 김월매 씨

CHAPTER 05

정보능력

합격 Cheat Key

정보능력은 업무를 수행함에 있어 기본적인 컴퓨터를 활용하여 필요한 정보를 수집, 분석, 활용하는 능력을 의미한다. 또한 업무와 관련된 정보를 수집하고, 이를 분석하여 의미 있는 정보를 얻는 능력이다. 국가직무능력표준에 따르면 정보능력의 세부 유형은 컴퓨터 활용·정보 처리로 나눌 수 있다.

1 평소에 컴퓨터 활용 스킬을 틈틈이 익혀라!

윈도우(OS)에서 어떠한 설정을 할 수 있는지, 응용프로그램(엑셀 등)에서 어떠한 기능을 활용할 수 있는지를 평소에 직접 사용해 본다면 문제를 보다 수월하게 해결할 수 있다. 여건이 된다면 컴퓨터 활용 능력에 관련된 자격증 공부를 하는 것도 이론과 실무를 익히는 데 도움이 될 것이다.

2 문제의 규칙을 찾는 연습을 하라!

일반적으로 코드체계나 시스템 논리체계를 제공하고 이를 분석하여 문제를 해결하는 유형이 출제된다. 이러한 문제는 문제해결능력과 같은 맥락으로 규칙을 파악하여 접근하는 방식으로 연습이 필요하다.

3 현재 보고 있는 그 문제에 집중하라!

정보능력의 모든 것을 공부하려고 한다면 양이 너무나 방대하다. 그렇기 때문에 수험서에서 본인이 현재 보고 있는 문제들을 집중적으로 공부하고 기억하려고 해야 한다. 그러나 엑셀의 함수 수식, 연산자 등 암기를 필요로 하는 부분들은 필수적으로 암기를 해서 출제가 되었을 때 오답률을 낮출 수 있도록 한다.

4 사진·그림을 기억하라!

컴퓨터 활용 능력을 파악하는 영역이다 보니 컴퓨터 속 옵션, 기능, 설정 등의 사진·그림이 문제에 같이 나오는 경우들이 있다. 그런 부분들은 직접 컴퓨터를 통해서 하나하나 확인을 하면서 공부한다면 더 기억에 잘 남게 된다. 조금 귀찮더라도 한 번씩 클릭하면서 확인을 해보도록 한다.

다음 중 정보처리 절차에 대한 설명으로 옳지 않은 것은?

① 정보의 기획은 정보의 입수대상, 주제, 목적 등을 고려하여 전략적으로 이루어져야 한다.
② 정보처리는 기획 – 수집 – 활용 – 관리의 순서로 이루어진다.
③ 다양한 정보원으로부터 목적에 적합한 정보를 수집해야 한다.
④ 정보 관리 시에 고려하여야 할 3요소는 목적성, 용이성, 유용성이다.
⑤ 정보 활용 시에는 합목적성 외에도 합법성이 고려되어야 한다.

정답 ②
정보처리는 기획 – 수집 – 관리 – 활용 순서로 이루어진다.

풀이 전략!

자주 출제되는 정보능력 이론을 확인하고, 확실하게 암기해야 한다. 특히 새로운 정보 기술이나 컴퓨터 전반에 대해 관심을 가지는 것이 좋다.

01 다음 글에서 K대학교 문제해결을 위한 대안으로 가장 적절한 것은?

> K대학교는 현재 학생 관리 프로그램, 교수 관리 프로그램, 성적 관리 프로그램의 3개의 응용 프로그램을 갖추고 있다. 학생 관리 프로그램은 학생 정보를 저장하고 있는 파일을 이용하고, 교수 관리 프로그램은 교수 정보 파일 그리고 성적 관리 프로그램은 성적 정보 파일을 이용한다. 즉 다음과 같이 각각의 응용 프로그램들은 개별적인 파일을 이용한다.
> 이런 경우의 파일에는 많은 정보가 중복 저장되어 있다. 그렇기 때문에 중복된 정보가 수정되면 관련된 모든 파일을 수정해야 하는 불편함이 있다. 예를 들어, 한 학생이 자퇴하게 되면 학생 정보 파일뿐만 아니라 교수 정보 파일, 성적 정보 파일도 수정해야 하는 것이다.

① 데이터베이스 구축   ② 유비쿼터스 구축
③ RFID 구축   ④ NFC 구축
⑤ 와이파이 구축

02 다음 글에서 설명하는 용어는?

> 데이터를 일정한 프로그램에 따라 컴퓨터가 처리·가공함으로써 '특정한 목적을 달성하는 데 필요하거나 특정한 의미를 가진 것으로 다시 생산된 것'을 뜻한다.

① 자료   ② 정보
③ 지식   ④ 지혜
⑤ 디지털

03 다음 중 정보의 가공 및 활용에 대한 설명으로 적절하지 않은 것은?

① 정보는 원형태 그대로 혹은 가공하여 활용할 수 있다.
② 수집된 정보를 가공하여 다른 형태로 재표현하는 방법도 가능하다.
③ 정적정보의 경우 이용한 이후에도 장래활용을 위해 정리하여 보존한다.
④ 비디오테이프에 저장된 영상정보는 동적정보에 해당된다.
⑤ 동적정보는 입수하여 처리한 후에는 해당 정보를 즉시 폐기해도 된다.

04 다음 〈보기〉 중 인터넷의 역기능을 모두 고르면?

> **보기**
> ㄱ. 불건전 정보의 유통
> ㄴ. 개인 정보 유출
> ㄷ. 사이버 성폭력
> ㄹ. 사이버 언어폭력
> ㅁ. 언어 훼손

① ㄱ, ㄴ
② ㄷ, ㄹ
③ ㄱ, ㄴ, ㄹ, ㅁ
④ ㄴ, ㄷ, ㄹ, ㅁ
⑤ ㄱ, ㄴ, ㄷ, ㄹ, ㅁ

05 다음 중 4차 산업혁명의 적용사례로 적절하지 않은 것은?

① 농사 기술에 ICT를 접목한 농장에서는 농작물 재배 시설의 온도 · 습도 · 햇볕량 · 토양 등을 분석하고, 그 결과에 따라 기계 등을 작동하여 적절한 상태로 변화시킨다.
② 주로 경화성 소재를 사용하고, 3차원 모델링 파일을 출력 소스로 활용하여 프린터로 입체 모형의 물체를 뽑아낸다.
③ 인터넷 서버에 데이터를 저장하고 여러 IT 기기를 사용해 언제 어디서든 이용할 수 있는 컴퓨팅 환경에서는 자신의 컴퓨터가 아닌 인터넷으로 연결된 다른 컴퓨터로 정보를 처리할 수 있다.
④ 인터넷에서 정보를 교환하는 시스템으로, 하이퍼텍스트 구조를 활용해서 인터넷상의 정보들을 연결해준다.
⑤ 사물에 센서를 부착해 실시간으로 데이터를 인터넷으로 주고받는 환경에서는 세상 모든 유형 · 무형 객체들이 연결되어 새로운 서비스를 제공한다.

06 다음 〈보기〉 중 개인정보에 속하는 것을 모두 고르면?

> **보기**
> ㄱ. 가족 관계
> ㄴ. 최종 학력
> ㄷ. 보험 가입 현황
> ㄹ. 전과 기록

① ㄱ, ㄷ
② ㄴ, ㄷ
③ ㄷ, ㄹ
④ ㄴ, ㄷ, ㄹ
⑤ ㄱ, ㄴ, ㄷ, ㄹ

07 하나의 단어로 검색을 하면 검색결과가 너무 많아져서 이용자가 원하는 정보와 상관없는 것들이 많이 포함된다. 이럴 때 사용할 수 있는 정보검색 연산자에 대한 설명으로 옳은 것은?

① * : 두 단어가 모두 포함된 문서를 검색한다.

② ! : 두 단어가 모두 포함되거나, 두 단어 중에서 하나만 포함된 문서를 검색한다.

③ ~ : 기호 다음에 오는 단어는 포함하지 않는 문서를 검색한다.

④ − : 앞, 뒤의 단어가 가깝게 인접해 있는 문서를 검색한다.

⑤ & : 두 단어 중 하나가 포함된 문서를 검색한다.

08 다음 대화를 보고 빈칸에 들어갈 단어로 가장 적절한 것은?

> 수인 : 요즘은 금융 기업이 아닌데도, ○○페이 형식으로 결제 서비스를 제공하는 곳이 많더라.
>
> 희재 : 맞아! 나도 얼마 전에 온라인 구매를 위해 결제창으로 넘어갔는데, 페이에 가입해서 결제하면 혜택을 제공한다고 하여 가입해서 페이를 통해 결제했어.
>
> 수인 : 이렇게 모바일 기술이나 IT에 결제, 송금과 같은 금융서비스를 결합된 새로운 서비스를 _____라고 부른대. 들어본 적 있니?

① P2P

② O2O

③ 핀테크

④ IoT

⑤ 클라우드

| 유형분석 |

- 컴퓨터 활용과 관련된 상황에서 문제를 해결하기 위한 행동이 무엇인지 묻는 문제이다.
- 주로 업무수행 중에 많이 활용되는 대표적인 엑셀 함수(COUNTIF, ROUND, MAX, SUM, COUNT, AVERAGE 등)가 출제된다.
- 종종 엑셀시트를 제시하여 각 셀에 들어갈 함수식이 무엇인지 고르는 문제가 출제되기도 한다.

다음 중 엑셀에 제시된 함수식의 결괏값으로 옳지 않은 것은?

	A	B	C	D	E	F
1						
2		120	200	20	60	
3		10	60	40	80	
4		50	60	70	100	
5						
6		함수식			결괏값	
7		=MAX(B2:E4)			A	
8		=MODE(B2:E4)			B	
9		=LARGE(B2:E4,3)			C	
10		=COUNTIF(B2:E4,E4)			D	
11		=ROUND(B2,-1)			E	
12						

① A=200

② B=60

③ C=100

④ D=1

⑤ E=100

정답 ⑤

ROUND 함수는 지정한 자릿수를 반올림하는 함수이다. 함수식에서 '-1'은 일의 자리를 뜻하며, '-2'는 십의 자리를 뜻한다. 여기서 '-' 기호를 빼면 소수점 자리로 인식한다. 따라서 일의 자리를 반올림하기 때문에 결괏값은 120이다.

풀이 전략!

제시된 상황에서 사용할 엑셀 함수가 무엇인지 파악한 후, 선택지에서 적절한 함수식을 골라 식을 만들어야 한다. 평소 대표적으로 문제에 자주 출제되는 몇몇 엑셀 함수를 익혀두면 풀이시간을 단축할 수 있다.

01 다음은 K사의 일일 판매 내역이다. (가) 셀에 〈보기〉와 같은 함수를 입력했다면 나타나는 값으로 옳은 것은?

	A	B	C	D
1				(가)
2				
3	제품 이름	단가	수량	할인 적용
4	K소스	200	5	90%
5	K아이스크림	100	3	90%
6	K맥주	150	2	90%
7	K커피	300	1	90%
8	K캔디	200	2	90%
9	K조림	100	3	90%
10	K과자	50	6	90%

> **보기**
>
> =SUMPRODUCT(B4:B10,C4:C10,D4:D10)

① 2,610 ② 2,700
③ 2,710 ④ 2,900
⑤ 2,910

02 K사 인사팀에 근무하는 L주임은 다음과 같이 상반기 공채 지원자들의 PT면접 점수를 입력한 후 면접 결과를 정리하고자 한다. 이를 위해 [F3] 셀에 〈보기〉와 같은 함수를 입력하고, 채우기 핸들을 이용하여 [F6] 셀까지 드래그했을 때, [F3] ~ [F6] 셀에 나타나는 결괏값이 바르게 연결된 것은?

◢	A	B	C	D	E	F
1						(단위 : 점)
2	이름	발표내용	발표시간	억양	자료준비	결과
3	조재영	85	92	75	80	
4	박슬기	93	83	82	90	
5	김현진	92	95	86	91	
6	최승호	95	93	92	90	

보기

$$=IF(AVERAGE(B3:E3)>=90, "합격", "불합격")$$

	[F3]	[F4]	[F5]	[F6]
①	불합격	불합격	합격	합격
②	합격	합격	불합격	불합격
③	합격	불합격	합격	불합격
④	불합격	합격	불합격	합격
⑤	불합격	불합격	불합격	합격

※ A씨는 지점별 매출 및 매입 현황을 정리하고 있다. 이어지는 질문에 답하시오. **[3~4]**

	A	B	C	D	E	F
1	지점명	매출	매입			
2	주안점	2,500,000	1,700,000			
3	동암점	3,500,000	2,500,000		최대 매출액	
4	간석점	7,500,000	5,700,000		최소 매출액	
5	구로점	3,000,000	1,900,000			
6	강남점	4,700,000	3,100,000			
7	압구정점	3,000,000	1,500,000			
8	선학점	2,500,000	1,200,000			
9	선릉점	2,700,000	2,100,000			
10	교대점	5,000,000	3,900,000			
11	서초점	3,000,000	1,900,000			
12	합계					

03 다음 중 매출과 매입의 합계를 구할 때 사용해야 하는 함수로 옳은 것은?

① REPT   ② CHOOSE

③ SUM   ④ AVERAGE

⑤ DSUM

04 다음 중 [F3] 셀을 구하는 함수식으로 옳은 것은?

① =MIN(B2:B11)   ② =MAX(B2:C11)

③ =MIN(C2:C11)   ④ =MAX(C2:C11)

⑤ =MAX(B2:B11)

06

기술능력

합격 Cheat Key

기술능력은 업무를 수행함에 있어 도구, 장치 등을 포함하여 필요한 기술에 어떠한 것들이 있는지 이해하고, 실제 업무를 수행함에 있어 적절한 기술을 선택하여 적용하는 능력이다.

세부 유형은 기술 이해ㆍ기술 선택ㆍ기술 적용으로 나눌 수 있다. 제품설명서나 상황별 매뉴얼을 제시하는 문제 또는 명령어를 제시하고 규칙을 대입할 수 있는지 묻는 문제가 출제되기 때문에 이런 유형들을 공략할 수 있는 전략을 세워야 한다.

1 긴 지문이 출제될 때는 선택지의 내용을 미리 보라!

기술능력에서 자주 출제되는 제품설명서나 상황별 매뉴얼을 제시하는 문제에서는 기술을 이해하고, 상황에 알맞은 원인 및 해결방안을 고르는 문제가 출제된다. 실제 시험장에서 문제를 풀 때는 시간적 여유가 없기 때문에 선택지를 먼저 읽고, 그 다음 긴 지문을 보면서 동시에 선택지와 일치하는 내용이 나오면 확인해 가면서 푸는 것이 좋다.

2 모듈형에도 대비하라!

모듈형 문제의 비중이 늘어나는 추세이므로 공기업을 준비하는 취업준비생이라면 모듈형 문제에 대비해야 한다. 기술능력의 모듈형 이론 부분을 학습하고 모듈형 문제를 풀어보고 여러 번 읽으며 이론을 확실히 익혀두면 실제 시험장에서 이론을 묻는 문제가 나왔을 때 단번에 답을 고를 수 있다.

3 전공 이론도 익혀 두어라!

지원하는 직렬의 전공 이론이 기술능력으로 출제되는 경우가 많기 때문에 전공 이론을 익혀두는 것이 좋다. 깊이 있는 지식을 묻는 문제가 아니더라도 출제되는 문제의 소재가 전공과 관련된 내용일 가능성이 크기 때문에 최소한 지원하는 직렬의 전공 용어는 확실히 익혀 두어야 한다.

4 쉽게 포기하지 말라!

직업기초능력에서 주요 영역이 아니면 소홀한 경우가 많다. 시험장에서 기술능력을 읽어 보지도 않고 포기하는 경우가 많은데 차근차근 읽어보면 지문만 잘 읽어도 풀 수 있는 문제들이 출제되는 경우가 있다. 이론을 모르더라도 풀 수 있는 문제인지 파악해보자.

| 유형분석 |

- 업무수행에 필요한 기술의 개념 및 원리, 관련 용어에 대한 문제가 자주 출제된다.
- 기술 시스템의 개념과 발전 단계에 대한 문제가 출제되므로 각 단계의 순서와 그에 따른 특징을 숙지하여야 하며, 단계별로 요구되는 핵심 역할이 다름에 유의한다.

다음 글에서 설명하고 있는 것은?

농부는 농기계와 화학비료를 써서 밀을 재배하고 수확한다. 이렇게 생산된 밀은 보관업자, 운송업자, 제분회사, 제빵 공장을 거쳐 시장으로 판매된다. 보다 높은 생산성을 위해 화학비료를 연구하고, 공장을 가동하기 위해 공작기계와 전기를 생산한다. 보다 빠른 운송을 위해서 트럭이나 기차, 배가 개발되었고, 보다 효과적인 운송수단과 농기계를 운용하기 위해 증기기관에서 석유에너지로 발전하였다. 이렇듯 우리의 식탁에 올라오는 빵은 여러 기술이 네트워크로 결합하여 시너지를 내고 있다.

① 기술시스템
② 기술혁신
③ 기술경영
④ 기술이전
⑤ 기술경쟁

정답 ①

기술시스템(Technological System)은 개별 기술이 네트워크로 결합하는 것을 말한다. 인공물의 집합체만이 아니라 투자회사, 법적 제도, 정치, 과학, 자연자원을 모두 포함하는 것으로, 사회기술시스템이라고도 한다.

풀이 전략!

문제에 제시된 내용만으로는 풀이가 어려울 수 있으므로, 사전에 관련 기술 이론을 숙지하고 있어야 한다. 자주 출제되는 개념을 확실하게 암기하여 빠르게 문제를 풀 수 있도록 하는 것이 좋다.

01　다음 중 기술시스템의 발전단계가 순서대로 바르게 나열된 것은?

> ㄱ. 발명, 개발, 혁신의 단계　　　　ㄴ. 기술 경쟁의 단계
> ㄷ. 기술 이전의 단계　　　　　　　ㄹ. 기술 공고화 단계

① ㄱ - ㄷ - ㄴ - ㄹ　　　　　　② ㄱ - ㄹ - ㄷ - ㄴ
③ ㄴ - ㄷ - ㄹ - ㄱ　　　　　　④ ㄹ - ㄱ - ㄴ - ㄷ
⑤ ㄹ - ㄱ - ㄷ - ㄴ

02　다음 중 기술선택을 위한 우선순위 결정요인이 아닌 것은?

① 제품의 성능이나 원가에 미치는 영향력이 큰 기술
② 쉽게 구할 수 있는 기술
③ 기업 간에 모방이 어려운 기술
④ 최신 기술로 진부화될 가능성이 적은 기술
⑤ 기업이 생산하는 제품 및 서비스에 보다 광범위하게 활용할 수 있는 기술

03　다음 중 기술경영자의 능력이 아닌 것은?

① 기술을 기업의 전반적인 전략 목표에 통합시키는 능력
② 빠르고 효과적으로 새로운 기술을 습득하고 기존의 기술에서 탈피하는 능력
③ 기술을 효과적으로 평가할 수 있는 능력
④ 조직 밖의 기술·이용을 수행할 수 있는 능력
⑤ 기술 이전을 효과적으로 할 수 있는 능력

04 다음 중 기술과 관련된 용어에 대한 설명으로 옳지 않은 것은?

① 노하우(Know-how)는 어떤 일을 오래 함에 따라 자연스럽게 터득한 방법이나 요령이다.

② 노와이(Know-why)는 원인과 결과를 알아내고 파악하는 것을 말한다.

③ OJT(On the Job Training)는 국가에서 직원을 집합하여 교육하는 기본적인 훈련 방법이다.

④ 매뉴얼(Manual)은 제품 및 시스템을 사용하는 데 도움이 되는 서식이다.

⑤ 벤치마킹(Benchmarking)은 기업에서 경쟁력을 키우기 위한 방법으로 경쟁 회사의 비법을 배우면서 혁신하는 기법이다.

05 다음은 기술선택을 위한 절차를 나타낸 자료이다. 빈칸 ㉠～㉣에 들어갈 내용을 순서대로 바르게 나열한 것은?

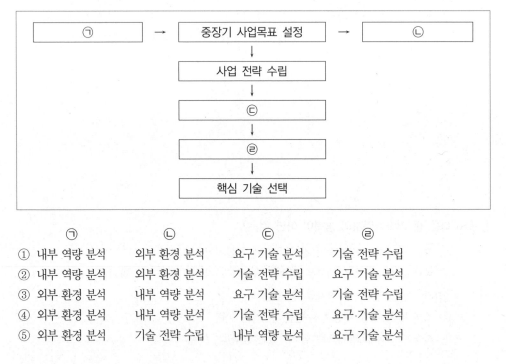

	㉠	㉡	㉢	㉣
①	내부 역량 분석	외부 환경 분석	요구 기술 분석	기술 전략 수립
②	내부 역량 분석	외부 환경 분석	기술 전략 수립	요구 기술 분석
③	외부 환경 분석	내부 역량 분석	요구 기술 분석	기술 전략 수립
④	외부 환경 분석	내부 역량 분석	기술 전략 수립	요구 기술 분석
⑤	외부 환경 분석	기술 전략 수립	내부 역량 분석	요구 기술 분석

06 K공사는 10대 핵심전략기술을 선정하여 신기술 개발과 사업화에 역량을 집중하고 있다. 다음 자료에 대한 설명으로 옳지 않은 것은?

〈K공사 선정 2025년 10대 핵심전략기술 중 일부〉

(가) CCUS(탄소포집 저장 활용)　　　　(나) ESS(에너지저장장치)

(다) Smart Grid　　　　　　　　　　　(라) Micro Grid

(마) ICT 융복합

① CCUS : 이산화탄소를 고순도로 포집하여 압축, 저장, 활용하는 기술
② ESS : 전력에너지를 필요시 저장, 공급하여 에너지 효율을 향상시키는 시스템
③ Smart Grid : 기존 전력망에 ICT를 접목, 에너지 효율을 최적화, 전력사용 절감을 유도하는 전력망
④ Micro Grid : 전력설비 안전성 강화 및 효율 증대 원천기술 및 공정 신소재 개발(자기치유, 슈퍼커패시터, 3D프린팅 등)
⑤ ICT 융복합 : 사물인터넷(IoT), 빅데이터, 보안 등 최신 ICT 기술을 활용, 전력분야 신사업 기반 창출

PART 2

07 다음 글을 읽고 이해한 내용으로 가장 적절한 것은?

최근 환경오염의 주범이었던 화학회사들이 환경 보호 정책을 표방하고 나섰다. 기업의 분위기가 변하면서 대학의 엔지니어뿐만 아니라 기업에 고용된 엔지니어들도 점차 대체기술, 환경기술, 녹색디자인 등을 추구하는 방향으로 전환해 가고 있는 것이다.

또한, 최근 각광받고 있는 3R의 구호[줄이고(Reduce), 재사용하고(Reuse), 재처리하자(Recycle)]는 엔지니어들로 하여금 미래 사회를 위한 자신들의 역할에 대해 방향을 제시해 주고 있다.

① 개발이라는 이름으로 행해지는 개발독재의 사례로 볼 수 있다.
② 자연과학기술에 대한 연구개발의 사례로 적절하다.
③ 균형과 조화를 위한 지속가능한 개발의 사례로 볼 수 있다.
④ 기술이나 자금을 위한 개발수입의 사례이다.
⑤ 기업의 생산능률을 위한 조직개발의 사례로 볼 수 있다.

| 유형분석 |

- 주어진 자료를 해석하고 기술을 적용하여 풀어가는 문제이다.
- 자료 등을 읽고 제시된 문제 상황에 적절한 해결 방법을 찾는 문제가 자주 출제된다.
- 지문의 길이가 길고 복잡하므로, 문제에서 요구하는 정보를 놓치지 않도록 주의해야 한다.

K사는 생산팀 직원들을 위해 작업장에 의류 건조기를 설치했다. 이에 비품 담당자인 B사원은 다음 제품 설명서를 토대로 '건조기 사용 전 필독 유의사항'을 작성하려고 한다. 이때 유의사항에 들어갈 내용으로 적절하지 않은 것은?

[사용 전 알아두어야 할 사항]
1. 물통 또는 제품 내부에 절대 의류 외에 다른 물건을 넣지 마십시오.
2. 제품을 작동시키기 전 문이 제대로 닫혔는지 확인하십시오.
3. 필터는 제품 사용 전후로 반드시 청소해 주십시오.
4. 제품의 성능유지를 위해서 물통을 자주 비워 주십시오.
5. 겨울철이거나 건조기가 설치된 곳의 기온이 낮을 경우 건조시간이 길어질 수 있습니다.
6. 과도한 건조물을 넣고 기계를 작동시키면 완벽하게 건조되지 않거나 의류에 구김이 생길 수 있습니다. 최대용량 5kg 이내로 의류를 넣어 주십시오.
7. 가죽, 슬립, 전기담요, 마이크로 화이바 소재 의류, 이불, 동·식물성 충전재 사용 제품은 사용을 피해 주십시오.

[동결 시 조치방법]
1. 온도가 낮아지게 되면 물통이나 호스가 얼 수 있습니다.
2. 동결 시 작동 화면에 'ER' 표시가 나타납니다. 이 경우 일시정지 버튼을 눌러 작동을 멈춰 주세요.
3. 물통이 얼었다면 물통을 꺼내 따뜻한 물에 20분 이상 담가 주세요.
4. 호스가 얼었다면 호스 안의 이물질을 모두 꺼내고, 호스를 따뜻한 물 또는 따뜻한 수건으로 20분 이상 녹여 주세요.

---

① 사용 전후로 필터는 꼭 청소해 주세요.
② 건조기에 넣는 의류는 5kg 이내로 해 주세요.
③ 사용이 불가한 의류 제품 목록을 꼭 확인해 주세요.
④ 화면에 ER 표시가 떴을 때는 전원을 끄고 작동을 멈춰 주세요.
⑤ 호스가 얼었다면 호스를 따뜻한 물 또는 따뜻한 수건으로 20분 이상 녹여 주세요.

④

제시문의 동결 시 조치방법에서는 화면에 'ER' 표시가 나타나면 전원 버튼이 아닌 일시정지 버튼을 눌러 작동을 멈추라고 설명하고 있다.

① 필터는 제품 사용 전후로 반드시 청소해 주라고 설명하고 있다.
② 과도한 건조물을 넣고 기계를 작동시키면 완벽하게 건조되지 않거나 의류에 구김이 생길 수 있으니 최대용량 5kg 이내로 의류를 넣어 주라고 설명하고 있다.
③ 건조기 사용이 불가한 제품 목록이 설명되어 있다.
⑤ 호스가 얼었다면 호스 안의 이물질을 모두 꺼내고, 호스를 따뜻한 물 또는 따뜻한 수건으로 20분 이상 녹여 주라고 설명하고 있다.

풀이 전략!

문제에 제시된 자료 중 필요한 정보를 빠르게 파악하는 것이 중요하다. 질문을 먼저 읽고 문제 상황을 파악한 뒤 제시된 선택지를 하나씩 소거하며 문제를 푸는 것이 좋다.

※ 사내 의무실 체온계의 고장으로 새로운 체온계를 구입하였다. 다음 설명서를 읽고 이어지는 질문에 답하시오. **[1~2]**

〈설명서〉

■ **사용방법**
1) 체온을 측정하기 전 새 렌즈필터를 부착하여 주세요.
2) 〈ON〉 버튼을 눌러 액정화면이 켜지면 귓속에 체온계를 삽입합니다.
3) 〈START〉 버튼을 눌러 체온을 측정합니다.
4) 측정이 잘 이루어졌으면 '삐' 소리와 함께 측정 결과가 액정화면에 표시됩니다.
5) 60초 이상 사용하지 않으면 자동으로 전원이 꺼집니다.

■ **체온 측정을 위한 주의사항**
– 오른쪽 귀에서 측정한 체온은 왼쪽 귀에서 측정한 체온과 다를 수 있습니다. 그러므로 항상 같은 귀에서 체온을 측정하십시오.
– 체온을 측정할 때는 정확한 측정을 위해 과다한 귀지가 없도록 하십시오.
– 한쪽 귀를 바닥에 대고 누워 있었을 때, 매우 춥거나 더운 곳에 노출되어 있는 경우, 목욕을 한 직후 등은 외부적 요인에 의해 귀 체온 측정에 영향을 미칠 수 있으므로 이런 경우에는 30분 정도 기다리신 후 측정하십시오.

■ **문제해결방법**

상태	해결방법	에러 메시지
렌즈필터가 부착되어 있지 않음	렌즈필터를 끼우세요.	— —
체온계가 렌즈의 정확한 위치를 감지할 수 없어 정확한 측정이 어려움	〈ON〉 버튼을 3초간 길게 눌러 화면을 지운 다음 정확한 위치에 체온계를 넣어 측정합니다.	POE
측정체온이 정상범위(34 ~ 42.2℃)를 벗어난 경우 – HI : 매우 높음 – LO : 매우 낮음	온도가 10℃와 40℃ 사이인 장소에서 체온계를 30분간 보관한 다음 다시 측정하세요.	HI℃ LO℃
건전지 수명이 다하여 체온 측정이 불가능한 상태	새로운 건전지(1.5V AA타입 2개)로 교체하세요.	— — —

01 근무 중 몸이 좋지 않아 의무실을 방문한 A사원은 설명서를 바탕으로 체온을 측정하려고 한다. 다음 중 체온 측정 과정으로 가장 적절한 것은?

① 렌즈필터가 깨끗해 새 것으로 교체하지 않고 체온을 측정하였다.

② 오른쪽 귀의 체온이 38℃로 측정되어 다시 왼쪽 귀의 체온을 측정하였다.

③ 정확한 측정을 위해 귓속의 귀지를 제거한 다음 체온을 측정하였다.

④ 정확한 측정을 위해 영점 조정을 맞춘 뒤 체온을 측정하였다.

⑤ 구비되어 있는 렌즈필터가 없어 렌즈를 알코올 솜으로 닦은 후 측정하였다.

PART 2

02 체온계 사용 중 'POE'의 에러 메시지가 떴다. 에러 메시지 확인 후 해결방법으로 가장 적절한 것은?

① 〈ON〉 버튼을 3초간 길게 눌러 화면을 지운 다음 정확한 위치에서 다시 측정한다.

② 렌즈필터가 부착되어 있지 않으므로 깨끗한 새 렌즈필터를 끼운다.

③ 1분간 그대로 뒤서 전원을 끈 다음 〈ON〉 버튼을 눌러 다시 액정화면을 켠다.

④ 건전지 삽입구를 열어 1.5V AA타입 2개의 새 건전지로 교체한다.

⑤ 온도가 10℃와 40℃ 사이인 장소에서 체온계를 30분간 보관한 다음 다시 측정한다.

※ 다음은 전열 난방기구의 설명서이다. 이어지는 질문에 답하시오. **[3~5]**

〈설명서〉

■ **설치방법**

[스탠드형]
1) 제품 밑 부분이 위를 향하게 하고, 스탠드와 히터의 나사 구멍이 일치하도록 맞추세요.
2) 십자드라이버를 사용해 스탠드 조립용 나사를 단단히 고정시켜 주세요.
3) 스탠드 2개를 모두 조립한 후 제품을 똑바로 세워놓고 흔들리지 않는지 확인합니다.

[벽걸이형]
1) 벽걸이용 거치대를 본체에서 분리해 주세요.
2) 벽걸이용 거치대 양쪽 구멍의 거리에 맞춰 벽에 작은 구멍을 냅니다(단단한 콘크리트나 타일이 있을 경우 전동드릴로 구멍을 내면 좋습니다).
3) 제공되는 나사를 이용해 거치대를 벽에 고정시켜 줍니다.
4) 양손으로 본체를 들어서 평행을 맞춰 거치대에 제품을 고정합니다.
5) 거치대의 고정 나사를 단단히 조여 흔들리지 않도록 고정시킵니다.

■ **사용방법**

1) 전원선을 콘센트에 연결합니다.
2) 전원버튼을 누르면 작동을 시작합니다.
3) 1단(750W), 2단(1500W)의 출력 조절버튼을 터치해 출력을 조절할 수 있습니다.
4) 온도 조절버튼을 터치하여 온도를 조절할 수 있습니다.
   - 설정 가능한 온도 범위는 15 ~ 40℃입니다.
   - 에너지 절약을 위해 실내온도가 설정온도에 도달하면 자동으로 전원이 차단됩니다.
   - 실내온도가 설정온도보다 약 2 ~ 3℃ 내려가면 다시 작동합니다.
5) 타이머 버튼을 터치하여 작동 시간을 설정할 수 있습니다.
6) 출력 조절버튼을 5초 이상 길게 누르면 잠금 기능이 활성화됩니다.

■ **주의사항**

- 제품을 사용하지 않을 때나 제품을 점검할 때는 전원코드를 반드시 콘센트에서 분리하세요.
- 사용자가 볼 수 있는 위치에서만 사용하세요.
- 사용 시에 화상을 입을 수 있으니 손을 대지 마세요.
- 바닥이 고르지 않은 곳에서는 사용하지 마세요.
- 젖은 수건, 의류 등을 히터 위에 올려놓지 마세요.
- 장난감, 철사, 칼, 도구 등을 넣지 마세요.
- 제품 사용 중 이상이 발생한 경우 분해하지 마시고, A/S 센터에 문의해 주세요.
- 본체 가까이에서 스프레이 캔이나 인화성 위험물을 사용하지 마세요.
- 휘발유, 신나, 벤젠, 등유, 알칼리성 비눗물, 살충제 등을 이용하여 청소하지 마세요.
- 제품을 물에 담그지 마세요.
- 젖은 손으로 전원코드, 본체, 콘센트 등을 만지지 마세요.
- 전원 케이블이 과도하게 꺾이거나 피복이 벗겨진 경우에는 전원을 연결하지 마시고, A/S센터로 문의하시기 바랍니다.
※ 주의사항을 지키지 않을 경우 고장 및 감전, 화재의 원인이 될 수 있음

03 작업장에 벽걸이형 난방기구를 설치하고자 한다. 다음 중 벽걸이형 난방기구의 설치방법으로 옳은 것은?

① 벽걸이용 거치대의 양쪽 구멍과 상단 구멍의 위치에 맞게 벽에 작은 구멍을 낸다.

② 스탠드 2개를 조립한 후 벽걸이형 거치대를 본체에서 분리한다.

③ 벽이 단단한 콘크리트로 되어 있을 경우 거치대를 따로 고정하지 않아도 된다.

④ 거치대를 벽에 고정시킨 뒤, 평행을 맞추어 거치대에 제품을 고정시킨다.

⑤ 스탠드의 고정 나사를 조여 제품이 흔들리지 않는지 확인한다.

04 다음 중 난방기구의 사용방법으로 옳지 않은 것은?

① 전원선을 콘센트에 연결 후 전원버튼을 누른다.

② 출력 조절버튼을 터치하여 출력을 1단으로 낮춘다.

③ 히터를 작동시키기 위해 설정온도를 현재 실내온도인 20℃로 조절하였다.

④ 전기료 절감을 위해 타이머를 1시간으로 맞추어 놓고 사용하였다.

⑤ 잠금 기능을 활성화하기 위해 출력 조절버튼을 5초 이상 길게 눌렀다.

05 난방기구가 사용 도중 갑자기 작동하지 않았다. 다음 중 난방기구의 고장 원인으로 옳지 않은 것은?

① 바닥 면이 고르지 않은 곳에 두었다.

② 젖은 수건을 히터 위에 두었다.

③ 열원이 방출되는 구멍에 연필이 들어갔다.

④ 전원케이블의 피복이 벗겨져 있었다.

⑤ 작동되고 있는 히터를 손으로 만졌다.

※ K유치원에서는 유아 교육자료 제작을 위해 코팅기를 구입하였다. 다음 설명서를 참고하여 이어지는 질문에 답하시오. [6~8]

<hr>

〈설명서〉

■ **사용방법**
1) 앞면에 있는 스위치를 'ON'으로 돌리면 파란불이 들어오며 예열을 시작합니다.
2) 3 ~ 5분 정도의 예열이 끝나면 예열표시등이 빨간불로 바뀌고 코팅을 할 수 있습니다.
3) 코팅할 서류를 코팅지에 넣어주시고, 봉합된 변까지 밀어 넣습니다.
    – 각 변에 최소 3 ~ 5mm 여유 공간을 남겨 주세요.
    – 두께가 100micron 이하이거나 160micron 이상인 코팅지를 사용하지 마세요.
4) 서류를 넣은 코팅지는 봉합된 부분부터 평행으로 코팅 투입구에 넣어 주세요.
5) 코팅지는 코팅기를 통과하며 기기 뒷면 코팅 배출구에서 나옵니다.
    – 임의로 코팅지를 잡아당기면 안 됩니다.
6) 코팅지가 전부 나온 후 기기에서 분리해 주세요.
7) 사용 완료 후 스위치를 'OFF'로 돌려 주세요.
    – 사용 후 1 ~ 2시간 정도 열을 식혀 주세요.

■ **코팅지 걸림 발생 시**
1) 코팅지가 기기에 걸렸을 경우 앞면의 스위치를 'OFF'로 돌린 다음, 기기 전원을 차단시킵니다.
2) 기기 뒷면에 있는 'REMOVE' 스위치를 화살표 방향으로 밀면서 코팅 서류를 조심스럽게 당겨 뽑아 주세요.

■ **주의사항**
    – 기기가 작동 중일 때 표면이 매우 뜨거우므로 손으로 만지지 마십시오.
    – 기기를 사용한 후, 기계 플러그를 뽑고 열이 충분히 식은 후에 이동 및 보관을 합니다.
    – 기기 위에 무겁거나 날카로운 물건을 두지 마십시오.
    – 기기의 내부에 물을 떨어뜨리지 마십시오.
    – 기기에 다른 물질을 넣지 마십시오.
    – 전문가의 도움 없이 절대 분해하거나 재조립 또는 수리하지 마십시오.
    – 기기를 장시간 사용하지 않을 경우 전원 코드를 뽑아 주세요.
    – 사용 중 기기가 과열되거나 이상한 냄새가 나거나 종이 걸림이 있을 경우 신속히 전원을 끕니다.

■ **문제해결**

고장	원인	해결
코팅 중에 코팅물이 나오지 않을 때	• 필름을 잘라서 사용했을 경우 • 두께를 초과하는 용지로 코팅했을 경우 • 과도하게 용지를 투입했을 경우 • 코팅지가 롤러에 말린 경우	• 전원을 끄고 'REMOVE' 스위치를 화살표 방향으로 밀면서 말린 필름을 제거합니다.
필름을 투입했지만, 필름이 들어가지 않고 멈춰있을 때	• 투입 불량으로 접착액이 다량으로 붙어 있는 경우	• 전원을 끄고 냉각시킨 다음 다시 시도해봅니다.
전원 지시등이 켜지지 않을 때	• 기기 전원 스위치가 접속되어 있지 않은 경우	• 전원코드 및 기기 스위치가 'ON'으로 되어 있는지 확인합니다.

06 A교사는 연구수업에 쓰일 교육자료 제작을 위해 코팅기를 사용하였다. 다음 중 A교사의 행동으로 가장 적절한 것은?

① 코팅기기 앞면의 스위치를 'ON'으로 놓자마자 코팅지를 투입하였다.

② 코팅지를 평행으로 놓고, 봉합된 부분의 반대 방향부터 투입구에 넣었다.

③ 120micron 코팅지에 코팅할 서류를 넣었다.

④ 코팅기를 통과하면서 나오는 코팅지를 뒷면에서 잡아당겼다.

⑤ 사용 완료 후 기기 전원을 끄고 바로 보관함 상자에 넣었다.

PART 2

07 B원장은 기기 관리를 위해 교사들에게 코팅기 사용 시 주의사항에 대해 안내하고자 한다. 다음 중 코팅기 사용 시 주의해야 할 사항으로 적절하지 않은 것은?

① 기기 사용 중에는 표면이 많이 뜨거우므로 아이들의 손이 닿지 않도록 주의하세요.

② 기기 위에 무거운 물건이나 날카로운 물건을 올리지 마세요.

③ 사용 후에는 스위치를 'OFF'로 돌려놓고, 퇴근 시에는 전원코드를 뽑아 주세요.

④ 사용 중 이상한 냄새가 날 경우 신속히 전원을 끄도록 합니다.

⑤ 사용 중 기기에 코팅지가 걸릴 경우 기기 앞면에서 코팅 서류를 조심스럽게 꺼냅니다.

08 C교사가 코팅기를 사용하는데 코팅물이 나오지 않았다. 다음 중 문제의 원인으로 적절하지 않은 것은?

① 코팅 필름을 잘라서 코팅기기에 넣었다.

② 두꺼운 코팅 필름을 사용해 코팅기기에 넣었다.

③ 코팅물이 빠져나오지 않은 상태에서 새로운 코팅물을 넣었다.

④ 코팅지가 롤러 사이에 말려 있었다.

⑤ 코팅지 주변에 접착액이 다량으로 붙어 있었다.

09 논리연산자를 다음과 같이 정의할 때, 다음과 같은 입력 패턴 A, B를 〈조건〉에 따라 원하는 출력 패턴으로 합성하고자 한다. (가)에 들어갈 논리연산자로 옳은 것은?

- AND(논리곱) : 둘 다 참일 때만 참, 나머지는 모두 거짓
- OR(논리합) : 둘 다 거짓일 때만 거짓, 나머지는 모두 참
- NAND(부정논리곱) : 둘 다 참일 때만 거짓, 나머지는 모두 참
- NOR(부정논리합) : 둘 다 거짓일 때만 참, 나머지는 모두 거짓
- XOR(배타적 논리합) : 둘의 참 / 거짓이 다르면 참, 같으면 거짓

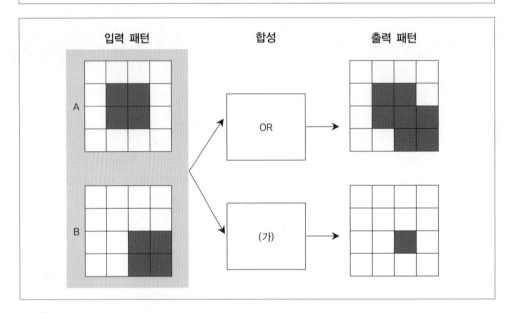

조건

- ■은 패턴값 '1'로, □은 패턴값 '0'으로 변환하여 합성에 필요한 논리 연산을 한 후, '1'은 ■으로 '0'은 □으로 표시한다.
- 합성은 두 개의 입력 패턴 A, B를 겹쳐서 1 : 1로 대응되는 위치의 패턴값끼리 논리 연산을 수행하여 이루어진다.
- 입력 패턴 A, B와 출력 패턴의 회전은 없다.

① AND
② NOR
③ XOR
④ NAND
⑤ OR

PART 3

최종점검 모의고사

제1회
최종점검 모의고사

※ 한국전력공사 고졸채용 최종점검 모의고사는 2024년 하반기 채용 공고와 후기를 기준으로
구성한 것으로 실제 시험과 다를 수 있습니다.

※ 모바일 OMR 답안채점 / 성적분석 서비스

사무

전기

ICT

■ 취약영역 분석

| 01 | 공통영역(사무 / 전기 / ICT)

번호	O/×	영역
01		
02		
03		
04		
05		의사소통능력
06		
07		
08		
09		
10		

번호	O/×	영역
11		
12		
13		
14		
15		수리능력
16		
17		
18		
19		
20		

번호	O/×	영역
21		
22		
23		
24		
25		문제해결능력
26		
27		
28		
29		
30		

| 02 | 자원관리능력(사무 / 전기)

번호	01	02	03	04	05	06	07	08	09	10
O/×										

| 03 | 정보능력(사무 / ICT)

번호	01	02	03	04	05	06	07	08	09	10
O/×										

| 04 | 기술능력(전기 / ICT)

번호	01	02	03	04	05	06	07	08	09	10
O/×										

평가문항	50문항	평가시간	60분
시작시간	:	종료시간	:
취약영역			

🕐 응시시간 : 60분 📋 문항 수 : 50문항　　　　　　　　　　　　　　　정답 및 해설 p.052

| 01 | 공통영역(사무 / 전기 / ICT) |

01 다음 사례에 나타난 의사 표현에 영향을 미치는 요소에 대한 설명으로 적절하지 않은 것은?

> • 독일의 유명 가수 슈만 하이크는 "음악회에서 노래를 부를 때 심리적 긴장감을 갖지 않느냐?"는 한 기자의 질문에 대해 "노래하기 전에 긴장감을 느끼지 않는다면, 그때는 내가 은퇴할 때이다."라고 이야기하였다.
> • 영국의 유명 작가 버나드 쇼는 젊은 시절 매우 내성적인 청년이었다. 그는 잘 아는 사람의 집을 방문할 때도 문을 두드리지 못하고 20분이나 문밖에서 망설이며 거리를 서성거렸다. 그는 자신의 내성적인 성격을 극복하기 위해 런던에서 공개되는 모든 토론에 의도적으로 참가하였고, 그 결과 장년에 이르러서 20세기 전반에 걸쳐 가장 재치있고 자신이 넘치는 웅변가가 될 수 있었다.

① 소수인의 심리상태가 아니라 90% 이상의 사람들이 호소하는 불안이다.
② 잘 통제하면서 표현을 한다면 청자는 더 인간답다고 생각하게 될 것이다.
③ 개인의 본질적인 문제이므로 완전히 치유할 수 있다.
④ 분명한 원인은 아직 규명되지 않았다.
⑤ 불안을 심하게 느끼는 사람일수록 다른 사람과 접촉이 없는 직업을 선택하려 한다.

02 다음 중 밑줄 친 단어의 맞춤법이 옳지 않은 것은?

① <u>윗층</u>에 누가 사는지 모르겠다.
② <u>오뚝이</u>는 아무리 쓰러뜨려도 잘도 일어난다.
③ 새 컴퓨터를 살 생각에 좋아서 <u>깡충깡충</u> 뛰었다.
④ 그의 초라한 모습이 내 호기심에 불을 <u>당겼다</u>.
⑤ 형은 끼니도 거른 <u>채</u> 일에 몰두했다.

03 다음 글의 내용으로 적절하지 않은 것은?

오늘날 한국 사회는 건강에 대한 관심과 열풍이 그 어느 때보다 증가하고 있다. 이미 우리 사회에서 유기농, 친환경, 웰빙과 같은 단어는 친숙해진 지 오래다. 제품마다 웰빙이라는 단어를 부여해야만 매출이 상승했던 웰빙 시대를 지나서 사람들은 천연 재료를 추구하는 오가닉(Organic) 시대를 접하였으며, 나아가 오늘날에는 오가닉을 넘어 로가닉(Rawganic)을 추구하기 시작한 것이다.

로가닉이란 '천연상태의 날 것'을 의미하는 Raw와 '천연 그대로의 유기농'을 의미하는 Organic의 합성어이다. 즉 자연에서 재배한 식자재를 가공하지 않고 천연 그대로 사용하는 것을 말한다. 로가닉은 '천연상태의 날것'을 유지한다는 점에서 기존의 오가닉과 차이를 가진다. 재료 본연의 맛과 향을 잃지 않는 방식으로 제조되는 것이다. 이러한 로가닉은 오늘날 우리의 식품업계에 직접적으로 영향을 주고 있다. 화학조미료 사용을 줄이고 식재료 본연의 맛과 풍미를 살린 '로가닉 조리법'을 활용한 외식 프랜차이즈 브랜드가 꾸준히 인기를 끌고 있음을 확인할 수 있다.

로가닉은 세 가지의 핵심적인 가치요소가 포함되어야 한다. 첫째는 날 것 상태인 천연 그대로의 성분을 사용하는 것이고, 둘째는 희소성이며, 셋째는 매력적이고 재미있는 스토리를 가지고 있어야 한다는 것이다.

예를 들면 ○○한우 브랜드는 당일 직송된 암소만을 엄선하여 사용함으로써 로가닉의 사고를 지닌 소비자들의 입맛을 사로잡고 있다. 품질이 우수한 식재료의 본연의 맛에서 가장 좋은 요리가 탄생한다는 로가닉 조리법을 통해 화제가 된 것이다. 또한 코펜하겐에 위치한 △△레스토랑은 '채집음식'을 추구함으로써 세계 최고의 레스토랑으로 선정되었다. 채집음식이란 재배한 식물이 아닌 야생에서 자란 음식 재료를 활용하여 만든 음식을 의미한다.

다음으로 로가닉의 가치요소인 희소성은 루왁 커피를 예로 들 수 있다. 루왁 커피는 사향 고양이인 루왁이 커피 열매를 먹고 배설한 배설물을 채집하여 만들어진 커피로, 까다로운 채집 과정과 인공의 힘으로 불가능한 생산과정을 거침으로써 높은 희소가치를 지닌 상품으로 각광받고 있다.

마지막으로 로가닉은 매력적이고 재미있는 스토리텔링이 되어야 한다. 로가닉 제품의 채집 과정과 효능, 상품 탄생 배경 등과 같은 구체적이고 흥미 있는 스토리로 소비자들의 공감을 불러일으켜야 한다. 소비자들이 이러한 스토리텔링에 만족한다면 로가닉 제품의 높은 가격은 더 이상 매출 상승의 장애 요인이 되지 않을 것이다.

로가닉은 이처럼 세 가지 핵심적인 가치요소들을 충족함으로써 한층 더 고급스러워진 소비자들의 욕구를 채워주고 있다.

① 로가닉의 희소성은 어려운 채집 과정과 생산 과정을 통해 나타난다.
② 직접 재배한 식물로 만들어진 채집음식은 로가닉으로 볼 수 있다.
③ 로가닉은 천연상태의 날것을 그대로 사용한다는 점에서 오가닉과 다르다.
④ 로가닉 제품의 높은 가격은 스토리텔링을 통해 보완할 수 있다.
⑤ 로가닉 조리법을 활용한 외식업체의 인기가 높음을 알 수 있다.

PART 3

04 다음 문단을 논리적 순서대로 바르게 나열한 것은?

> (가) 즉, 어떤 개인에 대해 행위자의 선호를 표현하는 도덕적 선택은 결코 정당화될 수 없다.
>
> (나) 도덕 철학자들은 이 물음에 대해 대부분 부정적 반응을 보이며 도덕적 정당화의 조건으로 공평성을 제시한다. 공평주의자들의 관점에서 볼 때 특권을 가진 사람은 아무도 없다.
>
> (다) 도덕적 선택의 순간에 직면했을 때 상대방에게 개인적 선호를 드러내는 행동이 과연 도덕적으로 정당할까?
>
> (라) 그러므로 공평주의자들은 사람들 간의 차별을 인정하지 않기 때문에 개인이 처해 있는 상황이 어떠한가에 따라 행동의 방향을 결정해야 한다고 말한다.
>
> (마) 사람들은 인종, 성별, 연령에 관계없이 모두 신체와 생명, 복지와 행복에 있어서 동일한 가치를 지닌다.

① (나) – (다) – (가) – (마) – (라) ② (나) – (라) – (다) – (마) – (가)
③ (다) – (가) – (나) – (마) – (라) ④ (다) – (나) – (마) – (가) – (라)
⑤ (다) – (마) – (라) – (나) – (가)

05 다음 글의 빈칸에 들어갈 내용으로 가장 적절한 것은?

> 알레르기는 도시화와 산업화가 진행되는 지역에서 매우 빠르게 증가하고 있는데, 알레르기의 발병 원인에 대한 20세기의 지배적 이론은 알레르기는 병원균의 침입에 의해 발생하는 감염성 질병이라는 것이다. 하지만 1989년 영국의 의사인 S는 이 전통적인 이론에 맞서 다음 가설을 제시했다. _____ S는 1958년 3월 둘째 주에 태어난 17,000명 이상의 영국 어린이를 대상으로 그들이 23세가 될 때까지 수집한 개인정보 데이터베이스를 분석하여, 이 가설을 뒷받침하는 증거를 찾았다. 이들의 가족관계, 사회적 지위, 경제력, 거주 지역, 건강 등의 정보를 비교 분석한 결과, 두 개 항목이 꽃가루 알레르기와 상관관계를 가졌다. 첫째, 함께 자란 형제자매의 수이다. 외동으로 자란 아이의 경우 형제가 서넛인 아이에 비해 꽃가루 알레르기에 취약했다. 둘째, 가족 관계에서 차지하는 서열이다. 동생이 많은 아이보다 손위 형제가 많은 아이가 알레르기에 걸릴 확률이 낮았다.
> S의 주장에 따르면 가족 구성원이 많은 집에 사는 아이들은 가족 구성원, 특히 손위 형제들이 집안으로 끌고 들어오는 온갖 병균에 의한 잦은 감염 덕분에 장기적으로는 알레르기 예방에 오히려 유리하다. S는 유년기에 겪은 이런 감염이 꽃가루 알레르기를 비롯한 알레르기성 질환으로부터 아이들을 보호해 왔다고 생각했다.

① 알레르기는 유년기에 병원균 노출의 기회가 적을수록 발생 확률이 높아진다.
② 알레르기는 가족관계에서 서열이 높은 가족 구성원에게 더 많이 발생한다.
③ 알레르기는 성인보다 유년기의 아이들에게 더 많이 발생한다.
④ 알레르기는 도시화에 따른 전염병의 증가로 인해 유발된다.
⑤ 알레르기는 형제가 많을수록 발생 확률이 낮아진다.

06 다음 글의 내용으로 가장 적절한 것은?

조선시대에는 변경의 급보를 전할 때 봉수를 이용하는 경우가 많았다. 봉수의 '봉'은 횃불을 의미하며, '수'는 연기라는 뜻을 지닌다. 봉수란 밤에는 횃불, 낮에는 연기를 사용해 릴레이식으로 신호를 보내는 것이다.

봉수 제도는 삼국시대부터 있었다. 그러나 그것이 체계적으로 정비된 것은 조선시대 세종 때의 일이다. 세종은 병조 아래에 무비사(武備司)라는 기구를 두어 봉수를 관할하도록 하는 한편, 각 지방에 봉수대를 설치하였다. 봉수대는 연변봉수대, 내지봉수대, 경봉수대로 나뉘어져 있었다. 연변봉수대에서는 외적이 접근할 때 곧바로 연기나 불을 올려 급보를 전했다. 그러면 그 소식이 여러 곳의 봉수대를 거쳐 한양으로 전해지도록 되어 있었다.

봉수로는 다섯 개 노선으로 나뉘어져 있었다. 제1로는 함경도 경흥에서 출발하여 각지의 봉수대를 거친 다음 한양의 경봉수대로 이어졌다. 제2로는 동래에서 출발하는 노선이었고, 제3로와 제4로는 평안도 강계와 의주에서 각각 출발하는 노선이었다. 제5로도 순천에서 시작하여 경봉수대까지 연결되어 있었다. 봉수대에서는 봉수를 다섯 개까지 올릴 수 있었다. 평상시에는 봉수를 1개만 올렸고, 적이 멀리서 접근하는 것이 보이면 2개를 올렸다. 적이 국경에 거의 다가왔을 때에는 3개, 국경을 침범하면 4개를 올렸다. 또 조선군이 외적과 전투를 시작할 때 5개를 올려 이를 알려야 했다.

연변봉수대가 외적의 접근을 알리는 봉수를 올리면 그 소식이 하루 안에 한양으로 전달되었다고 한다. 그러나 아무리 봉수를 올려도 어떤 내지봉수대에서는 앞 봉수대의 신호가 잘 보이지 않는 경우가 있었다. 날씨 때문에 앞 봉수대에서 봉수가 몇 개 올라갔는지 분간하기 어려웠던 것이다. 그런 경우에는 봉수군이 직접 그 봉수대까지 달려가서 확인해야 했다.

봉수대를 지키는 봉수군에게는 매일 올리는 봉수를 꺼지지 않도록 할 의무가 있었다. 그러나 그 일이 너무 고되었기 때문에 의무를 다하지 않고 도망가 버리는 경우가 적지 않았다. 이 때문에 을묘왜변 때에는 연변봉수대의 신호가 내지봉수대들에게 제대로 전달되지 못했다. 선조는 선왕이 을묘왜변 당시 발생한 이 문제를 시정하지 못했다는 점을 인지하고, 봉수가 원활하게 전달되지 않을 때를 대비하여 파발 제도를 운영하였다.

① 선조는 내지봉수대가 제 기능을 하지 않자 을묘왜변 때 봉수 제도를 폐지하고 파발을 운영하였다.
② 햇빛이 강한 날에는 정해진 규칙에 따라 봉수를 올리지 않고 봉수군이 다음 봉수대로 달려가 소식을 전했다.
③ 연변봉수대는 군사적으로 긴급한 상황이 발생할 때 낮에 횃불을 올리고 밤에는 연기를 올려 경봉수대에 알려야 했다.
④ 연변봉수대는 평상시에 1개의 봉수를 올렸지만, 외적이 국경을 넘으면 바로 2개의 봉수를 올려 위급한 상황을 알렸다.
⑤ 조선군이 국경을 넘은 외적과 싸우기 시작할 때 연변봉수대는 5개의 봉수를 올려 이 사실을 내지 봉수대로 전해야 했다.

서점에 들러 책을 꾸준히 사거나 도서관에서 계속해서 빌리는 사람들이 있다. 그들이 지금까지 사들이거나 빌린 책의 양만 본다면 겉보기에는 더할 나위 없이 훌륭한 습관처럼 보인다. 그러나 과연 그 모든 사람들이 처음부터 끝까지 책을 다 읽었고, 그 내용을 온전히 이해하고 있는지를 묻는다면 이야기는 달라진다. 한 권의 책을 사거나 빌리기 위해 우리는 돈을 지불하고, 틈틈이 도서관을 들리는 수고로움을 감수하지만 우리가 단순히 책을 손에 쥐고 있다는 사실만으로는 그 안에 담긴 지혜를 배우는 필요조건을 만족시키지 못하기 때문이다. 그러므로 책을 진정으로 소유하기 위해서는 책의 '소유방식'이 바뀌어야 하고, 더 정확히 말하자면 책을 대하는 방법이 바뀌어야 한다.

책을 읽는 데 가장 기본이 되는 것은 천천히 그리고 집중해서 읽는 것이다. 보통의 사람들은 책의 내용이 쉽게 읽히지 않을수록 빠르게 책장을 넘겨버리려고 하는 경향이 있다. 지겨움을 견디기 힘들기 때문이다. 그러나 속도가 빨라지면 이해하지 못하고 넘어가는 부분은 점점 더 많아지고, 급기야는 중도에 포기하는 경우가 생기고 만다. 그러므로 지루하고 이해가 가지 않을수록 천천히 읽어야 한다. 천천히 읽으면 이해되지 않던 것들이 이해되기 시작하고, 비로소 없던 흥미도 생기는 법이다.

또한 어떤 책을 읽더라도 그것을 자신의 이야기로 읽는 것이다. 책을 남의 이야기처럼 읽어서는 결코 자신의 것으로 만들 수 없다. 다른 사람이 쓴 남의 이야기라고 할지라도, 자신과 글쓴이의 입장을 일치시키며 읽어나가야 한다. 그리하여 책을 다 읽은 후 그 내용을 자신만의 말로 설명할 수 있다면 그것은 성공한 책 읽기라고 할 수 있을 것이다. 남의 이야기처럼 읽는 글은 어떤 흥미도, 그 글을 통해 얻어가는 지식도 있을 수 없다.

그러나 아무 책이나 이러한 방식으로 읽으라는 것은 아니다. 어떤 책을 선택하느냐 역시 책 읽는 이의 몫이기 때문이다. 좋은 책은 쉽게 읽히고, 누구나 이해할 수 있을 만큼 쉽게 설명되어 있는 책이 좋은 책이다. 그런 책을 분별하기 어렵다면 주변으로부터 책을 추천받거나 온라인 검색을 해보는 것도 좋다. 책이 쉽게 읽히지 않는다고 하더라도 쉽게 좌절하거나 포기해서는 안 된다.

현대사회에서는 더 이상 독서의 양에 따라 지식의 양을 판단할 수 없다. 지금 이 시대에 중요한 것은 얼마나 많은 지식이 나의 눈과 귀를 거쳐 가느냐가 아니라, 우리에게 필요한 것들을 얼마나 잘 찾아내어 효율적으로 습득하며 이를 통해 나의 지식을 확장할 수 있느냐인 것이다.

① 책은 쉽게 읽혀야 한다.
② 글쓴이의 입장을 생각하며 책을 읽어야 한다.
③ 독서의 목적은 책의 내용을 온전히 소유하는 것이다.
④ 독서 이외의 다양한 정보 습득 경로를 확보해야 한다.
⑤ 같은 책을 반복적으로 읽어 내용을 완전히 이해해야 한다.

08 다음 글을 읽고 추론한 내용으로 적절하지 않은 것은?

우리말은 오랜 역사 속에서 꿋꿋이 발전해 왔다. 우리말을 적는 우리글, 한글 역시 어려운 역사 속에서 지켜 왔다. 그런데 우리 말글의 역사 가운데 가장 어려웠던 시기를 꼽자면 바로 일제 강점기라 하겠다. 일제 강점기에 일본은 국토를 병합하고 나서 우리 민족을 저들에 통합시키고 문화를 빼앗으려 했고 그 문화의 알맹이라 할 우리말을 쓰지 못하게 했다. 이러한 상황이니 우리 선조들은 우리 민족을 지키기 위해, 우리 문화를 지키기 위해 우리 말글을 지키려 그 어느 때보다도 더 큰 힘을 쏟았다. 이러한 중심에 조선어학회가 있었다.

지금의 한글학회인 조선어학회는 민족혼을 지키기 위해 우리말을 연구할 목적으로 1908년 8월 31일 주시경, 김정진 선생 등이 창립한 국어연구학회를 모체로 한다. 조선어학회 학자들은 일본의 식민 통치 아래 나라와 민족을 되찾고 문화를 되살리기 위한 길은 오로지 우리 말글을 지키는 데 있다는 것에 뜻을 함께했다. 그 일을 펼치고자 한글날을 만들고(1926년), 조선어사전편찬회를 조직해 『우리말큰사전』을 편찬하기로 하고(1928년), 이를 위해 한글맞춤법통일안을 제정하고(1933년), 표준말을 사정하고(1936년), 외래어표기법통일안도 제정했다(1940년).

그러나 침략전쟁에 광분하고 있었던 1940년대의 일본은 조선에 대한 식민 통치를 더욱 강화하면서 민족 말살 정책을 추진했다. 조선인의 이름과 성을 일본식으로 바꾸도록 하고 조선말을 쓰지 못하게 하고 학교에서 조선어 교육을 폐지했다. 이러한 암담한 상황에서 조선어학회 선열들은 핍박과 감시를 받아가며 우리 말글을 지키고 가꾸는 투쟁을 이어갔다.

조선어학회가 『우리말큰사전』 편찬에 밤낮을 가리지 않던 1942년, 함흥 영생고등여학교 학생 박영옥이 기차 안에서 친구들과 조선말로 대화하다가 경찰에 발각돼 취조를 받게 된 사건이 일어났다. 경찰은 조사 결과 학생들에게 민족혼을 일깨운 이가 조선어학회에서 사전을 편찬하고 있는 정태진 선생이라는 사실을 알았다. 그해 9월 5일에 정태진 선생을 연행했고, 조사 후 조선어학회가 민족주의 단체로서 독립운동을 목적으로 하고 있다고 보고, 10월 1일부터 조선어학회 선열들을 검거하기 시작해 사전 편찬에 직접 참여했거나 재정적으로 후원한 분을 검거하니 1943년 4월 1일까지 모두 서른세 분에 이르렀다.

① 민족을 지키고자 하면 우리말과 글을 지켜야 한다.
② 자주독립을 향한 한글학자들의 노력을 독립운동으로 기억해야 한다.
③ 우리말을 지키고자 한 조선어학회의 투쟁은 말글 투쟁으로 한정된다.
④ 우리말은 곧 우리 겨레가 가진 정신적 및 물리적 재산의 총목록이다.
⑤ 민족의 독립을 위해 헌신하신 선열들의 높은 뜻을 기리고 보답해야 한다.

09 다음 글의 빈칸 ㉠~㉢에 들어갈 접속어로 가장 적절한 것은?

일회용 플라스틱 용기와 각종 플라스틱 제품에는 삼각형 모양의 마크와 숫자가 새겨져 있다. 우리는 이 숫자를 통해 플라스틱 제품에 사용된 플라스틱의 종류를 알 수 있다. ___㉠___ 5번은 질량이 가볍고 내구성이 강한 폴리프로필렌으로, 내열 온도가 매우 높아 고온에서 변형되거나 호르몬을 배출하지 않는다. ___㉡___ 주로 컵이나 도시락, 주방 소도구 등을 만들 때 사용된다. 6번의 폴리스티렌은 성형성이 우수해 활용하기 쉽고 가벼워 주로 요구르트병으로 만들어진다. ___㉢___ 내열 온도가 70~90℃로 내열성이 약해 뜨거운 것이 닿으면 쉽게 녹으며, 재활용도 어려워서 환경을 위해서 사용하지 않는 것이 좋다.

	㉠	㉡	㉢
①	그러나	즉	반면에
②	한편	그러므로	그리고
③	한편	그러므로	또한
④	예를 들어	그리고	또한
⑤	예를 들어	그래서	그러나

10 다음 문단을 논리적 순서대로 바르게 나열한 것은?

(가) 정해진 극본대로 연기를 하는 연극의 서사는 논리적이고 합리적이다. 그러나 연극 밖의 현실은 비합리적이고, 그 비합리성을 개인의 합리에 맞게 해석한다. 연극 밖에서도 각자의 합리성에 맞춰 연극을 하고 있는 것이다.

(나) 사전적 의미로 불합리한 것, 이치에 맞지 않는 것을 의미하는 부조리는 실존주의 철학에서는 현실에서는 전혀 삶의 의미를 발견할 가능성이 없는 절망적인 한계상황을 나타내는 용어이다.

(다) 이것이 비합리적인 세계에 대한 자신의 합목적적인 희망이라는 사실을 깨달았을 때, 삶은 허망해지고 인간은 부조리를 느끼게 된다.

(라) 부조리라는 개념을 처음 도입한 대표적인 철학자인 알베르 카뮈는 연극에 비유하여 부조리에 대해 설명한다.

① (가) – (다) – (나) – (라)
② (가) – (라) – (나) – (다)
③ (나) – (가) – (다) – (라)
④ (나) – (다) – (가) – (라)
⑤ (나) – (라) – (가) – (다)

11 서경이는 흰색 깃발과 검은색 깃발을 하나씩 갖고 있는데, 깃발을 총 5번 들어 신호를 표시하려고 한다. 같은 깃발은 4번까지만 사용하여 신호를 표시한다면, 만들 수 있는 신호는 총 몇 가지인가?

① 14가지
② 16가지
③ 30가지
④ 32가지
⑤ 36가지

PART 3

12 농도가 8%인 소금물 400g에서 한 컵의 소금물을 퍼내고 그 양만큼 물을 부은 다음 다시 농도가 2%인 소금물을 넣었더니 농도가 6%인 소금물 520g이 되었다. 이때, 퍼낸 소금물의 양은 얼마인가?

① 10g
② 20g
③ 30g
④ 40g
⑤ 50g

13 K회사 영업팀에 근무하는 A사원은 거래처 주변 공영주차장에 주차한 뒤 업무를 보려한다. 공영주차장의 주차요금은 처음 30분까지 3,000원이고, 30분을 초과하면 1분당 60원의 추가요금이 부과된다. 주차요금이 18,000원 이하가 되려면 A사원이 최대로 주차할 수 있는 시간은?

① 220분
② 240분
③ 260분
④ 280분
⑤ 290분

14 다음은 면접관 A ~ E가 응시자 갑 ~ 정에게 부여한 면접 점수에 대한 자료이다. 이에 대한 설명으로 옳은 것을 〈보기〉에서 모두 고르면?

〈갑 ~ 정의 면접 점수〉

(단위 : 점)

면접관＼응시자	갑	을	병	정	범위
A	7	8	8	6	2
B	4	6	8	10	( )
C	5	9	8	8	( )
D	6	10	9	7	4
E	9	7	6	5	4
중앙값	( )	( )	8	( )	–
교정점수	( )	8	( )	7	–

※ 범위 : 해당 면접관이 각 응시자에게 부여한 면접 점수 중 최댓값에서 최솟값을 뺀 값
※ 중앙값 : 해당 응시자가 면접관 A ~ E에게 받은 모든 면접 점수를 크기순으로 나열할 때 한가운데 값
※ 교정점수 : 해당 응시자가 면접관 A ~ E에게 받은 모든 면접 점수 중 최댓값과 최솟값을 제외한 면접 점수의 산술 평균값

보기
ㄱ. 면접관 중 범위가 가장 큰 면접관은 B이다.
ㄴ. 응시자 중 중앙값이 가장 작은 응시자는 정이다.
ㄷ. 교정점수는 병이 갑보다 크다.

① ㄱ
② ㄴ
③ ㄱ, ㄷ
④ ㄴ, ㄷ
⑤ ㄱ, ㄴ, ㄷ

15 K씨가 등산을 하는 도중 갑자기 쓰러져 같이 동행한 일행이 119에 신고를 하였다. 병원까지 가기 위해 들것에 실려 구급차까지 이동시간 20분, 구급차를 타고 응급실까지 100km/h의 속력으로 225km를 운전하여 가거나, K씨가 쓰러진 지점에서 응급헬기를 탈 경우 280km/h의 속력으로 70km를 비행하여 응급실에 도착한다. 응급헬기로 이동할 경우 구급차로 이동할 때보다 얼마나 빨리 응급실에 도착하는가?(단, 주어진 조건 외의 걸리는 시간은 무시한다)

① 2시간 20분
② 2시간 40분
③ 3시간 20분
④ 3시간 40분
⑤ 4시간

16 다음은 농구 경기에서 갑 ~ 정 4개 팀의 월별 득점에 대한 자료이다. 빈칸에 들어갈 수치로 옳은 것은?(단, 각 수치는 매월 일정한 규칙으로 변화한다)

〈월별 득점 현황〉

(단위 : 점)

구분	1월	2월	3월	4월	5월	6월	7월	8월	9월	10월
갑	1,024	1,266	1,156	1,245	1,410	1,545	1,205	1,365	1,875	2,012
을	1,352	1,702	2,000	1,655	1,320	1,307	1,232	1,786	1,745	2,100
병	1,078	1,423		1,298	1,188	1,241	1,357	1,693	2,041	1,988
정	1,298	1,545	1,658	1,602	1,542	1,611	1,080	1,458	1,579	2,124

① 1,358

② 1,397

③ 1,450

④ 1,498

⑤ 1,522

17 컴퓨터 정보지수는 컴퓨터 이용지수, 활용지수, 접근지수의 합으로 구할 수 있다. 컴퓨터 정보지수는 500점 만점이고 하위 항목의 구성이 〈보기〉와 같을 때, 컴퓨터 정보지수 중 정보수집률은 몇 점인가?

> **보기**
> - (컴퓨터 정보지수)=[컴퓨터 이용지수(40%)]+[컴퓨터 활용지수(20%)]+[컴퓨터 접근지수(40%)]
> - (컴퓨터 이용지수)=[이용도(50%)]+[접근가능성(50%)]
> - (컴퓨터 활용지수)=[컴퓨터활용능력(40%)]+[정보수집률(20%)]+[정보처리력(40%)]
> - (컴퓨터 접근지수)=[기기보급률(50%)]+[기회제공률(50%)]

① 5점

② 10점

③ 15점

④ 20점

⑤ 25점

18 다음은 저작물 구입 경험이 있는 초·중·고등학생 각각 1,000명을 대상으로 저작물 구입 실태에 대한 설문조사를 실시한 결과이다. 이에 대한 보고서의 내용 중 옳은 것을 모두 고르면?(단, 설문 참여자는 모든 문항에 응답하였다)

〈표 1〉 저작물 구입 경험 현황

(단위 : %)

종류 ＼ 학교급	초등학교	중학교	고등학교
음악	29.3	41.5	58.6
영화, 드라마, 애니메이션 등 영상물	31.2	34.3	39.6
컴퓨터 프로그램	45.6	45.2	46.7
게임	58.9	57.7	56.8
사진	16.2	20.5	27.3
만화 / 캐릭터	73.2	53.3	62.6
책	68.8	66.3	82.8
지도, 도표	11.8	14.6	15.0

※ 설문조사에서는 구입 경험이 있는 모든 저작물 종류를 선택하도록 하였음

〈표 2〉 정품 저작물 구입 현황

(단위 : %)

정품 구입 횟수 비율 ＼ 학교급	초등학교	중학교	고등학교
10회 중 10회	35.3	55.9	51.8
10회 중 8~9회	34.0	27.2	25.5
10회 중 6~7회	15.8	8.2	7.3
10회 중 4~5회	7.9	4.9	6.8
10회 중 2~3회	3.3	1.9	5.0
10회 중 0~1회	3.7	1.9	3.6
전체	100.0	100.0	100.0

〈보고서〉

본 조사결과에 따르면, ㉠ 전반적으로 '만화 / 캐릭터'는 초등학생이 중학생이나 고등학생보다 구입 경험의 비율이 높은 것으로 나타났으며, '컴퓨터 프로그램'이나 '게임'은 학교급 간의 차이가 모두 2%p 미만이다. ㉡ 위 세 종류를 제외한 나머지 항목에서는 모두 고등학생이 중학생이나 초등학생에 비하여 구입 경험의 비율이 높았다. ㉢ 초·중·고 각각 응답자의 절반 이상이 모두 정품만을 구입했다고 응답하였다. 특히, ㉣ 모두 정품으로 구입했다고 응답한 학생의 비율은 중학교에서 가장 높다.

① ㉠, ㉡   ② ㉠, ㉣
③ ㉡, ㉢   ④ ㉡, ㉣
⑤ ㉠, ㉢, ㉣

19 다음은 공공기관 공사 발주현황에 대한 자료이다. 이에 대한 보고서의 내용 중 옳은 것을 모두 고르면?

〈공공기관 공사 발주현황〉

(단위 : 건, 십억 원)

구분		2022년		2023년		2024년	
		건수	금액	건수	금액	건수	금액
정부기관	소계	10,320	7,669	10,530	8,175	8,475	7,384
	대형공사	92	1,886	92	2,065	91	1,773
	소형공사	10,228	5,783	10,438	6,110	8,384	5,611
지방자치단체	소계	22,043	10,114	22,033	9,674	29,000	11,426
	대형공사	73	1,476	53	1,107	61	1,137
	소형공사	21,970	8,638	21,980	8,567	28,939	10,289

※ 공공기관은 정부기관과 지방자치단체로만 구분됨

〈보고서〉

정부기관과 지방자치단체의 공사 발주현황을 100억 원 이상의 대형공사와 100억 원 미만의 소형공사로 구분하여 조사하였다. ⊙ 공공기관 전체의 대형공사와 소형공사 발주금액은 각각 매년 증가하였다. ⓒ 2024년 공공기관 전체 대형공사의 2022년 대비 발주건수는 감소하였고, 소형공사의 발주건수는 증가한 것으로 나타났다. ⓒ 매년 공공기관 전체에서 대형공사가 소형공사보다 발주건수는 적지만, 대형공사 발주금액이 소형공사 발주금액보다 크다는 것을 알 수 있다.

2024년의 경우 정부기관 발주건수 8,475건, 발주금액 7조 3,840억 원 가운데 대형공사 91건이 1조 7,730억 원을 차지하는 것으로 나타났다. ⓔ 같은 해 정부기관 발주공사 중에서 대형공사가 차지하는 발주건수의 비율은 2% 미만이지만 공사금액의 비율은 20% 이상을 차지하고 있으며, ⓜ 지방자치단체의 공사 발주규모는 소형공사가 대형공사보다 건수와 금액 모두 큰 것으로 나타났다.

① ⊙, ⓒ
② ⓒ, ⓔ
③ ⊙, ⓒ, ⓔ
④ ⓒ, ⓒ, ⓜ
⑤ ⓒ, ⓔ, ⓜ

20 A와 B의 집 사이의 거리는 24km이다. A는 시속 3km, B는 시속 5km로 각자의 집에서 서로에게 동시에 출발하였을 때, 두 사람은 출발한 지 몇 시간 후에 만나게 되는가?

① 1시간   ② 2시간

③ 3시간   ④ 4시간

⑤ 5시간

21 다음 중 SWOT 분석에 대한 설명으로 적절하지 않은 것은?

〈SWOT 분석〉

강점, 약점, 기회, 위협요인을 분석·평가하고 이들을 서로 연관 지어 전략을 개발하고 문제해결 방안을 개발하는 방법이다.

	강점 (Strengths)	약점 (Weaknesses)
기회 (Opportunities)	SO	WO
위협 (Threats)	ST	WT

① 강점과 약점은 외부 환경요인에 해당하며, 기회와 위협은 내부 환경요인에 해당한다.

② SO전략은 강점을 살려 기회를 포착하는 전략을 의미한다.

③ ST전략은 강점을 살려 위협을 회피하는 전략을 의미한다.

④ WO전략은 약점을 보완하여 기회를 포착하는 전략을 의미한다.

⑤ WT전략은 약점을 보완하여 위협을 회피하는 전략을 의미한다.

22 다음 중 문제에 대한 설명으로 적절하지 않은 것은?

① 업무를 수행함에 있어서 답을 요구하는 질문이나 의논하여 해결해야 되는 사항을 의미한다.

② 해결하기를 원하지만 실제로 해결해야 하는 방법을 모르고 있는 상태도 포함된다.

③ 얻고자 하는 해답이 있지만 그 해답을 얻는 데 필요한 일련의 행동을 알지 못한 상태도 있다.

④ 일반적으로 창의적 문제, 분석적 문제, 논리적 문제로 구분된다.

⑤ 난폭운전으로 전복사고가 일어났을 때, 사고의 발생은 문제이며, 난폭운전은 문제점이다.

23 A~E사원이 강남, 여의도, 상암, 잠실, 광화문 다섯 지역에 각각 출장을 간다. 다음 대화에서 1명은 거짓말을 하고 나머지 4명은 진실을 말하고 있을 때, 반드시 거짓인 것은?

> A : B는 상암으로 출장을 가지 않는다.
> B : D는 강남으로 출장을 간다.
> C : B는 진실을 말하고 있다.
> D : C는 거짓말을 하고 있다.
> E : C는 여의도, A는 잠실로 출장을 간다.

① A사원은 광화문으로 출장을 가지 않는다.

② B사원은 여의도로 출장을 가지 않는다.

③ C사원은 강남으로 출장을 가지 않는다.

④ D사원은 잠실로 출장을 가지 않는다.

⑤ E사원은 상암으로 출장을 가지 않는다.

24 신입사원인 수호, 민석, 종대는 임의의 순서로 검은색·갈색·흰색 책상에 이웃하여 앉아 있고, 커피·주스·콜라 중 한 가지씩 좋아한다. 또한 기획·편집·디자인의 서로 다른 업무를 하고 있다. 다음 〈조건〉을 토대로 반드시 참인 것을 〈보기〉에서 모두 고르면?

> **조건**
> • 종대는 갈색 책상에 앉아 있다.
> • 검은색 책상에 앉은 사람은 편집 업무를 담당한다.
> • 기획 담당과 디자인 담당은 서로 이웃해 있지 않다.
> • 디자인을 하는 사람은 커피를 좋아한다.
> • 수호는 편집 담당과 이웃해 있다.
> • 수호는 주스를 좋아한다.

> **보기**
> ㄱ. 종대는 커피를 좋아한다.
> ㄴ. 민석이와 종대는 이웃해 있다.
> ㄷ. 수호는 편집을 하지 않고, 민석이는 콜라를 좋아하지 않는다.
> ㄹ. 민석이는 흰색 책상에 앉아 있다.
> ㅁ. 수호는 기획 담당이다.

① ㄱ, ㄴ   ② ㄴ, ㄷ

③ ㄷ, ㄹ   ④ ㄱ, ㄴ, ㅁ

⑤ ㄱ, ㄷ, ㅁ

PART 3

25

다음 〈조건〉을 토대로 반드시 참인 것을 〈보기〉에서 모두 고르면?

조회시간에 A ~ E 5명의 학생이 다음 조건에 따라 일렬로 서 있다.
(1) A는 왼쪽에서 두 번째에 서 있다.
(2) B는 A보다 오른쪽에 서 있다.
(3) C와 D는 이웃해 있다.

(가) B는 정중앙에 있다.
(나) E는 가장 왼쪽에 있다.
(다) D는 가장 오른쪽에 있다.

① (가)
② (나)
③ (다)
④ (가), (나)
⑤ (나), (다)

26

다음 중 (가) ~ (다)의 문제해결 방법을 바르게 연결한 것은?

(가) 상이한 문화적 토양을 가지고 있는 구성원을 가정하고, 서로의 생각을 직설적으로 주장하고 논쟁이나 협상을 통해 서로의 의견을 조정해 가는 방법이다. 이때 논리, 즉 사실과 원칙에 근거한 토론이 중심적 역할을 한다.

(나) 깊이 있는 커뮤니케이션을 통해 서로의 문제점을 이해하고 공감함으로써 창조적인 문제해결을 도모한다. 초기에 생각하지 못했던 창조적인 해결 방법이 도출되고, 동시에 구성원의 동기와 팀워크가 강화된다.

(다) 조직 구성원들을 같은 문화적 토양을 가지고 이심전심으로 서로를 이해하는 상황으로 가정한다. 무언가를 시사하거나 암시를 통하여 의사를 전달하고 기분을 서로 통하게 함으로써 문제해결을 도모하려고 한다.

	(가)	(나)	(다)
①	퍼실리테이션	하드 어프로치	소프트 어프로치
②	소프트 어프로치	하드 어프로치	퍼실리테이션
③	소프트 어프로치	퍼실리테이션	하드 어프로치
④	하드 어프로치	퍼실리테이션	소프트 어프로치
⑤	하드 어프로치	소프트 어프로치	퍼실리테이션

※ 김대리는 사내 메신저의 보안을 위해 다음과 같이 암호화 규칙을 만들어 동료들과 대화하기로 하였다. 이어지는 질문에 답하시오. [27~28]

<암호화 규칙>

- 한글 자음은 사전 순서에 따라 바로 뒤의 한글 자음으로 변환한다.
  예 ㄱ → ㄴ … ㅎ → ㄱ
- 쌍자음의 경우 자음 두 개로 풀어 표기한다.
  예 ㄲ → ㄴㄴ
- 한글 모음은 사전 순서에 따라 알파벳 a, b, c …로 변환한다.
  예 ㅏ → a, ㅐ → b … ㅢ → t, ㅣ → u
- 겹받침의 경우 풀어 표기한다.
  예 맑다 → ㅂaㅁㄴㄹa
- 공백은 0으로 표현한다.

27 메신저를 통해 김대리가 오늘 점심 메뉴로 'ㄴuㅂㅋuㅊ ㅊuㄴb'를 먹자고 했을 때, 김대리가 말한 메뉴는?

① 김치김밥 ② 김치찌개
③ 계란말이 ④ 된장찌개
⑤ 부대찌개

28 김대리는 이번 주 금요일에 사내 워크숍에서 사용할 조별 구호를 '존중과 배려'로 결정하였고, 메신저를 통해 조원들에게 알리려고 한다. 다음 중 김대리가 전달할 구호를 암호화 규칙에 따라 바르게 변환한 것은?

① ㅊiㄷㅊuㅈㄴjㅅbㅁe ② ㅊiㄷㅊnㅈㄴjㅅbㅁg
③ ㅊiㄷㅊnㅈㄴj0ㅅbㅁg ④ ㅊiㄷㅊnㅈㄴia0ㅅbㅁe
⑤ ㅊiㄷㅊuㅈㄴia0ㅅbㅁg

※ 다음은 S카페의 메뉴별 성분 자료와 甲이 요일별로 마실 음료를 선택하는 기준이다. 이어지는 질문에 답하시오. [29~30]

〈메뉴별 성분〉

구분	우유	시럽	기타	구분	우유	시럽	기타
아메리카노	×	×	–	카페모카	○	초콜릿	크림
카페라테	○	×	–	시나몬모카	○	초콜릿	시나몬
바닐라라테	○	바닐라	–	비엔나커피	×	×	크림
메이플라테	○	메이플	–	홍차라테	○	×	홍차

※ ○(함유), ×(미함유)

〈甲의 음료 선택 기준〉

• 월요일과 화요일에는 크림이 들어간 음료를 마신다.
• 화요일과 목요일에는 우유가 들어간 음료를 마시지 않는다.
• 수요일에는 바닐라 시럽이 들어간 음료를 마신다.
• 금요일에는 홍차라테를 마신다.
• 주말에는 시럽이 들어가지 않고, 우유가 들어간 음료를 마신다.
• 비엔나커피는 일주일에 2번 이상 마시지 않는다.
• 바로 전날 마신 음료와 동일한 음료는 마시지 않는다.

29 甲이 오늘 아메리카노를 마셨다면, 오늘은 무슨 요일인가?

① 화요일
② 수요일
③ 목요일
④ 금요일
⑤ 토요일

30 甲이 금요일에 홍차라테가 아닌 카페라테를 마신다면, 토요일과 일요일에 마실 음료를 바르게 짝지은 것은?

	토요일	일요일
①	아메리카노	카페라테
②	카페라테	홍차라테
③	카페라테	카페모카
④	홍차라테	카페라테
⑤	홍차라테	카페모카

01 K공사는 연말 시상식을 개최하여 한 해 동안 모범이 되거나 훌륭한 성과를 낸 직원을 독려하고자 한다. 시상 내역과 상패 및 물품 비용에 대한 정보가 다음과 같을 때, 상품 구입비는 총 얼마인가?

〈시상 내역〉

시상 종류	수상 인원	상품
사내선행상	5명	1인당 금 도금 상패 1개, 식기 세트 1개
사회기여상	1명	1인당 은 도금 상패 1개, 신형 노트북 1대
연구공로상	2명	1인당 금 도금 상패 1개, 태블릿 PC 1대, 안마의자 1대
성과공로상	4명	1인당 은 도금 상패 1개, 태블릿 PC 1대, 만년필 2개
청렴모범상	2명	1인당 동 상패 1개, 안마의자 1대

〈상패 제작비〉

• 금 도금 상패 : 1개당 55,000원(5개 이상 주문 시 개당 가격 10% 할인)
• 은 도금 상패 : 1개당 42,000원(주문 수량 4개당 1개 무료 제공)
• 동 상패 : 1개당 35,000원

〈물품 구입비(1개당)〉

물품	구입비
식기 세트	450,000원
신형 노트북	1,500,000원
태블릿 PC	600,000원
안마의자	1,700,000원
만년필	100,000원

① 14,085,000원
② 15,050,000원
③ 15,534,500원
④ 16,805,000원
⑤ 17,200,500원

※ 다음은 K공사의 신입사원 채용시험 결과와 합격자 선발기준이다. 이어지는 질문에 답하시오. [2~3]

〈신입사원 채용시험 상위 5명 점수〉

(단위 : 점)

구분	언어	수리	정보	상식	인성
A	90	80	90	80	90
B	80	90	80	90	90
C	90	70	100	90	80
D	80	90	100	100	80
E	100	80	70	80	90

〈합격자 선발기준〉

언어	수리	정보	상식	인성
30%	30%	10%	10%	20%

※ 합격자 선발기준 가중치를 고려하여 채용시험 성적 총점을 산출하고 합격자를 정함

02 5명 중 점수가 가장 높은 상위 2명을 합격자로 선발할 때, 합격자를 바르게 나열한 것은?

① A, B
② A, D
③ B, C
④ C, D
⑤ D, E

03 합격자 선발기준에서 인성에 대한 가중치를 높이고자 인성 점수와 수리 점수의 가중치를 서로 바꾸었을 때, 합격자를 바르게 나열한 것은?

① A, B
② A, D
③ A, E
④ B, D
⑤ B, E

04 다음 대화에서 A팀장과 B사원이 함께 시장조사를 하러 갈 수 있는 가장 적절한 시간은?(단, 근무시간은 09:00 ~ 18:00, 점심시간은 12:00 ~ 13:00이다)

> A팀장 : B씨, 저번에 우리가 함께 진행했던 제품이 오늘 출시된다고 하네요. 시장에서 어떤 반응이 있는지 조사하러 가야 할 것 같아요.
>
> B사원 : 네, 팀장님. 그런데 오늘 갈 수 있을지 의문입니다. 우선 오후 4시에 사내 정기강연이 예정되어 있고 초청강사가 와서 시간관리 강의를 한다고 합니다. 아마 두 시간 정도 걸릴 것 같은데, 저는 강연준비로 30분 정도 일찍 가야 할 것 같습니다. 그리고 부서장님께서 요청하셨던 기획안도 오늘 퇴근 전까지 제출해야 하는데, 팀장님 검토시간까지 고려하면 두 시간 정도 소요될 것 같습니다.
>
> A팀장 : 오늘도 역시 할 일이 참 많네요. 지금이 11시니까 열심히 업무를 하면 한 시간 정도는 시장에 다녀올 수 있겠네요. 먼저 기획안부터 마무리 짓도록 합시다.
>
> B사원 : 네, 알겠습니다. 팀장님, 오늘 점심은 된장찌개 괜찮으시죠? 바쁘니까 예약해두겠습니다.

① 11:00 ~ 12:00
② 13:00 ~ 14:00
③ 14:00 ~ 15:00
④ 15:00 ~ 16:00
⑤ 16:00 ~ 17:00

05 K회사 B과장이 내년에 해외근무 신청을 하기 위해서는 의무 교육이수 기준을 만족해야 한다. B과장이 지금까지 글로벌 경영교육 17시간, 해외사무영어교육 50시간, 국제회계교육 24시간을 이수하였다면, 의무 교육이수 기준에 미달인 과목과 그 과목의 부족한 점수는 몇 점인가?

<의무 교육이수 기준>

(단위 : 점)

구분	글로벌 경영	해외사무영어	국제회계
이수 완료 점수	15	60	20
시간당 점수	1	1	2

※ 초과 이수 시간은 시간당 0.2점으로 환산하여 해외사무영어 점수에 통합함

	과목	점수
①	해외사무영어	6.8점
②	해외사무영어	7.0점
③	글로벌경영	7.0점
④	국제회계	6.8점
⑤	국제회계	5.8점

06 K회사는 7월 중에 신입사원 면접을 계획하고 있다. 면접에는 마케팅팀과 인사팀 차장, 인사팀 부장과 과장, 총무팀 주임이 한 명씩 참여한다. K회사에서는 6 ~ 7월에 계획된 여름 휴가를 팀별로 나누어 간다고 할 때, 다음 중 면접이 가능한 날짜는?

휴가 규정	팀별 휴가 시작일
• 차장급 이상 : 4박 5일 • 대리 ~ 과장 : 3박 4일 • 사원 ~ 주임 : 2박 3일	• 마케팅팀 : 6월 29일 • 인사팀 : 7월 6일 • 총무팀 : 7월 1일

① 7월 1일   ② 7월 3일

③ 7월 5일   ④ 7월 7일

⑤ 7월 8일

07 다음은 직원들의 이번 주 추가근무 계획표이다. 하루에 5명 이상 추가근무를 할 수 없고, 직원들은 각자 일주일에 10시간을 초과하여 추가근무를 할 수 없다고 한다. 한 사람만 추가근무 일정을 수정할 수 있을 때, 규칙에 어긋난 요일과 그 날에 속한 사람 중 변경해야 할 직원은 누구인가?(단, 주말은 1시간당 1.5시간으로 계산한다)

〈추가근무 계획표〉

성명	추가근무 일정	성명	추가근무 일정
김혜정	월요일 3시간, 금요일 3시간	김재건	수요일 1시간
이설희	토요일 6시간	신혜선	수요일 4시간, 목요일 3시간
임유진	토요일 3시간, 일요일 1시간	한예리	일요일 6시간
박주환	목요일 2시간	정지원	월요일 6시간, 목요일 4시간
이지호	화요일 4시간	최명진	화요일 5시간
김유미	금요일 6시간, 토요일 2시간	김우석	목요일 1시간
이승기	화요일 1시간	차지수	금요일 6시간
정해리	월요일 5시간	이상엽	목요일 6시간, 일요일 3시간

     요일   직원

① 월요일   김혜정

② 화요일   정지원

③ 화요일   신혜선

④ 목요일   이상엽

⑤ 토요일   임유진

08 다음은 K사에 근무하는 A사원의 급여명세서이다. A사원이 10월에 시간외근무를 10시간 했을 경우 시간외수당으로 받는 금액은 얼마인가?

〈급여지급명세서〉

사번	A26	성명	A
소속	회계팀	직급	사원

• 지급 내역

지급항목(원)		공제항목(원)	
기본급여	1,800,000	주민세	4,500
시간외수당	( )	고용보험	14,400
직책수당	0	건강보험	58,140
상여금	0	국민연금	81,000
특별수당	100,000	장기요양	49,470
교통비	150,000	–	–
교육지원	0	–	–
식대	100,000	–	–
–	–	–	–
급여 총액	2,150,000	공제 총액	207,510

※ (시간외수당)=(기본급)$\times\dfrac{(시간외근무시간)}{200}\times150\%$

① 135,000원 ② 148,000원

③ 167,000원 ④ 195,000원

⑤ 205,000원

D씨의 전력 사용량은 9월과 10월이 같다. 다음 자료에 기반할 때, 두 달의 요금 차이는 얼마인가?

[자료1]

〈주택용 누진제 개선〉

주택용 누진제도는 1973년 석유파동을 계기로 에너지 다소비층에 대한 소비절약 유도와 저소득층 보호를 위하여 시행되었습니다. 최근 전열기 등 가전기기 보급 확대와 대형화로 가구당 전력사용량 이 증가함에 따라, 사용량이 많은 고객은 전기요금이 증가하는 추세입니다. 이에 한전에서는 저소득 층 보호취지, 전력수급 상황, 국민여론, 최근의 전력소비 추이변화 등을 종합적으로 고려하여 누진 제 완화방안을 검토해 나갈 예정입니다.

[자료2]

산업통상자원부는 서민층과 중소 업체의 전기요금 부담 경감을 위해 가정용 전기요금을 오는 7~9월 한시 인하하고 산업용 전기요금은 8월 1일부터 1년간 할인한다고 21일 밝혔다. 여름철 냉방이 집중되 는 시기인 7~9월에 4구간 요금을 3구간 요금으로 인하함으로써 국민들의 전기요금 걱정을 한층 덜 어줄 것으로 예상된다.

〈가정용 전기요금 한시적 인하안〉

누진단계	현행		인하된 개선안
1구간 100kWh 이하	기본요금 410원		동일
	사용요금 60.7원/kWh		
2구간 101~200kWh	기본요금 910원		
	사용요금 125.9원/kWh		
3구간 201~300kWh	기본요금 1,600원		
	사용요금 187.9원/kWh		
4구간 301~400kWh	기본요금 3,850원		기본요금 1,600원
	사용요금 280.6원/kWh		사용요금 187.9원/kWh

※ 청구금액 : 요금합계(기본요금＋전력량요금)＋부가가치세(요금합계의 10%)＋전력산업기반기금(요금합계의 3.7%)
※ 국고금단수법에 의해 모든 금액의 10원 미만은 절사함

[자료3]

〈전력량계 지침〉

				kWh
3	5	4	3	6

8월

				kWh
3	8	6	3	2

9월

				kWh
4	1	8	3	4

10월

※ (당월 사용량)＝(당월지침)－(전월지침)
※ 전력량계 지침의 마지막 자리는 소수점 이하이므로 절사함

① 4,650원   ② 4,670원
③ 5,280원   ④ 5,400원
⑤ 차이 없음

10 K공사의 A사원은 지사방문 일정에 따라 여수와 순천으로 출장을 다녀와야 한다. 다음은 KTX 운행 시간 및 요금에 대한 일부 자료이다. A사원이 용산역에서 오전 7시 30분 이후에 출발해서 일정을 마친 뒤 최대한 일찍 용산역에 도착하려고 할 때, A사원이 가장 일찍 용산역에 도착할 수 있는 시간과 총요금으로 옳은 것은?(단, A사원은 여수를 처음으로 방문하고, 점심식사 시간은 낮 12시 ~ 오후 1시이며, 열차 운행의 지연은 없다고 가정한다)

〈용산역 – 여수EXPO역 KTX 운행시간 및 요금〉

열차	출발 – 도착시간	요금(원)
KTX 703	07:15 ~ 10:18	47,200
KTX 781	07:45 ~ 11:19	46,000
KTX 705	08:40 ~ 11:40	47,200

※ 여수 지사방문 일정에는 40분이 소요됨(이동시간 포함)

〈여수EXPO역 – 순천역 KTX 운행시간 및 요금〉

열차	출발 – 도착시간	요금(원)
KTX 710	12:00 ~ 12:20	8,400
KTX 782	12:10 ~ 12:27	8,400
KTX 712	13:05 ~ 13:22	8,400
KTX 714	14:05 ~ 14:25	8,400
KTX 716	15:00 ~ 15:18	8,400

※ 순천 지사방문 일정에는 2시간이 소요됨(이동시간 포함)

〈순천역 – 용산역 KTX 운행시간 및 요금〉

열차	출발 – 도착시간	요금(원)
KTX 716	15:20 ~ 17:59	44,000
KTX 718	16:57 ~ 19:31	44,000
KTX 720	18:21 ~ 21:03	44,000
KTX 784	19:10 ~ 22:29	43,000
KTX 724	22:10 ~ 00:38	44,000

	용산역 도착시간	총요금
①	오후 5시 59분	99,600원
②	오후 7시 31분	98,400원
③	오후 9시 3분	98,600원
④	오후 10시 29분	97,400원
⑤	오후 11시 38분	98,400원

01 다음 글에서 설명하는 컴퓨터 시스템의 구성요소는?

> • Main Memory이다.
> • CPU 가까이에 위치하며, 반도체 기억장치 칩들로 고속 액세스 가능을 담당한다.
> • 가격이 높고 면적을 많이 차지한다.
> • 저장 능력이 없으므로 프로그램 실행 중 일시적으로 사용된다.

① 중앙처리장치   ② 주기억장치
③ 보조저장장치   ④ 입출력장치
⑤ LAN

02 다음 중 인터넷 이용예절에 대한 설명으로 옳지 않은 것은?

① 인터넷상에서의 이용예절을 가리키는 네티켓은 네트워크와 에티켓이라는 용어의 합성어이다.
② 게시판 이용 시 글의 내용 중에 잘못된 점이 있으면 빨리 수정하거나 삭제해야 한다.
③ 온라인 대화(채팅)를 광고, 홍보 등의 목적으로 악용해서는 안 된다.
④ 네티켓은 네티즌이 사이버 공간에서 지켜야 할 비공식적인 규약에 해당한다.
⑤ 전자우편(E-mail)을 사용할 때는 정확한 전달을 위해 최대한 구체적으로 사안에 대한 설명을 나열하여야 한다.

03 다음 중 개인정보의 분류에 대한 내용으로 옳지 않은 것을 〈보기〉에서 모두 고르면?

> **보기**
> ㄱ. 소득 정보 : 대부상황, 저당, 신용카드, 담보설정 여부 등
> ㄴ. 의료 정보 : 가족병력기록, 과거 의료기록, 신체장애, 혈액형 등
> ㄷ. 조직 정보 : 고용주, 회사주소, 상관의 이름, 직무수행 평가 기록, 훈련기록, 상벌기록 등
> ㄹ. 법적 정보 : 전과기록, 구속기록, 이혼기록 등

① ㄱ, ㄴ   ② ㄱ, ㄷ
③ ㄴ, ㄷ   ④ ㄴ, ㄹ
⑤ ㄷ, ㄹ

04 다음 중 Windows 사용 시 메모리(RAM) 용량 부족의 해결방법으로 옳지 않은 것은?

① 가상 메모리 크기를 적절하게 조절한다.

② 메모리(RAM)를 추가로 설치하여 업그레이드한다.

③ 시작 프로그램에 설정된 프로그램을 삭제한 후 다시 시작한다.

④ 불필요한 프로그램은 종료하도록 한다.

⑤ 디스크 정리를 수행하여 다운로드한 프로그램 파일, 임시 인터넷 파일 등을 삭제한다.

PART 3

05 다음 빈칸에 들어갈 단어로 옳은 것은?

> _____는 센서 네트워크와 외부 네트워크(인터넷)를 연결하는 게이트웨이 역할을 하며, 센서 노드에게 임무를 부여하고, 센서 노드에서 감지된 모든 이벤트를 수집한다.

① 풀 노드(Full Node)

② 싱크 노드(Sink Node)

③ 라이트 노드(Light Node)

④ 마스터 노드(Master Node)

⑤ 슈퍼 노드(Super Node)

06 다음 중 개인정보 유출 방지에 대한 설명으로 옳지 않은 것을 〈보기〉에서 모두 고르면?

> **보기**
> ㄱ. 회원가입 시 개인정보보호와 이용자 권리에 관한 조항을 유심히 읽어야 한다.
> ㄴ. 제3자에 대한 정보 제공이 이루어지는 곳에는 개인정보를 제공하여서는 안 된다.
> ㄷ. 제시된 정보수집 및 이용목적에 적합한 정보를 요구하는지 확인하여야 한다.
> ㄹ. 비밀번호는 주기적으로 변경해야 하며, 비밀번호 관리를 위해 동일한 비밀번호를 사용하는 것이 좋다.
> ㅁ. 제공한 정보가 가입해지 시 파기되는지 여부를 확인하여야 한다.

① ㄱ, ㄴ

② ㄱ, ㄷ

③ ㄴ, ㄹ

④ ㄴ, ㅁ

⑤ ㄷ, ㄹ, ㅁ

07 다음 시트에서 [B1] 셀에 〈보기〉의 (가) ~ (마) 함수를 입력하였을 때, 표시되는 결괏값이 다른 것은?

	A	B
1	333	
2	합격	
3	불합격	
4	12	
5	7	

보기

(가) =ISNUMBER(A1)   (나) =ISNONTEXT(A2)
(다) =ISTEXT(A3)   (라) =ISEVEN(A4)
(마) =ISODD(A5)

① (가)   ② (나)
③ (다)   ④ (라)
⑤ (마)

08 다음 워크시트에서 '박지성'의 결석 값을 찾기 위한 함수식은?

	A	B	C	D
1	성적표			
2	이름	중간	기말	결석
3	김남일	86	90	4
4	이천수	70	80	2
5	박지성	95	85	5

① =VLOOKUP("박지성", $A$3:$D$5, 4, 1)

② =VLOOKUP("박지성", $A$3:$D$5, 4, 0)

③ =HLOOKUP("박지성", $A$3:$D$5, 4, 0)

④ =HLOOKUP("박지성", $A$3:$D$5, 4, 1)

⑤ =HLOOKUP("박지성", $A$3:$D$5, 4, 2)

09 다음 시트에서 [E10] 셀에 수식 「=INDEX(E2:E9,MATCH(0,D2:D9,0))」를 입력했을 때, [E10] 셀에 표시되는 결괏값으로 옳은 것은?

	A	B	C	D	E
1	부서	직위	사원명	근무연수	근무월수
2	재무팀	사원	이수연	2	11
3	교육사업팀	과장	조민정	3	5
4	신사업팀	사원	최지혁	1	3
5	교육컨텐츠팀	사원	김다연	0	2
6	교육사업팀	부장	민경희	8	10
7	기구설계팀	대리	김형준	2	1
8	교육사업팀	부장	문윤식	7	3
9	재무팀	대리	한영혜	3	0
10					

① 0

② 1

③ 2

④ 3

⑤ 4

10 다음 시트와 같이 월~금요일까지는 '업무'로, 토요일과 일요일에는 '휴무'로 표시하고자 할 때 [B2] 셀에 입력해야 할 함수식으로 옳지 않은 것은?

	A	B
1	일자	휴무, 업무
2	2025-01-04	휴무
3	2025-01-05	휴무
4	2025-01-06	업무
5	2025-01-07	업무
6	2025-01-08	업무
7	2025-01-09	업무
8	2025-01-10	업무

① =IF(OR(WEEKDAY(A2,0)=0,WEEKDAY(A2,0)=6),"휴무","업무")

② =IF(OR(WEEKDAY(A2,1)=1,WEEKDAY(A2,1)=7),"휴무","업무")

③ =IF(OR(WEEKDAY(A2,2)=6, WEEKDAY(A2,2)=7),"휴무","업무")

④ =IF(WEEKDAY(A2,2)>=6,"휴무","업무")

⑤ =IF(WEEKDAY(A2,3)>=5,"휴무","업무")

01 다음 빈칸에 들어갈 용어로 가장 적절한 것은?

> _____(이)란 공통의 문제 또는 과제를 해결하기 위해 성격이 다른 2종 이상의 기술을 결합하여 다학제 간 연구를 통해 도출된 기술을 뜻한다. 스마트폰이 대표적인 사례이며, 최근 자동차 등에 컴퓨터의 기능을 넣는 등 그 범위가 점차 확장되고 있다.

① 빅데이터   ② 블록체인
③ 융합기술   ④ 알고리즘
⑤ 로봇공학

02 다음 중 기술능력이 뛰어난 사람의 특징에 대한 설명으로 옳지 않은 것은?

① 인식된 문제를 위한 다양한 해결책을 개발하고 평가한다.
② 지식이나 기타 자원을 선택하고 최적화시키며 적용한다.
③ 불가능한 부분의 해결을 필요로 하는 문제를 인식한다.
④ 주어진 한계 속에서 제한된 자원을 가지고 일한다.
⑤ 여러 상황 속에서 기술의 체계와 도구를 사용하고 습득한다.

03 다음 중 산업 재해에 해당되는 사례가 아닌 것은?

① 산업활동 중의 사고로 인해 사망하는 경우
② 근로자가 휴가 기간 중 사고로 부상당한 경우
③ 회사에 도보로 통근을 하는 도중 교통사고를 당하는 경우
④ 일용직, 계약직, 아르바이트생이 산업활동 중 부상당하는 경우
⑤ 유해 물질에 의한 중독 등으로 직업성 질환에 걸리거나 신체적 장애를 가져오는 경우

04 다음은 벤치마킹의 절차를 나타낸 자료이다. 이에 대한 설명으로 옳지 않은 것은?

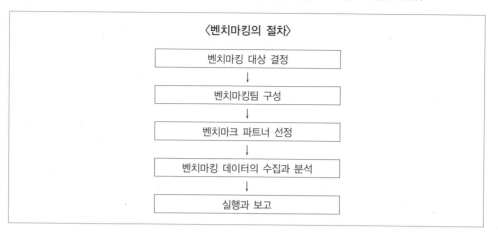

① 벤치마킹 데이터를 수집·분석할 경우 문서 편집 시스템보다는 수기로 작업하는 것이 좋다.
② 벤치마킹 대상이 결정되면 대상을 조사하기 위해 필요한 정보와 자원이 무엇인지 파악해야 한다.
③ 벤치마크 파트너 선정은 벤치마크 정보를 수집하는 데 이용될 정보의 원천을 확인하는 단계이다.
④ 벤치마킹팀 구성 시 구성원들 간의 의사소통이 원활하기 위한 네트워크 환경이 요구된다.
⑤ 벤치마킹팀의 경우 관계자 모두에게 벤치마킹이 명확하게 할당되고 중심 프로젝트가 정해지는 것을 돕기 위한 프로젝트 관리 기구가 필요하다.

05 다음 중 코닥이 몰락하게 된 원인은?

> 1980년대에 세계 필름 시장의 2/3를 지배했던 '필름의 명가' 코닥사는 131년의 역사를 가지고 있다. 그런 코닥의 몰락을 가져온 디지털 카메라를 처음 개발한 회사는 역설적이게도 코닥이었다. 코닥 카메라는 세계 최초로 1975년 디지털 카메라를 개발하였지만 이 기술로 돈을 벌지 못하였다. 이유는 디지털 시대가 도래했지만, 신기술에 대한 미온적인 태도로 디지털 카메라를 무시했기 때문이다. 코닥은 디지털 카메라보다 회사의 주요 제품인 필름이 필요한 즉석 카메라에 집중했다. 폴라로이드와 즉석 카메라 특허로 분쟁을 일으키기까지 하였다. 한편 디지털 카메라를 적극적으로 받아들인 일본의 소니, 캐논 등이 디지털 카메라 시장으로 진출하자 필름 카메라의 영역은 급속하게 축소되었다. 뒤늦게 코닥이 디지털 카메라 시장에 뛰어들지만 상황을 바꾸기에는 역부족이었다.

① 폴라로이드의 시장 점유율이 코닥을 뛰어 넘었기 때문이다.
② 변화하는 추세를 따라가지 못했기 때문이다.
③ 즉석카메라의 기술 비용으로 자금난에 시달렸기 때문이다.
④ 새로운 분야에 계속해서 도전했기 때문이다.
⑤ 시대에 맞지 않은 신기술을 개발하였기 때문이다.

※ 다음은 사내 전화기 사용방법을 알려주기 위한 매뉴얼이다. 이어지는 질문에 답하시오. **[6~7]**

〈사내 전화기 사용방법〉

■ **전화걸기**
  - 수화기를 들고 전화번호를 입력한 후 2초간 기다리거나 [#] 버튼을 누른다.
  - 이전 통화자와 다시 통화하기를 원하면 수화기를 들고 [재다이얼] 버튼을 누른다.
  - 통화 중인 상태에서 다른 곳으로 전화를 걸기 원하면 [메뉴 / 보류] 버튼을 누른 뒤 새로운 번호를 입력한 후 2초간 기다리거나 [#] 버튼을 누른다. 다시 이전 통화자와 연결을 원하면 [메뉴 / 보류] 버튼을 누른다.

■ **전화받기**
  - 벨이 울릴 때 수화기를 들어 올린다.
  - 통화 중에 다른 전화를 받기를 원하면 [메뉴 / 보류] 버튼을 누른다. 다시 이전 통화자와 연결을 원하면 [메뉴 / 보류] 버튼을 누른다.

■ **통화내역 확인**
  - [통화내역] 버튼을 누르면 LCD 창에 '발신', '수신', '부재중' 3가지 메뉴가 뜨며, [볼륨조절] 버튼으로 원하는 메뉴에 위치한 후 [통화내역] 버튼을 눌러 내용을 확인한다.

■ **당겨받기**
  - 다른 전화가 울릴 때 자신의 전화로 받을 수 있는 기능이며, 동일 그룹 안에 있는 경우만 가능하다.
  - 수화기를 들고 [당겨받기] 버튼을 누른다.

■ **돌려주기**
  - 걸려 온 전화를 다른 전화기로 돌려주는 기능이다.
  - 통화 중일 때 [돌려주기] 버튼을 누른 뒤 돌려줄 번호를 입력하고 [#] 버튼을 누르면 새 통화가 연결되며, 그 후에 수화기를 내려놓는다.
  - 즉시 돌려주기를 할 경우에는 위 통화 중일 때 [돌려주기] 버튼을 누른 후 돌려줄 번호를 입력하고 수화기를 내려놓는다.

■ **3자통화**
  - 동시에 3인과 통화할 수 있는 기능이다.
  - 통화 중일 때 [메뉴 / 보류] 버튼을 누르고 통화할 번호를 입력한 후, [#] 버튼을 눌러 새 통화가 연결되면 [3자통화] 버튼을 누른다.
  - 통화 중일 때 다른 전화가 걸려 왔다면, [메뉴 / 보류] 버튼을 누른 후 새 통화가 연결되면 [3자통화] 버튼을 누른다.

■ **수신전환**
  - 전화가 오면 다른 전화기로 받을 수 있도록 하는 기능으로, 무조건 · 통화중 · 무응답 세 가지 방법으로 설정할 수 있다.
  - 전화기 내 [수신전환] 버튼을 누른 뒤 [볼륨조절] 버튼으로 전환방법을 선택한 후 [통화내역] 버튼을 누르고, 다른 전화기 번호를 입력한 후 다시 [통화내역] 버튼을 누른다.
  - 해제할 경우에는 [수신전환] 버튼을 누르고 [볼륨조절] 버튼으로 '사용 안 함' 메뉴에 위치한 후 [통화내역] 버튼을 누른다.

06 오늘 첫 출근한 A사원에게 B대리는 별다른 설명 없이 사내 전화기 사용 매뉴얼을 건네주었다. 마침 매뉴얼을 한 번 다 읽어본 후, 옆 테이블에 있는 전화기가 울렸다. 그러나 주변에는 아무도 없었다. 이때, 전화기의 어떤 기능을 사용해야 하는가?

① 전화걸기

② 3자통화

③ 돌려주기

④ 당겨받기

⑤ 수신전환

07 A사원이 근무한 지 벌써 두 달이 지나 새로운 인턴사원이 입사하게 되었다. A사원은 새로운 인턴에게 사내 전화기 사용 매뉴얼을 전달하고자 한다. 그러나 글로만 되어 있던 매뉴얼이 불편했던 생각이 들어 더욱 쉽게 이해할 수 있도록 그림을 추가하고자 한다. 다음 중 전화걸기 항목에 들어갈 그림으로 옳은 것은?

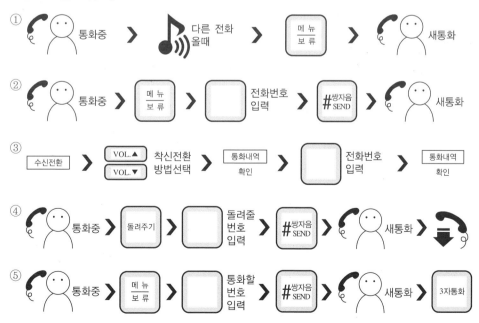

※ 기획전략팀에서는 사무실을 간편히 청소할 수 있는 새로운 청소기를 구매하였다. 기획전략팀의 B대리는 새 청소기를 사용하기 전에 다음 사용 설명서를 참고하였다. 이어지는 질문에 답하시오. [8~10]

〈사용 설명서〉

■ 충전

- 충전 시 작동 스위치 2곳을 반드시 꺼 주십시오.
- 타 제품의 충전기를 사용할 경우 고장의 원인이 되오니 반드시 전용 충전기를 사용하십시오.
- 충전 시 충전기에 열이 느껴지는 것은 고장이 아닙니다.
- 본 제품에는 배터리 보호를 위하여 과충전 보호회로가 내장되어 있어 적정 충전시간을 초과하여도 배터리는 심한 손상이 없습니다.
- 충전기의 줄을 잡고 뽑을 경우 감전, 쇼트, 발화 및 고장의 원인이 됩니다.
- 충전하지 않을 때는 전원 콘센트에서 충전기를 뽑아 주십시오. 절연 열화에 따른 화재, 감전 및 고장의 원인이 됩니다.

■ 이상발생 시 점검 방법

증상	확인사항	해결 방법
스위치를 켜도 청소기가 작동하지 않는다면?	• 청소기가 충전잭에 꽂혀 있는지 확인하세요. • 충전이 되어 있는지 확인하세요. • 본체에 핸디 청소기가 정확히 결합되었는지 확인하세요. • 접점부(핸디, 본체)를 부드러운 면으로 깨끗이 닦아 주세요.	• 청소기에서 충전잭을 뽑아 주세요.
사용 중 갑자기 흡입력이 떨어진다면?	• 흡입구를 커다란 이물질이 막고 있는지 확인하세요. • 먼지 필터가 막혀 있는지 확인하세요. • 먼지통 내에 오물이 가득 차 있는지 확인하세요.	• 이물질을 없애고 다시 사용하세요.
청소기가 멈추지 않는다면?	• 스틱 손잡이 / 핸디 손잡이 스위치 2곳 모두 꺼져 있는지 확인하세요. • 청소기 본체에서 핸디 청소기를 분리하세요.	−
사용시간이 짧다고 느껴진다면?	• 10시간 이상 충전하신 후 사용하세요.	−
라이트 불이 켜지지 않는다면?	• 청소기 작동 스위치를 ON으로 하셨는지 확인하세요. • 라이트 스위치를 ON으로 하셨는지 확인하세요.	−
파워브러시가 작동하지 않는다면?	• 머리카락이나 실 등 이물질이 감겨있는지 확인하세요.	• 청소기 전원을 끄고 이물질 제거 후 전원을 켜면 파워브러시가 재작동하며 평상시에도 파워브러시가 멈추었을 때는 전원 스위치를 껐다 켜시면 브러시가 재작동합니다.

08 다음 중 배터리 충전으로 인한 고장이 발생한 경우, 그 원인으로 적절하지 않은 것은?

① 충전 시 작동 스위치 2곳을 모두 끄지 않은 경우
② 충전기를 뽑을 때 줄을 잡고 뽑은 경우
③ 충전하지 않을 때 충전기를 계속 꽂아 둔 경우
④ 적정 충전시간을 초과하여 충전한 경우
⑤ 타 제품의 충전기를 사용한 경우

PART 3

09 B대리는 청소기의 전원을 껐다 켬으로써 청소기의 작동 불량을 해결하였다. 다음 중 어떤 작동 불량이 발생하였는가?

① 청소기가 멈추지 않았다.
② 사용시간이 짧게 느껴졌다.
③ 파워브러시가 작동하지 않았다.
④ 사용 중 흡입력이 떨어졌다.
⑤ 라이트 불이 켜지지 않았다.

10 다음 중 청소기에 이물질이 많이 들어있을 때 나타날 수 있는 증상은?

① 사용시간이 짧아진다.
② 라이트 불이 켜지지 않는다.
③ 스위치를 켜도 청소기가 작동하지 않는다.
④ 충전 시 충전기에서 열이 난다.
⑤ 사용 중 갑자기 흡입력이 떨어진다.

제2회
최종점검 모의고사

※ 한국전력공사 고졸채용 최종점검 모의고사는 2024년 하반기 채용 공고와 후기를 기준으로 구성한 것으로 실제 시험과 다를 수 있습니다.

※ 모바일 OMR 답안채점 / 성적분석 서비스

사무

전기

ICT

■ 취약영역 분석

|01| 공통영역(사무 / 전기 / ICT)

번호	O/×	영역	번호	O/×	영역	번호	O/×	영역
01			11			21		
02			12			22		
03			13			23		
04			14			24		
05		의사소통능력	15		수리능력	25		문제해결능력
06			16			26		
07			17			27		
08			18			28		
09			19			29		
10			20			30		

|02| 자원관리능력(사무 / 전기)

번호	01	02	03	04	05	06	07	08	09	10
O/×										

|03| 정보능력(사무 / ICT)

번호	01	02	03	04	05	06	07	08	09	10
O/×										

|04| 기술능력(전기 / ICT)

번호	01	02	03	04	05	06	07	08	09	10
O/×										

평가문항	50문항	평가시간	60분
시작시간	:	종료시간	:
취약영역			

---

01   **공통영역(사무 / 전기 / ICT)**

---

01   다음 글의 내용으로 가장 적절한 것은?

> 김치는 자연 발효에 의해 익어가기 때문에 미생물의 작용에 따라 맛이 달라진다. 김치가 발효되기 위해서는 효모와 세균 등 여러 미생물의 증식이 일어나야 하는데, 이를 위해 김치를 담글 때 찹쌀가루나 밀가루로 풀을 쑤어 넣어 준다. 이는 풀에 들어 있는 전분을 비롯한 여러 가지 물질이 김칫소에 있는 미생물을 쉽게 자랄 수 있도록 해주는 영양분의 역할을 하기 때문이다. 김치는 배추나 무에 있는 효소뿐만 아니라 그 사이에 들어가는 김칫소에 포함된 효소의 작용에 의해서도 발효가 일어날 수 있다.
>
> 김치의 발효 과정에 관여하는 미생물에는 여러 종류의 효모, 호기성 세균 그리고 유산균을 포함한 혐기성 세균이 있다. 갓 담근 김치의 발효가 시작될 때 호기성 세균과 혐기성 세균의 수가 두드러지게 증가하지만, 김치가 익어갈수록 호기성 세균의 수는 점점 줄어들어 나중에는 그 수가 완만하게 증가하는 효모의 수와 거의 비슷해진다. 그러나 혐기성 세균의 수는 김치가 익어갈수록 증가하며 결국 많이 익어서 시큼한 맛이 나는 김치에 있는 미생물 중 대부분을 차지한다. 김치를 익히는 데 관여하는 균과 매우 높은 산성의 환경에서도 잘 살 수 있는 유산균이 그 예이다.
>
> 김치를 익히는 데 관여하는 세균과 유산균뿐만 아니라 김치의 발효 초기에 증식하는 호기성 세균도 독특한 김치 맛을 내는 데 도움을 준다. 김치에 들어 있는 효모는 세균보다 그 수가 훨씬 적지만 여러 종류의 효소를 가지고 있어서 김치 안에 있는 여러 종류의 탄수화물을 분해할 수 있다. 또한 김치를 발효시키는 유산균은 당을 분해해서 시큼한 맛이 나는 젖산을 생산하는데, 김치가 익어가면서 김치 국물의 맛이 시큼해지는 것은 바로 이런 이유 때문이다.
>
> 김치가 익는 정도는 재료나 온도 등의 조건에 따라 달라지는데, 이는 유산균의 발효 정도가 달라지기 때문이다. 특히 이 미생물들이 만들어 내는 여러 종류의 향미 성분이 더해지면서 특색 있는 김치 맛이 만들어진다. 김치가 익는 기간에 따라 여러 가지 맛을 내는 것도 모두 유산균의 발효 정도가 다른 데서 비롯된다.

① 김치를 담글 때 넣는 풀은 효모에 의해 효소로 바뀐다.

② 강한 산성 조건에서도 생존할 수 있는 혐기성 세균이 있다.

③ 김치 국물의 시큼한 맛은 호기성 세균의 작용에 의한 것이다.

④ 특색 있는 김치 맛을 만드는 것은 효모가 만든 향미 성분 때문이다.

⑤ 시큼한 맛이 나는 김치에 있는 효모의 수는 호기성 세균이나 혐기성 세균보다 훨씬 많다.

02 다음 중 밑줄 친 ㉠과 ㉡의 관계와 다른 것은?

> 제천시의 산채건강마을은 산과 하천이 어우러진 전형적인 산촌으로, 돌과 황토로 지은 8개 동의 전통 ㉠ 가옥 펜션과 한방 명의촌, 한방주 체험관, 황토 게르마늄 구들 찜질방, 약용 식물원 등의 시설을 갖추고 있다.
> 산채건강마을의 한방주 체험관에서는 전통 가양주를 만들어 보는 체험을 할 수 있다. 체험객들은 개인의 취향대로 한약재를 골라 넣어 가양주를 담그고, 자신이 직접 담근 가양주는 ㉡ 집으로 가져갈 수 있다.

① 친구(親舊) : 벗
② 수확(收穫) : 벼
③ 금수(禽獸) : 짐승
④ 계란(鷄卵) : 달걀
⑤ 주인(主人) : 임자

03 다음 중 빈칸에 들어갈 말이 바르게 연결된 것은?

> 경청이란 다른 사람의 말을 주의 깊게 들으며, ㉠ 하는 능력이다. 경청은 대화의 과정에서 당신에 대한 ㉡ 을/를 쌓을 수 있는 최고의 방법이다. 우리가 경청하면 상대는 본능적으로 안도감을 느낀다. 그리고 우리가 말을 할 경우, 자신도 모르게 더 ㉢ 하게 한다. 이런 심리적 효과로 인해 우리의 말과 메시지, 감정은 아주 효과적으로 상대에게 전달된다.

	㉠	㉡	㉢		㉠	㉡	㉢
①	설득	인정	의지	②	설득	신뢰	의지
③	공감	신뢰	집중	④	공감	친분	집중
⑤	공감	친분	의지				

04 의사 표현의 종류는 상황이나 사태와 관련하여 공식적 말하기, 의례적 말하기, 친교적 말하기로 구분할 수 있다. 다음 중 공식적 말하기에 해당하는 것을 〈보기〉에서 모두 고르면?

> **보기**
> ㉠ 토론
> ㉡ 연설
> ㉢ 토의
> ㉣ 주례
> ㉤ 회의
> ㉥ 안부전화

① ㉠, ㉡
② ㉠, ㉥
③ ㉠, ㉡, ㉢
④ ㉠, ㉡, ㉣
⑤ ㉡, ㉢, ㉤

05 다음 글을 읽고 추론한 내용으로 적절하지 않은 것은?

선거 기간 동안 여론 조사 결과의 공표를 금지하는 것이 사회적 쟁점이 되고 있다. 조사 결과의 공표가 유권자 투표 의사에 영향을 미쳐 선거의 공정성을 훼손한다는 주장과 공표 금지가 선거 정보에 대한 언론의 접근을 제한하여 알 권리를 침해한다는 주장이 맞서고 있기 때문이다.

찬성론자들은 먼저 '밴드왜건 효과'와 '열세자 효과' 등의 이론을 내세워 여론 조사 공표의 부정적인 영향을 부각시킨다. 밴드왜건 효과에 의하면, 선거일 전에 여론 조사 결과가 공표되면 사표(死票) 방지 심리로 인해 표심이 지지도가 높은 후보 쪽으로 이동하게 된다. 이와 반대로 열세자 효과에 따르면, 열세에 있는 후보자에 대한 동정심이 발동하여 표심이 그쪽으로 움직이게 된다.

각각의 이론을 통해 알 수 있듯이 여론 조사 결과의 공표가 어느 쪽으로든 투표 행위에 영향을 미치게 되고 선거일에 가까워질수록 공표가 갖는 부정적 효과가 극대화되기 때문에 이를 금지해야 한다는 것이다. 이들은 또한 공정한 여론 조사가 진행될 수 있는 제반 여건이 아직은 성숙되지 않았다는 점도 강조한다. 그리고 금권, 관권 부정 선거와 선거 운동의 과열 경쟁으로 인한 폐해가 많았다는 것이 경험적으로도 확인되었다는 사실을 그 이유로 든다.

이와 달리 반대론자들은 무엇보다 표현의 자유를 실현하는 수단으로서 알 권리의 중요성을 강조한다. 알 권리는 국민이 의사를 형성하는 데 전제가 되는 권리인 동시에 국민 주권 실천 과정에 참여하는 데 필요한 정보와 사상 및 의견을 자유롭게 구할 수 있음을 강조하는 권리이다. 그리고 이 권리는 언론 기관이 '공적 위탁 이론'에 근거해 국민들로부터 위임받아 행사하는 것이므로 정보에 대한 언론의 접근이 보장되어야 충족된다. 후보자의 지지도나 당선 가능성 등에 대한 여론의 동향 등은 이 알 권리의 대상에 포함된다. 따라서 언론이 위임받은 알 권리를 국민의 뜻에 따라 대행하는 것이기 때문에 여론 조사 결과의 공표를 금지하는 것은 결국 표현의 자유를 침해하여 위헌이라는 논리이다. 또한 이들은 조사 결과의 공표가 선거의 공정성을 방해한다는 분명한 증거가 제시되지 않고 있기 때문에 조사 결과의 공표가 선거에 부정적인 영향을 미친다는 점이 확실하게 증명되지 않는다는 점도 강조한다.

우리나라 현행 선거법은 선거일 전 6일부터 선거 당일까지 조사 결과의 공표를 금지하고 있다. 선거 기간 내내 공표를 제한했던 과거와 비교해 보면 금지 기간이 대폭 줄었음을 알 수 있다. 이는 공표 금지에 대한 찬반 논쟁에 시사하는 바가 크다.

① 언론 기관이 알 권리를 대행하기도 한다.
② 알 권리는 법률에 의해 제한되기도 한다.
③ 알 권리가 제한되면 표현의 자유가 약화된다.
④ 알 권리에는 정보 수집의 권리도 포함되어 있다.
⑤ 공표 금지 기간이 길어질수록 알 권리는 강화된다.

06 다음 글의 빈칸에 들어갈 내용으로 가장 적절한 것은?

몰랐지만 넘겨짚어 시험의 정답을 맞힌 경우와 제대로 알고 시험의 정답을 맞힌 경우를 구별할 수 있을까? 또 무작정 외워서 쓴 경우와 제대로 이해하고 쓴 경우는 어떤가? 전자와 후자는 서로 다르게 평가받아야 할까, 아니면 동등한 평가를 받아야 할까?

선택형 시험의 평가는 오로지 답안지에 표기된 선택지가 정답과 일치하는가의 여부에만 달려 있다. 이는 위의 첫 번째 물음이 항상 긍정으로 대답되지는 않으리라는 사실을 말해준다. 그러나 만일 시험관에게 답안지를 놓고 응시자와 면담할 기회가 주어진다면, 시험관은 응시자에게 정답지를 선택한 근거를 물음으로써 그가 문제에 대해 올바른 정보와 추론 능력을 가지고 있는지 검사할 수 있을 것이다. 예를 들어 한 응시자가 '대한민국의 수도가 어디냐'는 물음에 대해 '서울'이라고 답했다고 하자. 그렇게 답한 이유가 단지 '부모님이 사시는 도시라 이름이 익숙해서'였을 뿐, 정작 대한민국의 지리나 행정에 대해서는 아는 바 없다는 사실이 면접을 통해 드러났다고 하자. 이 경우에 시험관은 이 응시자가 대한민국의 수도에 대한 올바른 정보를 갖고 있다고 인정하기 어려울 것이다. 이 예는 응시자가 올바른 답을 제시하는 데 필요한 정보가 부족한 경우이다.

그렇다면 어떤 사람이 문제의 올바른 답을 추론해내는 데 필요한 모든 정보를 갖고 있었고 실제로도 정답을 제시했다고 해서, 그가 문제에 대한 올바른 추론 능력을 가지고 있다고 할 수 있는가? 어느 도난사건을 함께 조사한 홈즈와 왓슨이 사건의 모든 구체적인 세부사항, 예컨대 범행 현장에서 발견된 흙발자국의 토양 성분뿐 아니라 올바른 결론을 내리는 데 필요한 모든 일반적 정보, 예를 들어 영국의 지역별 토양의 성분에 대한 정보 등을 똑같이 갖고 있었고, 실제로 동일한 용의자를 범인으로 지목했다고 하자. 이 경우 두 사람의 추론을 동등하게 평가해야 하는가? 그렇지 않다.

왓슨은 모든 정보를 완비하고 있었음에도 불구하고, 이름에 모음의 수가 가장 적다는 엉터리 이유로 범인을 지목했다고 하자. 이런 경우에도 우리는 왓슨의 추론에 박수를 보낼 수 있을까? 아니다. 왜냐하면 _____

① 왓슨은 일반적으로 타당한 개인적 경험을 토대로 추론했기 때문이다.

② 왓슨은 올바른 추론의 방법을 알고 있음에도 불구하고 요행을 우선시했기 때문이다.

③ 왓슨은 추론에 필요한 전문적인 훈련을 받지 못해서 범인을 잘못 골랐기 때문이다.

④ 왓슨은 올바른 추론에 필요한 정보를 가지고 있긴 했지만 그 정보와 무관하게 범인을 지목했기 때문이다.

⑤ 왓슨은 올바른 추론에 필요한 논리적 능력은 갖추고 있음에도 불구하고 범인을 추론하는 데 필요한 관련 정보가 부족했기 때문이다.

07 다음 글의 제목으로 가장 적절한 것은?

> 감시용으로만 사용되는 CCTV가 최근에 개발된 신기술과 융합되면서 그 용도가 점차 확대되고 있다. 대표적인 것이 인공지능(AI)과의 융합이다. CCTV가 지능을 가지게 되면 단순 행동 감지에서 벗어나 객체를 추적해 행위를 판단할 수 있게 된다. 단순히 사람의 눈을 대신하던 CCTV가 사람의 두뇌를 대신하는 형태로 진화하고 있는 셈이다.
> 인공지능을 장착한 CCTV는 범죄현장에서 이상 행동을 하는 사람을 선별하고, 범인을 추적하거나 도주 방향을 예측해 통합관제센터로 통보할 수 있다. 또한 수상한 사람의 행동 패턴에 따라 지속적인 추적이나 감시를 수행하고, 차량번호 및 사람 얼굴 등을 인식해 관련 정보를 분석하여 제공할 수 있다.
> 한국전자통신연구원(ETRI)에서는 CCTV 등의 영상 데이터를 활용해 특정 인물이 어떤 행동을 할지를 사전에 예측하는 영상분석 기술을 연구 중인 것으로 알려져 있다. 인공지능 CCTV는 범인 추적뿐만 아니라 자연재해를 예측하는 데 사용할 수도 있다. 장마철이나 국지성 집중호우 때 홍수로 범람하는 하천의 수위를 감지하는 것은 물론 산이나 도로의 붕괴 예측 등 다양한 분야에 적용될 수 있기 때문이다.

① AI와 융합한 CCTV의 진화   ② 범죄를 예측하는 CCTV
③ 당신을 관찰한다, CCTV의 폐해   ④ CCTV와 AI의 현재와 미래
⑤ 인공지능과 사람의 공존

08 다음 중 빈칸 ㉠ ~ ㉢에 들어갈 단어로 옳은 것은?

> • 그는 부인에게 자신의 친구를 ㉠ 소개시켰다 / 소개했다.
> • 이 소설은 실제 있었던 일을 바탕으로 ㉡ 쓰인 / 쓰여진 것이다.
> • 자전거가 마주 오던 자동차와 ㉢ 부딪혔다 / 부딪쳤다.

	㉠	㉡	㉢
①	소개시켰다	쓰인	부딪혔다
②	소개시켰다	쓰여진	부딪혔다
③	소개했다	쓰인	부딪혔다
④	소개했다	쓰인	부딪쳤다
⑤	소개했다	쓰여진	부딪쳤다

09 다음 문단을 논리적 순서대로 바르게 나열한 것은?

> (가) 본성 대 양육 논쟁은 앞으로 치열하게 전개될 소지가 많다. 하지만 유전과 환경이 인간의 행동에 어느 정도 영향을 미치는가를 따지는 일은 멀리서 들려오는 북소리가 북에 의한 것인지, 아니면 연주자에 의한 것인지를 분석하는 것처럼 부질없는 것인지 모른다. 본성과 양육 모두 인간 행동에 필수적인 요인이기 때문이다.
>
> (나) 20세기 들어 공산주의와 나치주의의 출현으로 본성 대 양육 논쟁이 극단으로 치달았다. 공산주의의 사회 개조론은 양육을, 나치즘의 생물학적 결정론은 본성을 옹호하는 이데올로기이기 때문이다. 히틀러의 유대인 대량 학살에 충격을 받은 과학자들은 환경 결정론에 손을 들어 줄 수밖에 없었다. 본성과 양육 논쟁에서 양육 쪽이 일방적인 승리를 거두게 된 것이다.
>
> (다) 이러한 추세는 1958년 미국 언어학자 노엄 촘스키에 의해 극적으로 반전되기 시작했다. 촘스키가 치켜든 선천론의 깃발은 진화 심리학자들이 승계했다. 진화 심리학은 사람의 마음을 생물학적 적응의 산물로 간주한다. 1992년 심리학자인 레다 코스미데스와 인류학자인 존 투비 부부가 함께 저술한 『적응하는 마음』이 출간된 것을 계기로 진화 심리학은 하나의 독립된 연구 분야가 됐다. 말하자면 윌리엄 제임스의 본능에 대한 개념이 1세기 만에 새 모습으로 부활한 셈이다.
>
> (라) 더욱이 1990년부터 인간 게놈 프로젝트가 시작됨에 따라 본성과 양육 논쟁에서 저울추가 본성 쪽으로 기울면서 생물학적 결정론이 더욱 강화되었다. 그러나 2001년 유전자 수가 예상보다 적은 3만여 개로 밝혀지면서 본성보다는 양육이 중요하다는 목소리가 커지기 시작했다. 이를 계기로 본성 대 양육 논쟁이 재연되기에 이르렀다.

① (가) – (나) – (다) – (라) ② (가) – (나) – (라) – (다)
③ (가) – (다) – (나) – (라) ④ (나) – (다) – (라) – (가)
⑤ (나) – (라) – (다) – (가)

10 다음 밑줄 친 단어의 유의어로 가장 적절한 것은?

> 그때의 기억이 어제의 일인 것처럼 <u>선연하게</u> 떠오른다.

① 차가운 아스팔트 위에 <u>성긴</u> 눈발이 희끗희끗 날리고 있었다.
② 그는 바닷바람이 <u>선선하게</u> 부는 해변을 걸었다.
③ 매일 등하교를 했던 거리는 <u>뚜렷하게</u> 그의 기억 속에 남아 있었다.
④ 들판의 벼는 <u>영글기</u> 시작했다.
⑤ 앞으로 살아갈 길이 <u>막연하다</u>.

11 A계열사와 B계열사의 제품 생산량의 비율은 3 : 7이고, 각각의 불량률은 2%, 3%이다. 신제품 생산을 위해서 선정한 부품이 불량품일 때, 그 불량품이 B계열사의 불량품일 확률은 얼마인가?

① $\dfrac{13}{21}$

② $\dfrac{7}{8}$

③ $\dfrac{7}{9}$

④ $\dfrac{13}{15}$

⑤ $\dfrac{15}{17}$

12 영희는 과일을 주문하려 인터넷 쇼핑몰에 들어갔다. 쇼핑몰에서는 사과, 수박, 바나나, 자두, 포도, 딸기, 감, 귤, 총 8종류의 과일 중에서 최대 4개의 과일을 주문할 수 있다. 영희가 포도, 딸기, 감, 귤 과일에 대해서는 최대 2종류만 선택을 하고, 총 3종류의 과일을 4개 주문한다고 할 때, 영희가 주문할 수 있는 모든 경우의 수는?

① 48가지

② 52가지

③ 56가지

④ 64가지

⑤ 68가지

13 K공사의 구내식당에서는 지난달 한 포대당 12,500원의 쌀을 구매하는 데 3,750,000원을 사용하였다. 이번 달에도 같은 양의 쌀을 주문하였으나, 최근 쌀값이 올라 한 포대당 14,000원의 금액을 지불하였다. 이번 달의 쌀 구매비용은 지난달보다 얼마나 더 증가하였는가?

① 450,000원

② 480,000원

③ 520,000원

④ 536,000원

⑤ 555,000원

14 서울에서 사는 L씨는 휴일에 가족들과 경기도 맛집에 가기 위해 오후 3시에 집 앞으로 중형 콜택시를 불렀다. 집에서 맛집까지 거리는 12.56km이며, 집에서 맛집으로 출발하여 4.64km 이동하면 경기도에 진입한다. 맛집에 도착할 때까지 신호로 인해 택시가 멈췄던 시간은 8분이며, 택시의 속력은 이동 시 항상 60km/h 이상이었다. 다음 자료를 참고할 때, L씨가 지불하게 될 택시요금은 얼마인가?(단, 콜택시의 예약비용은 없으며, 신호로 인한 멈춘 시간은 모두 경기도 진입 후이다)

〈서울시 택시요금 계산표〉

구분			신고요금
중형택시	주간	기본요금	2km까지 3,800원
		거리요금	100원 당 132m
		시간요금	100원 당 30초
	심야	기본요금	2km까지 4,600원
		거리요금	120원 당 132m
		시간요금	120원 당 30초
	공통사항		− 시간·거리 부분 동시병산(15.33km/h 미만 시) − 시계외 할증 20% − 심야(00:00 ~ 04:00)할증 20% − 심야·시계외 중복할증 40%

※ '시간요금'이란 속력이 15.33km/h 미만이거나 멈춰 있을 때 적용됨
※ 서울시에서 다른 지역으로 진입 후 시계외 할증(심야 거리 및 시간요금)이 적용됨

① 13,800원　　　　　　　　② 14,000원
③ 14,220원　　　　　　　　④ 14,500원
⑤ 14,920원

15 농도가 6%인 소금물 700g에서 한 컵의 소금물을 퍼내고, 퍼낸 양만큼 농도가 13%인 소금물을 넣었더니 농도가 9%인 소금물이 되었다. 이때, 퍼낸 소금물의 양은?

① 300g　　　　　　　　② 320g
③ 350g　　　　　　　　④ 390g
⑤ 450g

16 어떤 제철소에서 생산한 철강의 출하량을 분야별로 기록한 표이다. 2024년에 세 번째로 많은 생산을 했던 분야에서 2022년부터 2023년까지의 변화율로 옳은 것은?(단, 소수점 첫째 자리에서 버림한다)

(단위 : 천 톤)

연도	자동차	선박	토목 / 건설	일반기계	기타
2022년	5,230	3,210	6,720	4,370	3,280
2023년	6,140	2,390	5,370	4,020	4,590
2024년	7,570	2,450	6,350	5,730	4,650

① 10% 증가하였다.   ② 10% 감소하였다.
③ 8% 증가하였다.   ④ 8% 감소하였다.
⑤ 변동 없다.

17 김대리는 장거리 출장을 가기 전 주유를 하려고 하며, 주유를 할 때 세차도 함께 할 예정이다. A주유소와 B주유소의 주유 가격 및 세차 가격이 다음과 같을 때, A주유소에서 얼마만큼 주유하는 것이 B주유소보다 저렴한가?

구분	주유 가격	세차 가격
A주유소	1,550원/L	3천 원(5만 원 이상 주유 시 무료)
B주유소	1,500원/L	3천 원(7만 원 이상 주유 시 무료)

① 32L 이상 45L 이하   ② 32L 이상 46L 이하
③ 33L 이상 45L 이하   ④ 33L 이상 46L 이하
⑤ 33L 이상 47L 이하

18 다음은 스위스, 그리스, 영국, 미국 네 국가의 정부신뢰에 대한 자료이다. 〈조건〉에 근거하여 A ~ D에 해당하는 국가를 바르게 나열한 것은?

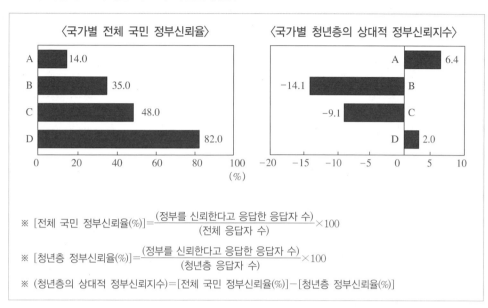

※ [전체 국민 정부신뢰율(%)]$=\dfrac{\text{(정부를 신뢰한다고 응답한 응답자 수)}}{\text{(전체 응답자 수)}} \times 100$

※ [청년층 정부신뢰율(%)]$=\dfrac{\text{(정부를 신뢰한다고 응답한 응답자 수)}}{\text{(청년층 응답자 수)}} \times 100$

※ (청년층의 상대적 정부신뢰지수)＝[전체 국민 정부신뢰율(%)]−[청년층 정부신뢰율(%)]

조건

• 청년층 정부신뢰율은 스위스가 그리스의 10배 이상이다.
• 영국과 미국에서는 청년층 정부신뢰율이 전체 국민 정부신뢰율보다 높다.
• 청년층 정부신뢰율은 미국이 스위스보다 30%p 이상 낮다.

	A	B	C	D
①	그리스	영국	미국	스위스
②	스위스	영국	미국	그리스
③	스위스	미국	영국	그리스
④	그리스	미국	영국	스위스
⑤	그리스	스위스	영국	미국

19 다음은 K국의 최종에너지 소비량에 대한 자료이다. 이에 대한 설명으로 옳은 것을 〈보기〉에서 모두 고르면?

〈2022 ~ 2024년 유형별 최종에너지 소비량 비중〉

(단위 : %)

구분	석탄		석유제품	도시가스	전력	기타
	무연탄	유연탄				
2022년	2.7	11.6	53.3	10.8	18.2	3.4
2023년	2.8	10.3	54.0	10.7	18.6	3.6
2024년	2.9	11.5	51.9	10.9	19.1	3.7

〈2024년 부문별·유형별 최종에너지 소비량〉

(단위 : 천 TOE)

구분	석탄		석유제품	도시가스	전력	기타	합계
	무연탄	유연탄					
산업	4,750	15,317	57,451	9,129	23,093	5,415	115,155
가정·상업	901	4,636	6,450	11,105	12,489	1,675	37,256
수송	0	0	35,438	188	1,312	0	36,938
기타	0	2,321	1,299	669	152	42	4,483
합계	5,651	22,274	100,638	21,091	37,046	7,132	193,832

> **보기**
>
> ㄱ. 2022 ~ 2024년 동안 전력 소비량은 매년 증가한다.
> ㄴ. 2024년 산업부문의 최종에너지 소비량은 전체 최종에너지 소비량의 50% 이상을 차지한다.
> ㄷ. 2022 ~ 2024년 동안 석유제품 소비량 대비 전력 소비량의 비율은 매년 증가한다.
> ㄹ. 2024년에는 산업부문과 가정·상업부문에서 유연탄 소비량 대비 무연탄 소비량의 비율이 각각 25% 미만이다.

① ㄱ, ㄴ
② ㄱ, ㄹ
③ ㄴ, ㄷ
④ ㄴ, ㄹ
⑤ ㄷ, ㄹ

20 다음은 2024년 행정구역별 공동주택의 실내 라돈 농도에 대한 자료이다. 이에 대한 보고서의 내용 중 옳은 것을 모두 고르면?

〈행정구역별 공동주택 실내 라돈 농도〉

행정구역＼항목	조사대상 공동주택수(호)	평균값 (Bq/m³)	중앙값 (Bq/m³)	200Bq/m³ 초과 공동주택수(호)
서울특별시	532	66.5	45.4	25
부산광역시	434	51.4	35.3	12
대구광역시	437	61.5	41.6	16
인천광역시	378	48.5	33.8	9
광주광역시	308	58.3	48.2	6
대전광역시	201	110.1	84.2	27
울산광역시	247	55.0	35.3	7
세종특별자치시	30	83.8	69.8	1
경기도	697	74.3	52.5	37
강원도	508	93.4	63.6	47
충청북도	472	86.3	57.8	32
충청남도	448	93.3	59.9	46
전라북도	576	85.7	56.7	40
전라남도	569	75.5	51.5	32
경상북도	610	72.4	48.3	34
경상남도	640	57.5	36.7	21
제주특별자치도	154	68.2	40.9	11
전국	7,241	-	-	403

〈보고서〉

우리나라에서는 2024년 처음으로 공동주택에 대한 '실내 라돈 권고 기준치'를 200Bq/m³ 이하로 정하고 공동주택의 실내 라돈 농도를 조사하였다. 이번 공동주택 실내 라돈 농도 조사에서 ㉠ 조사대상 공동주택의 실내 라돈 농도 평균값은 경기도가 서울특별시의 1.1배 이상이다. 한편, ㉡ 행정구역별로 비교했을 때 실내 라돈 농도의 평균값이 클수록 중앙값도 컸으며 두 항목 모두 대전광역시가 가장 높았다. ㉢ 조사대상 공동주택 중 실내 라돈 농도가 실내 라돈 권고 기준치를 초과하는 공동주택의 비율이 5% 이상인 행정구역은 9곳이며, 10% 이상인 행정구역은 2곳으로 조사되었다.

① ㄱ
② ㄴ
③ ㄱ, ㄷ
④ ㄴ, ㄷ
⑤ ㄱ, ㄴ, ㄷ

21 미국, 영국, 중국, 프랑스에 파견된 4명의 외교관 A ~ D는 1년의 파견기간이 지나면 다시 새로운 국가로 파견된다. 다음 〈조건〉을 참고할 때, 반드시 참인 것은?

조건
- 두 번 연속 같은 국가에 파견될 수는 없다.
- A는 작년에 영국에 파견되어 있었다.
- C와 D는 올해 프랑스에 파견되지 않는다.
- D는 작년에 중국에 파견되어 있었다.
- C가 작년에 파견된 나라는 미국이다.
- B가 올해 파견된 국가는 중국이다.

① A가 올해 파견된 국가는 영국이다.
② C가 올해 파견된 국가는 미국이다.
③ D가 올해 파견된 국가는 프랑스다.
④ B가 작년에 파견된 국가는 프랑스다.
⑤ A는 올해 영국 또는 미국에 파견된다.

22 취업준비생 A ~ E가 지원한 회사는 서로 다른 가 ~ 마 회사 중 한 곳이며, 다섯 회사는 서로 다른 곳에 위치하고 있다. 다섯 사람이 모두 서류전형에 합격하여 면접을 보기 위해 〈조건〉에 따라 지하철, 버스, 택시 중 하나를 골라 회사에 가려고 할 때, 다음 중 옳지 않은 것은?(단, 한 가지 교통수단은 최대 두 명까지 이용할 수 있으며, 한 사람도 이용하지 않은 교통수단은 없다)

조건
- 택시를 타면 가, 나, 마 회사에 갈 수 있다.
- A는 다 회사에 지원했다.
- E는 어떤 교통수단을 선택해도 지원한 회사에 갈 수 있다.
- 지하철에는 D를 포함한 두 사람이 타며, 둘 중 한 사람은 라 회사에 지원했다.
- B가 탈 수 있는 교통수단은 지하철뿐이다.
- 버스와 택시로 갈 수 있는 회사는 가 회사를 제외하면 서로 겹치지 않는다.

① B와 D는 함께 지하철을 이용한다.
② C는 택시를 이용한다.
③ A는 버스를 이용한다.
④ E는 라 회사에 지원했다.
⑤ C는 나 또는 마 회사에 지원했다.

23 다음 글과 상황을 근거로 판단할 때, K복지관에 채용될 2명의 후보자는?

> K복지관은 청소년업무 담당자 2명을 채용하고자 한다. 청소년업무 담당자들은 심리상담, 위기청소년지원, 진학지도, 지역안전망구축 등 4가지 업무를 수행해야 한다. 채용되는 2명은 서로 다른 업무를 맡아 4가지 업무를 빠짐없이 분담해야 한다.
>
> 4가지 업무에 관련된 직무역량으로는 의사소통역량, 대인관계역량, 문제해결역량, 정보수집역량, 자원관리역량 등 5가지가 있다. 각 업무를 수행하기 위해서는 반드시 해당 업무에 필요한 직무역량을 모두 갖춰야 한다. 아래는 이를 표로 정리한 것이다.

업무	필요 직무역량
심리상담	의사소통역량, 대인관계역량
위기청소년지원	의사소통역량, 문제해결역량
진학지도	문제해결역량, 정보수집역량
지역안전망구축	대인관계역량, 자원관리역량

> 〈상황〉
>
> • K복지관의 채용후보자는 4명(갑, 을, 병, 정)이며, 각 채용후보자는 5가지 직무역량 중 3가지씩을 갖추고 있다.
> • 자원관리역량은 병을 제외한 모든 채용후보자가 갖추고 있다.
> • 정이 진학지도업무를 제외한 모든 업무를 수행하려면, 의사소통역량만 추가로 갖추면 된다.
> • 갑은 심리상담업무를 수행할 수 있고, 을과 병은 진학지도업무를 수행할 수 있다.
> • 대인관계역량을 갖춘 채용후보자는 2명이다.

① 갑, 을
② 갑, 병
③ 을, 병
④ 을, 정
⑤ 병, 정

24 다음 중 문제해결에 필요한 기본적 사고로 옳지 않은 것은?

① 내·외부자원을 효과적으로 활용한다.
② 분석적 사고를 해야 한다.
③ 전략적 사고를 해야 한다.
④ 같은 생각을 유지한다.
⑤ 발상의 전환을 해야 한다.

25 다음 글의 결론을 이끌어내기 위해 추가해야 할 전제를 〈보기〉에서 모두 고르면?

> 젊고 섬세하고 유연한 자는 아름답다. 아테나는 섬세하고 유연하다. 아름다운 자가 모두 훌륭한 것은 아니다. 덕을 가진 자는 훌륭하다. 아테나는 덕을 가졌다. 아름답고 훌륭한 자는 행복하다. 따라서 아테나는 행복하다.

> **보기**
> ㄱ. 아테나는 젊다.
> ㄴ. 아테나는 훌륭하다.
> ㄷ. 아름다운 자는 행복하다.

① ㄱ
② ㄷ
③ ㄱ, ㄴ
④ ㄴ, ㄷ
⑤ ㄱ, ㄴ, ㄷ

26 상준이는 건강상의 이유로 운동을 하기로 했다. 상준이가 선택한 운동은 복싱인데, 월요일부터 일요일까지 3일을 선택하여 오전 또는 오후에 운동을 하기로 했다. 다음 중 〈조건〉에 따라 상준이가 운동을 시작한 첫 주 월요일부터 일요일까지 운동한 요일을 바르게 나열한 것은?

> **조건**
> • 운동을 하려면 마지막 운동을 한 지 최소 12시간이 지나야 한다.
> • 상준이는 주말에 약속이 있어서 운동을 하지 못했다.
> • 상준이는 금요일 오후에 운동을 했다.
> • 상준이는 금요일을 제외한 나머지 요일에는 오후에 운동을 하지 못했다.
> • 금요일, 월요일을 제외한 두 번은 이틀 연속으로 했다.

① 월요일(오전), 화요일(오후), 금요일(오후)
② 화요일(오전), 화요일(오후), 금요일(오후)
③ 화요일(오전), 수요일(오전), 금요일(오후)
④ 월요일(오전), 화요일(오전), 금요일(오후)
⑤ 월요일(오전), 목요일(오후), 금요일(오후)

27 다음 중 퍼실리테이션의 문제해결에 대한 설명으로 옳은 것은?

① 주제에 대한 공감을 이루기 어렵다.

② 단순한 타협점의 조정에 그치는 것이 아니다.

③ 초기에 생각하지 못했던 창조적인 해결 방법을 도출하기는 어렵다.

④ 제3자가 합의점이나 줄거리를 준비해놓고 예정대로 결론이 도출된다.

⑤ 팀워크가 강화되기는 어렵다.

28 다음은 K기업의 레저용 차량 생산에 대한 SWOT 분석 결과이다. 〈보기〉에서 적절한 것을 모두 고르면?

〈K기업의 SWOT 분석 결과〉

강점(Strength)	약점(Weakness)
• 높은 브랜드 이미지 · 평판 • 훌륭한 서비스와 판매 후 보증수리 • 확실한 거래망, 딜러와의 우호적인 관계 • 막대한 R&D 역량 • 자동화된 공장 • 대부분의 차량 부품 자체 생산	• 한 가지 차종에만 집중 • 고도의 기술력에 대한 과도한 집중 • 생산설비에 막대한 투자 → 차량모델 변경의 어려움 • 한 곳의 생산 공장만 보유 • 전통적인 가족형 기업 운영
기회(Opportunity)	위협(Threat)
• 소형 레저용 차량에 대한 수요 증대 • 새로운 해외시장의 출현 • 저가형 레저용 차량에 대한 선호 급증	• 휘발유의 부족 및 가격의 급등 • 레저용 차량 전반에 대한 수요 침체 • 다른 회사들과의 경쟁 심화 • 차량 안전 기준의 강화

보기

ㄱ. ST전략 – 기술개발을 통하여 연비를 개선한다.

ㄴ. SO전략 – 대형 레저용 차량을 생산한다.

ㄷ. WO전략 – 규제강화에 대비하여 보다 안전한 레저용 차량을 생산한다.

ㄹ. WT전략 – 생산량 감축을 고려한다.

ㅁ. WO전략 – 국내 다른 지역이나 해외에 공장들을 분산 설립한다.

ㅂ. ST전략 – 경유용 레저 차량 생산을 고려한다.

ㅅ. SO전략 – 해외 시장 진출보다는 내수 확대에 집중한다.

① ㄱ, ㄴ, ㅁ, ㅂ ② ㄱ, ㄹ, ㅁ, ㅂ

③ ㄴ, ㄹ, ㅁ, ㅂ ④ ㄴ, ㄹ, ㅂ, ㅅ

⑤ ㄷ, ㄹ, ㅁ, ㅅ

※ K아파트의 자전거 보관소에서는 입주민들의 자전거를 편리하게 관리하기 위해 다음과 같은 기준으로 자전거에 일련번호를 부여한다. 이어지는 질문에 답하시오. **[29~30]**

〈일련번호 부여 기준〉

• 일련번호 순서 : [종류] – [무게] – [동] – [호수] – [등록순서]
• 자전거 종류

일반 자전거			전기 자전거
성인용	아동용	산악용	
A	K	T	B

• 자전거 무게

20kg 이상	10kg 초과 20kg 미만	10kg 이하
L	M	S

• 동 구분 : 101동부터 110동까지의 끝자리를 한 자리 숫자로 기재(예 101동 – 1)
• 호수 : 네 자리 숫자로 기재(예 101호 – 0101, 1101호 – 1101)
• 등록순서 : 동일 세대주당 자전거 등록순서를 한 자리 숫자로 기재

29 다음 중 자전거의 일련번호가 바르게 표기된 것은?

① MT11092
② AM20122
③ AB101211
④ KS901012
⑤ BL8200201

30 다음 중 일련번호가 'TM412052'인 자전거에 대한 설명으로 옳은 것은?

① 전기 모터를 이용해 주행할 수 있다.
② 자전거의 무게는 10kg 이하이다.
③ 204동 1205호에 거주하는 입주민의 자전거이다.
④ 자전거를 2대 이상 등록한 입주민의 자전거이다.
⑤ 해당 자전거의 소유자는 더 이상 자전거를 등록할 수 없다.

01 해외영업부에서 근무하는 K부장은 팀원과 함께 해외출장을 가게 되었다. 인천공항에서 대한민국 시간으로 7월 14일 09:00에 모스크바로 출발하고, 모스크바에서 일정시간 동안 체류한 후, 영국 시간으로 7월 14일 18:30에 런던에 도착하는 일정이다. 다음 중 모스크바에 체류한 시간으로 가장 적절한 것은?

경로	출발	도착	비행시간
인천 → 모스크바	7월 14일 09:00	( )	9시간 30분
모스크바 → 런던	( )	7월 14일 18:30	4시간

※ 시차정보(GMT기준) : 영국 0, 러시아 +3, 대한민국 +9

① 1시간 ② 2시간
③ 3시간 ④ 5시간
⑤ 7시간

02 모스크바 지사에서 일하고 있는 A대리는 밴쿠버 지사와의 업무협조를 위해 4월 22일 오전 10시 15분에 밴쿠버 지사로 업무협조 메일을 보냈다. 〈조건〉에 따라 밴쿠버 지사에서 가장 빨리 메일을 읽었을 때, 모스크바의 시각은?

조건

• 밴쿠버는 모스크바보다 10시간이 늦다.
• 밴쿠버 지사의 업무시간은 오전 10시부터 오후 6시까지다.
• 밴쿠버 지사에서는 4월 22일 오전 10시부터 15분간 전력 점검이 있었다.

① 4월 22일 오전 10시 15분
② 4월 23일 오전 10시 15분
③ 4월 22일 오후 8시 15분
④ 4월 23일 오후 8시 15분
⑤ 4월 23일 오후 10시 15분

03 프랑스 해외지부에 있는 K부장은 국내 본사로 인사발령을 받아서 2일 오전 9시 30분에 파리에서 인천으로 가는 비행기를 예약했다. 파리에서 인천까지 비행시간은 총 13시간이 걸리며, 한국은 프랑스보다 7시간이 더 빠르다. K부장이 인천에 도착했을 때 현지 시각은 몇 시인가?

① 3일 오전 2시 30분　　　　　　② 3일 오전 3시 30분
③ 3일 오전 4시 30분　　　　　　④ 3일 오전 5시 30분
⑤ 3일 오전 6시 30분

04 K회사에서는 신입사원 두 명을 채용하기 위하여 서류와 필기전형을 통과한 갑 ~ 정 네 명의 최종 면접을 실시하려고 한다. 다음과 같이 네 개 부서의 팀장이 각각 네 명을 모두 면접하여 채용 우선순위를 결정하였다. 면접 결과에 대한 〈보기〉의 설명 중 옳은 것을 모두 고르면?

〈면접 결과〉

순위 ＼ 면접관	인사팀장	경영관리팀장	영업팀장	회계팀장
1순위	을	갑	을	병
2순위	정	을	병	정
3순위	갑	정	정	갑
4순위	병	병	갑	을

※ 우선순위가 높은 순서대로 2명을 채용함
※ 동점자는 인사팀장, 경영관리팀장, 영업팀장, 회계팀장 순서로 부여한 고순위자로 결정함
※ 각 팀장이 매긴 순위에 대한 가중치는 모두 동일함

보기

ㄱ. '을' 또는 '정' 중 한 명이 입사를 포기하면 '갑'이 채용된다.
ㄴ. 인사팀장이 '을'과 '정'의 순위를 바꾼다면 '갑'이 채용된다.
ㄷ. 경영관리팀장이 '갑'과 '병'의 순위를 바꾼다면 '정'은 채용되지 못한다.

① ㄱ　　　　　　　　　　　　　② ㄱ, ㄴ
③ ㄱ, ㄷ　　　　　　　　　　　④ ㄴ, ㄷ
⑤ ㄱ, ㄴ, ㄷ

05 새롭게 비품관리를 담당하게 된 A사원은 기존에 거래하던 A문구와 다른 업체들과의 가격 비교를 위해 B문구와 C문구에 견적서를 요청한 뒤 세 곳을 비교하려고 한다. 비품의 성능 차이는 다르지 않으므로 비교 후 가격이 저렴한 곳과 거래할 예정이다. 가능한 혜택을 모두 적용할 때 견적서의 총 합계금액과 최종적으로 거래할 업체를 바르게 짝지은 것은?(단, 배송료는 총 주문금액 계산 이후 더하며 백 원 미만은 절사한다)

A문구	(사업자 702-34-2345 / 전화 02-324-2234)		
품명	수량	단가	공급가액
MLT – D209S[호환]	1	28,000원	32,000원
A4 복사지 80G(2박스 묶음)	1	18,900원	31,900원
친환경 진행 문서 파일	1	1,500원	2,500원

※ 총 주문금액에서 20% 할인 쿠폰 사용 가능함
※ 배송료 : 4,000원(10만 원 이상 구매 시 무료 배송)

B문구	(사업자 702-98-4356 / 전화 02-259-2413)		
품명	수량	단가	공급가액
PGI – 909 – PINK[호환]	1	20,000원	25,000원
더블비 A4 복사지 80G(2박스 묶음)	1	17,800원	22,800원
친환경 진행 문서 파일	1	1,200원	1,800원

※ 회원가 구매 시 판매가의 7% 할인함
※ 배송료 : 2,500원(7만 원 이상 구매 시 무료 배송)

C문구	(사업자 470-14-0097 / 전화 02-763-9263)		
품명	수량	단가	공급가액
MST – D128S	1	20,100원	24,100원
A4 복사용지 75G(2박스 묶음)	1	18,000원	28,000원
문서 파일	1	1,600원	3,600원

※ 첫 구매 적립금 4,000포인트 사용 가능함
※ 45,000원 이상 구매 시 문서 파일 1개 무료 증정함
※ 배송료 : 4,500원(6만 원 이상 구매 시 무료 배송)

① A문구 – 49,000원
② B문구 – 46,100원
③ C문구 – 48,200원
④ B문구 – 48,600원
⑤ C문구 – 51,700원

06 A도시락 전문점은 요일별 도시락 할인 이벤트를 진행하고 있다. K공사가 지난 한 주간 A도시락 전문점에서 구매한 내역이 〈보기〉와 같을 때, K공사의 지난주 도시락 구매비용은 총 얼마인가?

〈A도시락 요일별 할인 이벤트〉

요일	월		화		수		목		금	
할인품목	치킨마요		동백		돈가스		새치고기		진달래	
구분	원가	할인가	원가	할인가	원가	할인가	원가	할인가	원가	할인가
가격(원)	3,400	2,900	5,000	3,900	3,900	3,000	6,000	4,500	7,000	5,500

요일	토		일				매일			
할인품목	치킨제육		육개장		김치찌개		치킨(대)		치킨(중)	
구분	원가	할인가	원가	할인가	원가	할인가	원가	할인가	원가	할인가
가격(원)	4,300	3,400	4,500	3,700	4,300	3,500	10,000	7,900	5,000	3,900

※ 요일별 할인품목이 아닌 품목들은 원가로 계산함

보기

요일	월	화	수	목	금	토	일
구매 내역	동백 3개 치킨마요 10개	동백 10개 김치찌개 3개	돈가스 8개 치킨(중) 2개	새치고기 4개 치킨(대) 2개	진달래 4개 김치찌개 7개	돈가스 2개 치킨제육 10개	육개장 10개 새치고기 4개

① 299,800원
② 308,600원
③ 316,400원
④ 326,800원
⑤ 332,400원

※ 다음은 K공사의 출장여비 기준에 대한 자료이다. 이어지는 질문에 답하시오. **[7~8]**

<K공사의 출장여비 기준>

항공	숙박(1박)	교통비	일비	식비
실비	• 1 · 2급 : 실비 • 3급 : 80,000원 • 4 · 5 · 6급 : 50,000원	• 서울 · 경기지역 : 1일 10,000원 • 나머지 지역 : 1일 15,000원	30,000원/일	20,000원/일

※ 항공은 외국으로 출장을 갈 경우에 해당함

1급	2급	3급	4급	5급	6급
이사장	이사	부장	차장	과장	대리

※ 2급 이상 차이 나는 등급과 출장에 동행하게 된 경우, 높은 등급이 묵는 호텔에서 묵을 수 있는 금액을 지원함

07 다음 중 자료에 대한 설명으로 옳은 것은?

① 외국으로 출장을 다니는 B과장이 항상 같은 객실에서 묵는다면 총비용은 언제나 같다.

② 서울 · 경기지역으로 1박 2일 출장을 가는 C차장의 출장비는 20만 원 이상이다.

③ 같은 조건으로 출장을 간다면 이사장이 이사보다 출장비를 많이 받는다.

④ 이사장과 함께 출장을 가게 된 A대리는 이사장과 같은 호텔, 등급의 객실에서 묵을 수 있다.

⑤ 자동차를 이용해 무박으로 지방 출장을 가는 부장과 차장의 비용은 같다.

08 A부장과 P차장이 9박 10일로 함께 제주도 출장을 가게 되었다. 동일한 출장비를 제공하기 위하여 P차장의 호텔을 한 단계 업그레이드할 때, P차장이 원래 묵을 수 있는 호텔보다 얼마나 이득인가?

① 230,000원 ② 250,000원

③ 270,000원 ④ 290,000원

⑤ 310,000원

※ 다음은 K홈쇼핑에서 F/W시즌에 선보일 겨울 방한의류별 특성을 정리한 제품 특성표이다. 이어지는 질문에 답하시오. [9~10]

<제품 특성표>

제품	가격	브랜드가치	무게	디자인	실용성
A	★★★☆☆	★★★★★	★★★★☆	★★☆☆☆	★★★☆☆
B	★★★★★	★★★★☆	★★★★☆	★★★☆☆	★★☆☆☆
C	★★★☆☆	★★★☆☆	★★★☆☆	★★★★☆	★★★☆☆
D	★★★★☆	★★★★★	★★☆☆☆	★★★☆☆	★★★☆☆
E	★★★★☆	★★★☆☆	★★★☆☆	★★☆☆☆	★★★☆☆

★★★★★ : 매우 좋음 / ★★★★☆ : 좋음 / ★★★☆☆ : 보통 / ★★☆☆☆ : 나쁨 / ★☆☆☆☆ : 매우 나쁨

09 시장조사 결과 50대 고객은 브랜드가치가 높고, 무게가 가벼우며, 실용성이 높은 방한의류를 선호한다고 한다. 제품 특성표를 참고하여 50대 고객을 대상으로 방한의류를 판매한다면, 어떤 제품이 가장 합리적인가?

① A제품
② B제품
③ C제품
④ D제품
⑤ E제품

10 다음은 연령대별 소비자 선호 특성을 나타낸 표이다. 20대와 30대 고객의 선호 특성을 토대로 방한의류를 판매한다면, 어떤 제품이 가장 합리적인가?

<연령대별 소비자 선호도>

연령대	선호 특성
20대	가격, 디자인
30대	무게, 실용성
40대	브랜드가치, 실용성

① A제품
② B제품
③ C제품
④ D제품
⑤ E제품

01 다음 빈칸에 들어갈 용어로 가장 적절한 것은?

> _____은/는 웹 서버에 대용량의 저장 기능을 갖추고 인터넷을 통하여 이용할 수 있게 하는 서비스를 뜻한다. 초기에는 대용량의 파일 작업을 하는 디자이너, 설계사, 건축가들이 빈번하게 이루어지는 공동 작업과 자료 교환을 용이하게 하기 위해 각 회사 나름대로 해당 시스템을 구축하게 되었는데, 이와 똑같은 시스템을 사용자에게 무료로 제공하는 웹 사이트들이 생겨나기 시작하면서, 일반인들도 이용하게 되었다.

① RFID
② 인터넷 디스크(Internet Harddisk)
③ 이더넷(Ethernet)
④ 유비쿼터스 센서 네트워크(USN)
⑤ M2M(Machine-to-Machine)

02 다음 중 정보검색 연산자의 기호, 연산자, 검색조건이 옳지 않은 것을 〈보기〉에서 모두 고르면?

보기

연번	기호	연산자	검색조건
ㄱ	*, &	AND	두 단어가 모두 포함된 문서를 검색
ㄴ	-, !	OR	두 단어가 모두 포함되거나, 두 단어 중 하나만 포함된 문서를 검색
ㄷ	l	NOT	'-' 기호나 '!' 기호 다음에 오는 단어는 포함하지 않는 문서를 검색
ㄹ	~, near	인접검색	앞 / 뒤의 단어가 가깝게 인접해 있는 문서를 검색

① ㄱ, ㄴ
② ㄱ, ㄷ
③ ㄴ, ㄷ
④ ㄴ, ㄹ
⑤ ㄷ, ㄹ

03 다음 중 인터넷 정보검색 시 주의사항에 대하여 옳은 설명을 한 사람을 모두 고르면?

> 김대리 : 검색엔진은 필요한 정보에 따라 다양하므로 용도에 적합한 것으로 이용해야 해.
> 정사원 : 키워드가 길면 검색 범위가 너무 좁아지므로 키워드는 최대한 짧게 하는 게 좋아.
> 박주임 : 최선의 정보검색 수단은 웹 검색이야. 적극적으로 활용할 필요가 있어.
> 최과장 : 검색엔진이 제공하는 웹 검색 결과가 항상 정확한 자료인 것은 아니야. 그래서 결과 안에서 직접 필요한 자료를 선별해내는 것이 필요해.

① 김대리, 정사원   ② 김대리, 최과장
③ 정사원, 박주임   ④ 정사원, 최과장
⑤ 박주임, 최과장

04 다음 중 정보화 사회에 대한 설명으로 옳은 것은?

① 정보화 사회에서는 정보의 다양한 특성 중 기술적 실효성이 가장 강조된다.
② 정보화 사회의 심화는 새로운 분야에서 국가 간 갈등을 야기해 세계화를 저해한다.
③ 정보화 사회가 진전됨에 따라 지식과 정보의 증가량 및 변화 속도는 더욱 증가할 것이다.
④ 정보화 사회에서는 체계화된 정보관리주체들이 존재하므로 개인들의 정보관리 필요성이 낮아진다.
⑤ 지식정보 관련 산업이 핵심 산업이 되면서, 물질이나 에너지 산업의 부가가치 생산성은 저하되고 있다.

05 다음은 데이터베이스에 대한 설명이다. 빈칸 ㉠, ㉡에 들어갈 말이 바르게 연결된 것은?

> 파일시스템에서는 하나의 파일은 독립적이고 어떤 업무를 처리하는데 필요한 모든 정보를 가지고 있다. 파일도 데이터의 집합이므로 데이터베이스라고 볼 수도 있으나 일반적으로 데이터베이스라 함은 _____㉠_____을 의미한다. 따라서 사용자는 여러 개의 파일에 있는 정보를 한 번에 검색해 볼 수 있다. 데이터베이스 관리시스템은 데이터와 파일, 그들의 관계 등을 생성하고, 유지하고 검색할 수 있게 해주는 소프트웨어이다. 반면에 파일관리시스템은 _____㉡_____에 대해서 생성, 유지, 검색을 할 수 있는 소프트웨어다.

	㉠	㉡
①	여러 개의 독립된 파일	한 번에 복수의 파일
②	여러 개의 독립된 파일	한 번에 한 개의 파일
③	여러 개의 연관된 파일	한 번에 복수의 파일
④	여러 개의 연관된 파일	한 번에 한 개의 파일
⑤	여러 개의 연관된 파일	여러 개의 독립된 파일

※ K사에 근무 중인 S사원은 체육대회를 준비하고 있다. S사원은 체육대회에 사용될 물품 구입비를 다음 과 같이 엑셀로 정리하였다. 이어지는 질문에 답하시오. **[6~7]**

	A	B	C	D	E
1	구분	물품	개수	단가(원)	비용(원)
2	의류	A팀 체육복	15	20,000	300,000
3	식품류	과자	40	1,000	40,000
4	식품류	이온음료수	50	2,000	100,000
5	의류	B팀 체육복	13	23,000	299,000
6	상품	수건	20	4,000	80,000
7	상품	USB	10	10,000	100,000
8	의류	C팀 체육복	14	18,000	252,000
9	식품류	김밥	30	3,000	90,000

06 S사원이 테이블에서 단가가 두 번째로 높은 물품의 금액을 알고자 한다. S사원이 입력해야 할 함수로 옳은 것은?

① =MAX(D2:D9,2) ② =MIN(D2:D9,2)

③ =MID(D2:D9,2) ④ =LARGE(D2:D9,2)

⑤ =INDEX(D2:D9,2)

07 S사원은 구입물품 중 의류의 총개수를 파악하고자 한다. S사원이 입력해야 할 함수로 옳은 것은?

① =SUMIF(A2:A9,A2,C2:C9)

② =COUNTIF(C2:C9,C2)

③ =VLOOKUP(A2,A2:A9,1,0)

④ =HLOOKUP(A2,A2:A9,1,0)

⑤ =AVERAGEIF(A2:A9,A2,C2:C9)

※ 병원에서 근무하는 A씨는 건강검진 관리 현황을 정리하고 있다. 이어지는 질문에 답하시오. **[8~9]**

	A	B	C	D	E	F
1			〈건강검진 관리 현황〉			
2	이름	검사구분	주민등록번호	검진일	검사항목 수	성별
3	강민희	종합검진	960809-2******	2024-11-12	18	
4	김범민	종합검진	010323-3******	2024-03-13	17	
5	조현진	기본검진	020519-3******	2024-09-07	10	
6	최진석	추가검진	871205-1******	2024-11-06	6	
7	한기욱	추가검진	980232-1******	2024-04-22	3	
8	정소희	종합검진	001015-4******	2024-02-19	17	
9	김은정	기본검진	891025-2******	2024-10-14	10	
10	박미옥	추가검진	011002-4******	2024-07-21	5	

08 2024년 하반기에 검진받은 사람의 수를 확인하려고 할 때 사용해야 할 함수는?

① COUNT
② COUNTA
③ SUMIF
④ COUNTIF
⑤ MATCH

09 주민등록번호를 통해 성별을 구분하려고 할 때, 각 셀에 필요한 함수식으로 옳은 것은?

① F3 : =IF(AND(MID(C3,8,1)="2",MID(C3,8,1)="4"),"여자","남자")

② F4 : =IF(AND(MID(C4,8,1)="2",MID(C4,8,1)="4"),"여자","남자")

③ F7 : =IF(OR(MID(C7,8,1)="2",MID(C7,8,1)="4"),"여자","남자")

④ F9 : =IF(OR(MID(C9,8,1)="1",MID(C9,8,1)="3"),"여자","남자")

⑤ F6 : =IF(OR(MID(C6,8,1)="2",MID(C6,8,1)="3"),"남자","여자")

10 K공사는 2026년 1월에 정년퇴임식을 할 예정이다. T사원은 퇴직자 명단을 엑셀로 정리하고 〈조건〉에 따라 행사물품을 준비하려고 한다. 〈보기〉 중 옳은 것을 모두 고르면?

	A	B	C	D	E
1	퇴직자	소속부서	팀원 수	팀장인원	입사년도
2	A씨	회계	8	1	2008년
3	B씨	기획	12	2	1999년
4	C씨	인사	11	1	2005년
5	D씨	사무	15	2	2009년
6	E씨	영업	30	5	2007년
7	F씨	관리	21	4	2003년
8	G씨	생산	54	7	2010년
9	H씨	품질관리	6	1	2018년
10	I씨	연구	5	1	2002년
11	J씨	제조	34	6	2010년

조건

- 행사에는 퇴직자가 속한 부서의 팀원들만 참석한다.
- 퇴직하는 직원이 소속된 부서당 화분 1개가 필요하다.
- 퇴직자를 포함하여 근속연수 20년 이상인 직원에게 감사패를 준다.
- 볼펜은 행사에 참석한 직원 1인당 1개씩 지급한다.
- 팀원에는 팀장도 포함되어 있다.

보기

㉠ 화분은 총 9개가 필요하다.
㉡ 감사패는 4개 필요하다.
㉢ 볼펜은 [C2:C11]의 합계만큼 필요하다.

① ㉠   ② ㉡
③ ㉢   ④ ㉠, ㉢
⑤ ㉠, ㉡, ㉢

01 다음은 기술선택에 대한 설명이다. 이에 대한 내용으로 옳지 않은 것은?

> 기술선택이란 기업이 어떤 기술에 대하여 외부로부터 도입할 것인가 또는 그 기술을 자체 개발하여 활용할 것인가를 결정하는 것이다. 기술을 선택하는 의사결정은 크게 다음과 같이 두 가지 방법으로 볼 수 있다.
>
> 먼저 상향식 기술선택(Bottom Up Approach)은 기업 전체 차원에서 필요한 기술에 대한 체계적인 분석이나 검토 없이 연구자나 엔지니어들이 자율적으로 기술을 선택하도록 하는 것이다.
>
> 다음으로 하향식 기술선택(Top Down Approach)은 기술경영진과 기술기획담당자들에 의한 체계적인 분석을 통해 기업이 획득해야 하는 대상기술과 목표기술수준을 결정하는 것이다.

① 상향식 기술선택은 경쟁기업과의 경쟁에서 승리할 수 없는 기술이 선택될 수 있다.

② 상향식 기술선택은 기술자들의 창의적인 아이디어를 얻기 어려운 단점을 볼 수 있다.

③ 상향식 기술선택은 시장의 고객들이 요구하는 제품이나 서비스를 개발하는 데 부적합한 기술이 선택될 수 있다.

④ 하향식 기술선택은 사업전략의 성공적인 수행을 위해 필요한 기술들을 열거하고, 각각의 기술에 대한 획득의 우선순위를 결정하는 것이다.

⑤ 하향식 기술선택은 먼저 기업이 직면하고 있는 외부환경과 보유 자원에 대한 분석을 통해 중·장기적인 사업목표를 설정하는 것이다.

02 다음 글을 읽고 산업 재해에 대한 원인으로 적절하지 않은 것은?

> 전선 제조 사업장에서 고장난 변압기 교체를 위해 K전력 작업자가 변전실에서 작업을 준비하던 중 특고압 배전반 내 충전부 COS 1차 홀더에 접촉 감전되어 치료 도중 사망하였다. 증언에 따르면 변전실 TR-5 패널의 내부는 협소하고, 피재해자의 키에 비하여 경첩의 높이가 높아 문턱 위에 서서 불안전한 작업자세로 작업을 실시하였다고 한다. 또한 피재해자는 전기 관련 자격이 없었으며, 복장은 일반 안전화, 면장갑, 패딩점퍼를 착용한 상태였다.

① 불안전한 행동   ② 불안전한 상태

③ 작업 관리상 원인   ④ 기술적 원인

⑤ 작업 준비 불충분

03 다음은 제품 매뉴얼과 업무 매뉴얼을 설명한 것이다. 이를 이해한 내용으로 적절하지 않은 것은?

> 제품 매뉴얼이란 사용자를 위해 제품의 특징이나 기능 설명, 사용방법과 고장 조치방법, 유지 보수 및 A/S, 폐기까지 제품에 관련된 모든 서비스에 대해 소비자가 알아야 할 모든 정보를 제공하는 것을 말한다.
> 다음으로 업무 매뉴얼이란 어떤 일의 진행 방식, 지켜야 할 규칙, 관리상의 절차 등을 일관성 있게 여러 사람이 보고 따라할 수 있도록 표준화하여 설명하는 지침서이다.

① 제품 매뉴얼은 제품의 설계상 결함이나 위험 요소를 대변해야 한다.
② '재난대비 국민행동 매뉴얼'은 업무 매뉴얼의 사례로 볼 수 있다.
③ 제품 매뉴얼은 혹시 모를 사용자의 오작동까지 고려하여 만들어져야 한다.
④ 제품 매뉴얼과 업무 매뉴얼 모두 필요한 정보를 빨리 찾을 수 있도록 구성되어야 한다.
⑤ 제품 매뉴얼은 제품의 의도된 안전한 사용과 사용 중 해야 할 일 또는 하지 말아야 할 일까지 정의해야 한다.

04 다음은 국내 전력산업의 구조를 설명한 그림이다. (가) ~ (다)에 들어갈 용어로 가장 적절한 것은?

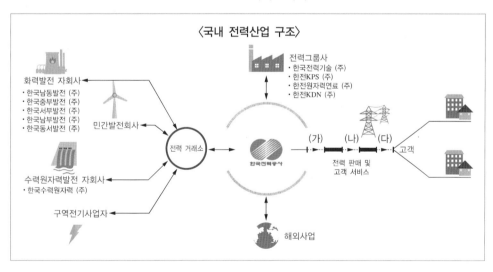

	(가)	(나)	(다)
①	송전	배전	변전
②	배전	송전	변전
③	변전	배전	송전
④	송전	변전	배전
⑤	배전	변전	송전

※ K공사는 농번기를 앞두고 Y군 농민들을 대상으로 트랙터 안전 사용법 및 주의사항에 대한 교육을 실시할 예정이다. 이어지는 질문에 답하시오. **[5~6]**

〈트랙터 안전 사용법 및 주의사항 교육〉

■ **사용방법**

① 시동 전에 윤활유, 연료, 냉각수량을 필히 점검하고 트랙터에 승차한다.

② 주차브레이크와 변속레버의 중립을 먼저 확인한다. 그 후 클러치 페달을 완전히 밟은 채로 시동키를 돌린다(클러치 페달을 완전히 밟지 않은 경우 시동모터 작동이 되지 않음).

③ 추운 날씨에는 시동키를 왼쪽으로 돌려 30 ~ 40초 정도 예열 시킨 후 시동한다.

④ 작업기 연결에 앞서 작업기와 상부링크, 링크볼의 일치여부, 체크체인을 점검한다.

⑤ 트랙터 후진 후 하부링크를 내리고 작업기와 트랙터가 수직이 되도록 트랙터를 정지하고 시동을 끈다(주차 브레이크는 이때 풀어둔다).

⑥ 뒷바퀴를 움직여가며 하부링크를 들어올려 왼쪽 – 오른쪽 순서로 작업기의 마운팅 핀에 끼운다.

⑦ 유니버셜조인트를 연결하고 반드시 커버를 씌운다.

⑧ 상부링크 연결 후 작업기의 전후, 좌우 수평을 조절한다.

■ **주의사항**

① 운전자 외에는 절대 탑승하지 않는다(별도의 좌석이 있는 경우는 제외).

② 시동이 걸린 상태에서는 절대 하차해서는 안 된다.

③ 경사지에 주차할 때는 반드시 시동을 끄고 주차브레이크를 채운 후 받침목을 한다.

④ 포장에 드나들 때는 트랙터를 똑바로 진입시킨다.

■ **오작동 시 확인 사항 및 조치 방법**

현상	원인	조치 방법
트랙터 엔진이 시동 되지 않음	① 연료가 없음 ② 연료계통에 공기가 들어있음 ③ 연료필터 막힘 ④ 에어클리너 엘리먼트 막힘 ⑤ 예열플러그의 단선	① 경유를 보충함 ② 연료탱크에서 분사펌프까지 연료파이프를 점검함 ③ 연료필터를 세척 및 교환함 ④ 에어클리너 엘리먼트를 청소 및 교환함 ⑤ 예열플러그를 교환함
트랙터 시동모터가 회전하지 않음	① 배터리 방전 ② 안전스위치 조정 불량 ③ 시동모터 불량 ④ 키 스위치 불량	① 배터리를 충전함 ② 안전스위치를 조정함 ③ 시동모터를 수리 또는 교환함 ④ 배선을 점검하고, 수리 후 새 퓨즈로 교환함
트랙터 소음기에서 흰 연기가 나옴	① 엔진 오일량의 과다 ② 엔진 오일 점도가 낮음	① 엔진 오일을 규정량까지 뺌 ② 점도가 높은 오일로 교환함
충전경고등이 소등되지 않음	① 퓨즈가 끊어짐 ② 팬벨트 늘어남 ③ 팬벨트 끊어짐	① 배선을 점검하고, 수리 후 새 퓨즈로 교환함 ② 장력을 조정함 ③ 교환함
소음기에서 검은 연기가 나옴	① 에어클리너 엘리먼트 막힘 ② 과부하 운전을 함 ③ 경유 이외의 연료를 사용함	① 세척 또는 교환함 ② 부하를 가볍게 함 ③ 경유로 교환함

05 교육을 받고 돌아온 농업인 P씨는 트랙터 엔진이 시동 되지 않는 원인을 파악한 후 조치를 취하고 자 한다. 다음 중 문제의 원인을 파악하기 위해 반드시 확인해야 할 사항과 그에 따른 조치 방법으로 적절하지 않은 것은?

① 연료의 유무를 확인한 후, 연료가 없다면 경유를 보충한다.

② 예열플러그의 단선일 경우 예열플러그를 교환한다.

③ 배터리의 방전 유무를 확인한 후, 배터리를 충전한다.

④ 연료필터가 막혔는지 확인한 후, 연료필터를 세척하거나 교환한다.

⑤ 연료계통에 공기가 들어있는지 확인하고, 만일 공기가 들어있다면 연료탱크에서 분사펌프까지 연료파이프를 점검한다.

06 K공사의 A사원은 트랙터 안전 사용법 및 주의사항 교육의 담당자이다. 교육을 마친 후의 질문 및 답변 시간에 답변한 내용으로 적절하지 않은 것은?

① Q : 추운 날씨에는 트랙터 시동을 어떻게 해야 하나요?

　　A : 추운 날씨에는 시동키를 왼쪽으로 돌려 30 ~ 40초 정도 예열시킨 후, 시동하면 됩니다.

② Q : 저번에 주차브레이크와 변속레버의 중립을 확인한 후 클러치 페달을 밟은 채로 시동키를 돌렸는데도 시동이 켜지지 않던데 그건 왜 그런가요?

　　A : 클러치 페달을 완전히 밟지 않았기 때문입니다. 반드시 클러치 페달을 완전히 밟아야지 시동이 켜집니다.

③ Q : 트랙터 후진 후 하부링크를 내릴 때, 트랙터가 수직이 되도록 트랙터를 정지하고 시동을 끌 때 특별히 주의해야 할 사항들이 있나요?

　　A : 주차 브레이크는 반드시 풀어주셔야 합니다.

④ Q : 트랙터에 승차하기 전 확인해야 할 사항들은 무엇이 있나요?

　　A : 반드시 상부링크, 체크체인 확인, 그리고 링크볼의 일치여부를 점검한 후 승차해야 합니다.

⑤ Q : 이번 주에 손주들이 놀러 와서 제 옆에 앉힌 후 트랙터를 운전하게 하고 싶은데 특별한 주의사항이 있을까요?

　　A : 트랙터는 별도의 좌석이 있는 경우를 제외하고는 운전자 외에는 절대 탑승해서는 안 됩니다.

※ 교육서비스 업체인 K사에서는 업무 효율화를 위해 업무용 태블릿PC '에듀프렌드'를 전 직원에게 제공하기로 결정하였다. 다음 제품 설명서를 보고 이어지는 질문에 답하시오. [7~8]

〈제품 설명서〉

■ 지원기능

1. 학습자 관리
   - 인적사항 등록 매뉴얼에서 학습자 인적사항을 등록할 수 있습니다.
   - 학습자 지도 및 평가 계획안을 첨부하여 등록할 수 있습니다.
   - 입력된 학습자 인적사항은 가나다순 또는 등록일자순, 나이순, 지역순으로 정렬할 수 있습니다.
   - 키워드 입력을 통해 원하는 학습자 정보를 검색할 수 있습니다.

2. 교사 스케줄링
   - 캘린더에 일정을 등록할 수 있고, 등록된 일정은 월별·주별·시간대별로 설정하여 확인할 수 있습니다.
   - 중요한 일정은 알람을 설정할 수 있습니다.
   - 위치정보를 활용해 학습자 방문지와의 거리 및 시간 정보와 경로를 탐색할 수 있습니다.
   - Office 문서작성을 지원하며, 터치펜으로 메모를 작성할 수 있습니다.

3. 커뮤니티
   - 커뮤니티에 접속해 공지사항을 확인할 수 있고, 게시판 기능을 활용할 수 있습니다.
   - 화상전화를 지원하여, 학습자와 시간과 장소에 제한 없이 소통할 수 있습니다.

■ 제품사양

프로세서	CPU 속도 1.7GHz	
디스플레이	Size 165.5×77×8.8mm, Weight 200g	
	해상도 2960×1440	
메모리	내장 500GB, 외장 500GB(총 1TB 지원)	
카메라	표준 2,400만 화소	
연결	USB 지원	블루투스 지원
	GPS 지원	이어잭 지원
	Wi-Fi 지원	–
배터리	표준 배터리 용량 4000mAh	
	비디오 재생시간 20h	

■ 주의사항
   - 물 또는 빗물에 던지거나 담그지 마십시오.
   - 젖은 배터리를 사용하거나 충전하지 마십시오.
   - 화기 가까이 두지 마십시오(가급적 0 ~ 40℃ 사이에서 사용하세요).
   - 신용카드, 전화카드, 통장 등의 자성을 이용한 제품에 가까이 두지 마십시오.
   - 소량의 유해물질이 있으니 기기를 분해하지 마십시오.
   - 기기를 떨어뜨리지 마십시오.
   - 기기에 색을 칠하거나 도료를 입히지 마십시오.
   - 출력 커넥터에 허용되는 헤드셋 또는 이어폰을 사용하십시오.
   ※ 지시사항을 위반하였을 때 제품손상이 발생할 수 있음

07 A사원은 '에듀프렌드'를 제공받아 업무를 수행하였다. 다음 중 A사원이 에듀프렌드를 사용하여 수행한 업무로 적절하지 않은 것은?

① 학습자 지도 및 평가 계획안의 메모리 용량(600GB)이 커서 일부분을 업로드하지 못하였다.

② 인적사항 등록 매뉴얼에서 A사원이 관리하는 학생 100명의 인적사항을 등록하였다.

③ A사원의 관리대상인 학습자 B군과 미팅을 잡고, 캘린더에 일정 알람을 등록하였다.

④ 위치정보를 활용해 학습자 B군의 집까지 최적 경로와 소요 시간을 탐색하였다.

⑤ 커뮤니티에 접속하여 공지사항을 통해 상반기 워크숍 일정을 확인하였다.

PART 3

08 A사원이 '에듀프렌드'를 사용하기 위해 전원 버튼을 눌렀지만, 전원이 켜지지 않았다. 다음 중 그 원인으로 적절하지 않은 것은?

① 에듀프렌드의 출력 커넥터와 맞지 않는 이어폰을 꽂아 사용하였다.

② 차량용 자석 거치대를 설치하여 운전 시에 에듀프렌드를 자석 거치대 위에 두었다.

③ 식당에서 물을 쏟아 가방에 들어있던 에듀프렌드가 물에 젖어버렸다.

④ 주머니에 들어 있던 에듀프렌드를 바닥으로 떨어뜨렸다.

⑤ 에듀프렌드에 보호 커버를 씌우고, 보호 커버 위에 매직펜으로 이름을 썼다.

09 다음 글을 읽고 노와이(Know – why)의 사례로 가장 적절한 것은?

> 기술은 노하우(Know – how)와 노와이(Know – why)로 구분할 수 있다. 노하우는 특허권을 수반하지 않는 과학자, 엔지니어 등이 가지고 있는 체화된 기술을 의미하며, 노와이는 어떻게 기술이 성립하고 작용하는가에 관한 원리적 측면에 중심을 둔 개념이다.
>
> 이 두 가지는 획득과 전수방법에 차이가 있다. 노하우는 경험적이고 반복적인 행위에 의해 얻어지는 것이며, 이러한 성격의 지식을 흔히 Technique, 혹은 Art라고 부른다. 반면, 노와이는 이론적인 지식으로서 과학적인 탐구에 의해 얻어진다.
>
> 오늘날 모든 기술과 경험이 공유되는 시대에서 노하우는 점점 경쟁력을 잃어가고 있으며, 노와이가 점차 각광받고 있다. 즉, 노하우가 구성하고 있는 환경, 행동, 능력을 벗어나 신념과 정체성, 영성 부분도 관심받기 시작한 것이다. 과거에는 기술에 대한 공급이 부족하고 공유가 잘 되지 않았기 때문에 노하우가 각광받았지만, 현재는 기술에 대한 원인과 결과에 대한 관계를 파악하고, 그것을 통해 목적과 동기를 새로 설정하는 노와이의 가치가 높아졌다. 노와이가 말하고자 하는 핵심은 왜 이 기술이 필요한지를 알아야 기술의 가치가 무너지지 않는다는 것이다.

① 요식업에 종사 중인 S씨는 영업시간 후 자신의 초밥 만드는 비법을 아들인 B군에게 전수하고 있다.
② 자판기 사업을 운영하고 있는 K씨는 이용자들의 화상을 염려하여 화상 방지 시스템을 개발하였다.
③ S사에 근무 중인 C씨는 은퇴 후 중장비학원에서 중장비 운영 기술을 열심히 공부하고 있다.
④ Z병원에서 근무 중인 의사인 G씨는 방글라데시의 의료진에게 자신이 가지고 있는 선진의술을 전수하기 위해 다음 주에 출국할 예정이다.
⑤ D사는 최근에 제조 관련 분야에서 최소 20년 이상 근무해 제조 기술에 있어 장인 수준의 숙련도를 가진 직원 4명을 D사 명장으로 선정하여 수상하였다.

10 다음은 산업 재해를 예방하기 위해 제시되고 있는 하인리히의 법칙에 대한 글이다. 이를 바탕으로 볼 때, 산업 재해의 예방을 위해 조치를 취해야 하는 단계는?

> 1931년 미국의 한 보험회사에서 근무하던 하인리히는 회사에서 접한 수많은 사고를 분석하여 하나의 통계적 법칙을 발견하였다. '1 : 29 : 300 법칙'이라고도 부르는 이 법칙은 큰 사고로 인해 산업 재해가 발생하면 이 사고가 발생하기 이전에 같은 원인으로 발생한 작은 사고 29번, 잠재적 사고 징후가 300번이 있었다는 것을 나타낸다.
>
> 하인리히는 이처럼 심각한 산업 재해의 발생 전에 여러 단계의 사건이 도미노처럼 발생하기 때문에 앞 단계에서 적절히 대처한다면 산업 재해를 예방할 수 있다고 주장했다.

① 사회 환경적 문제가 발생한 단계
② 개인 능력의 부족이 보이는 단계
③ 불안전한 행동 및 상태가 나타난 단계
④ 기술적 결함이 나타난 단계
⑤ 작업 관리상 문제가 나타난 단계

PART 4

채용 가이드

CHAPTER 01 블라인드 채용 소개

1. 블라인드 채용이란?

채용 과정에서 편견이 개입되어 불합리한 차별을 야기할 수 있는 출신지, 가족관계, 학력, 외모 등의 편견요인은 제외하고, 직무능력만을 평가하여 인재를 채용하는 방식입니다.

2. 블라인드 채용의 필요성

- 채용의 공정성에 대한 사회적 요구
  - 누구에게나 직무능력만으로 경쟁할 수 있는 균등한 고용기회를 제공해야 하나, 아직도 채용의 공정성에 대한 불신이 존재
  - 채용상 차별금지에 대한 법적 요건이 권고적 성격에서 처벌을 동반한 의무적 성격으로 강화되는 추세
  - 시민의식과 지원자의 권리의식 성숙으로 차별에 대한 법적 대응 가능성 증가
- 우수인재 채용을 통한 기업의 경쟁력 강화 필요
  - 직무능력과 무관한 학벌, 외모 위주의 선발로 우수인재 선발기회 상실 및 기업경쟁력 약화
  - 채용 과정에서 차별 없이 직무능력중심으로 선발한 우수인재 확보 필요
- 공정한 채용을 통한 사회적 비용 감소 필요
  - 편견에 의한 차별적 채용은 우수인재 선발을 저해하고 외모·학벌 지상주의 등의 심화로 불필요한 사회적 비용 증가
  - 채용에서의 공정성을 높여 사회의 신뢰수준 제고

3. 블라인드 채용의 특징

편견요인을 요구하지 않는 대신 직무능력을 평가합니다.

블라인드 채용 = 편견유발 요인제외 + 직무능력 중심평가

※ 직무능력중심 채용이란?
기업의 역량기반 채용, NCS기반 능력중심 채용과 같이 직무수행에 필요한 능력과 역량을 평가하여 선발하는 채용방식을 통칭합니다.

4. 블라인드 채용의 평가요소

직무수행에 필요한 지식, 기술, 태도 등을 과학적인 선발기법을 통해 평가합니다.

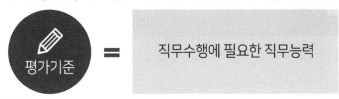

※ 과학적 선발기법이란?
직무분석을 통해 도출된 평가요소를 서류, 필기, 면접 등을 통해 체계적으로 평가하는 방법으로 입사지원서, 자기소개서, 직무수행능력평가, 구조화 면접 등이 해당됩니다.

5. 블라인드 채용 주요 도입 내용

- 입사지원서에 인적사항 요구 금지
  - 인적사항에는 출신지역, 가족관계, 결혼여부, 재산, 취미 및 특기, 종교, 생년월일(연령), 성별, 신장 및 체중, 사진, 전공, 학교명, 학점, 외국어 점수, 추천인 등이 해당
  - 채용 직무를 수행하는 데 있어 반드시 필요하다고 인정될 경우는 제외
    예 특수경비직 채용 시 : 시력, 건강한 신체 요구
    　연구직 채용 시 : 논문, 학위 요구 등
- 블라인드 면접 실시
  - 면접관에게 응시자의 출신지역, 가족관계, 학교명 등 인적사항 정보 제공 금지
  - 면접관은 응시자의 인적사항에 대한 질문 금지

6. 블라인드 채용 도입의 효과성

- 구성원의 다양성과 창의성이 높아져 기업 경쟁력 강화
  - 편견을 없애고 직무능력 중심으로 선발하므로 다양한 직원 구성 가능
  - 다양한 생각과 의견을 통하여 기업의 창의성이 높아져 기업경쟁력 강화
- 직무에 적합한 인재선발을 통한 이직률 감소 및 만족도 제고
  - 사전에 지원자들에게 구체적이고 상세한 직무요건을 제시함으로써 허수 지원이 낮아지고, 직무에 적합한 지원자 모집 가능
  - 직무에 적합한 인재가 선발되어 직무이해도가 높아져 업무효율 증대 및 만족도 제고
- 채용의 공정성과 기업이미지 제고
  - 블라인드 채용은 사회적 편견을 줄인 선발 방법으로 기업에 대한 사회적 인식 제고
  - 채용과정에서 불합리한 차별을 받지 않고 실력에 의해 공정하게 평가를 받을 것이라는 믿음을 제공하고, 지원자들은 평등한 기회와 공정한 선발과정 경험

PART 4

1. 채용공고문의 변화

기존 채용공고문	변화된 채용공고문
• 취업준비생에게 불충분하고 불친절한 측면 존재 • 모집분야에 대한 명확한 직무관련 정보 및 평가기준 부재 • 해당분야에 지원하기 위한 취업준비생의 무분별한 스펙 쌓기 현상 발생	• NCS 직무분석에 기반한 채용공고를 토대로 채용전형 진행 • 지원자가 입사 후 수행하게 될 업무에 대한 자세한 정보 공지 • 직무수행내용, 직무수행 시 필요한 능력, 관련된 자격, 직업기초능력 제시 • 지원자가 해당 직무에 필요한 스펙만을 준비할 수 있도록 안내
• 모집부문 및 응시자격 • 지원서 접수 • 전형절차 • 채용조건 및 처우 • 기타사항	• 채용절차 • 채용유형별 선발분야 및 예정인원 • 전형방법 • 선발분야별 직무기술서 • 우대사항

2. 지원 유의사항 및 지원요건 확인

채용 직무에 따른 세부사항을 공고문에 명시하여 지원자에게 적격한 지원 기회를 부여함과 동시에 채용과정에서의 공정성과 신뢰성을 확보합니다.

구성	내용	확인사항
모집분야 및 규모	고용형태(인턴 계약직 등), 모집분야, 인원, 근무지역 등	채용직무가 여러 개일 경우 본인이 해당되는 직무의 채용규모 확인
응시자격	기본 자격사항, 지원조건	지원을 위한 최소자격요건을 확인하여 불필요한 지원을 예방
우대조건	법정·특별·자격증 가점	본인의 가점 여부를 검토하여 가점 획득을 위한 사항을 사실대로 기재
근무조건 및 보수	고용형태 및 고용기간, 보수, 근무지	본인이 생각하는 기대수준에 부합하는지 확인하여 불필요한 지원을 예방
시험방법	서류·필기·면접전형 등의 활용방안	전형방법 및 세부 평가기법 등을 확인하여 지원전략 준비
전형일정	접수기간, 각 전형 단계별 심사 및 합격자 발표일 등	본인의 지원 스케줄을 검토하여 차질이 없도록 준비
제출서류	입사지원서(경력·경험기술서 등), 각종 증명서 및 자격증 사본 등	지원요건 부합 여부 및 자격 증빙서류 사전에 준비
유의사항	임용취소 등의 규정	임용취소 관련 법적 또는 기관 내부 규정을 검토하여 해당여부 확인

직무기술서란 직무수행의 내용과 필요한 능력, 관련 자격, 직업기초능력 등을 상세히 기재한 것으로 입사후 수행하게 될 업무에 대한 정보가 수록되어 있는 자료입니다.

1. 채용분야

[설명]

NCS 직무분류 체계에 따라 직무에 대한 「대분류 – 중분류 – 소분류 – 세분류」 체계를 확인할 수 있습니다. 채용직무에 대한 모든 직무기술서를 첨부하게 되며 실제 수행 업무를 기준으로 세부적인 분류정보를 제공합니다.

채용분야	분류체계			
사무행정	대분류	중분류	소분류	세분류
분류코드	02. 경영·회계·사무	03. 재무·회계	01. 재무	01. 예산
				02. 자금
			02. 회계	01. 회계감사
				02. 세무

2. 능력단위

[설명]

직무분류 체계의 세분류 하위능력단위 중 실질적으로 수행할 업무의 능력만 구체적으로 파악할 수 있습니다.

능력단위	(예산)	03. 연간종합예산수립 05. 확정예산 운영	04. 추정재무제표 작성 06. 예산실적 관리
	(자금)	04. 자금운용	
	(회계감사)	02. 자금관리 05. 회계정보시스템 운용 07. 회계감사	04. 결산관리 06. 재무분석
	(세무)	02. 결산관리 07. 법인세 신고	05. 부가가치세 신고

3. 직무수행내용

[설명]

세분류 영역의 기본정의를 통해 직무수행내용을 확인할 수 있습니다. 입사 후 수행할 직무내용을 구체적으로 확인할 수 있으며, 이를 통해 입사서류 작성부터 면접까지 직무에 대한 명확한 이해를 바탕으로 자신의 희망직무인지 아닌지, 해당 직무가 자신이 알고 있던 직무가 맞는지 확인할 수 있습니다.

직무수행내용	(예산) 일정기간 예상되는 수익과 비용을 편성, 집행하며 통제하는 일
	(자금) 자금의 계획 수립, 조달, 운용을 하고 발생 가능한 위험 관리 및 성과평가
	(회계감사) 기업 및 조직 내·외부에 있는 의사결정자들이 효율적인 의사결정을 할 수 있도록 유용한 정보를 제공, 제공된 회계정보의 적정성을 파악하는 일
	(세무) 세무는 기업의 활동을 위하여 주어진 세법범위 내에서 조세부담을 최소화시키는 조세전략을 포함하고 정확한 과세소득과 과세표준 및 세액을 산출하여 과세당국에 신고·납부하는 일

4. 직무기술서 예시

태도	(예산) 정확성, 분석적 태도, 논리적 태도, 타 부서와의 협조적 태도, 설득력
	(자금) 분석적 사고력
	(회계 감사) 합리적 태도, 전략적 사고, 정확성, 적극적 협업 태도, 법률준수 태도, 분석적 태도, 신속성, 책임감, 정확한 판단력
	(세무) 규정 준수 의지, 수리적 정확성, 주의 깊은 태도
우대 자격증	공인회계사, 세무사, 컴퓨터활용능력, 변호사, 워드프로세서, 전산회계운용사, 사회조사분석사, 재경관리사, 회계관리 등
직업기초능력	의사소통능력, 문제해결능력, 자원관리능력, 대인관계능력, 정보능력, 조직이해능력

5. 직무기술서 내용별 확인사항

항목	확인사항
모집부문	해당 채용에서 선발하는 부문(분야)명 확인 예 사무행정, 전산, 전기
분류체계	지원하려는 분야의 세부직무군 확인
주요기능 및 역할	지원하려는 기업의 전사적인 기능과 역할, 산업군 확인
능력단위	지원분야의 직무수행에 관련되는 세부업무사항 확인
직무수행내용	지원분야의 직무군에 대한 상세사항 확인
전형방법	지원하려는 기업의 신입사원 선발전형 절차 확인
일반요건	교육사항을 제외한 지원 요건 확인(자격요건, 특수한 경우 연령)
교육요건	교육사항에 대한 지원요건 확인(대졸 / 초대졸 / 고졸 / 전공 요건)
필요지식	지원분야의 업무수행을 위해 요구되는 지식 관련 세부항목 확인
필요기술	지원분야의 업무수행을 위해 요구되는 기술 관련 세부항목 확인
직무수행태도	지원분야의 업무수행을 위해 요구되는 태도 관련 세부항목 확인
직업기초능력	지원분야 또는 지원기업의 조직원으로서 근무하기 위해 필요한 일반적인 능력사항 확인

1. 입사지원서의 변화

기존지원서		능력중심 채용 입사지원서
직무와 관련 없는 학점, 개인신상, 어학점수, 자격, 수상경력 등을 나열하도록 구성	VS	해당 직무수행에 꼭 필요한 정보들을 제시할 수 있도록 구성

기존지원서		능력중심 채용 입사지원서	
직무기술서		인적사항	성명, 연락처, 지원분야 등 작성 (평가 미반영)
직무수행내용		교육사항	직무지식과 관련된 학교교육 및 직업교육 작성
요구지식 / 기술	➡	자격사항	직무관련 국가공인 또는 민간자격 작성
관련 자격증		경력 및 경험사항	조직에 소속되어 일정한 임금을 받거나(경력) 임금 없이(경험) 직무와 관련된 활동 내용 작성
사전직무경험			

2. 교육사항

- 지원분야 직무와 관련된 학교 교육이나 직업교육 혹은 기타교육 등 직무에 대한 지원자의 학습 여부를 평가하기 위한 항목입니다.
- 지원하고자 하는 직무의 학교 전공교육 이외에 직업교육, 기타교육 등을 기입할 수 있기 때문에 전공 제한 없이 직업교육과 기타교육을 이수하여 지원이 가능하도록 기회를 제공합니다.
  (기타교육 : 학교 이외의 기관에서 개인이 이수한 교육과정 중 지원직무와 관련이 있다고 생각되는 교육내용)

구분	교육과정(과목)명	교육내용	과업(능력단위)

3. 자격사항

- 채용공고 및 직무기술서에 제시되어 있는 자격 현황을 토대로 지원자가 해당 직무를 수행하는 데 필요한 능력을 가지고 있는지를 평가하기 위한 항목입니다.
- 채용공고 및 직무기술서에 기재된 직무관련 필수 또는 우대자격 항목을 확인하여 본인이 보유하고 있는 자격사항을 기재합니다.

자격유형	자격증명	발급기관	취득일자	자격증번호

4. 경력 및 경험사항

- 직무와 관련된 경력이나 경험 여부를 표현하도록 하여 직무와 관련한 능력을 갖추었는지를 평가하기 위한 항목입니다.
- 해당 기업에서 직무를 수행함에 있어 필요한 사항만을 기록하게 되어 있기 때문에 직무와 무관한 스펙을 갖추지 않아도 됩니다.
- 경력 : 금전적 보수를 받고 일정기간 동안 일했던 경우
- 경험 : 금전적 보수를 받지 않고 수행한 활동

※ 기업에 따라 경력 / 경험 관련 증빙자료 요구 가능

구분	조직명	직위 / 역할	활동기간(년 / 월)	주요과업 / 활동내용

Tip

입사지원서 작성 방법

○ 경력 및 경험사항 작성
- 직무기술서에 제시된 지식, 기술, 태도와 지원자의 교육사항, 경력(경험)사항, 자격사항과 연계하여 개인의 직무역량에 대해 스스로 판단 가능

○ 인적사항 최소화
- 개인의 인적사항, 학교명, 가족관계 등을 노출하지 않도록 유의

부적절한 입사지원서 작성 사례
- 학교 이메일을 기입하여 학교명 노출
- 거주지 주소에 학교 기숙사 주소를 기입하여 학교명 노출
- 자기소개서에 부모님이 재직 중인 기업명, 직위, 직업을 기입하여 가족관계 노출
- 자기소개서에 석·박사 과정에 대한 이야기를 언급하여 학력 노출
- 동아리 활동에 대한 내용을 학교명과 더불어 언급하여 학교명 노출

1. 자기소개서의 변화

- 기존의 자기소개서는 지원자의 일대기나 관심 분야, 성격의 장·단점 등 개괄적인 사항을 묻는 질문으로 구성되어 지원자가 자신의 직무능력을 제대로 표출하지 못합니다.
- 능력중심 채용의 자기소개서는 직무기술서에 제시된 직업기초능력(또는 직무수행능력)에 대한 지원자의 과거 경험을 기술하게 함으로써 평가 타당도의 확보가 가능합니다.

1. 우리 회사와 해당 지원 직무분야에 지원한 동기에 대해 기술해 주세요.
2. 자신이 경험한 다양한 사회활동에 대해 기술해 주세요.
3. 지원 직무에 대한 전문성을 키우기 위해 받은 교육과 경험 및 경력사항에 대해 기술해 주세요.
4. 인사업무 또는 팀 과제 수행 중 발생한 갈등을 원만하게 해결해 본 경험이 있습니까? 당시 상황에 대한 설명과 갈등의 대상이 되었던 상대방을 설득한 과정 및 방법을 기술해 주세요.
5. 과거에 있었던 일 중 가장 어려웠던(힘들었었던) 상황을 고르고, 어떤 방법으로 그 상황을 해결했는지를 기술해 주세요.

PART 4

Tip

자기소개서 작성 방법
① 자기소개서 문항이 묻고 있는 평가 역량 추측하기

예시

- 팀 활동을 하면서 갈등 상황 시 상대방의 니즈나·의도를 명확히 파악하고 해결하여 목표 달성에 기여했던 경험에 대해서 작성해 주시기 바랍니다.
- 다른 사람이 생각해내지 못했던 문제점을 찾고 이를 해결한 경험에 대해 작성해 주시기 바랍니다.

② 해당 역량을 보여줄 수 있는 소재 찾기(시간×역량 매트릭스)

예시

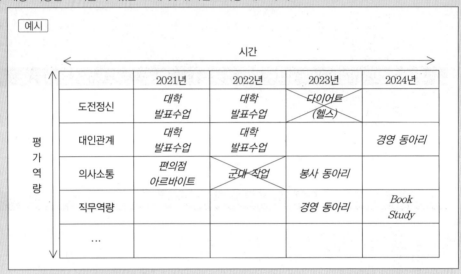

		2021년	2022년	2023년	2024년
평가역량	도전정신	대학 발표수업	대학 발표수업	~~다이어트 (헬스)~~	
	대인관계	대학 발표수업	대학 발표수업		경영 동아리
	의사소통	편의점 아르바이트	~~군대 작업~~	봉사 동아리	
	직무역량			경영 동아리	Book Study
	...				

③ 자기소개서 작성 Skill 익히기
- 두괄식으로 작성하기
- 구체적 사례를 사용하기
- '나'를 중심으로 작성하기
- 직무역량 강조하기
- 경험 사례의 차별성 강조하기

CHAPTER 03 인성검사 소개 및 모의테스트

01 인성검사 유형

인성검사는 지원자의 성격특성을 객관적으로 파악하고 그것이 각 기업에서 필요로 하는 인재상과 가치에 부합하는가를 평가하기 위한 검사입니다. 인성검사는 KPDI(한국인재개발진흥원), K-SAD(한국사회적성개발원), KIRBS(한국행동과학연구소), SHR(에스에이치알) 등의 전문기관을 통해 각 기업의 특성에 맞는 검사를 선택하여 실시합니다. 대표적인 인성검사의 유형에는 크게 다음과 같은 세 가지가 있으며, 채용 대행업체에 따라 달라집니다.

1. KPDI 검사

조직적응성과 직무적합성을 알아보기 위한 검사로 인성검사, 인성역량검사, 인적성검사, 직종별 인적성 검사 등의 다양한 검사 도구를 구현합니다. KPDI는 성격을 파악하고 정신건강 상태 등을 측정하고, 직무 검사는 해당 직무를 수행하기 위해 기본적으로 갖추어야 할 인지적 능력을 측정합니다. 역량검사는 특정 직무 역할을 효과적으로 수행하는 데 직접적으로 관련 있는 개인의 행동, 지식, 스킬, 가치관 등을 측정합니다.

2. KAD(Korea Aptitude Development) 검사

K-SAD(한국사회적성개발원)에서 실시하는 적성검사 프로그램입니다. 개인의 성향, 지적 능력, 기호, 관심, 흥미도를 종합적으로 분석하여 적성에 맞는 업무가 무엇인가 파악하고, 직무수행에 있어서 요구되는 기초능력과 실무능력을 분석합니다.

3. SHR 직무적성검사

직무수행에 필요한 종합적인 사고 능력을 다양한 적성검사(Paper and Pencil Test)로 평가합니다. SHR의 모든 직무능력검사는 표준화 검사입니다. 표준화 검사는 표본집단의 점수를 기초로 규준이 만들어진 검사이므로 개인의 점수를 규준에 맞추어 해석·비교하는 것이 가능합니다. S(Standardized Tests), H(Hundreds of Version), R(Reliable Norm Data)을 특징으로 하며, 직군·직급별 특성과 선발 수준에 맞추어 검사를 적용할 수 있습니다.

PART 4

인성검사는 특히 면접질문과 관련성이 높습니다. 면접관은 지원자의 인성검사 결과를 토대로 질문을 하기 때문입니다. 일관적이고 이상적인 답변을 하는 것이 가장 좋지만, 실제 시험은 매우 복잡하여 전문가라 해도 일정 성격을 유지하면서 답변을 하는 것이 힘듭니다. 또한, 인성검사에는 라이 스케일(Lie Scale) 설문이 전체 설문 속에 교묘하게 섞여 들어가 있으므로 겉치레적인 답을 하게 되면 회답태도의 허위성이 그대로 드러나게 됩니다. 예를 들어 '거짓말을 한 적이 한 번도 없다.'에 '예'로 답하고, '때로는 거짓말을 하기도 한다.'에 '예'라고 답하여 라이 스케일의 득점이 올라가게 되면 모든 회답의 신빙성이 사라지고 '자신을 돋보이게 하려는 사람'이라는 평가를 받을 수 있으므로 주의해야 합니다. 따라서 모의테스트를 통해 인성검사의 유형과 실제 시험 시 어떻게 문제를 풀어야 하는지 연습해 보고 체크한 부분 중 자신의 단점과 연결되는 부분은 면접에서 질문이 들어왔을 때 어떻게 대처해야 하는지 생각해 보는 것이 좋습니다.

03 **유의사항**

1. 기업의 인재상을 파악하라!

인성검사를 통해 개인의 성격 특성을 파악하고 그것이 기업의 인재상과 가치에 부합하는지를 평가하는 시험이기 때문에 해당 기업의 인재상을 먼저 파악하고 시험에 임하는 것이 좋습니다. 모의테스트에서 인재상에 맞는 가상의 인물을 설정하고 문제에 답해 보는 것도 많은 도움이 됩니다.

2. 일관성 있는 대답을 하라!

짧은 시간 안에 다양한 질문에 답을 해야 하는데, 그 안에는 중복되는 질문이 여러 번 나옵니다. 이때 앞서 자신이 체크했던 대답을 잘 기억해뒀다가 일관성 있는 답을 하는 것이 중요합니다.

3. 모든 문항에 대답하라!

많은 문제를 짧은 시간 안에 풀려다 보니 다 못 푸는 경우도 종종 생깁니다. 하지만 대답을 누락하거나 끝까지 다 못했을 경우 좋지 않은 결과를 가져올 수도 있으니 최대한 주어진 시간 안에 모든 문항에 답할 수 있도록 해야 합니다.

※ 모의테스트는 질문 및 답변 유형 연습을 위한 것으로 실제 시험과 다를 수 있습니다.
※ 인성검사는 정답이 따로 없는 유형의 검사이므로 결과지를 제공하지 않습니다.

번호	내용	예	아니요
001	나는 솔직한 편이다.	☐	☐
002	나는 리드하는 것을 좋아한다.	☐	☐
003	법을 어겨서 말썽이 된 적이 한 번도 없다.	☐	☐
004	거짓말을 한 번도 한 적이 없다.	☐	☐
005	나는 눈치가 빠르다.	☐	☐
006	나는 일을 주도하기보다는 뒤에서 지원하는 것을 선호한다.	☐	☐
007	앞일은 알 수 없기 때문에 계획은 필요하지 않다.	☐	☐
008	거짓말도 때로는 방편이라고 생각한다.	☐	☐
009	사람이 많은 술자리를 좋아한다.	☐	☐
010	걱정이 지나치게 많다.	☐	☐
011	일을 시작하기 전 재고하는 경향이 있다.	☐	☐
012	불의를 참지 못한다.	☐	☐
013	처음 만나는 사람과도 이야기를 잘 한다.	☐	☐
014	때로는 변화가 두렵다.	☐	☐
015	나는 모든 사람에게 친절하다.	☐	☐
016	힘든 일이 있을 때 술은 위로가 되지 않는다.	☐	☐
017	결정을 빨리 내리지 못해 손해를 본 경험이 있다.	☐	☐
018	기회를 잡을 준비가 되어 있다.	☐	☐
019	때로는 내가 정말 쓸모없는 사람이라고 느낀다.	☐	☐
020	누군가 나를 챙겨주는 것이 좋다.	☐	☐
021	자주 가슴이 답답하다.	☐	☐
022	나는 내가 자랑스럽다.	☐	☐
023	경험이 중요하다고 생각한다.	☐	☐
024	전자기기를 분해하고 다시 조립하는 것을 좋아한다.	☐	☐

025	감시받고 있다는 느낌이 든다.	☐	☐
026	난처한 상황에 놓이면 그 순간을 피하고 싶다.	☐	☐
027	세상엔 믿을 사람이 없다.	☐	☐
028	잘못을 빨리 인정하는 편이다.	☐	☐
029	지도를 보고 길을 잘 찾아간다.	☐	☐
030	귓속말을 하는 사람을 보면 날 비난하고 있는 것 같다.	☐	☐
031	막무가내라는 말을 들을 때가 있다.	☐	☐
032	장래의 일을 생각하면 불안하다.	☐	☐
033	결과보다 과정이 중요하다고 생각한다.	☐	☐
034	운동은 그다지 할 필요가 없다고 생각한다.	☐	☐
035	새로운 일을 시작할 때 좀처럼 한 발을 떼지 못한다.	☐	☐
036	기분 상하는 일이 있더라도 참는 편이다.	☐	☐
037	업무능력은 성과로 평가받아야 한다고 생각한다.	☐	☐
038	머리가 맑지 못하고 무거운 느낌이 든다.	☐	☐
039	가끔 이상한 소리가 들린다.	☐	☐
040	타인이 내게 자주 고민상담을 하는 편이다.	☐	☐

※ 모의테스트는 질문 및 답변 유형 연습을 위한 것으로 실제 시험과 다를 수 있습니다.
※ 인성검사는 정답이 따로 없는 유형의 검사이므로 결과지를 제공하지 않습니다.

※ 이 성격검사의 각 문항에는 서로 다른 행동을 나타내는 네 개의 문장이 제시되어 있습니다. 이 문장들을 비교하여, 자신의 평소 행동과 가장 가까운 문장을 'ㄱ' 열에 표기하고, 가장 먼 문장을 'ㅁ' 열에 표기하십시오.

01   나는 _____

	ㄱ	ㅁ
A. 실용적인 해결책을 찾는다.	☐	☐
B. 다른 사람을 돕는 것을 좋아한다.	☐	☐
C. 세부 사항을 잘 챙긴다.	☐	☐
D. 상대의 주장에서 허점을 잘 찾는다.	☐	☐

02   나는 _____

	ㄱ	ㅁ
A. 매사에 적극적으로 임한다.	☐	☐
B. 즉흥적인 편이다.	☐	☐
C. 관찰력이 있다.	☐	☐
D. 임기응변에 강하다.	☐	☐

03   나는 _____

	ㄱ	ㅁ
A. 무서운 영화를 잘 본다.	☐	☐
B. 조용한 곳이 좋다.	☐	☐
C. 가끔 울고 싶다.	☐	☐
D. 집중력이 좋다.	☐	☐

04   나는 _____

	ㄱ	ㅁ
A. 기계를 조립하는 것을 좋아한다.	☐	☐
B. 집단에서 리드하는 역할을 맡는다.	☐	☐
C. 호기심이 많다.	☐	☐
D. 음악을 듣는 것을 좋아한다.	☐	☐

PART 4

05 나는 _____

	ㄱ	ㅁ
A. 타인을 늘 배려한다.	☐	☐
B. 감수성이 예민하다.	☐	☐
C. 즐겨하는 운동이 있다.	☐	☐
D. 일을 시작하기 전에 계획을 세운다.	☐	☐

06 나는 _____

	ㄱ	ㅁ
A. 타인에게 설명하는 것을 좋아한다.	☐	☐
B. 여행을 좋아한다.	☐	☐
C. 정적인 것이 좋다.	☐	☐
D. 남을 돕는 것에 보람을 느낀다.	☐	☐

07 나는 _____

	ㄱ	ㅁ
A. 기계를 능숙하게 다룬다.	☐	☐
B. 밤에 잠이 잘 오지 않는다.	☐	☐
C. 한 번 간 길을 잘 기억한다.	☐	☐
D. 불의를 보면 참을 수 없다.	☐	☐

08 나는 _____

	ㄱ	ㅁ
A. 종일 말을 하지 않을 때가 있다.	☐	☐
B. 사람이 많은 곳을 좋아한다.	☐	☐
C. 술을 좋아한다.	☐	☐
D. 휴양지에서 편하게 쉬고 싶다.	☐	☐

09 나는 _____

	ㄱ	ㅁ
A. 뉴스보다는 드라마를 좋아한다.	☐	☐
B. 길을 잘 찾는다.	☐	☐
C. 주말엔 집에서 쉬는 것이 좋다.	☐	☐
D. 아침에 일어나는 것이 힘들다.	☐	☐

10 나는 _____

	ㄱ	ㅁ
A. 이성적이다.	☐	☐
B. 할 일을 종종 미룬다.	☐	☐
C. 어른을 대하는 게 힘들다.	☐	☐
D. 불을 보면 매혹을 느낀다.	☐	☐

11 나는 _____

	ㄱ	ㅁ
A. 상상력이 풍부하다.	☐	☐
B. 예의 바르다는 소리를 자주 듣는다.	☐	☐
C. 사람들 앞에 서면 긴장한다.	☐	☐
D. 친구를 자주 만난다.	☐	☐

12 나는 _____

	ㄱ	ㅁ
A. 나만의 스트레스 해소 방법이 있다.	☐	☐
B. 친구가 많다.	☐	☐
C. 책을 자주 읽는다.	☐	☐
D. 활동적이다.	☐	☐

CHAPTER 04 면접전형 가이드

01 면접유형 파악

1. 면접전형의 변화

기존 면접전형에서는 일상적이고 단편적인 대화나 지원자의 첫인상 및 면접관의 주관적인 판단 등에 의해서 입사 결정 여부를 판단하는 경우가 많았습니다. 이러한 면접전형은 면접 내용의 일관성이 결여되거나 직무 관련 타당성이 부족하였고, 면접에 대한 신뢰도에 영향을 주었습니다.

기존 면접(전통적 면접)		능력중심 채용 면접(구조화 면접)
• 일상적이고 단편적인 대화 • 인상, 외모 등 외부 요소의 영향 • 주관적인 판단에 의존한 총점 부여 ⇩ • 면접 내용의 일관성 결여 • 직무관련 타당성 부족 • 주관적인 채점으로 신뢰도 저하	VS	• 일관성 – 직무관련 역량에 초점을 둔 구체적 질문 목록 – 지원자별 동일 질문 적용 • 구조화 – 면접 진행 및 평가 절차를 일정한 체계에 의해 구성 • 표준화 – 평가 타당도 제고를 위한 평가 Matrix 구성 – 척도에 따라 항목별 채점, 개인 간 비교 • 신뢰성 – 면접진행 매뉴얼에 따라 면접위원 교육 및 실습

2. 능력중심 채용의 면접 유형

① 경험 면접
- 목적 : 선발하고자 하는 직무 능력이 필요한 과거 경험을 질문합니다.
- 평가요소 : 직업기초능력과 인성 및 태도적 요소를 평가합니다.

② 상황 면접
- 목적 : 특정 상황을 제시하고 지원자의 행동을 관찰함으로써 실제 상황의 행동을 예상합니다.
- 평가요소 : 직업기초능력과 인성 및 태도적 요소를 평가합니다.

③ 발표 면접
- 목적 : 특정 주제와 관련된 지원자의 발표와 질의응답을 통해 지원자 역량을 평가합니다.
- 평가요소 : 직무수행능력과 인지적 역량(문제해결능력)을 평가합니다.

④ 토론 면접
- 목적 : 토의과제에 대한 의견수렴 과정에서 지원자의 역량과 상호작용능력을 평가합니다.
- 평가요소 : 직무수행능력과 팀워크를 평가합니다.

O

1. 경험 면접

① 경험 면접의 특징
- 주로 직업기초능력에 관련된 지원자의 과거 경험을 심층 질문하여 검증하는 면접입니다.
- 직무능력과 관련된 과거 경험을 평가하기 위해 심층 질문을 하며, 이 질문은 지원자의 답변에 대하여 '꼬리에 꼬리를 무는 형식'으로 진행됩니다.

> - 능력요소, 정의, 심사 기준
>   - 평가하고자 하는 능력요소, 정의, 심사기준을 확인하여 면접위원이 해당 능력요소 관련 질문을 제시합니다.
> - Opening Question
>   - 능력요소에 관련된 과거 경험을 유도하기 위한 시작 질문을 합니다.
> - Follow-up Question
>   - 지원자의 경험 수준을 구체적으로 검증하기 위한 질문입니다.
>   - 경험 수준 검증을 위한 상황(Situation), 임무(Task), 역할 및 노력(Action), 결과(Result) 등으로 질문을 구분합니다.

경험 면접의 형태

[면접관 1] [면접관 2] [면접관 3] 　　 [면접관 1] [면접관 2] [면접관 3]

[지원자] 　　　　　　 [지원자 1] [지원자 2] [지원자 3]

〈일대다 면접〉 　　　　　 〈다대다 면접〉

② 경험 면접의 구조

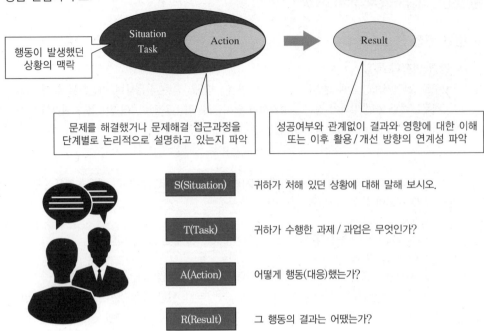

행동이 발생했던 상황의 맥락

문제를 해결했거나 문제해결 접근과정을 단계별로 논리적으로 설명하고 있는지 파악

성공여부와 관계없이 결과와 영향에 대한 이해 또는 이후 활용 / 개선 방향의 연계성 파악

S(Situation) — 귀하가 처해 있던 상황에 대해 말해 보시오.

T(Task) — 귀하가 수행한 과제 / 과업은 무엇인가?

A(Action) — 어떻게 행동(대응)했는가?

R(Result) — 그 행동의 결과는 어땠는가?

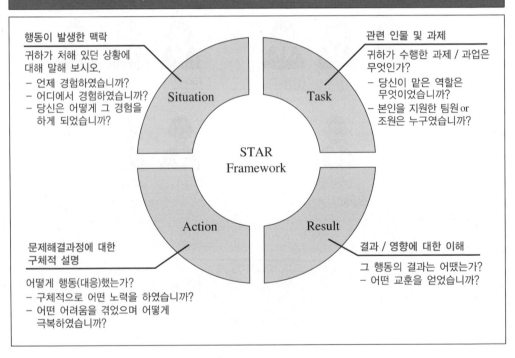

(   )에 관한 과거 경험에 대하여 말해 보시오.

행동이 발생한 맥락
귀하가 처해 있던 상황에 대해 말해 보시오.
– 언제 경험하였습니까?
– 어디에서 경험하였습니까?
– 당신은 어떻게 그 경험을 하게 되었습니까?

Situation

관련 인물 및 과제
귀하가 수행한 과제 / 과업은 무엇인가?
– 당신이 맡은 역할은 무엇이었습니까?
– 본인을 지원한 팀원 or 조원은 누구였습니까?

Task

STAR Framework

Action

문제해결과정에 대한 구체적 설명
어떻게 행동(대응)했는가?
– 구체적으로 어떤 노력을 하였습니까?
– 어떤 어려움을 겪었으며 어떻게 극복하였습니까?

Result

결과 / 영향에 대한 이해
그 행동의 결과는 어땠는가?
– 어떤 교훈을 얻었습니까?

③ 경험 면접 질문 예시(직업윤리)

시작 질문	
1	남들이 신경 쓰지 않는 부분까지 고려하여 절차대로 업무(연구)를 수행하여 성과를 낸 경험을 구체적으로 말해 보시오.
2	조직의 원칙과 절차를 철저히 준수하며 업무(연구)를 수행한 것 중 성과를 향상시킨 경험에 대해 구체적으로 말해 보시오.
3	세부적인 절차와 규칙에 주의를 기울여 실수 없이 업무(연구)를 마무리한 경험을 구체적으로 말해 보시오.
4	조직의 규칙이나 원칙을 고려하여 성실하게 일했던 경험을 구체적으로 말해 보시오.
5	타인의 실수를 바로잡고 원칙과 절차대로 수행하여 성공적으로 업무를 마무리하였던 경험에 대해 말해 보시오.

후속 질문		
상황 (Situation)	상황	구체적으로 언제, 어디에서 경험한 일인가?
		어떤 상황이었는가?
	조직	어떤 조직에 속해 있었는가?
		그 조직의 특성은 무엇이었는가?
		몇 명으로 구성된 조직이었는가?
	기간	해당 조직에서 얼마나 일했는가?
		해당 업무는 몇 개월 동안 지속되었는가?
	조직규칙	조직의 원칙이나 규칙은 무엇이었는가?
임무 (Task)	과제	과제의 목표는 무엇이었는가?
		과제에 적용되는 조직의 원칙은 무엇이었는가?
		그 규칙을 지켜야 하는 이유는 무엇이었는가?
	역할	당신이 조직에서 맡은 역할은 무엇이었는가?
		과제에서 맡은 역할은 무엇이었는가?
	문제의식	규칙을 지키지 않을 경우 생기는 문제점 / 불편함은 무엇인가?
		해당 규칙이 왜 중요하다고 생각하였는가?
역할 및 노력 (Action)	행동	업무 과정의 어떤 장면에서 규칙을 철저히 준수하였는가?
		어떻게 규정을 적용시켜 업무를 수행하였는가?
		규정은 준수하는 데 어려움은 없었는가?
	노력	그 규칙을 지키기 위해 스스로 어떤 노력을 기울였는가?
		본인의 생각이나 태도에 어떤 변화가 있었는가?
		다른 사람들은 어떤 노력을 기울였는가?
	동료관계	동료들은 규칙을 철저히 준수하고 있었는가?
		팀원들은 해당 규칙에 대해 어떻게 반응하였는가?
		규칙에 대한 태도를 개선하기 위해 어떤 노력을 하였는가?
		팀원들의 태도는 당신에게 어떤 자극을 주었는가?
	업무추진	주어진 업무를 추진하는 데 규칙이 방해되진 않았는가?
		업무수행 과정에서 규정을 어떻게 적용하였는가?
		업무 시 규정을 준수해야 한다고 생각한 이유는 무엇인가?

결과 (Result)	평가	규칙을 어느 정도나 준수하였는가?
		그렇게 준수할 수 있었던 이유는 무엇이었는가?
		업무의 성과는 어느 정도였는가?
		성과에 만족하였는가?
		비슷한 상황이 온다면 어떻게 할 것인가?
	피드백	주변 사람들로부터 어떤 평가를 받았는가?
		그러한 평가에 만족하는가?
		다른 사람에게 본인의 행동이 영향을 주었다고 생각하는가?
	교훈	업무수행 과정에서 중요한 점은 무엇이라고 생각하는가?
		이 경험을 통해 느낀 바는 무엇인가?

2. 상황 면접

① 상황 면접의 특징

직무 관련 상황을 가정하여 제시하고 이에 대한 대응능력을 직무관련성 측면에서 평가하는 면접입니다.

- 상황 면접 과제의 구성은 크게 2가지로 구분
  - 상황 제시(Description) / 문제 제시(Question or Problem)
- 현장의 실제 업무 상황을 반영하여 과제를 제시하므로 직무분석이나 직무전문가 워크숍 등을 거쳐 현장성을 높임
- 문제는 상황에 대한 기본적인 이해능력(이론적 지식)과 함께 실질적 대응이나 변수 고려능력(실천적 능력) 등을 고르게 질문해야 함

상황 면접의 형태

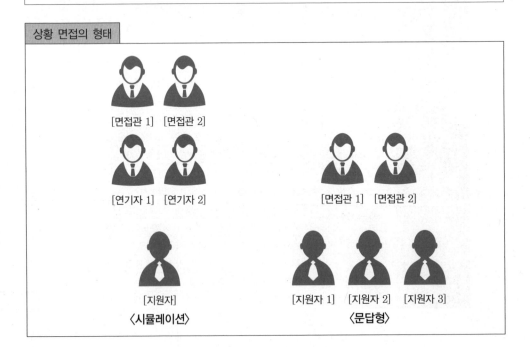

② 상황 면접 예시

상황 제시	인천공항 여객터미널 내에는 다양한 용도의 시설(사무실, 통신실, 식당, 전산실, 창고 면세점 등)이 설치되어 있습니다.	실제 업무 상황에 기반함
	금년에 소방배관의 누수가 잦아 메인 배관을 교체하는 공사를 추진하고 있으며, 당신은 이번 공사의 담당자입니다.	배경 정보
	주간에는 공항 운영이 이루어져 주로 야간에만 배관 교체 공사를 수행하던 중, 시공하는 기능공의 실수로 배관 연결 부위를 잘못 건드려 고압배관의 소화수가 누출되는 사고가 발생하였으며, 이로 인해 인근 시설물에 누수에 의한 피해가 발생하였습니다.	구체적인 문제 상황
문제 제시	일반적인 소방배관의 배관연결(이음)방식과 배관의 이탈(누수)이 발생하는 원인에 대해 설명해 보시오.	문제 상황 해결을 위한 기본 지식 문항
	담당자로서 본 사고를 현장에서 긴급히 처리하는 프로세스를 제시하고, 보수완료 후 사후적 조치가 필요한 부분 및 재발방지 방안에 대해 설명해 보시오.	문제 상황 해결을 위한 추가 대응 문항

3. 발표 면접

① 발표 면접의 특징

- 직무관련 주제에 대한 지원자의 생각을 정리하여 의견을 제시하고, 발표 및 질의응답을 통해 지원자의 직무능력을 평가하는 면접입니다.
- 발표 주제는 직무와 관련된 자료로 제공되며, 일정 시간 후 지원자가 보유한 지식 및 방안에 대한 발표 및 후속 질문을 통해 직무적합성을 평가합니다.

> - 주요 평가요소
>   - 설득적 말하기 / 발표능력 / 문제해결능력 / 직무관련 전문성
> - 이미 언론을 통해 공론화된 시사 이슈보다는 해당 직무분야에 관련된 주제가 발표면접의 과제로 선정되는 경우가 최근 들어 늘어나고 있음
> - 짧은 시간 동안 주어진 과제를 빠른 속도로 분석하여 발표문을 작성하고 제한된 시간 안에 면접관에게 효과적인 발표를 진행하는 것이 핵심

발표 면접의 형태

[면접관 1] [면접관 2]

[면접관 1] [면접관 2]

[지원자]

〈개별 과제 발표〉

[지원자 1] [지원자 2] [지원자 3]

〈팀 과제 발표〉

※ 면접관에게 시각적 효과를 사용하여 메시지를 전달하는 쌍방향 커뮤니케이션 방식
※ 심층면접을 보완하기 위한 방안으로 최근 많은 기업에서 적극 도입하는 추세

② 발표 면접 예시

---

1. 지시문

당신은 현재 A사에서 직원들의 성과평가를 담당하고 있는 팀원이다. 인사팀은 지난주부터 사내 조직문화관련 인터뷰를 하던 도중 성과평가제도에 관련된 개선 니즈가 제일 많다는 것을 알게 되었다. 이에 팀장님은 인터뷰 결과를 종합하려 성과평가제도 개선 아이디어를 A4용지에 정리하여 신속 보고할 것을 지시하셨다. 당신에게 남은 시간은 1시간이다. 자료를 준비하는 대로 당신은 팀원들이 모인 회의실에서 5분 간 발표할 것이며, 이후 질의응답을 진행할 것이다.

2. 배경자료

〈성과평가제도 개선에 대한 인터뷰〉

최근 A사는 회사 사세의 급성장으로 인해 작년보다 매출이 두 배 성장하였고, 직원 수 또한 두 배로 증가하였다. 회사의 성장은 임금, 복지에 대한 상승 등 긍정적인 영향을 주었으나 업무의 불균형 및 성과보상의 불평등 문제가 발생하였다. 또한 수시로 입사하는 신입직원과 경력직원, 퇴사하는 직원들까지 인원들의 잦은 변동으로 인해 평가해야 할 대상이 변경되어 현재의 성과평가제도로는 공정한 평가가 어려운 상황이다.

[생산부서 김상호]
우리 팀은 지난 1년 동안 생산량이 급증했기 때문에 수십 명의 신규인력이 급하게 채용되었습니다. 이 때문에 저희 팀장님은 신규 입사자들의 이름조차 기억 못할 때가 많이 있습니다. 성과평가를 제대로 하고 있는지 의문이 듭니다.

[마케팅 부서 김흥민]
개인의 성과평가의 취지는 충분히 이해합니다. 그러나 현재 평가는 실적기반이나 정성적인 평가가 많이 포함되어 있어 객관성과 공정성에는 의문이 드는 것이 사실입니다. 이러한 상황에서 평가제도를 재수립하지 않고, 인센티브에 계속 반영한다면, 평가제도에 대한 반감이 커질 것이 분명합니다.

[교육부서 홍경민]
현재 교육부서는 인사팀과 밀접하게 일하고 있습니다. 그럼에도 인사팀에서 실시하는 성과평가제도에 대한 이해가 부족한 것 같습니다.

[기획부서 김경호 차장]
저는 저의 평가자 중 하나가 연구부서의 팀장님인데, 일 년에 몇 번 같이 일하지 않는데 어떻게 저를 평가할 수 있을까요? 특히 연구팀은 저희가 예산을 배정하는데, 저에게는 좋지만…

4. 토론 면접

① 토론 면접의 특징

• 다수의 지원자가 조를 편성해 과제에 대한 토론(토의)을 통해 결론을 도출해가는 면접입니다.
• 의사소통능력, 팀워크, 종합인성 등의 평가에 용이합니다.

> • 주요 평가요소
> - 설득적 말하기, 경청능력, 팀워크, 종합인성
> • 의견 대립이 명확한 주제 또는 채용분야의 직무 관련 주요 현안을 주제로 과제 구성
> • 제한된 시간 내 토론을 진행해야 하므로 적극적으로 자신 있게 토론에 임하고 본인의 의견을 개진할
>   수 있어야 함

토론 면접의 형태

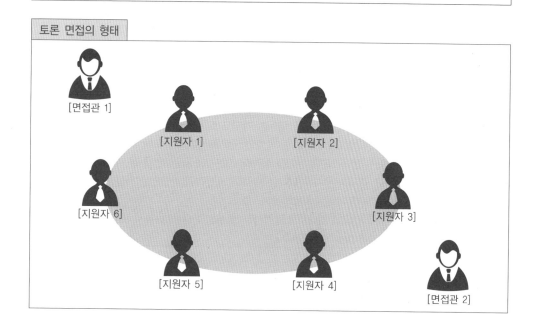

② 토론 면접 예시

고객 불만 고충처리

1. 들어가며

최근 우리 상품에 대한 고객 불만의 증가로 고객고충처리 TF가 만들어졌고 당신은 여기에 지원해 배치받았다. 당신의 업무는 불만을 가진 고객을 만나서 애로사항을 듣고 처리해 주는 일이다. 주된 업무로는 고객의 니즈를 파악해 방향성을 제시해 주고 그 해결책을 마련하는 일이다. 하지만 경우에 따라서 고객의 주관적인 의견으로 인해 제대로 된 방향으로 의사결정을 하지 못할 때가 있다. 이럴 경우 설득이나 논쟁을 해서라도 의견을 관철시키는 것이 좋을지 아니면 고객의 의견대로 진행하는 것이 좋을지 결정해야 할 때가 있다. 만약 당신이라면 이러한 상황에서 어떤 결정을 내릴 것인지 여부를 자유롭게 토론해 보시오.

2. 1분 자유 발언 시 준비사항

- 당신은 의견을 자유롭게 개진할 수 있으며 이에 따른 불이익은 없습니다.
- 토론의 방향성을 이해하고, 내용의 장점과 단점이 무엇인지 문제를 명확히 말해야 합니다.
- 합리적인 근거에 기초하여 개선방안을 명확히 제시해야 합니다.
- 제시한 방안을 실행 시 예상되는 긍정적·부정적 영향요인도 동시에 고려할 필요가 있습니다.

3. 토론 시 유의사항

- 토론 주제문과 제공해드린 메모지, 볼펜만 가지고 토론장에 입장할 수 있습니다.
- 사회자의 지정 또는 발표자가 손을 들어 발언권을 획득할 수 있으며, 사회자의 통제에 따릅니다.
- 토론회가 시작되면, 팀의 의견과 논거를 정리하여 1분간의 자유발언을 할 수 있습니다. 순서는 사회자가 지정합니다. 이후에는 자유롭게 상대방에게 질문하거나 답변을 하실 수 있습니다.
- 핸드폰, 서적 등 외부 매체는 사용하실 수 없습니다.
- 논제에 벗어나는 발언이나 지나치게 공격적인 발언을 할 경우, 위에서 제시한 유의사항을 지키지 않을 경우 불이익을 받을 수 있습니다.

1. 면접 Role Play 편성

- 교육생끼리 조를 편성하여 면접관과 지원자 역할을 교대로 진행합니다.
- 지원자 입장과 면접관 입장을 모두 경험해 보면서 면접에 대한 적응력을 높일 수 있습니다.

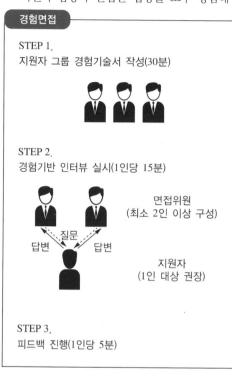

경험면접

STEP 1.
지원자 그룹 경험기술서 작성(30분)

STEP 2.
경험기반 인터뷰 실시(1인당 15분)

면접위원
(최소 2인 이상 구성)

질문
답변   답변

지원자
(1인 대상 권장)

STEP 3.
피드백 진행(1인당 5분)

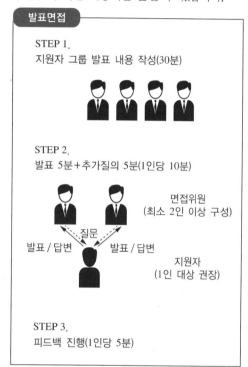

발표면접

STEP 1.
지원자 그룹 발표 내용 작성(30분)

STEP 2.
발표 5분+추가질의 5분(1인당 10분)

면접위원
(최소 2인 이상 구성)

질문
발표 / 답변   발표 / 답변

지원자
(1인 대상 권장)

STEP 3.
피드백 진행(1인당 5분)

> **Tip**
>
> 면접 준비하기
> 1. 면접 유형 확인 필수
>   - 기업마다 면접 유형이 상이하기 때문에 해당 기업의 면접 유형을 확인하는 것이 좋음
>   - 일반적으로 실무진 면접, 임원면접 2차례에 거쳐 면접을 실시하는 기업이 많고 실무진 면접과 임원 면접에서 평가요소가 다르기 때문에 유형에 맞는 준비방법이 필요
> 2. 후속 질문에 대한 사전 점검
>   - 블라인드 채용 면접에서는 주요 질문과 함께 후속 질문을 통해 지원자의 직무능력을 판단
>   → STAR 기법을 통한 후속 질문에 미리 대비하는 것이 필요

1. 2024년 기출질문

- 입사 후 포부에 대해 말해 보시오.
- 10년 후 본인의 모습을 상상한다면 어떤 모습일지 말해 보시오.
- 상사와의 갈등이 생기면 어떻게 할 것인지 말해 보시오.
- 업무에 있어서 가장 중요한 것이 무엇이라고 생각하는지 말해 보시오.
- 현재 집에 사용 중인 전기사용량이 어느 정도이며, 요금은 얼마 정도 나오는지 말해 보시오.
- 문제 상황을 해결했던 경험에 대해 말해 보시오.
- 직무와 관련하여 자신 있는 점이 있다면 어떤 것인지 말해 보시오.
- 인생에서 힘들었던 경험과 극복해낸 방법에 대해 말해 보시오.
- 한국전력공사의 사업 중 관심 있는 사업과 중요하다고 생각하는 사업에 대해 말해 보시오.
- 한국전력공사에서 운영 중인 전력 인프라 시스템에 대해 설명해 보시오.
- 입사 후 본인이 생각한 업무과 다르면 어떻게 할 것인지 말해 보시오.
- 최근에 본 영화와 느낀 점에 대해 말해 보시오.
- 친한 친구는 몇 명인지 말해 보시오.
- 평소 취미 활동이 무엇인지 말해 보시오.
- 입사를 하기 위해 어떤 준비를 해 왔는지 말해 보시오.
- 업무를 하면서 얻고 싶은 역량이나 지식에 대해 말해 보시오.
- 기억에 남는 학교 수업에 대해 말해 보시오.
- 학교에서 배운 것들을 중심으로 업무에 적용 가능한 부분에 대해 말해 보시오.
- 실패했던 경험과 느낀 점에 대해 말해 보시오.
- 공기업과 사기업의 차이점에 대해 설명해 보시오.
- 고객 응대를 어떻게 할 것인지 말해 보시오.
- 강전이란 무엇인지 설명해 보시오.
- 유효전력과 무효전력에 대해 설명해 보시오.
- 업무 중 발생할 수 있는 고장사고 사례에 대해 설명해 보시오.
- 변전소 설비 4가지 각각의 특징에 대해 설명해 보시오.
- 적류와 교류의 장점과 단점에 대해 설명해 보시오.
- 한국전력공사의 산업 구조에 대해 아는 대로 설명해 보시오.

2. 2022년 기출질문

- 지원 동기와 입사 후 얻고 싶은 부분에 대해 말해 보시오.
- 한국전력공사가 중점적으로 추진해야 하는 사업이 무엇인지 말해 보시오.
- 자신의 장점과 단점을 말하고, 장점을 활용하여 적극적으로 문제를 해결한 경험에 대해 말해 보시오.
- 페이저가 무엇이고 주파수와 어떠한 관계를 가지는지 설명해 보시오.
- 가공전선로와 지중전선로의 차이점에 대해 말해 보시오.
- 지중전선로에 사용되는 케이블에 대해 말해 보시오.
- 봉사활동 시 어떠한 가치에 비중을 두고 하는지 말해 보시오.
- 해당 직군에 지원한 이유를 말해 보시오.
- 한국전력공사는 어떠한 회사라고 생각하는지 말해 보시오.
- 한국전력공사에 관심을 갖게 된 계기는 무엇인지 말해 보시오.
- 존경하는 기업은 어디인지 말해 보시오.
- 기업의 최근 이슈에 대해 알고 있는가?
- 한국전력공사의 인재상 중 본인과 가장 잘 맞는 인재상은 무엇인가?
- 낯선 사람들과 친해지는 본인만의 방법을 말해 보시오.
- 처음 만난 사람과 대화를 잘 하는 편인가?
- 다른 사람을 설득할 때 중요하다고 생각하는 것은 무엇인가?
- 전선 사이의 흡인력을 없애기 위해 사용하는 것은 무엇인가?
- 5도체, 6도체 등 다도체의 흡인력을 없애기 위해 사용하는 것은 무엇인가?
- 가스절연개폐기의 장점과 단점에 대해 말해 보시오.
- ESS에서 주파수 조정에 대해 설명해 보시오.
- EMS가 무엇인지 설명해 보시오.
- DSM이 무엇인지 설명해 보시오.
- 한국전력공사를 SWOT분석하여 보시오.
- 동아리 활동 중 리더로서 힘들었던 경험에 대해 말해 보시오.
- 한국전력공사에 기여할 수 있는 역량에 대해 말해 보시오.
- 청렴한 조직 분위기를 조성할 수 있는 방안에 대해 말해 보시오.
- 반발하는 민간사업자를 설득할 수 있는 방안을 말해 보시오.
- 본인은 지침을 따르는 편인가, 융통성 있게 업무를 처리하는 편인가?
- 정책을 계획하고 추진하는 데 있어 가장 중요하다고 생각하는 것이 무엇인지 말해 보시오.
- 본인의 가치관과 조직 생활이 충돌했던 경험에 대해 말해 보시오.

3. 2021년 기출질문

- 자기 자신에 대해 소개해 보시오.
- 공유지의 비극이란 무엇을 의미하는가?
- 수평적 조직과 수직적 조직의 차이점에 대해 설명해 보시오.
  - 한국전력공사는 이 중 어떤 조직이라고 생각하는지 말하고, 그 이유에 대해 설명해 보시오.
- 가장 친환경적인 에너지원은 무엇이라고 생각하는지 말해 보시오.
- 연구비 회계처리방법에 대해 설명해 보시오.
- 윤리경영의 우수 사례에 대해 말해 보시오.
- 조직문화를 청렴하게 유지하기 위해서는 어떤 노력을 기울여야 하는지 말해 보시오.
- 고객 민원 응대를 원활하게 할 수 있는 자신만의 방법은 무엇인지 말해 보시오.
- 학창시절 가장 좋아했던 과목과 가장 싫어했던 과목에 대해 말하고 싫어하는 과목을 극복한 경험에 대해 말해 보시오.
- 변화된 전기 요금 체계에 대해 말해 보시오.
- 수금업무에 대해 설명해 보시오.
- IPO란 무엇인지 설명해 보시오.
- 본인이 한국전력공사를 위해 쌓아온 사무적 역량에 대해 말해 보시오.
- 연결 제무재표의 장단점에 대해 말해 보시오.
- 금리와 환율의 변화가 한국전력공사에 미칠 영향에 대해 말해 보시오.
- 한국전력공사 조직문화의 장단점에 대해 말해 보시오.
  - 단점은 무엇이며, 이를 극복하기 위한 방법에 대해 말해 보시오.
- 악성 민원 고객을 효과적으로 대처한 사례에 대해 말해 보시오.
- 다른 직원과의 갈등을 효과적으로 해결할 수 있는 방법에 대해 말해 보시오.
- 본인의 가치관과 조직생활이 충돌할 경우 어떻게 대처할 것인지 말해 보시오.
- 자신이 한국전력공사에 기여할 수 있는 역량에 대해 말해 보시오.
- 살면서 가장 힘들었던 일과 이를 극복한 방법에 대해 말해 보시오.
- 본인이 팀장을 맡을 경우, 제멋대로인 팀원을 어떻게 다룰 것인지 말해 보시오.
- 다른 사람과 갈등이 있었던 경험에 대해 말하고, 이를 해결한 방법에 대해 말해 보시오.
- 한국전력공사에 지원한 이유에 대해 말하고, 한국전력공사가 지원자를 뽑아야 하는 이유에 대해 말해 보시오.
- 4차 산업혁명시대에 맞춰 한국전력공사가 반드시 해야 하는 일에 대해 말해 보시오.
- 효과적으로 전력 손실을 감소시킬 수 있는 방안에 대해 발해 보시오.
- 전기의 발전부터 사용자에게 도달하는 과정에 대해 설명해 보시오.

4. 2020년 기출질문

- 화를 어떻게 다스리는가?
- 변압기의 원리와 종류를 설명해 보시오.
- 차단기와 단로기의 차이에 대해 설명해 보시오.
- 현장에서 고객과 마찰이 있을 때 어떻게 풀어나갈 것인가?
- 북한과 통일이 된다면 계통을 어떻게 연계시킬 것인가?
- 많은 자격증을 갖고 있는데 어떤 것의 취득이 가장 어려웠는가?
- 최근 읽은 책 중 가장 기억나는 책은?

5. 2019년 기출질문

- 당신이 맞는데도 불구하고 상사가 자신의 의견을 고집하면 어떻게 할 것인가?
- 상사와 회의 발표를 하게 되었는데 상사가 USB를 잘못 가져왔다면 어떻게 할 것인가?
- 학교생활에서 가장 보람을 느꼈던 일에 대해 말해 보시오.
- 성실한 사람과 불성실한 사람의 차이를 말해 보시오.
- 설비불평형률의 정의와 높은 불평형률이 끼치는 영향에 대하여 말해 보시오.
- 분산전원의 정의와 분산전원의 단방향성에 대하여 말해 보시오.
- 피뢰기의 정의와 구비조건, 설치개소를 말해 보시오.
- ESS 화재원인에 대하여 알고 있는가?
- 탈원전에 대하여 어떻게 생각하는가?
- 페란티 현상에 대하여 설명해 보시오.
- 코로나 현상에 대하여 설명해 보시오.
- 승압의 장점에 대하여 말해 보시오.
- 표피효과에 대하여 말해 보시오.
- 피뢰기에 대하여 설명해 보시오.
- 제한전압이란 무엇인지 설명해 보시오.
- 속류란 무엇인지 설명해 보시오.
- 전공과목 중 어려웠던 과목은 어느 것인가?
- 독점시장에 대하여 설명해 보시오.
- 블랙아웃 현상에 대하여 설명해 보시오.
- HVDC에 대하여 설명해 보시오.
- 철심의 조건에 대하여 알고 있는가?
- 부하율과 부등률에 대하여 설명해 보시오.
- 지선이 무엇인지 알고 있는가?
- 타인과의 갈등 상황이 발생했을 때, 지원자만의 해결 방안이 있는가?
- 우리 공사와 관련한 최신 기사에 대하여 간략하게 말해 보시오.
- 정확성과 신속성 중 무엇을 더 중요하게 생각하는가?
- 지원자의 좌우명은 무엇인가?
- 지원자의 단점을 말해 보시오.

- 최근 시사이슈를 한 가지 말하고, 그에 대한 본인의 생각을 말해 보시오.
- 최근에 겪은 변화에 대하여 말해 보시오.
- 지원자의 특별한 장점에 대하여 말해 보시오.
- 우리 공사에 입사한다면, 포부에 대하여 말해 보시오.
- 지원자는 팀 프로젝트에 적극적으로 참여한 것 같은데, 적극성과 신중함 중 어느 쪽에 가깝게 프로젝트를 진행했는가?
- 우리 공사가 추구하는 가치가 무엇인지 알고 있는가?
- 송·배전 중 가고 싶은 부서는 어느 곳인가?
- 인턴을 하면서 가장 힘들었던 부분에 대하여 말해 보시오.
- 개인주의와 이기주의의 차이점에 대하여 설명하고, 이 두 가지를 조직에 어떻게 적용할 수 있는지 설명해 보시오.
- 조직에서 가장 중요하게 생각하는 가치가 무엇일지 말해 보시오.
- 지원자가 즐기는 스포츠는 무엇인가?
- NCS에 관련하여 어느 것이 어렵고, 어느 것이 쉬운가?
- 오늘 본 뉴스에 대하여 말해 보시오.
- 희망하는 직무는 어느 직무인가?
- 우리 공사에 관한 사업 중 지원자가 알고 있는 사업이 있는가?
- 현재 한국전력공사의 적자 상황에 대하여 본인의 의견과 해결 방안을 제시해 보시오.
- 팀 활동과 개인 활동 중 어느 활동을 선호하는가?
- 지원자에게 큰 영향을 미친 사건이 있다면 말해 보시오.

6. 2018년 기출질문

- 한국전력공사에 왜 지원했는가?
- 자신이 희생해서 한 일에 대해 말해 보시오.
- 도전적으로 무언가를 한 경험에 대해 말해 보시오.
- 다른 사람의 만류에도 불구하고 무언가를 했던 경험에 대해 말해 보시오.
- 어떨 때 스트레스를 받고 어떻게 푸는가?
- 계통에서 발생할 수 있는 가장 큰 사고가 무엇인가?
- 수직공 굴착할 때 주변에 침하가 많이 발생하는데 어떻게 할 것인가?
- 양수발전소를 아는가? 밤에 물을 끌어올리고 낮에 내리면서 발전하는 방식이다. 물이 흐르는 와중에 밸브를 잠그면 무슨 현상이 생기겠는가?
- 응력선도에 대해 설명해 보시오.
- 단항, 군항의 정의를 말해 보시오.
- 숏크리트의 효과에 대해 말해 보시오.
- PCS의 종류와 특징에 대해 말해 보시오.
- 콘크리트 시험 시 시공 전, 시공 중, 시공 후에 각각 어떤 실험을 하는지 말해 보시오.
- 철탑은 풍하중을 많이 받는다. PHC 파일과 강관파일 중에 어떤 것이 더 많이 흔들릴 것 같은가?
- 말뚝 리바운드 시험이 무엇인지 말하고 시험하는 이유를 말해 보시오.
- 측량 오차의 종류와 특징을 말해 보시오.

- 옹벽의 안정조건이 무엇인가?
- 옹벽의 활동을 막으려면 어떻게 해야 하는가?
- 주요 업무를 잘 할 수 있는 이유를 말해 보시오.
- 한국전력공사의 미래는 어떨 것 같은가?
- 변화란 무엇이라고 생각하는가?
- 조직 내에서 많은 변화가 이뤄지고 있다. 조직개편, 근로시간단축에 대해 어떻게 생각하는가?
- 직무기술서에서 팀워크라는 말을 보았는가? 팀워크는 무엇이라고 생각하는가?
- 자신의 전공이나 경험, 지식을 살려서 한국전력공사에 기여할 수 있는 바를 말해 보시오.
- 어느 부서에서 일하고 싶은가?
- 한국전력공사 창구에 고객이 와서 난동을 부린다면 어떻게 대처할 것인가?

7. 2017년 기출질문

- Wi-Fi 품질 저하에 대한 해결책과 원인을 말해 보시오.
- 범위의 경제가 무엇인지 아는가?
- 수평적 통합과 수직적 통합에 대해 설명해 보시오.
- 소멸시효와 제척기간의 차이가 무엇인가?
- 매슬로의 욕구 5단계 이론이 무엇인가?
- 본인이 주도적으로 팀을 만들어 이끌어 본 경험이 있는가?
- 4차 산업혁명 시대에서 자신이 생각하는 핵심기술은 무엇인가?
  – 그 기술을 한국전력공사에 적용한다면?
- 학부과정에서의 경험을 직무에서 어떻게 살릴 수 있을지 이야기해 보시오.
- 하고 싶은 업무를 못하게 된다면 어떻게 할 것인가?
- 자신의 단점을 말해 보시오.
- 중소기업에 종사하는 IT 인력의 가장 큰 문제가 무엇이라 생각하는가?
- 한국전력공사의 신입 초봉을 알고 있는가?
- 친한 친구 사이에 경조사가 생기면 먼저 이야기를 꺼내는 편인가?
- 저소득층이 전기요금을 체납하여 전기를 끊으러 가야한다. 어떻게 할 것인가?
- 견학 다녀온 곳 중 한 곳을 골라서 설명해 보시오.
- 경쟁자들과 비교해서 자신의 확실한 강점을 말해 보시오.
- SW 공학에서 나선형모델을 설명하고 장단점을 비교해 보시오.
- 머신러닝과 딥러닝의 차이점을 설명하고 AI가 주목받는 이유를 설명해 보시오.
- SPT 표준관입시험에 대해 말해 보시오.
- CPT에 대해 들어보았는가? 아는 대로 말해 보시오.
- 콘크리트 타설 방법에 대해 말해 보시오.
- 건설재료시험기사를 땄는데 기억에 남는 실험이 있는가?
- 학창시절 가장 좋아했던 과목이 무엇인가?
- 캡스톤 디자인 때 어떤 것을 했는지 자세히 말해 보시오.
- 변전소를 지을 때 상하수도 한국전력공사가 관리한다. 상하수도와 관련해서 관거 접합방식에 대해 말해 보시오.

- 워커빌리티, 트래커빌리티에 대해서 이야기해 보시오.
- 토공공사를 해야 한다. A에서 B로 흙을 운반해야 하는데 어떤 식으로 할 것인가?
- 액상화 현상에 대해 설명해 보시오.

8. 2016년 기출질문

- 본인의 장점과 단점은 무엇인가?
- 입사 후 친구가 전기세가 비싸다고 본인에게 따진다면 어떻게 대처하겠는가?
- 마지막으로 하고 싶은 말을 해 보시오.
- 개폐기와 차단기의 차이점을 말해 보시오.
- 변압기 결선에 대해 말해 보시오.
- COS와 PF의 차이에 대해 설명해 보시오.
- 누진제에 대해 어떻게 생각하는가?
- 전기하면 생각나는 것이 무엇인가?
- 통신과 전기 중 편리한 것은 무엇이며 지금 사용하고 있는 통신요금과 전기요금은 무엇인가?
- 부동산 개발 사업은 부정적으로 바라보기 십상이다. 어떻게 생각하는가?
- 한국전력공사는 법적으로 위탁 개발밖에 하지 못한다. 이에 대해 어떻게 생각하는가?
- 이직이 잦았던 이유를 말해 보시오.
- 본인은 무엇에 대해 스트레스를 받는가?
- 살면서 억울했던 경험을 말해 보시오.
- 최근 영화나 책, 뮤지컬 등과 같은 문화생활을 하면서 느낀 점이 무엇인가?
- 어떤 상사랑 일하고 싶은가?
- 학교에서 큰 잘못을 친구와 둘이 했을 때 둘 중 하나만 용서를 받을 수 있다면 누가 용서를 받겠는가?

많이 보고 많이 겪고 많이 공부하는 것은
배움의 세 기둥이다.

– 벤자민 디즈라엘리 –

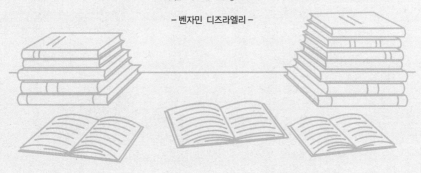

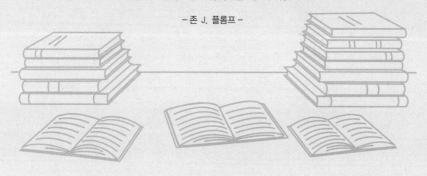

아이들이 답이 있는 질문을 하기 시작하면
그들이 성장하고 있음을 알 수 있다.

- 존 J. 플롬프 -

합 격 의
공   식
시대에듀

S D E D U

답안채점 • 성적분석 서비스

모바일 OMR

 → → → → → → →

도서 내 모의고사
우측 상단에 위치한
QR코드 찍기

로그인
하기

'시작하기'
클릭

'응시하기'
클릭

나의 답안을
모바일 OMR
카드에 입력

'성적분석 & 채점결과'
클릭

현재 내 실력
확인하기

도서에 수록된 모의고사에 대한
객관적인 결과(정답률, 순위)를
종합적으로 분석하여 제공합니다.

※OMR 답안채점 / 성적분석 서비스는 등록 후 30일간 사용 가능합니다.

2025
최신판

판매량
1위
한국전력공사 고졸채용
YES24

한국
전력공사
고졸채용

정답 및 해설

4개년 기출 + NCS + 모의고사 4회

편저 | SDC(Sidae Data Center)

기출복원문제부터
대표기출유형 및
모의고사까지

한 권으로
마무리!

SDC는 시대에듀 데이터 센터의 약자로
약 30만 개의 NCS, 적성 문제 데이터를
바탕으로 최신 출제경향을 반영하여
문제를 출제합니다.

시대에듀

PART 1

한국전력공사 4개년 기출복원문제

01	02	03	04	05	06	07	08	09	10	11	12	13	14	15	16	17	18	19	20
③	④	①	⑤	④	⑤	③	④	④	③	②	④	③	⑤	④	④	①	⑤	③	②

21	22	23	24	25	26														
⑤	⑤	③	①	②	④														

01

정답 ③

시조새는 비대칭형 깃털을 가진 최초의 동물로, 현대의 날 수 있는 조류처럼 바람을 맞는 곳의 깃털은 짧고, 뒤쪽은 긴 형태로 이루어졌으며, 이와 같은 비대칭형 깃털이 양력을 제공하여 짧은 거리의 활강을 가능하게 하였다. 따라서 비행을 하기 위한 시조새의 신체 조건은 날개의 깃털이 비대칭 구조로 형성되어 있는 것이다.

오답분석

① 제시문에서 언급하지 않은 내용이다.
②·④ 세 개의 갈고리 발톱과 척추뼈가 꼬리까지 이어지는 구조는 공룡의 특징을 보여주는 신체 조건이다.
⑤ 시조새는 현대 조류처럼 가슴뼈가 비행에 최적화된 형태로 발달되지 않았다고 언급하고 있다.

02

정답 ④

제시문은 서양의학에 중요한 영향을 준 히포크라테스와 갈레노스에 대해 소개하고 있다. 히포크라테스는 자연적 관찰을 통해 의사를 과학적인 기반 위의 직업으로 만들었으며, 히포크라테스 선서와 같이 전문직업으로써의 윤리적 기준을 마련한 서양의학의 상징이라고 소개하고 있으며, 갈레노스는 실제 해부와 임상 실험을 통해 의학 이론을 증명하고 방대한 저술을 남겨 후대 의학 발전에 큰 영향을 주었음을 설명하고 있다. 따라서 '히포크라테스와 갈레노스가 서양의학에 미친 영향과 중요성'이 제시문의 주제로 가장 적절하다.

오답분석

① 갈레노스의 의사로서의 이력은 언급하고 있지만, 생애에 대해 구체적으로 밝히는 글은 아니다.
② 갈레노스가 해부와 실험을 통해 의학 이론을 증명하였음을 설명할 뿐이며 해부학의 발전 과정에 대해 설명하는 글은 아니다.
③ 히포크라테스 선서는 히포크라테스가 서양의학에 남긴 중요한 윤리적 기준이지만, 이를 중심으로 설명하는 글은 아니다.
⑤ 히포크라테스와 갈레노스 모두 4체액설과 같은 부분에서는 현대 의학과 거리가 있었음을 밝히고 있다.

03

정답 ①

공공사업을 위해 투입된 세금을 본래의 목적에 사용하지 않고 무단으로 다른 곳에 쓴 상황이므로 '예정되어 있는 곳에 쓰지 아니하고 다른 데로 돌려서 씀'을 의미하는 '전용(轉用)'이 가장 적절한 단어이다.

오답분석

② 남용(濫用) : 일정한 기준이나 한도를 넘어서 함부로 씀
③ 적용(適用) : 알맞게 이용하거나 맞추어 씀
④ 활용(活用) : 도구나 물건 따위를 충분히 잘 이용함
⑤ 준용(遵用) : 그대로 좇아서 씀

04

비상구는 '화재나 지진 따위의 갑작스러운 사고가 일어날 때에 급히 대피할 수 있도록 특별히 마련한 출입구'이다. 따라서 이와 가장 비슷한 단어는 '갇힌 곳에서 빠져나가거나 도망하여 나갈 수 있는 출구'를 의미하는 '탈출구'이다.

오답분석

① 진입로 : 들어가는 길
② 출입구 : 나갔다가 들어왔다가 하는 어귀나 문
③ 돌파구 : 가로막은 것을 쳐서 깨뜨려 통과할 수 있도록 뚫은 통로나 목
④ 여울목 : 여울물(강이나 바다 따위의 바닥이 얕거나 폭이 좁아 물살이 세게 흐르는 곳의 물)이 턱진 곳

05

전기요금 분할납부제도는 하절기 및 동절기에 한시적으로 운영되므로 언제든지 분할납부를 신청할 수 있는 것은 아니다.

오답분석

① 분할납부 신청은 행정처리기간인 납기일 전·후 3영업일간 제한될 수 있다. 납기일인 25일이 금요일인 경우 3영업일 전인 22일 수요일부터 토요일, 일요일을 제외하고 3영업일 후인 30일 수요일까지 신청이 제한될 수 있다.
② 관리사무소를 통해 신청하는 경우는 아파트처럼 집합건물 내 개별세대 신청자이므로, 관리사무소의 업무부담 증가를 고려하여 납부기간이 6개월로 고정된다.
③ 아파트에 살고 있는 사람은 집합건물 내 개별세대로 직접계약자가 아니다. 따라서 분할납부를 신청하려면 한전:ON이 아니라 관리사무소를 통하여 신청해야 한다.
⑤ 집합상가의 경우 전기요금이 35만 원을 초과한다면 자격 여부 확인을 위해 관련 기관으로부터 확인서를 발급받아 한전에 제출해야 한다.

06

신재생에너지법에서 규정한 신에너지는 기존의 화석연료를 변환시켜 이용하므로 화석연료를 원료로 전혀 사용하지 않는다는 것은 적절한 추론이 아니다.

오답분석

① 재생에너지는 태양, 바람 등을 활용하여 무한 재생이 가능한 에너지이므로 비고갈성에너지로 볼 수 있다.
② 신재생에너지 산업은 정보통신기술, 생명공학기술, 나노기술과 더불어 차세대 산업으로 시장 규모가 급격히 팽창하고 있다. 따라서 미래에는 신재생에너지에 대한 수요가 더욱 높아질 것으로 볼 수 있다.
③ 2023년 전 세계의 전체 발전량 대비 재생에너지의 발전량 비율이 처음으로 30%를 넘어섰음에도 불구하고, 최근 우리나라는 2030년까지 목표치를 30%에서 21.6%로 하향조정하였으므로 세계적 흐름에 역행하고 있다고 볼 수 있다.
④ 에너지 관련 전문가들은 화석연료의 고갈 및 전략 무기화 문제, 기후변화협약 등의 환경규제 등 신재생에너지의 중요성을 역설하고 있다. 따라서 시간이 지날수록 신재생에너지의 중요성이 더욱 증대될 것으로 예상할 수 있다.

07

세 번째 문단에 따르면 실외와의 온도 차가 크면 에어컨 가동량이 커져 전기요금도 증가한다. 따라서 전기요금 감소를 위해서는 실외와의 온도 차를 줄이기 위해 실외 온도가 높을 경우 에어컨 희망 온도도 같이 높여야 한다.

오답분석

① 하루 전기 소비량을 1kW 줄이면 월 전기요금 7,800원을 줄일 수 있다고 하였으므로 연으로 계산하면 93,600원이다. 따라서 연간 약 10만 원 상당의 전기요금을 줄일 수 있다.
② 제시문에서는 난방 가전에 대해 언급하고 있지 않으며, 냉방 가전의 효율적 사용에 대해서만 언급하고 있으므로 어느 쪽이 더 전기요금 감소에 영향을 주는지 알 수 없다.
④ 마지막 문단에서 습도가 높을 때는 냉방 모드보다 제습 모드일 때 더 높은 전기요금이 부과된다고 하였으나, 이와는 반대되는 습도가 낮은 상황에 대해서는 언급하지 않았으므로 제시문만으로는 알 수 없다.

⑤ 마지막 문단에 따르면 선풍기의 전력 소비량은 에어컨에 비해 현저히 적다고 하였다. 따라서 '선풍기 단독 사용'은 당연히 선풍기와 에어컨을 함께 사용하는 것보다 전기요금이 적을 것이며, '에어컨 단독 사용'이 선풍기와 에어컨을 함께 사용하는 것보다 전기요금이 많을 것이다.

08

정답 ④

제시문은 실제로 전기 공급량이 많은 지역과 전기 사용량이 많은 지역은 다르지만, 단일한 전기요금 체계로 인해 동등한 요금이 부과되어 오히려 지역 간 전력 불균형이 발생했다며, 이를 해소하기 위한 대책으로 '차등 요금제' 시행을 말하고 있다. 즉, 전기 공급량이 사용량보다 많은 지역은 전기요금을 낮게, 전기 공급량이 사용량보다 적은 지역은 전기요금을 높게 책정하여 지역 간 전력 불균형을 해소하자는 것이므로 글의 주제로 가장 적절한 것은 ④이다.

09

정답 ④

A열차의 속력을 V_a, B열차의 속력을 V_b라 하고, 터널의 길이를 l, 열차의 전체 길이를 x라 하자. A열차가 터널을 진입하고 빠져나오는 데 걸린 시간은 $\dfrac{l+x}{V_a}$=14초이다. B열차는 A열차보다 5초 늦게 진입하고 5초 빠르게 빠져나왔으므로 터널을 진입하고 빠져나오는 데 걸린 시간은 14−5−5=4초이다. 그러므로 $\dfrac{l+x}{V_b}$=4초이다.

따라서 V_a=14($l+x$), V_b=4($l+x$)이므로 $\dfrac{V_a}{V_b}=\dfrac{14(l+x)}{4(l+x)}$=3.5배이다.

10

정답 ③

A팀은 5일마다, B팀은 4일마다 회의실을 이용하므로 두 팀이 회의실을 사용하고자 하는 날은 20일마다 겹친다. 첫 번째 겹친 날에 A팀이 먼저 사용했으므로 20일까지 A팀이 회의실을 사용한 횟수는 4회이다. 두 번째 겹친 날에는 B팀이 사용하므로 40일 동안 A팀이 회의실을 사용한 횟수는 7회이고 세 번째로 겹친 날에는 A팀이 회의실을 사용하므로 60일 동안 A팀은 회의실을 11회 사용하였다. 이를 표로 정리하면 다음과 같다.

겹친 횟수	첫 번째	두 번째	세 번째	네 번째	다섯 번째	⋯	($n-1$)번째	n번째
회의실 사용 팀	A팀	B팀	A팀	B팀	A팀	⋯	A팀	B팀
A팀의 회의실 사용 횟수	4회	7회	11회	14회	18회	⋯		

겹친 날을 기준으로 A팀은 9회, B팀은 8회를 사용하였으므로, 다음으로는 B팀이 회의실을 사용할 순서이다. 이때, B팀이 m번째로 회의실을 사용할 순서라면 A팀이 이때까지 회의실을 사용한 횟수는 $7m$이다. 따라서 B팀이 겹친 날을 기준으로 회의실을 8회까지 사용하였고, 9번째 사용할 순서이므로 이때까지 A팀이 회의실을 사용한 횟수는 최대 7×9=63회이다.

11

정답 ②

ⅰ) 남은 지원자 모두 지정된 자리에 앉는 경우

A	B	C	D	E
B	C	D	E	

B ~ E가 모두 지정된 자리에 앉으므로 1가지이다.

ⅱ) 지정된 자리에 앉지 않는 인원이 1명인 경우

4명 중 1명이 다른 자리에 앉을 때 그 인원은 $_4C_1=4$가지이다.

만약 B가 지정된 자리에 앉지 않고, C~E가 지정된 자리에 앉는 경우 B는 A자리에 앉으므로 1가지이다.

A		B		C		D		E
B				C		D		E

이와 같은 경우는 $1 \times _4C_1=4$가지이다.

ⅲ) 지정된 자리에 앉지 않는 인원이 2명인 경우

4명 중 2명이 다른 자리에 앉을 때 그 인원은 $_4C_2=6$가지이다.

만약 B, C가 지정된 자리에 앉지 않고 D, E가 지정된 자리에 앉는 경우, B가 A자리에 앉을 경우 C는 B자리에 앉고, B가 C자리에 앉을 경우 C는 A자리, B자리에 앉으므로 $1+2=3$가지이다.

A		B		C		D		E
B		C				D		E

A		B		C		D		E
C		B				D		E

A		B		C		D		E
		C		B		D		E

이와 같은 경우는 $3 \times _4C_2=3 \times 6=18$가지이다.

따라서 구하고자 하는 경우의 수는 $1+4+18=23$가지이다.

12

정답 ④

2023년 8~12월의 전월 대비 상품수지 증가폭은 다음과 같다.

- 2023년 8월 : $5,201.4-4,427.5=773.9$백만 달러
- 2023년 9월 : $7,486.3-5,201.4=2,284.9$백만 달러
- 2023년 10월 : $5,433.3-7,486.3=-2,053$백만 달러
- 2023년 11월 : $6,878.2-5,433.3=1,444.9$백만 달러
- 2023년 12월 : $8,037.4-6,878.2=1,159.2$백만 달러

따라서 서비스수지가 가장 큰 적자를 기록한 2023년 9월의 상품수지 증가폭이 가장 크다.

오답분석

① 2023년 11월의 본원소득수지는 음수이므로 적자를 기록하였다.
② 2023년 11월의 경상수지는 가장 낮았지만, 양수이므로 흑자를 기록하였다.
③ 상품수지가 가장 높은 달은 2023년 12월이지만, 경상수지가 가장 높은 달은 2023년 10월이다.
⑤ 2023년 8~12월의 전월 대비 경상수지 증가폭은 다음과 같다.
  - 2023년 8월 : $5,412.7-4,113.9=1,298.8$백만 달러
  - 2023년 9월 : $6,072.7-5,412.7=660$백만 달러
  - 2023년 10월 : $7,437.8-6,072.7=1,365.1$백만 달러
  - 2023년 11월 : $3,890.7-7,437.8=-3,547.1$백만 달러
  - 2023년 12월 : $7,414.6-3,890.7=3,523.9$백만 달러

  따라서 전월 대비 경상수지 증가폭이 가장 작은 달은 2023년 9월이지만, 상품수지 증가폭이 가장 작은 달은 2023년 8월이다.

13

정답 ③

- ㄱ : (상품수지)=(수출)-(수입)이므로 2023년 8월의 수입은 $53,668.9-5,201.4=48,467.5$백만 달러이다.
- ㄴ : 2023년 12월 수출(ㄴ)은 $8,037.4+50,966.5=59,003.9$백만 달러이다.

14

⑤

2019 ~ 2023년의 고용률은 다음과 같다.

- 2019년 : $\dfrac{24,585}{36,791} \times 100 ≒ 66.8\%$
- 2020년 : $\dfrac{24,130}{36,639} \times 100 ≒ 65.9\%$
- 2021년 : $\dfrac{24,280}{36,498} \times 100 ≒ 66.5\%$
- 2022년 : $\dfrac{24,824}{36,233} \times 100 ≒ 68.5\%$
- 2023년 : $\dfrac{24,891}{35,956} \times 100 ≒ 69.2\%$

따라서 2019 ~ 2023년 동안 고용률은 70%를 넘기지 못하였다.

오답분석

① 2020년의 취업자 수는 전년 대비 감소하였다.
② 2019 ~ 2023년의 실업자 수는 다음과 같다.
- 2019년 : 25,564-24,585=979천 명
- 2020년 : 25,134-24,130=1,004천 명
- 2021년 : 25,198-24,280=918천 명
- 2022년 : 25,556-24,824=732천 명
- 2023년 : 25,580-24,891=689천 명

따라서 2020년의 실업자 수는 전년 대비 증가하였다.
③ 2020년의 경제활동인구 수는 전년 대비 감소하였다.
④ 2019 ~ 2023년의 비경제활동인구는 다음과 같다.
- 2019년 : 36,791-25,564=11,227천 명
- 2020년 : 36,639-25,134=11,505천 명
- 2021년 : 36,498-25,198=11,300천 명
- 2022년 : 36,233-25,556=10,677천 명
- 2023년 : 35,956-25,580=10,376천 명

따라서 2020년의 비경제활동인구 수는 전년 대비 증가하였다.

15

정답 ④

2019 ~ 2023년의 실업률은 다음과 같다.

- 2019년 : $\dfrac{979}{25,564} \times 100 ≒ 3.8\%$
- 2020년 : $\dfrac{1,004}{25,134} \times 100 ≒ 4\%$
- 2021년 : $\dfrac{918}{25,198} \times 100 ≒ 3.6\%$
- 2022년 : $\dfrac{732}{25,556} \times 100 ≒ 2.9\%$
- 2023년 : $\dfrac{689}{25,580} \times 100 ≒ 2.7\%$

따라서 2022년의 실업자 수는 732,000명이고, 실업률은 약 2.9%이다.

16

정답 ④

마지막 조건에 따라 광물 B는 인회석이고, 광물 B로 광물 C를 긁었을 때 긁힘 자국이 생기므로 광물 C는 인회석보다 무른 광물이다. 한편, 광물 A로 광물 C를 긁었을 때 긁힘 자국이 생기므로 광물 A는 광물 C보다 단단하고, 광물 A로 광물 B를 긁었을 때 긁힘 자국이 생기지 않으므로 광물 A는 광물 B보다는 무른 광물이다. 따라서 가장 단단한 광물은 B이며, 그다음으로 A, C 순으로 단단하다.

오답분석

① 광물 A는 인회석보다 무른 광물이지만, 방해석인지는 확인할 수 없다.
② 광물 C는 인회석보다 무른 광물이므로 석영이 아니다.
③ 가장 무른 광물은 C이다.
⑤ 광물 B는 인회석이므로 모스 굳기 단계는 5단계이다.

17

먼저 주차장별로 시간별 요금을 낼 때, 몇 시간이 지나야 1일 주차권 비용을 초과하는지 계산하면 된다. 각 주차장에서 주차한 시간을 각각 a, b, c라 가정하고 계산하면 다음과 같다.

• A주차장 : $400 \times 12 \times a > 28,800 \rightarrow a > 6$
• B주차장 : $360 \times 12 \times b > 25,920 \rightarrow b > 6$
• C주차장 : $320 \times 12 \times c > 23,040 \rightarrow c > 6$

따라서 모든 주차장이 하루 6시간 이상 주차할 경우 1일 주차권을 지불하는 것이 저렴하다. 이후 J공사 직원들의 주차장 이용 요금을 계산하면 다음과 같다.

• 금재선 사원 : 이용 시간이 10시간 20분이므로 B와 C주차장 중 C주차장의 1일 주차권을 구매하는 것이 가장 저렴하다. 따라서 이용 요금은 23,040원이다.
• 차두진 부장 : 이용 시간이 52시간 50분이므로 2일(48시간)은 1일 주차권을, 남은 4시간 50분은 시간별 요금을 지불하는 것이 가장 저렴하다. A와 C주차장 중 저렴한 곳은 C주차장이므로 이용 요금은 $(23,040 \times 2) + \left(320 \times 12 \times \dfrac{290}{60}\right) = 64,640$원이다.
• 황근영 대리 : 이용 시간이 56시간 30분이므로 2일 동안 1일 주차권을 구매해도 8시간 30분을 더 주차해야 한다. 그러므로 3일 차도 1일 주차권을 구매하는 것이 저렴하다. A와 B주차장 중 저렴한 곳은 B주차장이고, 3일간의 주차권 비용은 $25,920 \times 3 = 77,760$원이다. 그러나 황근영 대리는 배출가스 3등급 차량에 환승 주차를 하므로 75,000원인 환승 주차 월정기권을 구매하는 것이 더 저렴하다. 따라서 황근영 대리의 이용 요금은 75,000원이다.

따라서 세 직원의 주차장 이용 요금을 모두 합하면 $23,040 + 64,640 + 75,000 = 162,680$원이다.

18

J공사의 지점 근무 인원이 71명이므로 가용인원수가 부족한 B오피스는 제외된다. 또한, 시설 조건에서 스튜디오와 회의실이 필요하다고 했으므로 스튜디오가 없는 D오피스도 제외된다. 나머지 A, C, E오피스는 모두 교통 조건을 충족하므로 임대비용만 비교하면 된다. A, C, E오피스의 5년 임대비용은 다음과 같다.

• A오피스 : $600만 \times 71 \times 5 = 213,000만$ 원 → 21억 3천만 원
• C오피스 : $3,600만 \times 12 \times 5 = 216,000만$ 원 → 21억 6천만 원
• E오피스 : $(3,800만 \times 12 \times 0.9) \times 5 = 205,200만$ 원 → 20억 5천 2백만 원

따라서 사무실 이전 조건을 바탕으로 가장 저렴한 공유 오피스인 E오피스로 이전한다.

19

에너지바우처를 신청하기 위해서는 소득기준과 세대원 특성기준을 모두 충족해야 한다. C는 생계급여 수급자이므로 소득기준을 충족하고, 65세 이상이므로 세대원 특성기준도 충족한다. 그러나 C의 경우 보장시설인 양로시설에 거주하는 보장시설 수급자이므로 지원 제외 대상이다. 따라서 C는 에너지바우처를 신청할 수 없다.

[오답분석]
① A의 경우 의료급여 수급자이므로 소득기준을 충족하고, 7세 이하의 영유아가 있으므로 세대원 특성기준도 충족한다. 따라서 에너지바우처를 신청할 수 있다.
② B의 경우 교육급여 수급자이므로 소득기준을 충족하고, 한부모가족이므로 세대원 특성기준도 충족한다. 또한, 4인 이상 세대에 해당하므로 바우처 지원금액은 716,300원이므로 70만 원 이상이다.
④ 동절기 에너지바우처 지원방법은 요금차감과 실물카드 2가지 방법이 있다. 이 중 D의 경우 연탄보일러를 이용하고 있으므로 실물카드를 받아 연탄을 직접 결제하는 방식으로 지원받아야 한다.
⑤ E의 경우 생계급여 수급자이므로 소득기준을 충족하고, 희귀질환을 앓고 있는 어머니가 세대원으로 있으므로 세대원 특성기준도 충족한다. 또한 2인 세대에 해당하므로 하절기 바우처 지원금액인 73,800원이 지원된다. 이때 하절기는 전기요금 고지서에서 요금을 자동으로 차감해 주므로 전기비에서 73,800원이 차감될 것이다.

20

정답 ②

A가족과 B가족 모두 소득기준과 세대원 특성기준이 에너지바우처 신청기준을 충족한다. A가족의 경우 5명이므로 총 716,300원을 지원받을 수 있다. 그러나 이미 연탄쿠폰을 발급받았으므로 동절기 에너지바우처는 지원받을 수 없다. 따라서 하절기 지원금액인 117,000원을 지원받는다. B가족의 경우 2명이므로 총 422,500원을 지원받을 수 있으며, 지역난방을 이용 중이므로 하절기와 동절기 모두 요금차감의 방식으로 지원받는다. 따라서 두 가족의 에너지바우처 지원 금액은 117,000+422,500=539,500원이다.

21

정답 ⑤

제시된 프로그램은 'result'의 초기 값을 0으로 정의한 후 'result' 값이 2를 초과할 때까지 하위 명령을 실행하는 프로그램이다. 이때 'result' 값을 1 증가시킨 후 그 값을 출력하고, 다시 1을 빼므로 0 → 1 → 1 출력 → 0 → 1 → 1 출력 → 0 → 1 → 1 출력 → … 과정을 무한히 반복하게 된다. 따라서 1이 무한히 출력된다.

22

정답 ⑤

ROUND 함수는 인수를 지정한 자릿수로 반올림한 값을 구하는 함수로, 「=ROUND(인수,자릿수)」로 표현한다. 이때 자릿수는 다음과 같이 나타낸다.

만의 자리	천의 자리	백의 자리	십의 자리	일의 자리	소수점 첫째 자리	소수점 둘째 자리	소수점 셋째 자리
−4	−3	−2	−1	0	1	2	3

따라서 「=ROUND(D2,−1)」는 [D2] 셀에 입력된 117.3365의 값을 십의 자리로 반올림하여 나타내므로, 출력되는 값은 120이다.

23

정답 ③

중학교 교육용 도서와 고등학생 교육용 도서 모두 부가기호의 앞자리 숫자는 '5'로 같다.

[오답분석]

① 다섯 번째 자리 숫자는 0 이외의 숫자가 올 수 없다.
② 독자대상이 아동이므로 독자대상기호는 '7'이고, 발행형태가 만화, 단행본이므로 발행형태기호가 가장 큰 '7'을 부여한다.
④ 국제표준도서번호의 접두부는 2013년 3월 6일 이후로 '979'를 부여하므로 이전에 부여한 도서의 국제표준도서번호는 '978'을 부여하였다.
⑤ 2013년 3월 6일 이후 국내도서의 국제표준도서번호의 접두부 세 자리 숫자는 '979'이고, 국별번호는 '11'을 부여한다.

24

정답 ①

제시된 국제표준도서번호의 가중치를 정리하면 다음과 같다.

ISBN	9	7	9	1	1	2	5	4	8	3	3	6
가중치	1	3	1	3	1	3	1	3	1	3	1	3

9×1+7×3+9×1+1×3+1×1+2×3+5×1+4×3+8×1+3×3+3×1+6×3=104이므로 104를 10으로 나눈 나머지는 4이다. 따라서 ○=10−4=6이므로 '9791125483360' 도서의 체크기호는 '6'이다.

25

정답 ②

행정학은 사회과학 분야에 가장 가까운 분야이므로 내용분류기호의 범위는 300 ~ 399이다.

26

정답 ④

어린이보호포장이 필요한 제품(C)으로 KOTTI시험연구원(7)에서 안전인증을 받는다. 이때, 2023년 아시아의 중국 공장(R)에서 처음 생산된 제품(001)이므로 안전인증번호 순서에 따라 'C7R001-23'이 된다.

01	02	03	04	05	06	07	08	09	10	11	12	13	14	15	16	17	18	19	20
①	③	④	④	③	③	⑤	⑤	④	③	④	②	⑤	④	①	①	③	②	④	④
21	22	23	24	25	26	27	28	29											
②	①	①	①	③	④	③	④	①											

01

정답 ①

두 번째 문단에서 단기간 내 사업 추진이 용이한 '폐기물 및 바이오매스 혼소 발전' 등의 에너지원에 대한 편중성이 나타나고 있다고 하였으므로 ①은 적절하지 않다.

오답분석

② 공급의무자에게 할당되는 공급의무량이 단계적으로 증가하여 최종 전력소비자인 국민들에게 전가되는 비용 부담이 지속적으로 증가할 가능성이 있다.

③ 세 번째 개선방안으로 민간 기업들이 직접 REC 구매를 가능하게 하는 등의 제도 보완이 필요하다고 하였으므로 적절한 설명이다.

④ RPS 제도로 인해 신·재생에너지를 이용한 발전량과 발전설비 용량이 지속적으로 증가하였다.

⑤ 공급의무자는 신·재생에너지 공급인증서(REC)를 구매하는 방법으로 할당받은 공급의무량을 충당할 수 있다.

02

정답 ③

(나) 보빙사절단의 전등 주문과 고종의 허가 – (라) 1887년 3월 경복궁 내 건천궁에 100촉 전구 두 개가 점등 – (가) 전등 설치에 대한 반대와 우여곡절 – (다) 궁궐의 항시적 조명 설비가 된 전등 순으로 나열하는 것이 가장 적절하다.

03

정답 ④

제시문의 두 번째 문단에서 인공지능 기술, 블록체인 기술, 빅데이터 기술, 가상현실 기술 등 부동산 산업과 융합한 다양한 기술들을 예시를 통해 소개하고 있다.

04

정답 ④

세 번째 문단에서 '에너지효율화, 특화사업, 지능형 전력그리드 등 3개 분과로 운영된다. 또한 ㈜한국항공조명, ㈜유진테크노, ㈜미래이앤아이가 분과 리더 기업으로 각각 지정되어 커뮤니티 활성화를 이끌 예정이다.'라고 하였으므로 분과별 2개의 리더 그룹이라는 내용은 적절하지 않다.

오답분석

① '협약 주체들은 강소특구 중장기 성장모델과 전략수립 시 공동으로 노력을 기울이고, 적극적인 연구개발(R&D) 참여를 통해'라고 하였으므로 적절한 내용이다.

② '나주시는 혁신산업단지에 소재한 에너지신기술연구원에서'라고 하였으므로 적절한 내용이다.

③ '한국전력공사, 강소특구 44개 기업과 전남 나주 강소연구개발특구 기업 커뮤니티 협약을 체결했다.'라고 하였으므로 적절한 내용이다.

⑤ '나주시와 한국전력공사는 협약을 통해 기업의 판로 확보와 에너지산업 수요·공급·연계 지원 등 특구기업과의 동반성장 플랫폼 구축에 힘쓸 계획이다.'라고 하였으므로 적절한 내용이다.

05

섭씨 510도라는 환경에서 zT가 3.1이라고 하였으므로 '어떤 환경에서든'이라는 조건은 적절하지 않다.

오답분석

① 주석셀레늄계 신소재는 발전의 효율을 20% 이상으로 끌어올려 기존의 4 ~ 5%보다 4배 이상 높다.
② '국내 연구팀이 오랫동안 한계로 지적된 열전 발전의 효율을 20% 이상으로 끌어올린 소재를 개발했다. 지금까지 개발된 열전 소재 가운데 세계에서 가장 효율이 높다는 평가다.'라고 하였으므로 적절한 내용이다.
④ '열이 전도성 물질인 산화물을 따라 흐르면서 열전효율이 떨어진 것이다.'라고 하였으므로 적절한 내용이다.
⑤ 화성 탐사 로버 '퍼시비어런스'는 '열을 전기로 바꾸는 변환 효율은 4 ~ 5%에 머물고 있다.'라고 하였으므로 적절한 내용이다.

06

넛지효과란 직접적인 규제, 처벌 등을 제외하고 부드러운 개입으로 사람들의 변화를 유도하는 것을 말한다. 따라서 ③과 같이 직접적인 문구를 통해 사람들의 행동을 바꾸려는 것은 넛지효과의 예시로 적절하지 않다.

07

네 번째 문단에서 220V 이용 시 가정에서 전기에 노출될 경우 위험성은 더 높을 수 있다고 언급하였다.

오답분석

① '한국도 처음 전기가 보급될 때는 11자 모양 콘센트의 110V를 표준전압으로 사용했다.'라고 하였으므로 적절한 내용이다.
② 일본과 미국이 220V로 전환하지 못하는 이유 중 하나가 다수의 민영 전력회사로 운영되기 때문이라고 하였기 때문에 적절한 내용이다.
③ 전압이 다른 콘센트와 제품을 연결해 사용하면 제품이 망가지고 화재나 폭발이 일어나거나, 정상적으로 작동하지 않는 문제가 있을 수 있다고 언급하였다.
④ '전압이 높을수록 저항으로 인한 손실도 줄어들고 발전소에서 가정으로 보급하는 데까지의 전기 전달 효율이 높아진다.'라고 하였으므로 적절한 내용이다.

08

(다)에서 '부산 국제원자력산업전'에 대한 전반적인 설명과 함께 처음 언급한 후, (나)에서 한전KDN이 국제원자력산업전에 무엇을 출품했는지를 서술하고, (가)에서 플랫폼과 구체적인 내용에 대해 상세히 서술하여 글을 마무리하는 것이 가장 적절하다. 따라서 (다) – (나) – (가) 순으로 나열하는 것이 가장 적절하다.

09

• 재석 : '이러한 원일점, 근일점, 원지점, 근지점의 위치는 태양, 행성 등 다른 천체들의 인력에 의해 영향을 받아 미세하게 변한다.'라고 하였으므로 바르게 설명하고 있다.
• 하하 : '관측되는 천체까지의 거리가 가까워지면 각지름이 커진다.'라고 하였으므로 바르게 설명하고 있다.
• 준하 : 같은 일식이라도 달이 근지점이나 그 근처에 위치하면 개기일식, 원지점이나 그 근처에 위치하면 금환일식이 일어난다고 하였으므로 바르게 설명하고 있다.

오답분석

• 명수 : 현재 달의 공전 궤도 이심률은 0.055이고, 현재 지구의 공전 궤도 이심률은 0.017이다. 이심률이 작을수록 궤도가 원에 가까운 것이므로 옳지 않은 설명이다.

10

메기 효과의 기원은 유럽 어부들이 청어를 더 싱싱하게 운반하기 위해 청어 수조에 천적인 메기를 집어넣던 것으로 추정하고 있으나, 검증된 주장이 아니라는 문제가 제기되고 있으므로 확실히 밝혀졌다고 추론할 수 없다.

오답분석
① '정체된 생태계에 메기 같은 강력한 포식자(경쟁자)가 나타나면 개체들이 생존을 위해 활력을 띄게 되는 현상'이라고 언급하였으므로 적절한 추론이다.
② '기업의 경쟁력을 키우기 위해 적절한 위협요인과 자극이 필요하다.'라고 하였으므로 적절한 추론이다.
④ '중국, 한국 등 아시아권에서 더 많이 사용되며 서구권에서는 제한적으로 사용되고 있다. 개인 간 경쟁을 장려하는 동아시아 특유의 문화가 반영된 것'이라고 하였으므로 적절한 추론이다.
⑤ 메기 효과란 경쟁자가 등장하여 더 활력 있고, 생산성 있게 경쟁에 참여하게 되는 것을 말하므로 경쟁자로 인해 마라토너의 기록이 더 좋아진 경우는 메기 효과의 예시라고 추론할 수 있다.

11

밀그램의 예상과 달리 65%의 사람들이 인체에 치명적인 450V까지 전압을 올렸고, 일부 실험자만이 '불복종'하였다.

12

(나)에서 브라질 정부가 아마존 내 환경보호구역 축소를 추진한다는 내용으로 시작하여 (가)에서 환경보호를 위해 많은 기부금을 낸 노르웨이가 그에 대해 반대하고 있음을 서술하고, (다)를 통해 독일 또한 마찬가지로 반대하고 있다는 입장을 전하면서 아마존 열대우림 파괴의 실상을 보여주면서 글을 마무리하는 것이 가장 적절하다. 따라서 (나) – (가) – (다) 순으로 나열하는 것이 가장 적절하다.

13

A씨는 수요고객이므로 주어진 [별표 1]의 2번 표만을 참고하면 된다. 직전 12개월(2021.05 ~ 2022.04)과 당월(2022.05) 기간 중 최대이용전력은 4,790kWh이다. 최대이용전력이 계약전력의 30%를 초과하므로 최대이용전력을 기준으로 기본요금이 책정된다. 따라서 기본요금은 4,790kWh÷450시간×667.61원 ≒ 7,100원이다. 또한 경기도 광주시는 수도권지역에 해당하므로 사용요금은 3,500kWh×2.44원/kWh=8,540원이고, 기본요금과 사용요금의 합산은 15,640원이다.

14

전체 일의 양을 1이라고 하면, 하루에 할 수 있는 일의 양은 A는 7일이 걸리므로 $\frac{1}{7}$, B는 10일이 걸리므로 $\frac{1}{10}$ 이다. 그러므로 A와 B가 같이 일을 할 때 x일이 걸린다면 다음 식과 같이 나타낼 수 있다.

$$\frac{1}{7} + \frac{1}{10} = \frac{1}{x}$$

$$\rightarrow \frac{17}{70} = \frac{1}{x}$$

$$\therefore x ≒ 4.1$$

따라서 A와 B가 같이 준비한다면 최소 5일이 걸린다.

15

정답 ①

4,000원의 물건을 1,000개 팔았으므로 한 달 매출액은 4,000,000원이다. 그러므로 인상한 가격과 변동된 판매량에 대한 식을 세우면 다음과 같다.

$(4,000+x)\times(1,000-0.2x)=4,000,000$

$\rightarrow 4,000,000-800x+1,000x-0.2x^2=4,000,000$

$\rightarrow 200x-0.2x^2=0$

$\rightarrow x(200-0.2x)=0$

$\rightarrow x(x-1,000)=0$

$\therefore x=1,000 \ (\because x\neq0)$

따라서 인상한 가격은 1,000원이다.

16

정답 ①

원가를 x원이라고 하면, 원가에 50%의 이익을 붙일 경우는 $1.5x$원이다. 여기에 다시 20%를 할인한 최종 판매 가격은 $1.5x\times0.8$ $=1.2x$원이다. 물건 1개당 1,000원의 이익을 얻었으므로 다음의 식이 성립한다.

$1.2x-x=1,000$

$\rightarrow 0.2x=1,000$

$\therefore x=5,000$

따라서 물건의 원가는 5,000원이다.

17

정답 ③

7월 말 기준 서울에서 운영되고 있는 전동 킥보드의 대수는 4,700대이며, 8월 중 추가되는 대수는 3,000대이다. 따라서 8월 말 기준 13개 업체가 서울에서 7,700대의 전동 킥보드를 운영할 것이며, 한 업체당 약 592대의 전동 킥보드를 운영할 것이다.

18

정답 ②

기존 매출액 조사표에서 현재 학생식당의 식대가 4,000원임을 알 수 있다. 따라서 1,000원을 인상할 경우 식대는 5,000원이다. 식대 인상이 요일별로 차별적인 효과를 발생시키지는 않으므로 요일별 이용자 수가 아닌 주간 이용자 수를 활용하여 매출을 예측할 수 있다. 식대 인상 전, 주간 학생식당 이용자 수는 학생 6,930명, 교직원 283명, 외부인 104명으로 총 7,317명이며, 이에 따른 매출액은 29,268,000원이다. 가격을 1,000원 인상할 경우 학생의 수요는 10%가 감소하여 6,237명, 외부인의 수요는 50%가 감소하여 52명이 된다. 따라서 주간 이용자 수는 6,572명으로 예상되며, 이를 토대로 예측한 매출액은 32,860,000원이다.

19

정답 ④

각 직원의 항목별 평가점수의 합과 그에 따른 급여대비 성과급 비율은 다음과 같다.

직원	평가점수	비율	성과급
A	82	200%	320만 원×200%=640만 원
B	74	100%	330만 원×100%=330만 원
C	67	100%	340만 원×100%=340만 원
D	66	100%	360만 원×100%=360만 원
E	79	150%	380만 원×150%=570만 원
F	84	200%	370만 원×200%=740만 원

따라서 수령하는 성과급의 차이가 A와 가장 적은 직원은 E이다.

20

평가기준에 따라 각 지원자가 받는 점수는 다음과 같다.
- A : 20(석사)＋5(스페인어 구사 가능)＋20(변호사 자격 보유)＋10(장애인)＝55점
- B : 10(대졸)＋20(일본어 구사 가능)＝30점
- C : 10(대졸)＋20(경력 3년)＋10(국가유공자)＝40점
- D : 60(경력 7년)＋5(아랍어 구사 가능)＝65점
- E : 30(박사)＋10(이학 석사 이상)＋20(독일어 구사 가능)＝60점

따라서 서류전형 점수가 가장 높은 사람은 D지원자이다.

21

정답 ②

연보라색을 만들기 위해서는 흰색과 보라색이 필요하다. 흰색은 주어진 5가지 물감 중 하나이며, 보라색은 빨간색과 파란색 물감의 혼합으로 만들 수 있는데, 빨간색은 주어진 물감이지만 파란색은 주어지지 않았으며, 다른 물감의 조합으로도 만들어 낼 수 없는 색상이다. 따라서 연보라색은 만들 수 없다.

오답분석
① 고동색은 주어진 5가지 물감 중 빨간색, 검은색의 두 가지 물감을 섞어서 만들 수 있다.
③ 살구색은 흰색과 주황색을 섞어서 만들 수 있는데 흰색은 주어진 5가지 물감 중 하나이며, 주황색은 빨간색과 노란색을 섞어서 만들 수 있다.
④ 카키색은 주어진 물감 중 초록색과 검은색을 섞어서 만들 수 있다.
⑤ 옥색은 주어진 물감 중 초록색과 흰색을 섞어서 만들 수 있다.

22

정답 ①

모든 직원들이 각기 다른 부서를 희망하였으므로 희망부서가 밝혀지지 않은 직원들의 희망부서는 다음과 같다.

구분	기존부서	희망부서	배치부서
A	회계팀	인사팀	?
B	국내영업팀	해외영업팀	?
C	해외영업팀	국내영업팀, 회계팀, 홍보팀 중 1	?
D	홍보팀	국내영업팀, 회계팀 중 1	홍보팀
E	인사팀	국내영업팀, 회계팀, 홍보팀 중 1	해외영업팀

인사이동 후 각 부서에 1명의 직원이 근무하게 되었으므로, A, B, C는 각각 인사팀, 국내영업팀, 회계팀에 1명씩 배치되었다. B는 다른 1명과 근무부서를 맞바꾸었는데, E가 인사팀에서 해외영업팀으로 이동하였고, D는 홍보팀에 그대로 근무하기 때문에 C, D, E는 그 상대가 될 수 없다. 따라서 B는 A가 근무하던 회계팀으로 이동하였고, A는 B가 근무하던 국내영업팀으로 이동하였으며, C는 남은 인사팀에 배치된다.
이를 정리하면 다음과 같다.

구분	기존부서	희망부서	배치부서
A	회계팀	인사팀	국내영업팀
B	국내영업팀	해외영업팀	회계팀
C	해외영업팀	국내영업팀, 회계팀, 홍보팀 중 1	인사팀
D	홍보팀	국내영업팀, 회계팀 중 1	홍보팀
E	인사팀	국내영업팀, 회계팀, 홍보팀 중 1	해외영업팀

따라서 본인이 희망한 부서에 배치된 사람은 없다.

23

정답 ①

차장 직급에 지급되는 기본 교통비는 26,000원이며, 출장지까지의 거리가 204km이므로 추가 여비 20,000원이 책정된다. 출장지인 세종특별자치시는 구체적인 기준이 명시되지 않은 기타 지역으로 기본 교통비와 추가 여비의 합산 금액에 5%를 가산한 금액이 국내출장여비 기준금액이므로 다음과 같은 식이 성립한다.

(26,000+20,000)×1.05=48,300원

따라서 지급 금액을 백 원 단위에서 올림하면 김차장이 받을 수 있는 국내출장여비는 49,000원이다.

24

정답 ①

D대리는 B과장보다 근속연수가 높지만 기본급은 더 적기 때문에 옳지 않다.

[오답분석]

② S팀의 자녀는 모두 7명으로 자녀수당은 총 70만 원이다. 반면 근속수당은 30만+10만+30만+20만+10만=100만 원이므로 자녀수당의 합보다 근속수당의 합이 더 높다.

③ A부장의 월급은 4,260,000+(100,000×2)+300,000+200,000=4,960,000원이므로 E사원의 기본급인 2,420,000원의 2배 이상이다.

④ 제시된 사원 정보를 통해 가장 많은 기본급 외 임금수당을 받는 직원은 전기기사 자격증을 보유하고 있어 총 500,000+100,000+100,000+100,000+100,000=900,000원을 받는 B과장인데, C과장이 전기기능사에 합격하여 자격증수당 15만 원이 추가되면 총 150,000+100,000+100,000+300,000+300,000=950,000원을 받으므로 S팀 직원 중 가장 많은 기본급 외 임금수당을 받게 된다.

⑤ 자녀의 수가 가장 많은 직원은 C과장으로 총 80만 원의 기본급 외 임금수당을 받고, 근속연수가 가장 높은 직원은 A부장으로 총 70만 원의 기본급 외 임금수당을 받고 있으므로 옳은 설명이다.

25

정답 ③

J공사의 월급은 (기본급)+(기본급 외 임금 수당)이므로 직원별 총지급액은 다음과 같다.

- A부장 : 4,260,000+100,000+100,000+300,000+200,000+0=4,960,000원
- B과장 : 3,280,000+100,000+100,000+100,000+100,000+500,000=4,180,000원
- C과장 : 3,520,000+100,000+100,000+300,000+300,000+0=4,320,000원
- D대리 : 2,910,000+100,000+100,000+200,000+100,000+150,000=3,560,000원
- E사원 : 2,420,000+100,000+100,000+100,000+0+250,000=2,970,000원

따라서 월급이 높은 순서대로 나열하면 A부장 → C과장 → B과장 → D대리 → E사원이다.

26

정답 ④

하나의 셀에서 〈Ctrl〉을 누른 채로 채우기 핸들 기능을 사용하면 데이터는 다음과 같이 입력된다.

- 숫자 : 1씩 증가한 값이 입력된다.
- 날짜 : 원본과 똑같은 데이터가 입력된다.
- 숫자+문자 : 원본과 똑같은 데이터가 입력된다.
- 문자 : 원본과 똑같은 데이터가 입력된다.
- 통화 : 1씩 증가한 값이 입력된다.

따라서 제시된 스프레드시트에서 순서와 금액의 값이 1씩 증가하고 나머지 데이터는 원본과 똑같이 입력되므로 ④가 옳다.

27

정답 ③

- 개인별 합산 기록을 구하려면 주어진 값을 모두 더하는 SUM 함수를 사용해야 한다. [B7] 셀은 A의 5일간의 기록을 더해야 하므로 「=SUM(B2:B6)」을 입력해야 한다.
- 개인별 최대 기록을 구하려면 주어진 값에서 가장 큰 수를 찾는 MAX 함수를 사용해야 한다. [B8] 셀은 A의 기록 중 가장 큰 수를 찾아야 하므로 「=MAX(B2:B6)」를 입력해야 한다.

오답분석
- COUNT 함수는 지정된 범위 내에서 숫자가 들어있는 셀의 개수를 구하는 함수이다.
- LARGE 함수는 지정된 범위 내에서 n번째로 큰 값을 찾는 함수이다.

28

정답 ④

도서 분류번호 구성 순으로 제시된 내용을 정리하면 다음과 같다.
- 프랑스 소설 : F04F
- 2022년 출판 : e
- 시리즈 있음 : 1
- 오프라인 단독판매 : 10
따라서 해당 도서의 J도서관 분류번호는 'F04Fe110'이다.

29

정답 ①

도서 분류번호 구성 순으로 갑의 대여 도서정보를 정리하면 다음과 같다.
- 도서 구분 : 국내도서(N)
- 작가 국적 : 한국(01)
- 도서 분류 : 육아(H)
- 출판연도 : 2010년대(d)
- 시리즈 유무 : 없음(0)
- 판매처 : 온·오프라인(11)
따라서 갑이 대여한 도서의 분류번호는 'N01Hd011'이다.

01	02	03	04	05	06	07	08	09	10	11	12	13	14	15	16	17	18	19	20
①	⑤	④	③	③	③	③	⑤	①	③	②	②	②	③	③	⑤	④	⑤	②	④

21	22	23																	
①	①	①																	

01

정답 ①

제3조 제6항에 따르면 당직 근무자는 근무 전 당직 근무 시작을 기록하는 것이 아니라 당직 근무가 끝난 후 총무부에 있는 당직 근무일지에 당직 근무 종료를 기록한 후 퇴근한다.

오답분석

② 제4조에서 확인할 수 있다.
③ 제3조 제5항에서 확인할 수 있다.
④ 제3조 제3항에서 확인할 수 있다.
⑤ 제6조에서 확인할 수 있다.

02

정답 ⑤

A씨가 근무한 날은 토요일이고 당직 근무를 하면 다음 날인 일요일에 근무를 마치게 된다. 제3조 제7항에 따르면 일요일은 공휴일이기 때문에 물품을 총무부에 반납하는 것이 아니라 다음 당직자에게 직접 전해 주어야 한다.

오답분석

① 제3조 제9항에서 확인할 수 있다.
② 제3조 제7항에서 확인할 수 있다.
③ 제3조 제2항에서 확인할 수 있다.
④ 제3조 제4항에서 확인할 수 있다.

03

정답 ④

• C : 내연기관차는 무게가 무겁기 때문에 가벼운 경차보다 연비가 떨어지는 모습을 보인다.
• E : 충・방전을 많이 하면 전지 용량이 감소하기 때문에 이를 개선하려는 연구가 이뤄지고 있다.

오답분석

• A : 가볍다는 특성이 리튬의 장점은 맞지만 양이온 중에서 가장 이동속도가 빠른 물질은 리튬이 아닌 수소이다.
• B : 리튬이온은 충전 과정을 통해 전지의 음극에 모이게 된다. 음극에서 양극으로 이동하는 것은 방전을 통해 발생한다.
• D : 테슬라 모델3 스탠더드 버전은 1kWh당 약 6.1km를 주행할 수 있으므로, 20kWh일 때 약 122km를 주행할 수 있다.

04

제시문은 리튬과 리튬이온전지를 예시와 함께 설명하고, 테슬라 모델3 스탠더드 버전을 통해 전기 에너지 개념을 설명하고 있다.

05

전력 데이터는 이미 수집되고 있으며, 전력 데이터 외에도 수도나 가스 등 다양한 이종 데이터가 융합될 것으로 기대되고 있다.

오답분석

① 1인 가구 안부 살핌 서비스는 전력 빅데이터와 통신데이터를 분석하여 고독사를 예방하는 인공지능 서비스이다.
② 1인 가구 안부 살핌 서비스는 오토 인코더 모델을 기반으로 설계되었으며, 평소와 다른 비정상적인 사용패턴이 모델에 입력되면 돌봄 대상의 안부에 이상이 있다고 판단하고 지자체 담당 공무원에게 경보 SMS를 발송하는 알고리즘을 가지고 있다.
④ 1인 가구 안부 살핌 서비스 실증사업이 광주광역시 광산구 우산동에서 실시되었기 때문에 그 지역 사람들이 처음으로 해당 서비스를 사용해 봤음을 알 수 있다.
⑤ 우산동의 관리 지역은 나이가 많고 혼자 사는 분들이 많아 고독사가 발생할 가능성이 크다고 한 내용으로 보아 1인 가구 안부 살핌 서비스의 주 대상은 독거노인층이다.

06

오로지 형식적 측면에서 보고 있으므로 미적 무관심성을 보이고 있다.

오답분석

①·④·⑤ 모두 대상 외의 가치가 들어간 예이다.
② '미적 무관심성'에서 나아간 '미적 무욕성'의 관점에서 사물을 바라보고 있다.

07

먼 바다에서 지진해일의 파고는 수십 cm 이하이지만 얕은 바다에서는 급격하게 높아진다.

오답분석

① 화산폭발로 인해 발생하는 건 맞지만 파장이 긴 파도를 지진해일이라 한다.
② 태평양에서 발생한 지진해일은 발생 하루 만에 발생지점에서 지구의 반대편까지 이동할 수 있다.
④ 지진해일이 해안가에 가까워질수록 파도가 강해지는 것은 맞지만, 속도는 시속 $45 \sim 60$km까지 느려진다.
⑤ 해안의 경사 역시 암초, 항만 등과 마찬가지로 지진해일을 변형시키는 요인이 된다.

08

얼렌 증후군 환자들은 사물이 흐릿해지면서 두세 개로 보이는 시각적 왜곡을 경험한다. 이에 따라 이들은 어두운 곳에서 책을 보고 싶어 하는 경우가 많다고 한 내용을 통해 밝은 곳에서 난독증 증상이 더 심해진다는 것을 확인할 수 있다.

오답분석

① 난독증은 지능에는 문제가 없으며, 단지 언어활동에만 문제가 있는 질환이기 때문에 지능에 문제가 있는 사람에게서 주로 나타난다고 보기 어렵다.
② 문자열을 전체로는 처리하지 못하고 하나씩 취급하여 전체 문맥을 이해하지 못하는 것 역시 난독증의 증상 중 하나이다.
③ 지능과 시각, 청각이 모두 정상임에도 난독증을 경험하는 경우가 있는 것으로 밝혀졌다.
④ 난독증의 원인 중 하나인 얼렌 증후군은 시신경 세포가 정상인보다 적은 경우에 발견되는데, 보통 유전의 영향을 많이 받는다.

09

지역별로 1인당 1일 폐기물 배출량을 정리하면 다음과 같다.

구분	1일 폐기물 배출량(톤)	인구수(명)	1인당 1일 폐기물 배출량
용산구	305.2	132,259	2.31kg/일
중구	413.7	394,679	1.05kg/일
종로구	339.9	240,665	1.41kg/일
서대문구	240.1	155,106	1.55kg/일
마포구	477.5	295,767	1.61kg/일

따라서 1인당 1일 폐기물 배출량이 가장 많은 구인 용산구(2.31kg/일)에 폐기물 처리장을 설치해야 한다.

10

폐기물 처리장이 설치되는 용산구에서 출발하여 1인당 1일 폐기물 배출량이 많은 지역을 순서대로 이동하면 용산구 → 마포구 → 서대문구 → 종로구 → 중구 → 용산구 순서이다. 따라서 폐기물 수집에 걸리는 최소시간은 $100+80+50+60+50=340=5$시간 40분이다.

11

가대리와 마대리의 진술이 서로 모순이므로, 둘 중 한 사람은 거짓을 말하고 있다.
ⅰ) 가대리의 진술이 거짓인 경우
　　가대리의 말이 거짓이라면 나사원의 말도 거짓이 되고, 라사원의 말도 거짓이 되므로 모순이 된다.
ⅱ) 가대리의 진술이 진실인 경우
　　가대리, 나사원, 라사원의 말이 진실이 되고, 다사원과 마대리의 말이 거짓이 된다.
• 진실
　－가대리 : 가대리, 마대리 출근, 결근 사유 모름
　－나사원 : 다사원 출근, 가대리의 진술은 진실
　－라사원 : 나사원의 진술은 진실
• 거짓
　－다사원 : 라사원 결근 → 라사원 출근
　－마대리 : 라사원 결근, 라사원이 가대리에게 결근 사유 전함 → 라사원 출근, 가대리는 결근 사유를 듣지 못함
따라서 나사원이 출근하지 않았다.

12

분류코드에서 알 수 있는 정보를 순서대로 나열하면 다음과 같다.
• 발송코드 : c4(충청지역에서 발송)
• 배송코드 : 304(경북지역으로 배송)
• 보관코드 : HP(고가품)
• 운송코드 : 115(15톤 트럭으로 배송)
• 서비스코드 : 01(당일 배송 서비스 상품)
따라서 옳지 않은 것은 ②이다.

13

제품 A의 분류코드를 순서대로 나열하면 수도권인 경기도에서 발송되었으므로 a1, 울산지역으로 배송되므로 062, 냉동보관이 필요하므로 FZ, 5톤 트럭으로 운송되므로 105, 배송일을 7월 7일로 지정하였으므로 02가 연속되는 'a1062FZ10502'이다.

14
정답 ③

ㄱ. 유통 중인 농·수·축산물도 수거검사 대상임을 알 수 있다.

ㄴ. 수산물의 경우에도 총수은, 납 등과 함께 항생물질을 검사하고 있다.

ㄹ. 식품수거검사 결과 적발한 위해정보는 식품의약안전청 홈페이지에서 확인할 수 있다.

오답분석

ㄷ. 식품수거검사에는 월별 정기 검사와 수시 수거검사가 있다.

15
정답 ③

시차를 고려하여 회차별로 직원들의 접속시간을 정리하면 다음과 같다.

직원	위치	1회차 회의	2회차 회의	3회차 회의
A대리	서울지부	11:00	13:00	15:00
S대리	N지부	00:00	2:00	4:00
K주임	P지부	6:00	8:00	10:00

따라서 세 번째 화상회의에서 K주임이 접속해야 하는 시간은 10:00이다.

16
정답 ⑤

• 네 번째 요건에 따라 탄소배출량이 가장 많은 B는 제외한다.

• 발전기를 설치할 대지는 $1,500m^2$이며, 2대를 설치하므로 개당 필요면적은 $750m^2$ 이하이어야 하므로 D는 제외된다.

• 마지막 요건에 따라 개당 중량이 3톤을 초과하는 A도 제외된다.

• 발전단가가 1,000kWh당 97,500원을 초과하지 않으려면, 에너지 발전단가가 97.5원/kWh 미만이어야 하므로 C도 제외된다.

따라서 후보 발전기 중 모든 요건을 충족시키는 발전기인 E가 설치된다.

17
정답 ④

ㄱ. 탐색형 문제는 현재의 상황을 개선하거나 효율을 높이기 위한 문제이다. 눈에 보이지 않는 문제로, 이를 방치하면 뒤에 큰 손실이 따르거나 결국 해결할 수 없는 문제로 확대되기도 한다.

ㄴ. 발생형 문제는 우리 눈앞에 발생되어 당장 걱정하고 해결하기 위해 고민하는 문제이다. 눈에 보이는 이미 일어난 문제로, 어떤 기준을 일탈함으로써 생기는 일탈 문제와 기준에 미달하여 생기는 미달 문제로 대변되며 원상복귀가 필요하다.

ㄷ. 설정형 문제는 미래상황에 대응하는 장래 경영전략의 문제로 '앞으로 어떻게 할 것인가'에 대한 문제이다. 지금까지 해오던 것과 전혀 관계없이 미래 지향적으로 새로운 과제 또는 목표를 설정함에 따라 일어나는 문제로, 목표 지향적 문제이기도 하다.

18
정답 ⑤

요일별로 직원들의 당직 근무 일정을 정리하면 다음과 같다.

구분	월요일	화요일	수요일	목요일	금요일	토요일	일요일
낮	가, 나, 마	나, 다	다, 마	아, 자	바, 자	라, 사, 차	바
야간	라	마, 바, 아, 자	가, 나, 라, 바, 사	가, 사, 차	나, 다, 아	마, 자	다, 차

일정표를 보면 일요일 낮에 한 명, 월요일 야간에 한 명이 필요하고, 수요일 야간에 한 명이 빠져야 한다. 따라서 '가, 나, 라, 바, 사' 중 한 명이 일정을 옮겨야 한다. 이때 세 번째 당직 근무 규칙에 따라 같은 날에 낮과 야간 당직 근무는 함께 설 수 없으므로 월요일에 근무하는 '가, 나, 라, 마'와 일요일에 근무하는 '다, 바, 차'는 제외된다. 따라서 '사'의 당직 근무 일정을 변경하여 일요일 낮과 월요일 야간에 당직 근무를 서게 해야 한다.

19

- 예상 수입 : $40,000 \times 50 = 2,000,000$원
- 공연 준비비 : 500,000원
- 공연장 대여비 : $6 \times 200,000 \times 0.9 = 1,080,000$원
- 소품 대여비 : $50,000 \times 3 \times 0.96 = 144,000$원
- 보조진행요원 고용비 : $50,000 \times 4 \times 0.88 = 176,000$원
- 총비용 : $500,000 + 1,080,000 + 144,000 + 176,000 = 1,900,000$원

총비용이 150만 원 이상이므로 공연 준비비의 10%인 50,000원이 할인된다. 따라서 할인이 적용된 총비용은 $1,900,000 - 50,000 = 1,850,000$원이다.

20

K대리의 이동경로는 다음과 같다.
본사 - 나주역 - 대구역 - S호텔 - 대구 본부 - 대구역 - 광주역 - T호텔 - 광주 본부 - 광주역 - 나주역 - 본사
이때 이동단계별 철도 요금 및 택시비를 계산하면 다음과 같다.
$7,900 + 42,000 + 4,300 + 4,900 + 4,300 + 37,100 + 6,500 + 5,700 + 5,400 + 43,000 + 7,900 = 169,000$원
숙박비를 계산하면 다음과 같다.
$75,500 + 59,400 = 134,900$원
따라서 교통비와 숙박비를 합산한 총경비는 $169,000 + 134,900 = 303,900$원이다.

21

[E2:E7]은 평균점수를 소수점 둘째 자리에서 반올림한 값이다. 따라서 [E2] 셀에 「=ROUND(D2,1)」를 넣고 채우기 핸들을 사용하면 그림과 같은 값을 구할 수 있다.

오답분석
② INT 함수는 정수부분을 제외한 소수부분을 모두 버림하는 함수이다.
③ TRUNC 함수는 원하는 자리 수에서 버림하는 함수이다.
④ COUNTIF 함수는 조건에 맞는 셀의 개수를 구하는 함수이다.
⑤ ABS 함수는 절댓값을 구하는 함수이다.

22

제시된 상황은 파이썬의 꼬꼬마 형태소 분석기를 사용하여 문장을 최소 의미 단위인 형태소로 분절한 것이다.

오답분석
② 구문 분석 : 문장구조를 문법적으로 분석하는 과정이다.
③ 의미 분석 : 문법을 넘어 문장이 내포하는 의미를 해석하는 과정이다.
④ 특성 추출 : 자연어처리 과정에 해당되지 않는다.
⑤ 단어 분석 : 자연어처리 과정에 해당되지 않는다.

23

kks.insert(1,'다')는 리스트 kks의 첫 번째 요소 위치에 '다'를 삽입하라는 뜻이다.
['두', '다', '바', '퀴', '로', '가', '는', '자', '동', '차']
del kks[3]는 리스트 kks의 세 번째 요소를 제거하라는 뜻이다.
['두', '다', '바', '로', '가', '는', '자', '동', '차']
print(kks[4], kks[6]) 리스트 kks의 네 번째, 여섯 번째 요소를 출력하라는 뜻이다.
따라서 실행결과는 '가 자'이다.

01	02	03	04	05	06	07	08												
①	⑤	①	①	④	③	④	⑤												

01

정답 ①

보행 동선의 분기점에 설치하는 것은 점형 블록이며, 선형 블록은 보행 동선의 분기점에 설치된 점형 블록과 연계하여 목적 방향으로 설치한다.

02

정답 ⑤

홍보팀장의 요청에 따라 인지도가 높으면서도 자사와 연관될 수 있는 캐릭터를 활용하여 홍보 전략을 세워야 하므로 대중적으로 저금통의 이미지를 상징하는 돼지 캐릭터와 자사의 마스코트인 소를 캐릭터로 함께 사용하는 홍보 방안인 ⑤가 가장 적절하다.

03

정답 ①

회색 티셔츠를 추가로 50벌을 서울 공장에서 2020년 1월 24일에 생산하였다. → OTGR – 200124 – 475ccc
따라서 ①에서 'OP'를 'OT'로 수정해야 한다.

오답분석

ㄱ. 2019년 12월 4일에 붉은색 스커트를 창원 공장에서 120장 생산하였다. → OHRD – 191204 – 753aaa
ㄷ. 흰색 청바지를 전주 공장에서 265벌을 납품일(2020년 7월 23일) 전날에 생산하였다. 납품일 전날에 생산하였으므로 생산날짜는 2020년 7월 22일이다. → OJWH – 200722 – 935baa
ㄹ. 티셔츠와 스커트를 노란색으로 178벌씩 수원 공장에서 2020년 4월 30일에 생산했다. → 티셔츠 : OTYL – 200430 – 869aab, 스커트 : OHYL – 200430 – 869aab
ㅁ. 생산날짜가 2019년 7월 5일인 푸른색 원피스는 창원 공장에서 227벌 생산되었다. → OPBL – 190705 – 753aba

04

정답 ①

스틱형 커피는 최근 다양한 유형으로 출시되고 있으며, 인스턴트 커피는 로스팅 커피에 비해 저렴한 가격을 무기로 성장세를 이어가고 있다. 따라서 차별화된 프리미엄 상품을 스틱형으로 출시한다는 마케팅 전략은 적절하지 않다.

05

전분작물인 보리, 옥수수 등은 당화와 알콜발효의 공정을 거쳐 에탄올(바이오알콜)로 변환된다. 메탄올 연료는 섬유소식물체(나무, 볏짚 등)에서 얻을 수 있다.

[오답분석]

① 바이오에너지는 동・식물의 에너지를 이용하여 자연환경을 깨끗하게 유지할 수 있다.

② 바이오에너지 원리 및 구조에서 과열 증기(열에너지)로 터빈 발전기를 가동(운동에너지)시켜 전력을 생산(전기에너지)하는 과정을 확인할 수 있다.

③ 바이오에너지 변환 시스템에 따르면 섬유소식물체인 나무, 볏짚 등을 이용하여 '바이오알콜(에탄올), 메탄올, 열, 전기'를 얻을 수 있다.

⑤ 바이오에너지 원리 및 구조의 '잔열의 재사용'을 통해 터빈과 발전기 가동 시 증기의 일부가 급수의 가열에 재사용함을 알 수 있다.

06

나무(섬유소식물체) - 가스화(8점) - 합성가스 - 보일러(2점) - 열 : $(8 \times 5) + (2 \times 3) = 46$만 원

[오답분석]

① 옥수수(전분작물) - 당화(9점) - 당분 - 알콜발효(3점) - 바이오알콜(에탄올) : $(9 \times 5) + (3 \times 3) = 54$만 원

② 유채(유지작물) - 추출(4점) - 채종유 - 에스테르화(5점) - 바이오디젤(에스테르) : $(4 \times 4) + (5 \times 4) = 36$만 원

④ 음식물쓰레기(유기성폐기물) - 혐기발효(6점) - 메탄가스 - 가스 : $6 \times 4 = 24$만 원

⑤ 볏짚(섬유소식물체) - 효소당화(7점) - 당분 - 알콜발효(3점) - 바이오알콜(에탄올) : $(7 \times 4) + (3 \times 3) = 37$만 원

07

a라는 변수에 0을 저장한다. range 함수는 'range(start, stop, step)'로 표시되기 때문에 'range(1, 11, 2)'를 입력하면 1부터 10까지의 생성된 수를 2씩 증가시켜 합을 출력한다(range 함수의 2번째 파라미터는 출력되지 않는 값이다).

따라서 누적된 a의 값인 25가 출력된다.

08

상품이 '하모니카'인 매출액의 평균을 구해야 하므로 AVERAGEIF 함수를 사용해야 한다. 「=AVERAGEIF(계산할 셀의 범위, 평균을 구할 셀의 정의, 평균을 구하는 셀)」로 표시되기 때문에 「=AVERAGEIF(B2:B9,"하모니카",E2:E9)」를 입력해야 한다.

PART 2

직무능력검사

대표기출유형 01 기출응용문제

01 정답 ④

제시문은 분자 상태의 수소와 산소가 결합하여 물이 되는 과정을 설명하고 있다. 수소 분자와 산소 분자가 원자로 분해되고, 분해된 산소 원자 하나와 수소 원자 하나가 결합하여 물이라는 화합물이 생성된다고 했으므로 산소 분자와 수소 분자가 각각 물(H_2O)이라는 새로운 화합물이 되는 것은 아니다.

02 정답 ④

16세기 말 그레고리력이 도입되기 전 프랑스 사람들은 3월 25일부터 4월 1일까지 일주일 동안 축제를 벌였다.

오답분석

① 만우절이 프랑스에서 기원했다는 이야기는 많은 기원설 중의 하나일 뿐, 정확한 기원은 알려지지 않았다.
② 프랑스에서는 만우절에 놀림감이 된 사람들을 '4월의 물고기'라고 불렀다.
③ 프랑스는 16세기 말 그레고리력을 받아들이면서 달력을 새롭게 개정하였다.
⑤ 프랑스의 관습이 18세기에 이르러 영국으로 전해지면서 영국의 만우절이 생겨났다.

03 정답 ⑤

정관헌의 바깥 기둥은 전형적인 서양식 기둥의 모습을 하고 있으나, 서양과 달리 철이 아닌 목재를 바깥 기둥의 재료로 사용하였다. 이는 당시 정부가 철을 자유롭게 사용할 수 있을 정도의 재정적 여력을 갖지 못했기 때문이다.

오답분석

① 정관헌은 대한제국 정부가 경문궁에 지은 대표적인 양관으로 서양식 건축물임에도 불구하고 팔각지붕과 전통 문양 등에서 우리의 문화와 정서를 느낄 수 있다.
② 정관헌 난간의 소나무와 사슴은 장수를, 박쥐는 복을 상징하며, 정관헌 바깥 기둥에 보이는 오얏꽃 장식은 대한제국을 상징한다.
③ 정관헌은 건축적 가치가 큰 건물이었지만 규모도 크지 않고 가벼운 용도로 지어졌기 때문에 그동안 소홀히 취급되어 왔다.
④ 정관헌에 사용된 서양식 기둥과 붉은 벽돌, 화려한 색채를 띠는 난간, 인조석으로 만든 로마네스크풍 기둥 등은 정관헌을 이국적으로 보이게 한다.

04 정답 ③

용융 탄산염형 연료전지는 고온에서 고가의 촉매제가 필요하지 않고, 열병합에 용이한 덕분에 발전 사업용으로 활용할 수 있다. 또한 고체 산화물형 연료전지는 800 ~ 1,000℃의 고온에서 작동하여 발전 시설로서 가치가 크다. 따라서 발전용으로 적절한 연료전지는 용융 탄산염형 연료전지와 고체 산화물형 연료전지이다.

오답분석

① 알칼리형 연료전지는 연료나 촉매에서 발생하는 이산화탄소를 잘 버티지 못해서 1960년대부터 우주선에 주로 사용해 왔다.
② 인산형 연료전지는 진한 인산을 전해질로, 백금을 촉매로 사용한다.
④ 고체 산화물형 연료전지는 전해질을 투입하지 않는 것이 아니라, 전해질이 고체 세라믹이어서 전지의 부식 문제를 보완한 형태이다.
⑤ 고분자 전해질형 연료전지는 수소에 일산화탄소가 조금이라도 들어갈 경우 백금과 루테늄의 합금을 촉매로 사용한다.

대표기출유형 02 기출응용문제

01
정답 ④

제시문은 동영상 압축 기술 중 하나인 허프만 코딩 방식의 과정을 예를 들어서 설명하고 있다. 따라서 글의 주제로 '허프만 코딩 방식의 과정'이 가장 적절하다.

[오답분석]
① 데이터의 표현 방법은 언급되지 않았다.
②·③ 해당 내용이 제시문에 언급되었지만 부분적인 내용이므로 주제로 적절하지 않다.
⑤ MPEG의 종류 중 하나인 허프만 코딩 방식에 대한 글일 뿐, MPEG의 종류를 설명하는 글은 아니다.

02
정답 ②

제시문은 유류세 상승으로 인해 발생하는 장점들을 열거함으로써 유류세 인상을 정당화하고 있다. 따라서 글의 주제로 ②가 가장 적절하다.

03
정답 ①

제시문은 위성영상지도 서비스인 구글어스로 건조지대에도 숲이 존재한다는 사실을 발견했다는 내용의 글이다. 첫 문단에서 구글어스가 세계 환경의 보안관 역할을 톡톡히 하고 있다고 하였으므로, 글의 제목으로는 ①이 가장 적절하다.

04
정답 ⑤

(마)는 공포증을 겪는 사람들의 상황 해석 방식과 공포증에서 벗어나는 방법이 핵심 주제이다. 따라서 '공포증을 겪는 사람들의 행동 유형'은 (마)의 핵심 주제로 적절하지 않다.

대표기출유형 03 기출응용문제

01
정답 ②

제시문은 일본의 라멘과 한국 라면의 차이점을 서술하는 글이다. '한국의 라면은 그렇지 않다.'라고 서술하는 (가) 문단 뒤에는 한국의 라면에 대한 설명이 나와야 하므로, (라) 문단이 이어지는 것이 적합하다. 또한 '일본의 라멘이 어떠한 맛을 추구하고 있는지에 대해서 생각해 보면 알 수 있다.'라고 서술하는 (라) 문단 뒤에는 일본의 라멘 맛에 대해서 서술하는 (나) 문단이 적절하고, 그 뒤를 이어 라면의 독자성에 대해서 서술하는 (다) 문단이 제일 마지막에 오는 것이 적절하다. 따라서 (가) – (라) – (나) – (다) 순으로 나열해야 한다.

02
정답 ④

제시문은 효율적 제품 생산을 위한 한 방법인 제품별 배치 방법의 장단점에 대한 내용의 글이다. 따라서 (다) 효율적 제품 생산을 위해 필요한 생산 설비의 효율적 배치 – (라) 효율적 배치의 한 방법인 제품별 배치 방식 – (가) 제품별 배치 방식의 장점 – (나) 제품별 배치 방식의 단점의 순서로 나열해야 한다.

03

정답 ③

제시된 문단에서 담배가 약초가 아님을 밝히고 있으므로 바로 다음에 이어질 내용으로는 담배의 유해성에 대해 설명한 (라)가 와야 하며, 담배의 유해성을 뒷받침할 수 있는 K공사의 연구 결과인 (가)가 두 번째로 이어져야 한다. 또한 (다)의 '이와 같은 담배의 유해성'은 앞서 언급한 (라)와 (가)의 내용을 가리키는 것이므로 다음으로 (다)가 와야 하며, (다)에서 설명한 담배회사와의 소송에 대한 내용이 (나)에서 이어지고 있으므로 (나)가 마지막에 와야 한다. 따라서 (라) – (가) – (다) – (나) 순서로 나열해야 한다.

04

정답 ①

제시문은 공범개념에 대해 논하고 있는 글로, 제시된 문단에서 첫 문장이 '직접정범을 제외한 정범'과 '협의의 공범'을 언급했으므로 그 후에는 둘 중 하나에 대한 설명이 나와야 한다. 협의의 공범에 대한 설명을 시작하고 있는 (가)는 '앞서 본'을 통해서 (가) 앞에 '직접정범을 제외한 정범'에 대한 설명을 하고 있음을 암시하고 있다. 따라서 '직접정범을 제외한 정범'에 대해 일반적으로 설명하는 (나), 세부적으로 설명하는 (다), 그 후에 (가), (라) 순으로 나열하는 것이 가장 적절하다. 따라서 (나) – (다) – (가) – (라) 순으로 나열해야 한다.

대표기출유형 04 ｜ 기출응용문제

01

정답 ④

밑줄 친 '일부 과학자'들은 목재를 친환경 연료로 바라보지 않고 있으며, 마지막 문장에서 이들은 배출량을 줄이는 것이 아니라 배출하지 않는 방법을 택해야 한다고 말한다. 따라서 이들의 주장으로는 ④가 가장 적절하다.

02

정답 ⑤

밑줄 친 ㉠은 4차 산업혁명으로 인한 변화이다. 다양한 연령대의 아동들을 혼합반으로 구성하는 것은 4차 산업혁명과 관련이 없을 뿐만 아니라 4차 산업혁명을 통해 교육 분야에서 개인 맞춤형 서비스를 제공할 수 있을 것이라는 예측과도 거리가 멀다.

오답분석

① 고도화된 언어 인지와 자동번역 기술의 발달로 나타나는 사례에 해당한다.
② 경계 감시, 위험임무 수행에 무인 시스템과 로봇·드론 기술이 도입된 사례에 해당한다.
③ 분석력, 예측력이 높은 인공지능이 의료 분야에서 활용되는 사례에 해당한다.
④ 인공지능 기술로 교통 빅데이터를 분석·예측하여 교통정보를 공유하는 사례에 해당한다.

03

정답 ⑤

저맥락 문화는 멤버 간에 공유하고 있는 맥락의 비율이 낮고 개인주의와 다양성이 발달했다. 미국은 이러한 저맥락 문화의 대표국가로 선악의 확실한 구분, 수많은 말풍선을 사용한 스토리 전개 등이 특징이다. 다채로운 성격의 캐릭터 등장은 일본만화의 특징이다.

대표기출유형 05　기출응용문제

01
정답　③

제시문은 오브제의 정의와 변화 과정에 대한 글이다. 빈칸 앞에서는 예술가의 선택에 의해 기성품 그 본연의 모습으로 예술작품이 되는 오브제를 서술하고, 빈칸 이후에는 나아가 진정성과 상징성이 제거된 팝아트에서의 오브제 기법에 대하여 서술하고 있다. 따라서 빈칸에 들어갈 내용으로는 예술가의 선택에 의해 기성품 본연의 모습으로 오브제가 되는 사례를 설명하는 ③이 가장 적절하다.

02
정답　③

제시문은 태양의 온도를 일정하게 유지해 주는 에너지원에 대한 글이다. 태양의 온도가 일정하게 유지되는 이유는 태양 중심부의 온도가 올라가 핵융합 에너지가 늘어나면 에너지의 압력으로 수소를 밖으로 밀어내어 중심부의 밀도와 온도를 낮춰주기 때문이다. 즉, 태양 내부에서 중력과 핵융합 반응의 평형상태가 유지되기 때문에 태양은 50억 년간 빛을 낼 수 있었고, 앞으로도 50억 년 이상 더 빛날 수 있는 것이다. 따라서 빈칸에 들어갈 내용으로는 '태양이 오랫동안 안정적으로 빛을 낼 수 있게 된다.'가 가장 적절하다.

03
정답　⑤

빈칸 뒤의 '세셀리아초파리의 Ir75a 유전자도 후각수용체 단백질을 만든다는 것인데'라는 내용을 살펴보면, 첫 문단과 이 문장의 내용을 종합하여 빈칸에는 노랑초파리의 어떠한 성질을 설명하는 내용이 들어가야 하고, 그 성질에서 결론을 유추할 수 있어야 한다. 그런데 그 성질이라는 것은 빈칸 앞에서 알 수 있듯이 프로피온산 냄새를 맡을 수 있다는 것이며, 이것이 빈칸 뒤에서 언급한 Ir75a 유전자와 관련이 있어야 한다. 따라서 빈칸에 들어갈 내용으로는 ⑤가 가장 적절하다.

대표기출유형 06　기출응용문제

01
정답　③

• 말미 : 일정한 직업이나 일 따위에 매인 사람이 다른 일로 말미암아 얻는 겨를
• 알음 : 1. 사람끼리 서로 아는 일
　　　　2. 지식이나 지혜가 있음
　　　　3. 신의 보호나 신이 보호하여 준 보람

오답분석
① 휴가 : 직장・학교・군대 따위의 단체에서, 일정한 기간 동안 쉬는 일. 또는 그런 겨를
② 여유 : 물질적・공간적・시간적으로 넉넉하여 남음이 있는 상태
④ 겨를 : 어떤 일을 하다가 생각 따위를 다른 데로 돌릴 수 있는 시간적인 여유
⑤ 여가 : 일이 없어 남는 시간

02
정답　②

'썩이다'는 '걱정이나 근심으로 몹시 괴로운 상태가 되게 하다.'라는 뜻이다. ②는 맥락상 '물건이나 사람 또는 사람의 재능 따위가 쓰여야 할 곳에 제대로 쓰이지 못하고 내버려진 상태에 있게 하다.'라는 뜻의 '썩히고'로 써야 한다.

03

제시문의 '뽑다'는 '박힌 것을 잡아당기어 빼내다.'라는 의미로 쓰였으며, 이와 같은 의미로 사용된 것은 ②이다.

오답분석

① 무엇에 들인 돈이나 밑천 따위를 도로 거두어들이다.
③ 속에 들어 있는 기체나 액체를 밖으로 나오게 하다.
④ 여럿 가운데에서 골라내다.
⑤ 길게 늘이어 솟구다.

대표기출유형 07 기출응용문제

01

판단하기란 상대방에 대한 부정적인 판단 때문에 상대방의 말을 듣지 않는 것이다.

오답분석

② 조언하기 : 다른 사람의 문제를 본인이 해결해 주고자 하는 것이다.
③ 언쟁하기 : 반대하고 논쟁하기 위해서만 상대방의 말에 귀를 기울이는 것이다.
④ 걸러내기 : 듣고 싶지 않은 것들을 막아버리는 것이다.
⑤ 비위 맞추기 : 상대방을 위로하기 위해서 혹은 비위를 맞추기 위해서 너무 빨리 동의하는 것을 말한다.

02

의미가 단순한 언어를 사용하면 메시지의 전달이 분명해진다.

오답분석

① 정보의 양이 너무 많으면 핵심이 가려지기 쉽다.
② 필요 이상으로 진지한 분위기는 의사소통에 부정적인 영향을 준다.
④ 대화 구성원의 사이가 어떤가에 따라 둘 사이의 대화, 즉 의사소통도 달라진다.
⑤ 시·공간 등 물리적인 제약이 있으면 그 속에서 이루어지는 의사소통도 원활히 이루어지기 어렵다.

03

말의 속도와 리듬에 있어서 매우 빠르거나 짧게 얘기하면 공포나 노여움을 나타낸다.

대표기출유형 01 기출응용문제

01

K팀의 작년 총 경기 횟수를 x회라고 하고, 작년 승리 횟수를 $0.4x$회라고 하면, 작년과 올해의 경기를 합하여 승률이 45%이므로 다음과 같은 식이 성립한다.

$$\frac{0.4x+65}{x+120}=0.45$$

$\rightarrow 5x=1,100$

$\therefore x=220$

작년의 총 경기 횟수는 220회이고, 승률이 40%이므로 승리한 경기는 $220\times0.4=88$회이다.

따라서 K팀이 작년과 올해에 승리한 총 횟수는 $88+65=153$회이다.

02

오전 8시 이전에 톨게이트를 통과한 차량 50,000대이고 오전 8시 이후부터는 30분당 15,200대씩 지나가며 오후 4시까지는 총 8시간이다. 즉, 오전 8시에서 오후 4시까지 총 통과 대수는 $15,200\times(8\times2)=243,200$대가 된다.

따라서 $50,000+243,200=293,200$대이다.

03

미국산 자동차의 평균 연비는 휘발유 1갤런당 20마일이고, 이를 환산하면 4L당 32km이다.

즉, 미국산 자동차의 평균 연비는 1리터당 8km이다.

미국산 자동차보다 한국산 자동차의 평균 연비가 20% 높다고 했으므로, 한국산 자동차의 평균 연비는 $8\times1.2=9.6$km/L이다.

04

지도의 축척이 1 : 50,000이므로, A호텔에서 B공원까지 실제 거리는 $10\times50,000=500,000$cm=5km이다.

따라서 신영이가 A호텔에서 출발하여 B공원에 도착하는 데 걸리는 시간은 $\frac{5}{30}=\frac{1}{6}=10$분이다.

05

같은 부서 사람이 옆자리에 함께 앉아야 하므로 먼저 부서를 한 묶음으로 생각하고 세 부서를 원탁에 배치하는 경우는 2!=2가지이다. 각 부서 사람끼리 자리를 바꾸는 경우의 수는 $2!\times2!\times3!=2\times2\times3\times2=24$가지이다. 따라서 7명이 앉을 수 있는 경우의 수는 $2\times24=48$가지이다.

06

떠낸 소금물의 양을 xg이라고 하고, 농도 2% 소금물의 양을 yg이라고 하면, 떠낸 소금물의 양만큼 부은 물의 양도 xg이므로 다음과 같은 식이 성립한다.

$200-x+x+y=320$

$\therefore \ y=120$

또한, 소금물을 떠내고 같은 양의 물을 부어도 농도 8%의 소금물에 있는 소금의 양은 같으므로 식을 정리하면 다음과 같다.

$\frac{8}{100} \times (200-x) + \frac{2}{100} \times 120 = \frac{3}{100} \times 320$

$\rightarrow 1,600-8x+240=960$

$\rightarrow 8x=880$

$\therefore \ x=110$

따라서 떠낸 소금물의 양은 110g이다.

07

B를 거치는 A와 C의 최단 경로는 A와 B 사이의 경로와 B와 C 사이의 경로를 나눠서 구할 수 있다.

• A와 B의 최단 경로의 경우의 수 : $\frac{5!}{3! \times 2!}=10$가지

• B와 C의 최단 경로의 경우의 수 : $\frac{3!}{1! \times 2!}=3$가지

따라서 B를 거치는 A와 C의 최단 경로의 경우의 수는 $3 \times 10 = 30$가지이다.

08

변 BC의 길이를 $x$cm라 하고, 변 AC의 길이를 $y$cm라 할 때, 피타고라스의 정리에 의해 식을 정리하면 다음과 같다.

$18^2+x^2=y^2 \rightarrow y^2-x^2=324 \rightarrow (y+x)(y-x)=324 \cdots \bigcirc$

직각삼각형 ABC의 둘레가 72cm이므로 다음과 같은 식이 성립한다.

$x+y+18=72 \rightarrow x+y=54 \cdots \bigcirc\bigcirc$

ⓒ을 ⊙에 대입하면 다음과 같다.

$54(y-x)=324 \rightarrow y-x=6 \cdots \bigcirc\bigcirc\bigcirc$

ⓒ과 ⓒⓒ을 더하면 다음과 같다.

$2y=60$

$\therefore \ y=30$

이를 ⓒⓒ에 대입하면 다음과 같다.

$30-x=6$

$\therefore \ x=24$

따라서 직각삼각형 ABC의 넓이는 $24 \times 18 \times \frac{1}{2}=216$cm^{2}이다.

30 • 한국전력공사 고졸채용

01

정답 ②

K통신회사의 기본요금을 x원이라 하면, 8월과 9월의 요금 계산식은 각각 다음과 같다.

$x+60a+30\times2a=21,600 \rightarrow x+120a=21,600 \cdots \text{⊙}$

$x+20a=13,600 \cdots \text{ⓒ}$

⊙−ⓒ을 하면

$100a=8,000$

$\therefore a=80$

따라서 a의 값은 80이다.

02

정답 ④

임대보증금 전환은 연 1회 가능하므로 다음 해에 전환할 수 있다.

1년 동안 A회사원이 내는 월 임대료는 $650,000\times12=7,800,000$원이고, 이 금액에서 최대 58%까지 보증금으로 전환 가능하므로 $7,800,000\times0.58=4,524,000$원을 보증금으로 전환할 수 있다. 보증금에 전환이율 6.24%를 적용하여 환산한 환산보증금은 $4,524,000\div0.0624=72,500,000$원이 된다. 즉, 월세를 최대로 낮췄을 때의 월세는 $650,000\times(1-0.58)=273,000$원이며, 보증금은 환산보증금 $70,000,000+72,500,000=1$억 $4,250$만 원이 된다.

03

정답 ⑤

2023년 관광 수입이 가장 많은 국가는 중국(44,400백만 달러)이며, 가장 적은 국가는 한국(17,300백만 달러)이다. 두 국가의 2024년 관광 지출 대비 관광 수입 비율을 계산하면 다음과 같다.

• 한국 : $\dfrac{13,400}{30,600}\times100 \fallingdotseq 43.8\%$

• 중국 : $\dfrac{32,600}{257,700}\times100 \fallingdotseq 12.7\%$

따라서 두 국가의 비율 차이는 $43.8-12.7=31.1\%$p이다.

04

정답 ②

변동률을 적용한 재료별 올해 예상 가격은 다음과 같다.

재료	올해 예상 가격
마늘 2.5kg	$16,500\times1.1=18,150$원
대파 5단	$14,000\times1.05=14,700$원
절임배추 10kg	$52,000\times1.2=62,400$원
새우젓 500g	$14,000\times0.9=12,600$원
무 1개	$5,000\times0.9=4,500$원
고춧가루 250g	$7,500\times1.08=8,100$원
굴 1kg	$13,000\times1.02=13,260$원

따라서 올해 김장에 필요한 예상 총 재료비는 $18,150+14,700+62,400+12,600+4,500+8,100+13,260=133,710$원이다.

05

$\dfrac{(\text{대학졸업자 중 취업자})}{(\text{전체 대학졸업자})} \times 100 = (\text{대학졸업자 취업률}) \times (\text{대학졸업자의 경제활동인구 비중}) \times \dfrac{1}{100}$ 이다.

따라서 OECD 평균은 $40 \times 50 \times \dfrac{1}{100} = 20\%$이고, 이보다 높은 국가는 B, C, E, F, G, H이다.

대표기출유형 03 | 기출응용문제

01

쓰레기 1kg당 처리비용은 400원으로 동결상태이므로 확인할 수 없는 내용이다. 오히려 쓰레기 종량제 봉투 가격이 인상될수록 K신도시의 쓰레기 발생량과 쓰레기 관련 예산 적자가 급격히 감소하는 것을 볼 수 있다.

02

전체 전투 대비 일본 측 공격 비율은 임진왜란 전기가 약 $33\%\left(≒\dfrac{29}{87} \times 100\right)$이고 임진왜란 후기가 약 $44\%\left(≒\dfrac{8}{18} \times 100\right)$이므로 임진왜란 전기에 비해 임진왜란 후기가 높다.

[오답분석]

② 조선 측 공격이 일본 측 공격보다 많았던 해는 1592년, 1593년, 1598년이며 해당 시기에는 항상 조선 측 승리가 일본 측 승리보다 많았다.

③ 전체 전투 대비 관군 단독전 비율은 1598년이 $75\%\left(=\dfrac{6}{8} \times 100\right)$이고, 1592년이 약 $27\%\left(≒\dfrac{19}{70} \times 100\right)$이므로 1598년이 1592년의 2배 이상이다.

④ 1592년 조선 측이 승리한 횟수가 40회이고, 관군·의병 연합전의 횟수가 42회이므로 둘이 서로 중복되지 않기 위해서는 전체 전투 횟수가 최소 82회가 되어야 하지만 실제 전체 전투 횟수는 70회에 불과하므로 최소 12회는 관군·의병 연합전이면서 조선 측이 승리한 것이라는 것을 알 수 있다. 이는 그해 조선 측 승리 횟수(40회)의 30%이다.

⑤ 1598년 조선 측이 승리한 횟수는 6회, 관군 단독전의 횟수는 6회이므로 둘이 서로 중복되지 않기 위해서는 전체 전투 횟수가 최소 12회가 되어야 하지만 실제 전체 전투 횟수는 8회에 불과하므로 최소 4회는 관군 단독전이면서 조선 측이 승리한 것이라는 것을 알 수 있다.

03

ㄱ. 습도가 70%일 때 연간소비전력량이 가장 적은 제습기는 A(790kwh)이다.

ㄷ. 습도가 40%일 때 제습기 E의 연간소비전력량은 660kwh이고, 습도가 50%일 때 제습기 B의 연간소비전력량은 640kwh이므로 옳은 내용이다.

[오답분석]

ㄴ. 제습기 D와 E를 비교하면, 60%일 때 D(810kwh)가 E(800kwh)보다 소비전력량이 더 많은 반면, 70%일 때에는 E(920kwh)가 D(880kwh)보다 더 많아 순서가 다르게 된다.

ㄹ. 제습기 E의 경우 습도가 40%일 때의 연간전력소비량은 660kwh이고, 이의 1.5배는 990kwh이다. 그러나 습도가 80%일 때의 연간전력소비량은 970kwh이므로 전자가 후자보다 크다. 따라서 옳지 않은 내용이다.

04

2024년 10월 전체 자동차 월매출 총액을 x억 원이라 하고, J자동차의 10월 매출액과 시장점유율을 이용해 10월 전체 자동차 월매출 총액을 구하면 다음과 같다.

$$\frac{27}{x} \times 100 = 0.8$$

→ $2,700 \div 0.8$

∴ $x = 3,375$

따라서 2024년 10월 K국의 전체 자동차 월매출 총액은 3,375억 원이므로 4,000억 원 미만이다.

오답분석

① 2024년 C자동차의 9월 매출액을 a억 원이라고 하면, 2024년 C자동차의 10월 매출액은 285억 원이고, 전월 대비 증가율은 50%이므로 다음 식이 성립한다.

$a(1+0.5) = 285$

∴ $a = 190$

따라서 2024년 9월 C자동차의 매출액은 190억 원이므로 200억 원 미만이다.

② 2024년 10월 매출액 상위 6개 자동차의 9월 매출액을 구하면 다음과 같다.
- A자동차 : $1,139 \div (1+0.6) \fallingdotseq 711.88$억 원
- B자동차 : $1,097 \div (1+0.4) \fallingdotseq 783.57$억 원
- C자동차 : $285 \div (1+0.5) = 190$억 원
- D자동차 : $196 \div (1+0.5) \fallingdotseq 130.67$억 원
- E자동차 : $154 \div (1+0.4) = 110$억 원
- F자동차 : $149 \div (1+0.2) \fallingdotseq 124.17$억 원

따라서 2024년 9월 매출액 상위 6개 자동차의 순위는 'B자동차 – A자동차 – C자동차 – D자동차 – F자동차 – E자동차'이므로 옳지 않은 설명이다.

③ 2024년 I자동차 누적매출액 자료를 살펴보면 I자동차의 1월부터 5월까지 누적매출액을 알 수 없으므로 6월 매출액은 정확히 구할 수 없다. 다만, 6월 누적매출액을 살펴보았을 때, 6월 매출액의 범위는 0원 ≤ (6월 매출액) ≤ 5억 원임을 알 수 있다. 2024년 I자동차의 7~9월 월매출액을 구하면 다음과 같다.
- 7월 월매출액 : $9-5=4$억 원
- 8월 월매출액 : $24-9=15$억 원
- 9월 월매출액 : $36-24=12$억 원

따라서 2024년 6~9월 중 I자동차의 월매출액이 가장 큰 달은 8월이다.

④ 2024년 10월 매출액 상위 5개 자동차의 10월 매출액 기준 시장점유율을 합하면 $34.3+33.0+8.6+5.9+4.6=86.4\%$이다.

대표기출유형 01 | 기출응용문제

01

정답 ④

주어진 조건을 종합하면 C대리와 E사원 두 사람이 중국으로 출장을 간다. 이때, 한 사람이 여름에 가면 한 사람이 겨울에 가게 되므로 이를 표로 정리하면 다음과 같다.

구분	중국	러시아	일본
봄		홍보팀 D차장	
여름	영업팀 C대리 (디자인팀 E사원)		
가을			재무팀 A과장 개발팀 B부장
겨울	디자인팀 E사원 (영업팀 C대리)		

따라서 항상 옳은 것은 ④이다.

오답분석

①·⑤ 홍보팀 D차장은 혼자서 러시아로 출장을 간다.
②·③ 함께 일본으로 출장을 가는 두 사람은 재무팀 A과장과 개발팀 B부장이다.

02

정답 ②

'을'과 '정'이 서로 상반된 이야기를 하고 있으므로 둘 중 1명이 거짓말을 하고 있다. 만일 '을'이 참이고 '정'이 거짓이라면 화분을 깨뜨린 사람은 '병', '정'이 되는데, 화분을 깨뜨린 사람은 1명이어야 하므로 모순이다. 따라서 거짓말을 한 사람은 '을'이다.

03

정답 ④

C는 3층에 내렸으므로 다섯 번째 조건에 의해 B는 6층, F는 7층에 내린 것을 알 수 있다. 네 번째 조건에서 G는 C보다 늦게, B보다 빨리 내렸다고 하였으므로 G는 4층 또는 5층에 내렸다. 그리고 I는 D보다 늦게, G보다는 일찍 내렸으며, D는 A보다 늦게 내렸으므로 A는 1층, D는 2층, I는 4층이 된다. 그러므로 G는 5층에서 내렸다. 두 번째 조건에 의해 H는 홀수 층에서 내렸으므로 H는 9층, E는 8층에서 내렸다. 이를 표로 정리하면 다음과 같다.

1층	2층	3층	4층	5층	6층	7층	8층	9층
A	D	C	I	G	B	F	E	H

따라서 짝수 층에서 내리지 않은 사람은 G이다.

04

조건을 충족하는 경우를 표로 나타내보면 다음과 같다.

구분	첫 번째	두 번째	세 번째	네 번째	다섯 번째	여섯 번째
경우 1	교육	보건	농림	행정	국방	외교
경우 2	교육	보건	농림	국방	행정	외교
경우 3	보건	교육	농림	행정	국방	외교
경우 4	보건	교육	농림	국방	행정	외교

따라서 교육부는 항상 첫 번째 또는 두 번째에 감사를 시작한다.

05

주어진 조건을 정리하면 다음과 같다.

구분	A	B	C	D
경우 1	호밀식빵	우유식빵	밤식빵	옥수수식빵
경우 2	호밀식빵	밤식빵	우유식빵	옥수수식빵

따라서 항상 참인 것은 ③이다.

[오답분석]

①·②·④·⑤ 모두 주어진 조건만으로는 판단하기 어렵다.

06

주어진 조건을 표로 정리하면 다음과 같다.

구분	A	B	C	D	E	F
아침	된장찌개	된장찌개	된장찌개	김치찌개	김치찌개	김치찌개
점심	김치찌개	김치찌개	된장찌개	된장찌개	된장찌개	김치찌개
저녁	김치찌개	김치찌개	김치찌개	된장찌개	된장찌개	된장찌개

따라서 김치찌개는 총 9그릇이 필요하다.

대표기출유형 02　기출응용문제

01

발행형태가 4로 전집이기 때문에 한 권으로만 출판된 것이 아님을 알 수 있다.

[오답분석]

① 국가번호가 05(미국)로 미국에서 출판되었다.
② 서명식별번호가 1011로 1011번째 발행되었다. 441은 발행자 번호로 이 책을 발행한 출판사의 발행자번호가 441이라는 것을 의미한다.
③ 발행자번호는 441로 세 자리로 이루어져 있다.
⑤ 도서의 내용이 710(한국어)이지만, 도서가 한국어로 되어 있는지는 알 수 없다.

02

(마)의 비상사고 코드가 N134라면 철도사고 종류는 자연재해(N), 철도사고 형태는 침수(1), 철도사고 대상은 여객열차(3), 철도사고 위치는 교량(4)이어야 한다. 그러나 (마)의 철도사고 위치가 본선구간(2)이므로 N134가 아닌 N132가 되어야 한다.

03

조건에 따라 소괄호 안에 있는 부분을 순서대로 풀이하면 다음과 같다.
'1 A 5'에서 A는 좌우의 두 수를 더하는 것이지만, 더한 값이 10 미만이면 좌우에 있는 두 수를 곱해야 한다. 1+5=6으로 10 미만이므로 두 수를 곱하여 5가 된다.
'3 C 4'에서 C는 좌우의 두 수를 곱하는 것이지만, 곱한 값이 10 미만이면 좌우에 있는 두 수를 더한다. 이 경우 3×4=12로 10 이상이므로 12가 된다.
대괄호를 풀어보면 '5 B 12'이다. B는 좌우에 있는 두 수 가운데 큰 수에서 작은 수를 빼는 것이지만, 두 수가 같거나 뺀 값이 10 미만이면 두 수를 곱한다. 12-5=7로 10 미만이므로 두 수를 곱해야 한다. 따라서 60이 된다.
'60 D 6'에서 D는 좌우에 있는 두 수 가운데 큰 수를 작은 수로 나누는 것이지만, 두 수가 같거나 나눈 값이 10 미만이면 두 수를 곱해야 한다. 이 경우 나눈 값이 60÷6=10이므로 답은 10이다.

대표기출유형 03 | 기출응용문제

01

ⓒ 화장품은 할인 혜택에 포함되지 않는다.
ⓔ 이불은 가구가 아니므로 할인 혜택에 포함되지 않는다.

02

글피는 모레의 다음날로 15일이다. 15일은 비가 내리지 않고 최저기온은 영하이다.

[오답분석]

① 12 ~ 15일의 일교차를 구하면 다음과 같다.
- 12일 : 11-0=11℃
- 13일 : 12-3=9℃
- 14일 : 3-(-5)=8℃
- 15일 : 8-(-4)=12℃
따라서 일교차가 가장 큰 날은 15일이다.
② 제시된 자료에서 미세먼지에 대한 내용은 확인할 수 없다.
③ 14일의 경우 비가 예보되어 있지만 낙뢰에 대한 예보는 확인할 수 없다.
⑤ 14일의 최저기온은 영하이지만 최고기온은 영상이다.

03

26일은 비가 오는 날이므로 첫 번째 조건에 따라 A사원은 커피류를 마신다. 또한, 평균기온은 27℃로 26℃ 이상이므로 두 번째 조건에 따라 큰 컵으로 마시고, 세 번째 조건에 따라 카페라테를 마신다. 따라서 A사원이 오늘 마실 음료는 '카페라테 큰 컵'이다.

04

정답 ④

24일은 비가 오지 않는 화요일이며, 평균기온은 28℃이므로 A사원은 밀크티 큰 컵을 마신다. 그리고 23일은 맑은 날이고 26℃이므로, A사원은 자몽에이드 큰 컵을 마셨을 것이다. 그러므로 B사원에게는 자몽에이드 큰 컵을 사 줄 것이다.

따라서 A사원이 지불할 금액은 4,800+4,700=9,500원이다.

대표기출유형 04 　 기출응용문제

01

정답 ③

- (가) : 외부의 기회를 활용하면서 내부의 강점을 더욱 강화시키는 SO전략에 해당한다.
- (나) : 외부의 기회를 활용하여 내부의 약점을 보완하는 WO전략에 해당한다.
- (다) : 외부의 위협을 회피하며 내부의 강점을 적극 활용하는 ST전략에 해당한다.
- (라) : 외부의 위협을 회피하고 내부의 약점을 보완하는 WT전략에 해당한다.

02

정답 ④

ㄴ. 민간의 자율주행기술 R&D를 지원하여 기술적 안정성을 높이는 전략은 위협을 최소화하는 내용은 포함하지 않고 약점만 보완하는 것이므로 ST전략으로 적절하지 않다.

ㄹ. 국내기업의 자율주행기술 투자가 부족한 약점을 국가기관의 주도로 극복하려는 것은 약점을 최소화하고 위협을 회피하려는 WT전략으로 적절하지 않다.

오답분석

ㄱ. 높은 수준의 자율주행기술을 가진 외국 기업과의 기술이전협약 기회를 통해 국내외에서 우수한 평가를 받는 국내 자동차기업의 수준을 향상시켜 국내 자율주행자동차 산업의 강점을 강화하는 전략은 SO전략으로 적절하다.

ㄷ. 국가가 지속적으로 자율주행차 R&D를 지원하는 법안이 본회의를 통과한 기회를 토대로 기술개발을 지원하여 국내 자율주행자동차 산업의 약점인 기술적 안전성을 확보하려는 전략은 WO전략으로 적절하다.

03

정답 ①

오답분석

ㄴ. ST전략에서 경쟁업체에 특허 기술을 무상 이전하는 것은 경쟁이 더 심화될 수 있으므로 적절하지 않다.

ㄹ. WT전략에서는 기존 설비에 대한 재투자보다는 수요에 맞게 다양한 제품을 유연하게 생산할 수 있는 신규 설비에 대한 투자가 필요하다.

04

정답 ②

경쟁자의 시장 철수로 인한 시장으로의 진입 가능성은 K공사가 가지고 있는 내부환경의 약점이 아닌 외부환경에서 비롯되는 기회에 해당한다.

01

문제 도출은 선정된 문제를 분석하여 해결해야 할 것이 무엇인지를 명확히 하는 단계로, (가) 문제 구조 파악과 (나) 핵심 문제 선정의 절차를 거쳐 수행된다. 이때, 문제 구조 파악을 위해서는 현상에 얽매이지 말고 문제의 본질과 실제를 봐야 하며, 한쪽만 보지 말고 다면적으로 보며, 눈앞의 결과만 보지 말고 넓은 시야로 문제를 바라봐야 한다.

02

- ㉠·㉢ : 현재 직면하고 있으면서 해결 방법을 찾기 위해 고민하는 발생형 문제에 해당한다.
- ㉡·㉣ : 현재 상황은 문제가 아니지만, 상황 개선을 통해 효율을 높일 수 있는 탐색형 문제에 해당한다.
- ㉤·㉥ : 새로운 과제나 목표를 설정함에 따라 발생할 수 있는 설정형 문제에 해당한다.

03

문제해결을 위한 방법으로 소프트 어프로치, 하드 어프로치, 퍼실리테이션(Facilitation)이 있다. 마케팅 부장은 연구소 소장과 기획팀 부장 사이에서 의사결정에 서로 공감할 수 있도록 도와주고 있다. 또한, 상대의 입장에서 공감을 해주며, 서로 타협점을 좁혀 생산적인 결과를 도출할 수 있도록 대화를 하고 있다. 따라서 마케팅 부장이 취하는 문제해결 방법은 퍼실리테이션이다.

오답분석

① 소프트 어프로치 : 대부분의 기업에서 볼 수 있는 전형적인 스타일로 조직 구성원들은 같은 문화적 토양으로 가지고 이심전심으로 서로를 이해하려 하며, 직접적인 표현보다 무언가를 시사하거나 암시를 통한 의사전달로 문제를 해결하는 방법이다.
② 하드 어프로치 : 다른 문화적 토양을 가지고 있는 구성원을 가정하고, 서로의 생각을 직설적으로 주장하며 논쟁이나 협상을 하는 방법으로 사실과 원칙에 근거한 토론이다.
④ 비판적 사고 : 어떤 주제나 주장 등에 대해 적극적으로 분석하고 종합하며 평가하는 능동적인 사고로 어떤 논증, 추론, 증거, 가치를 표현한 사례를 타당한 것으로 받아들일 것인지 결정을 내릴 때 요구되는 사고력이다.
⑤ 창의적 사고 : 당면한 문제를 해결하기 위해 이미 알고 있는 경험과 지식을 해체하여 다시 새로운 정보로 결합함으로써 가치 있고 참신한 아이디어를 산출하는 사고이다.

04

기존 커피믹스가 잘 팔리고 있어 새로운 것에 도전하지 않는 것으로 보인다. 또한, 기존에 가지고 있는 커피를 기준으로 틀에 갇혀 블랙커피 커피믹스는 만들기 어렵다는 부정적인 시선으로 보고 있기 때문에 '발상의 전환'이 필요하다.

오답분석

① 전략적 사고 : 지금 당면하고 있는 문제와 해결 방법에만 국한되어 있지 말고, 상위 시스템 및 다른 문제와 관련이 있는지 생각해 봐야 한다.
② 분석적 사고 : 전체를 각각의 요소로 나누어 그 요소의 의미를 도출한 다음 우선순위를 부여하고 구체적인 문제해결 방법을 실행하는 것이다.
④ 내·외부자원의 효과적 활용 : 문제해결 시 기술·재료·방법·사람 등 필요한 자원 확보 계획을 수립하고, 내·외부자원을 활용하는 것을 말한다.
⑤ 성과지향 사고 : 분석적 사고의 하나로 기대하는 결과를 명시하고, 효과적으로 달성하는 방법을 사전에 구상하고 실행에 옮기는 것이다.

05

(가) 강제연상법 : 각종 힌트에서 강제적으로 연결 지어서 발상하는 방법이다.
(나) 자유연상법 : 어떤 생각에서 다른 생각을 떠올리는 작용을 통해 어떤 주제에서 생각나는 것을 열거해 나가는 방법이다.
(다) 비교발상법 : 주제가 본질적으로 닮은 것을 힌트로 하여 새로운 아이디어를 얻는 방법이다.

CHAPTER

04 자원관리능력

대표기출유형 01 기출응용문제

01

정답 ①

- 치과 진료 : 수요일 3주 연속 받는다고 하였으므로 13일, 20일은 무조건 치과 진료가 있다.
- 신혼여행 : 8박 9일간 신혼여행을 가고 휴가는 5일 사용할 수 있으므로 주말 4일을 포함해야 한다.

이 사실과 두 번째 조건을 종합하면, 2일(토요일)부터 10일(일요일)까지 주말 4일을 포함하여 9일 동안 신혼여행을 다녀오게 되고, 치과는 6일이 아닌 27일에 예약되어 있다. 신혼여행은 결혼식 다음 날 간다고 하였으므로 일정을 표시하면 다음과 같다.

일요일	월요일	화요일	수요일	목요일	금요일	토요일
					1 결혼식	2 신혼여행
3 신혼여행	4 신혼여행 / 휴가	5 신혼여행 / 휴가	6 신혼여행 / 휴가	7 신혼여행 / 휴가	8 신혼여행 / 휴가	9 신혼여행
10 신혼여행	11	12	13 치과	14	15	16
17	18	19	20 치과	21	22	23
24	25	26	27 치과	28 회의	29	30 추석연휴

따라서 A대리의 결혼날짜는 9월 1일이다.

02

정답 ①

출장지에 도착한 현지 날짜 및 시각

서울 시각	5일 오후 1시 35분
비행 시간	+3시간 45분
대기 시간	+3시간 50분
비행 시간	+9시간 25분
시차	−1시간
	=6일 오전 5시 35분

03

부패방지교육은 넷째 주 월요일인 20일 이전에 모두 끝나고, 성희롱방지교육은 마지막 주 금요일에 실시되므로 5월 넷째 주에는 금연교육만 실시된다.

오답분석

② 마지막 주 금요일에는 성희롱방지교육이 실시되므로 금연교육은 금요일에 실시될 수 없다.
③ 부패방지교육은 수요일과 목요일(8, 16) 또는 목요일과 수요일(9, 15)에도 실시될 수 있다.
④ 성희롱방지교육은 5월 31일 금요일에 실시된다.
⑤ 5월 첫째 주는 공사의 주요 행사 기간이므로 어떠한 교육도 실시할 수 없다.

04

정답 ④

• 한국시각 기준 비행기 탑승 시각 : 21일 8시 30분+13시간=21일 21시 30분
• 비행기 도착 시각 : 21일 21시 30분+17시간=22일 14시 30분
∴ 김사원의 출발 시각 : 22일 14시 30분-1시간 30분-30분=22일 12시 30분

05

정답 ③

대화 내용을 살펴보면 A과장은 패스트푸드점, B대리는 화장실, C주임은 은행, D사원은 편의점을 이용한다. 이는 동시에 이루어지는 일이므로 가장 오래 걸리는 일의 시간만을 고려하면 된다. 은행이 30분으로 가장 오래 걸리므로 17:20에 모두 모이게 된다. 따라서 17:00, 17:15에 출발하는 버스는 이용하지 못한다. 그리고 17:30에 출발하는 버스는 잔여석이 부족하여 이용하지 못한다. 최종적으로 17:45에 출발하는 버스를 탈 수 있다. 따라서 서울에 가장 일찍 도착할 수 있는 예정시각은 19:45이다.

대표기출유형 02 기출응용문제

01

정답 ②

우유 한 궤짝에 40개가 들어가므로 우유 한 궤짝당 28,000원(=700×40)이고, (가로) 3m×(세로) 2m×(높이) 2m인 냉동 창고에 채울 수 있는 궤짝의 수를 계산하면 다음과 같다.
• 가로 : 궤짝의 가로 길이가 40cm이므로 300÷40=7.5개 → 7개(소수점 첫째 자리에서 버림)
• 세로 : 궤짝의 세로 길이가 40cm이므로 200÷40=5개
• 높이 : 궤짝의 높이가 50cm이므로 200÷50=4개
따라서 냉동 창고에 총 140궤짝(=7×5×4)이 들어가므로 약 400만 원(≒140×28,000=3,920,000)이 든다.

02

정답 ④

제품군별 지급해야 할 보관료는 다음과 같다.
• A제품군 : 300×0.01=3억 원
• B제품군 : 2,000×20,000=4천만 원
• C제품군 : 500×80,000=4천만 원
따라서 K기업이 보관료로 지급해야 할 총금액은 3억 8천만 원(=3억+4천만+4천만)이다.

03

기존의 운송횟수는 12회이므로 1일 운송되는 화물량은 $12 \times 1,000 = 12,000$상자이다. 이때, 적재효율을 높여 기존 1,000상자에서 1,200상자로 늘어나므로 10회($=12,000 \div 1,200$)로 운송횟수를 줄일 수 있다. 이에 따라 기존 방법과 새로운 방법의 월 수송비를 계산하면 다음과 같다.

(월 수송비)=(1회당 수송비)$\times$(차량 1대당 1일 운행횟수)$\times$(차량 운행대수)$\times$(월 운행일수)

- 기존 월 수송비 : $100,000 \times 3 \times 4 \times 20 = 24,000,000$원
- 신규 월 수송비 : $100,000 \times 10 \times 20 = 20,000,000$원

따라서 월 수송비 절감액은 $24,000,000 - 20,000,000 = 4,000,000$원이다.

04

정답 ④

1일 평균임금을 x원이라 놓고, 퇴직금 산정공식을 이용하여 계산하면 다음과 같다.

$1,900$만$=\{30x \times (5 \times 365)\} \div 365$

$\rightarrow 1,900$만$=150x$

$\rightarrow x \fallingdotseq 13$만($\because$ 천의 자리에서 올림)

1일 평균임금이 13만 원이므로 K씨의 평균 연봉을 계산하면 13만$\times 365 = 4,745$만 원이다.

05

정답 ②

성과급 지급 기준에 따라 영업팀의 성과를 평가하면 다음과 같다.

구분	성과평가 점수	성과평가 등급	성과급 지급액
1분기	$(8 \times 0.4) + (8 \times 0.4) + (6 \times 0.2) = 7.6$	C	80만 원
2분기	$(8 \times 0.4) + (6 \times 0.4) + (8 \times 0.2) = 7.2$	C	80만 원
3분기	$(10 \times 0.4) + (8 \times 0.4) + (10 \times 0.2) = 9.2$	A	$100 + 10 = 110$만 원
4분기	$(8 \times 0.4) + (8 \times 0.4) + (8 \times 0.2) = 8.0$	B	90만 원

따라서 영업팀에게 1년간 지급되는 성과급의 총액은 $80 + 80 + 110 + 90 = 360$만 원이다.

대표기출유형 03 기출응용문제

01

정답 ③

매출 순이익은 [(판매 가격)$-$(생산 단가)]$\times$(판매량)이므로 메뉴별 매출 순이익을 계산하면 다음과 같다.

메뉴	예상 월간 판매량(개)	생산 단가(원)	판매 가격(원)	매출 순이익(원)
A	500	3,500	4,000	$(4,000 - 3,500) \times 500 = 250,000$
B	300	5,500	6,000	$(6,000 - 5,500) \times 300 = 150,000$
C	400	4,000	5,000	$(5,000 - 4,000) \times 400 = 400,000$
D	200	6,000	7,000	$(7,000 - 6,000) \times 200 = 200,000$
E	150	3,000	5,000	$(5,000 - 3,000) \times 150 = 300,000$

따라서 매출 순이익이 가장 높은 C를 메인 메뉴로 선정하는 것이 가장 적절하다.

CHAPTER 04 자원관리능력 • **41**

02

정답 ④

제작하려는 홍보자료는 20×10=200부이며, 200×30=6,000페이지이다. 이를 활용하여 업체당 인쇄 비용을 구하면 다음과 같다.

구분	페이지 인쇄 비용	유광 표지 비용	제본 비용	할인을 적용한 총비용
A	6,000×50=30만 원	200×500=10만 원	200×1,500=30만 원	30+10+30=70만 원
B	6,000×70=42만 원	200×300=6만 원	200×1,300=26만 원	42+6+26=74만 원
C	6,000×70=42만 원	200×500=10만 원	200×1,000=20만 원	42+10+20=72만 원 → 200부 중 100부 5% 할인 → (할인 안 한 100부 비용) +(할인한 100부 비용) =36+(36×0.95)=70만 2천 원
D	6,000×60=36만 원	200×300=6만 원	200×1,000=20만 원	36+6+20=62만 원
E	6,000×100=60만 원	200×200=4만 원	200×1,000=20만 원	60+4+20=84만 원 → 총비용 20% 할인 84×0.8=67만 2천 원

따라서 가장 저렴한 비용으로 인쇄할 수 있는 업체는 D인쇄소이다.

03

정답 ①

조건에 따라 가중치를 적용한 후보 도서들의 점수를 나타내면 다음과 같다.

(단위 : 점)

도서명	흥미도 점수	유익성 점수	1차 점수	2차 점수
재테크, 답은 있다	6×3=18	8×2=16	34	34
여행학개론	7×3=21	6×2=12	33	33+1=34
부장님의 서랍	6×3=18	7×2=14	32	−
IT혁명의 시작	5×3=15	8×2=16	31	−
경제정의론	4×3=12	5×2=10	22	−
건강제일주의	8×3=24	5×2=10	34	34

따라서 최종 선정될 도서는 '재테크, 답은 있다'와 '여행학개론'이다.

04

정답 ①

업체들의 항목별 가중치 미반영 점수를 도출한 후, 가중치를 적용하여 선정 점수를 도출하면 아래 표와 같다.

(단위 : 점)

구분	납품 품질 점수	가격 경쟁력 점수	직원 규모 점수	가중치를 반영한 선정 점수
A업체	90	90	90	(90×0.4)+(90×0.3)+(90×0.3)=90
B업체	80	100	90	(80×0.4)+(100×0.3)+(90×0.3)=89
C업체	70	100	80	(70×0.4)+(100×0.3)+(80×0.3)=82
D업체	100	70	80	(100×0.4)+(70×0.3)+(80×0.3)=85
E업체	90	80	100	(90×0.4)+(80×0.3)+(100×0.3)=90

선정 점수가 가장 높은 업체는 90점을 받은 A업체와 E업체이며, 이 중 가격경쟁력 점수가 더 높은 A업체가 선정된다.

PART 2

01
정답 ④

승진시험 성적은 100점 만점이므로 제시된 점수를 그대로 반영하고 영어 성적은 5를 나누어서 반영한다. 성과평가의 경우는 2를 나누어서 합산해 그 합산점수가 가장 큰 사람을 선발하며, 합산점수는 다음과 같다.

구분	A	B	C	D	E	F	G	H	I	J	K
합산점수(점)	220	225	225	200	277.5	235	245	220	260	225	230

이때, 합산점수가 높은 E와 I는 동료평가에서 하를 받았으므로 승진대상에서 제외된다. 따라서 다음 순위자인 F, G가 승진대상자가 된다.

02
정답 ③

먼저 모든 면접위원의 입사 후 경력은 3년 이상이어야 한다는 조건에 따라 A, E, F, H, I, L은 면접위원으로 선정될 수 없다. 이사 이상의 직급으로 6명 중 50% 이상 구성해야 하므로 자격이 있는 C, G, N은 반드시 면접위원으로 포함한다. 다음으로 인사팀을 제외한 부서는 2명 이상 선출할 수 없으므로 이미 N이사가 선출된 개발팀은 더 선출할 수 없고, 인사팀은 반드시 2명을 포함해야 하므로 D과장은 반드시 선출된다. 이를 정리하면 다음과 같다.

구분	1	2	3	4	5	6
경우 1	C이사	D과장	G이사	N이사	B과장	J과장
경우 2	C이사	D과장	G이사	N이사	B과장	K대리
경우 3	C이사	D과장	G이사	N이사	J과장	K대리

따라서 B과장이 면접위원으로 선출되더라도 K대리가 선출되지 않는 경우도 있다.

03
정답 ④

B동에 사는 변학도 씨는 매주 월, 화 오전 8시부터 오후 3시까지 하는 카페 아르바이트로 화 ~ 금 오전 9시 30분부터 오후 12시까지 진행되는 '그래픽 편집 달인되기'를 수강할 수 없다.

대표기출유형 01 | 기출응용문제

01
정답 ①

데이터베이스(DB; Data Base)란 어느 한 조직의 여러 응용 프로그램들이 공유하는 관련 데이터들의 모임이다. 대학 내 서로 관련 있는 데이터들을 하나로 통합하여 데이터베이스로 구축하게 되면, 학생 관리 프로그램, 교수 관리 프로그램, 성적 관리 프로그램은 이 데이터베이스를 공유하며 사용하게 된다. 이처럼 데이터베이스는 여러 사람에 의해 공유되어 사용될 목적으로 통합하여 관리되는 데이터의 집합을 말하며, 자료항목의 중복을 없애고 자료를 구조화하여 저장함으로써 자료 검색과 갱신의 효율을 높인다.

오답분석

② 유비쿼터스 : 사용자가 네트워크나 컴퓨터를 의식하지 않고 장소에 상관없이 자유롭게 네트워크에 접속할 수 있는 정보통신 환경을 의미한다.
③ RFID : 극소형 칩에 상품정보를 저장하고 안테나를 달아 무선으로 데이터를 송신하는 장치를 말한다.
④ NFC : 전자태그(RFID)의 하나로 13.56Mhz 주파수 대역을 사용하는 비접촉식 근거리 무선통신 모듈이며, 10cm의 가까운 거리에서 단말기 간 데이터를 전송하는 기술을 말한다.
⑤ 와이파이 : 무선접속장치(AP; Access Point)가 설치된 곳에서 전파를 이용하여 일정 거리 안에서 무선인터넷을 할 수 있는 근거리 통신망을 칭하는 기술이다.

02
정답 ②

제시문은 정보에 대한 설명이다.

오답분석

① 자료 : 정보 작성을 위하여 필요한 자료를 말하는 것으로, '아직 특정 목적에 대하여 평가되지 않은 상태의 숫자나 문자들의 단순한 나열'을 뜻한다.
③ 지식 : '어떤 특정의 목적을 달성하기 위해 과학적 또는 이론적으로 추상화되거나 정립되어 있는 일반화된 정보'를 뜻하는 것으로, 어떤 대상에 대하여 원리적 · 통일적으로 조직되어 객관적 타당성을 요구할 수 있는 판단의 체계를 제시한다.

03
정답 ④

저장매체에 저장된 자료는 시간이 지나도 언제든지 동일한 형태로 재생이 가능하므로 정적정보에 해당된다.

오답분석

① 정보는 원래 형태 그대로 활용하거나 분석, 정리 등 가공하여 활용할 수 있다.
② 정보를 가공하는 것뿐만 아니라 일정한 형태로 재표현하는 것도 가능하다.
③ 시의성이 사라지면 정보의 가치가 떨어지는 동적정보와 달리, 정적정보의 경우 이용 후에도 장래에 활용을 하기 위해 정리하여 보존하는 것이 좋다.
⑤ 동적정보의 특징은 입수 후 처리한 경우에는 폐기하여도 된다는 것이다. 오히려 시간의 경과에 따라 시의성이 점점 떨어지는 동적정보를 축적하는 것은 비효율적이다.

04

인터넷의 역기능

불건전 정보의 유통, 개인 정보 유출, 사이버 성폭력, 사이버 언어폭력, 언어 훼손, 인터넷 중독, 불건전한 교제, 저작권 침해 등

05

World Wide Web(www)에 대한 설명으로, 웹은 3차 산업혁명에 큰 영향을 미쳤다.

오답분석

① 스마트 팜에 대한 설명이다.
② 3D프린팅에 대한 설명이다.
③ 클라우드 컴퓨팅에 대한 설명이다.
⑤ 사물인터넷에 대한 설명이다.

06

개인정보는 다양한 분야에서 사용할 수 있다. 개인정보는 일반정보, 가족정보, 교육 및 훈련정보, 병역정보, 부동산 및 동산 정보, 소득정보 등 다양하게 분류된다. ㄱ은 가족정보, ㄴ은 교육정보, ㄷ은 기타 수익정보, ㄹ은 법적정보에 속한다.

07

기호	연산자	검색조건
*, &	AND	두 단어가 모두 포함된 문서를 검색 예 인공위성 and 자동차, 인공위성 * 자동차
1	OR	두 단어가 모두 포함되거나, 두 단어 중에서 하나만 포함된 문서를 검색 예 인공위성 or 자동차, 인공위성 1 자동차
-, !	NOT	'-' 기호나 '!' 기호 다음에 오는 단어는 포함하지 않는 문서를 검색 예 인공위성 not 자동차, 인공위성 ! 자동차
~, near	인접검색	앞, 뒤의 단어가 가깝게 인접해 있는 문서를 검색 예 인공위성 near 자동차

08

핀테크(Fintech)는 금융(Financial)과 기술(Technology)의 합성어로, 금융과 IT의 융합을 통한 금융서비스 및 산업의 변화를 말한다.

오답분석

① P2P : 'Peer to Peer network'의 약자로, 기존의 서버와 클라이언트 개념이나 공급자와 소비자 개념에서 벗어나 개인 컴퓨터끼리 직접 연결하고 검색함으로써 모든 참여자가 공급자인 동시에 수요자가 되는 형태이다.
② O2O : 'Online to Offline'의 약자로, 정보 유통 비용이 저렴한 온라인과 실제 소비가 일어나는 오프라인의 장점을 접목해 새로운 시장을 만들어 보자는 데서 나온 말이다.
④ IoT : 'Internet of Things' 또는 사물인터넷이라고 하며, 사물에 센서를 부착해 실시간으로 데이터를 인터넷으로 주고받는 기술이나 환경을 일컫는다.
⑤ 클라우드 : 사용하려고 하는 자료와 소프트웨어를 인터넷 상의 서버에 저장하고, 인터넷에 접속하기만 하면 언제 어디서든 자료를 사용할 수 있는 컴퓨터 환경을 말한다.

01

정답 ①

SUMPRODUCT 함수는 배열 또는 범위의 대응되는 값끼리 곱해서 그 합을 구하는 함수이다.
그러므로 「=SUMPRODUCT(B4:B10,C4:C10,D4:D10)」는 (B4×C4×D4)+(B5×C5×D5)+ … +(B10×C10×D10)의 값으로 나타난다.
따라서 (가) 셀에 나타나는 값은 2,610이다.

02

정답 ①

'AVERAGE(B3:E3)'는 [B3:E3] 범위의 평균을 나타낸다. 또한, IF 함수는 논리 검사를 수행하여 TRUE나 FALSE에 해당하는 값을 반환해 주는 함수이다. 즉, 「=IF(AVERAGE(B3:E3)>=90,"합격","불합격")」를 입력하면 [B3:E3] 범위의 평균이 90 이상일 경우 '합격'이, 그렇지 않을 경우 '불합격'이 표시된다. 따라서 [F3]~[F6]의 각 셀에 나타나는 [B3:E3], [B4:E4], [B5:E5], [B6:E6]의 평균값은 83, 87, 91, 92.5이므로 [F3]~[F6] 셀에 나타나는 결괏값이 바르게 연결된 것은 ①이다.

03

정답 ③

SUM 함수는 인수들의 합을 구할 때 사용한다.
• [B12] : SUM(B2:B11)
• [C12] : SUM(C2:C11)

오답분석
① REPT : 텍스트를 지정한 횟수만큼 반복한다.
② CHOOSE : 인수 목록 중에서 하나를 고른다.
④ AVERAGE : 인수들의 평균을 구한다.
⑤ DSUM : 지정한 조건에 맞는 데이터베이스에서 필드 값들의 합을 구한다.

04

정답 ⑤

• MAX : 최댓값을 구한다.
• MIN : 최솟값을 구한다.

대표기출유형 01 기출응용문제

01

정답 ①

기술시스템의 발전단계
1. 발명, 개발, 혁신의 단계
2. 기술 이전의 단계
3. 기술 경쟁의 단계
4. 기술 공고화 단계

02

정답 ②

기술선택을 위한 우선순위 결정요인
• 제품의 성능이나 원가에 미치는 영향력이 큰 기술
• 기술을 활용한 제품의 매출과 이익 창출 잠재력이 큰 기술
• 쉽게 구할 수 없는 기술
• 기업 간에 모방이 어려운 기술
• 기업이 생산하는 제품 및 서비스에 보다 광범위하게 활용할 수 있는 기술
• 최신 기술로 진부화될 가능성이 적은 기술

03

정답 ④

기술경영자의 능력
• 기술을 기업의 전반적인 전략 목표에 통합시키는 능력
• 빠르고 효과적으로 새로운 기술을 습득하고 기존의 기술에서 탈피하는 능력
• 기술을 효과적으로 평가할 수 있는 능력
• 기술 이전을 효과적으로 할 수 있는 능력
• 새로운 제품개발 시간을 단축할 수 있는 능력
• 크고 복잡하고 서로 다른 분야에 걸쳐 있는 프로젝트를 수행할 수 있는 능력
• 조직 내의 기술 이용을 수행할 수 있는 능력
• 기술 전문 인력을 운용할 수 있는 능력

04

정답 ③

OJT(On the Job Training)는 조직 안에서 피교육자인 종업원이 직무에 종사하면서 받게 되는 교육훈련 방법이다. 집합교육으로는 기본적·일반적 사항 밖에 훈련시킬 수 없다는 것을 바꾸기 위해 나온 방법으로 피교육자인 종업원이 '업무수행이 중단되는 일 없이 업무수행에 필요한 지식·기술·능력·태도를 교육훈련 받는 것'을 말하며, 직장훈련·직장지도·직무상 지도 등이라고도 한다.

05

정답 ③

기술선택을 위한 절차는 '㉠ 외부 환경 분석 → 중장기 사업목표 설정 → ㉡ 내부 역량 분석'의 순서이다. 이때 외부 환경 분석은 수요 변화 및 경쟁자 변화, 기술 변화 등의 분석이고, 중장기 사업목표 설정은 기업의 장기비전, 중장기 매출목표 및 이익목표 설정이며, 내부 역량 분석은 기술력, 생산능력, 마케팅·영업능력, 재무능력 등의 분석이다. 또한, 중장기 사업목표 설정은 '사업 전략 수립 → ㉢ 요구 기술 분석 → ㉣ 기술 전략 수립 → 핵심 기술 선택'의 순서로 진행된다. 사업 전략 수립은 사업 영역 결정, 경쟁우위 확보 방안 수립이고, 요구 기술 분석은 제품 설계·디자인 기술, 제품 생산 공정, 원재료·부품 제조기술 분석이며, 기술 전략 수립은 핵심 기술선택, 기술 획득 방법 결정 등이 있다.

06

정답 ④

Micro Grid란 소규모 지역 내에서 분산자원의 최적조합을 통해 전력을 생산, 저장, 소비하는 On-site형 전력공급 시스템이다. ④는 한국전력의 10대 핵심전략기술 중 전력신소재에 대한 설명이다.

07

정답 ③

기술 발전에 있어 환경 보호를 추구하는 점을 볼 때, 지속가능한 개발의 사례로 볼 수 있다. 지속가능한 개발은 경제 발전과 환경 보전의 양립을 위하여 새롭게 등장한 개념으로 볼 수 있으며, 미래세대가 그들의 필요를 충족시킬 수 있는 가능성을 손상시키지 않는 범위에서 현재 세대의 필요를 충족시키는 개발인 것이다.

대표기출유형 02 기출응용문제

01

정답 ③

체온 측정을 위한 주의사항에 따르면 체온을 측정할 때는 정확한 측정을 위해 과다한 귀지가 없도록 해야 한다.

[오답분석]
① 체온을 측정하기 전 새 렌즈필터를 부착해야 한다.
② 오른쪽 귀에서 측정한 체온과 왼쪽 귀에서 측정한 체온은 다를 수 있으므로 항상 같은 귀에서 체온을 측정해야 한다.
④ 영점 조정에 대한 사항은 설명서에서 확인할 수 없는 내용이다.
⑤ 체온을 측정하기 전 새 렌즈필터를 부착해야 하며, 렌즈를 알코올 솜으로 닦는 사항은 설명서에서 확인할 수 없는 내용이다.

02

정답 ①

'POE' 에러 메시지는 체온계가 렌즈의 정확한 위치를 감지할 수 없어 정확한 측정이 어렵다는 메시지이다. 따라서 〈ON〉 버튼을 3초간 길게 눌러 화면을 지운 다음 정확한 위치에 체온계를 넣어 다시 측정해야 한다.

03

정답 ④

벽걸이형 난방기구를 설치하기 위해서는 거치대를 먼저 벽에 고정시킨 뒤, 평행을 맞춰 제품을 거치대에 고정시키고, 거치대의 고정 나사를 단단히 조여 흔들리지 않도록 한다.

[오답분석]
① 벽걸이용 거치대의 상단에 대한 내용은 설명서에 나타나 있지 않다.
② 스탠드는 벽걸이형이 아닌 스탠드형 설치에 필요한 제품이다.
③ 벽이 단단한 콘크리트나 타일일 경우 전동드릴로 구멍을 내어 거치대를 고정시킨다.
⑤ 스탠드가 아닌 거치대의 고정 나사를 조여 흔들리지 않도록 고정시킨다.

04

실내온도가 설정온도보다 약 2 ~ 3℃ 내려가면 히터가 다시 작동한다. 따라서 실내온도가 20℃라면 설정온도를 20℃보다 2 ~ 3℃ 높은 22 ~ 23℃로 조절해야 히터가 작동한다.

05

작동되고 있는 히터를 손으로 만지는 것은 화상을 입을 수 있는 등의 위험한 행동이지만, 난방기 고장의 원인으로 보기에는 거리가 멀다.

06

두께가 100 ~ 160micron 사이의 코팅지를 사용할 수 있으므로 120micron 코팅지는 사용할 수 있다.

오답분석

① 스위치를 'ON'으로 놓고 3 ~ 5분 정도 예열을 해야 하며, 예열표시등이 파란불에서 빨간불로 바뀌고 코팅을 할 수 있다.
② 코팅지는 봉합된 부분부터 코팅 투입구에 넣어야 한다.
④ 코팅지는 코팅기를 통과하며 기기 뒷면 코팅 배출구에서 나오고, 임의로 코팅지를 잡아당기면 안 된다.
⑤ 사용 완료 후 1 ~ 2시간 정도 열을 충분히 식힌 후에 이동 및 보관해야 한다.

07

코팅지가 기기에 걸렸을 경우 앞면의 스위치를 'OFF'로 돌려 전원을 차단시킨 다음 기기 뒷면에 있는 'REMOVE' 스위치를 화살표 방향으로 밀면서 코팅 서류를 조심스럽게 당겨 뽑아야 한다.

08

접착액이 다량으로 붙어있는 경우는 기기에 코팅 필름이 들어가지 않을 때의 원인에 해당한다.

09

0	0	0	0
0	1	1	0
0	1	1	0
0	0	0	0

→ (가) →

0	0	0	0
0	0	0	0
0	0	1	1
0	0	1	1

=

0	0	0	0
0	0	0	0
0	0	1	0
0	0	0	0

패턴 A, 패턴 B 모두 1인 경우에만 결괏값이 1이 되므로 AND 연산자가 사용되었다.

무언가를 위해 목숨을 버릴 각오가 되어 있지 않는 한
그것이 삶의 목표라는 어떤 확신도 가질 수 없다.

– 체 게바라 –

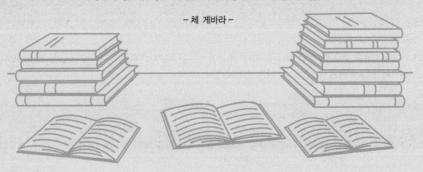

PART 3

최종점검 모의고사

01 공통영역(사무 / 전기 / ICT)

01	02	03	04	05	06	07	08	09	10	11	12	13	14	15	16	17	18	19	20
③	①	②	④	①	⑤	③	③	⑤	⑤	③	④	④	③	①	④	④	④	⑤	③
21	22	23	24	25	26	27	28	29	30										
①	④	⑤	④	②	④	②	③	③	④										

01 의사 표현   정답 ③

제시된 사례에 나타난 의사 표현에 영향을 미치는 요소는 연단공포증이다. 연단공포증은 90% 이상의 사람들이 호소하는 불안이므로, 이러한 심리현상을 잘 통제하면서 표현을 한다면 청자는 더 인간답다고 생각하게 될 것이다. 이러한 공포증은 본질적인 것이기 때문에 완전히 치유할 수는 없으나, 노력에 의해서 심리적 불안을 어느정도 유화시킬 수 있다. 따라서 완전히 치유할 수 있다는 ③은 적절하지 않다.

02 맞춤법   정답 ①

'웃-' 및 '윗-'은 명사 '위'에 맞추어 통일한다.
[예] 윗넓이, 윗니, 윗도리 등
다만 된소리나 거센소리 앞에서는 '위-'로 한다.
[예] 위짝, 위쪽, 위층 등

03 문서 내용 이해   정답 ②

채집음식이란 재배한 식물이 아닌 야생에서 자란 음식 재료를 활용하여 만든 음식을 의미한다.

[오답분석]
① 로가닉의 희소성은 루왁 커피를 사례로 보며 까다로운 채집 과정과 인공의 힘으로 불가능한 생산 과정을 거쳐서 나타난다.
③ 로가닉은 '천연상태의 날 것'을 유지한다는 점에서 기존의 오가닉과 차이를 가진다.
④ 소비자들이 로가닉 제품의 스토리텔링에 만족한다면 높은 가격은 더 이상 매출 상승의 장애 요인이 되지 않을 것으로 보고 있다.
⑤ '로가닉 조리법'을 활용한 외식 프랜차이즈 브랜드가 꾸준히 인기를 끌고 있음을 알 수 있다.

04 　문단 나열

정답 ④

제시문은 도덕적 선택의 순간에 직면했을 때 상대방에게 개인적 선호를 드러내는 행동의 정당성 여부에 대해 설명하고 있다. 따라서 (다) 도덕적 선택에서 정당성 여부에 대한 의문 제시 – (나) 도덕적 정당화의 조건과 공평주의자들의 관점 – (마) 모든 인간은 신체와 생명, 복지와 행복에 있어서 동일한 가치를 지님 – (가) 개인에 대해 행위자의 선호를 표현하는 도덕적 선택은 결코 정당화될 수 없음 – (라) 공평주의자들은 사람들 간의 차별을 인정하지 않기 때문에 개인이 처해 있는 상황에 따라 행동을 결정해야 한다고 말함 순서로 나열해야 한다.

05 　빈칸 삽입

정답 ①

S는 자신의 연구 결과를 토대로 가족 구성원이 많은 집에 사는 아이들은 가족 구성원들이 집안으로 끌고 들어오는 병균들에 의한 잦은 감염 덕분에 장기적으로 알레르기 예방에 유리하다고 주장하고 있다. 결국 이는 알레르기에 걸릴 확률은 병균들에 얼마나 많이 노출되었는지에 달려 있으므로 빈칸에 들어갈 내용으로는 ①이 가장 적절하다.

06 　문서 내용 이해

정답 ⑤

세 번째 문단에 따르면 봉수대에서는 조선군이 외적과 전투를 시작할 때 봉수 5개를 올렸다. 따라서 조선군이 외적과 싸우기 시작할 때 연변봉수대는 봉수 5개를 올려 이를 내지봉수대에 전해야 했다.

[오답분석]
① 마지막 문단에 따르면 선조는 선왕 때 을묘왜변에서의 봉수와 관련된 문제를 인지하고, 봉수가 원활하게 전달되지 않을 때를 대비하여 파발 제도를 운영하였다. 즉, 을묘왜변은 선조의 선왕 때 발생한 사건이며, 선조가 봉수 제도를 폐지했다는 내용 역시 제시문에서 찾아볼 수 없다.
② 세 번째 문단에 따르면 날씨 때문에 봉수의 개수를 분간하기 어려울 때는 봉수군이 직접 봉수대까지 달려가서 확인해야 했을 뿐, 봉수를 올리지 않고 직접 다음 봉수대로 달려가 소식을 전했다는 내용은 제시문에서 찾아볼 수 없다.
③ 첫 번째 문단에 따르면 봉수란 밤에는 횃불, 낮에는 연기를 사용해 릴레이식으로 신호를 보내는 것이다.
④ 세 번째 문단에 따르면 평상시에는 봉수를 1개만 올렸고, 외적이 국경을 침범하면 봉수 4개를 올렸다.

07 　글의 주제

정답 ③

제시문은 책을 사거나 빌리는 것만으로는 책을 진정으로 소유할 수 없다고 하며, 책을 진정으로 소유하기 위한 독서의 방법과 책을 고르는 기준을 제시하고 있다. 따라서 글의 주제로 가장 적절한 것은 ③이다.

[오답분석]
①·② 글의 전체 내용을 포괄하지 못하므로 글의 주제로 적절하지 않다.
④·⑤ 글의 논점에서 벗어난 내용이므로 글의 주제로 적절하지 않다.

08 　내용 추론

정답 ③

언어는 한 나라의 상징이다. 그 상징에는 역사와 문화가 담겨 있기에 조선어학회의 투쟁은 단순한 말글 투쟁이 아니라 독립운동으로 기억해야 한다.

09 　어휘

정답 ⑤

• ㉠ : 뒤 문장에서 앞 문장에서 언급한 플라스틱에 새겨진 숫자의 특정 번호에 대해 이야기하므로 '예를 들어'가 가장 적절하다.
• ㉡ : 뒤 문장에서 5번 플라스틱의 특징으로 인해 컵이나 도시락 등에 사용된다고 하였으므로 '그래서'가 가장 적절하다.
• ㉢ : 뒤 문장에서 6번 플라스틱의 장점을 설명하는 앞 문장과 달리 약한 내열성 등의 단점을 이야기하므로 역접의 접속어인 '그러나'가 가장 적절하다.

10 문단 나열

정답 ⑤

제시문은 철학에서의 '부조리'에 대한 개념을 설명하는 글이다. 따라서 (나) 부조리의 개념 – (라) 부조리라는 개념을 도입하고 설명한 알베르 카뮈 – (가) 연극의 비유 – (다) 이에 대한 결론 순서로 나열해야 한다.

11 응용 수리

정답 ③

깃발은 2개이고, 깃발을 5번 들어서 표시할 수 있는 신호의 개수는 $2 \times 2 \times 2 \times 2 \times 2 = 32$가지이다. 여기서 5번 모두 흰색 깃발만 사용하거나 검은색 깃발만 사용하는 경우의 수 2가지를 빼면 $32 - 2 = 30$가지이다.

12 응용 수리

정답 ④

퍼낸 소금물의 양을 xg, 농도가 2%인 소금물의 양을 yg이라고 하면 다음과 같은 식이 성립한다.

$400 - x + x + y = 520$

$\therefore y = 120$

$\dfrac{8}{100}(400 - x) + \dfrac{2}{100} \times 120 = \dfrac{6}{100} \times 520$

$\rightarrow 3,200 - 8x + 240 = 3,120$

$\rightarrow 8x = 320$

$\therefore x = 40$

따라서 퍼낸 소금물은 40g이다.

13 응용 수리

정답 ④

주차 시간(분)을 x라 하면 다음과 같은 식이 성립한다(단, $x > 30$).

$3,000 + 60(x - 30) \leq 18,000$

$\rightarrow 50 + x - 30 \leq 300$

$\rightarrow x \leq 300 - 50 + 30$

$\therefore x \leq 280$

따라서 A사원은 최대 280분까지 주차할 수 있다.

14 자료 이해

정답 ③

주어진 자료를 바탕으로 빈칸을 채우면 다음과 같다.

(단위 : 점)

면접관 \ 응시자	갑	을	병	정	범위
A	7	8	8	6	2
B	4	6	8	10	(6)
C	5	9	8	8	(4)
D	6	10	9	7	4
E	9	7	6	5	4
중앙값	(6)	(8)	8	(7)	–
교정점수	(6)	8	(8)	7	–

ㄱ. 위 표에 의하면 면접관 중 범위가 가장 큰 면접관은 B(6)이므로 옳은 내용이다.

ㄷ. '병'의 교정점수는 8점이며 '갑'은 6점이므로 옳은 내용이다.

오답분석

ㄴ. 응시자 중 중앙값이 가장 작은 응시자는 갑(6)이므로 옳지 않은 내용이다.

15 응용 수리

정답 ①

구급차를 타고 이동하는 시간은 $\frac{225}{100}=2.25$시간, 즉 $\left(2+\frac{15}{60}\right)$시간=2시간 15분이 걸린다. 응급헬기를 타고 갈 경우 $\frac{70}{280}=0.25$시간=15분 만에 응급실에 도착할 수 있다. 따라서 K씨가 쓰러진 지점부터 들것에 실려 구급차를 타고 응급실에 가는 데 이동시간은 총 2시간 35분이므로 응급헬기 이용 시 구급차보다 2시간 35분-15분=2시간 20분 더 빨리 응급실에 도착한다.

16 자료 계산

정답 ④

매월 갑, 을 팀의 총득점과 병, 정 팀의 총득점이 같다. 따라서 빈칸에 들어갈 수치는 $1,156+2,000-1,658=1,498$이다.

17 자료 계산

정답 ④

컴퓨터 정보지수(500) 중 컴퓨터 활용지수(20%)의 정보수집률(20%)의 점수를 구해야 한다.

(정보수집률)$=500\times\frac{20}{100}\times\frac{20}{100}=500\times0.04=20$

따라서 정보수집률은 20점이다.

18 자료 이해

정답 ④

ⓒ 표 1에 따르면 '만화 / 캐릭터'와 '컴퓨터 프로그램'을 제외한 나머지 항목에서는 모두 고등학생이 중학생이나 초등학생에 비하여 구입 경험의 비율이 높으므로 옳은 내용이다.

ⓔ 표 2에 따르면 모두 정품으로 구입했다고 응답한 학생의 비율은 중학교(55.9%)에서 가장 높으므로 옳은 내용이다.

[오답분석]

㉠ 표 1에 따르면 전반적으로 '만화 / 캐릭터'의 구입 경험 비율이 초등학생(73.2%)이 중학생(53.3%)이나 고등학생(62.6%)보다 높은 것으로 나타났다. '컴퓨터 프로그램'의 경우 학교급 간의 차이는 2%p 미만인 반면, '게임'은 초등학교와 고등학교 간의 차이는 2.1%p이므로 옳지 않은 내용이다.

ⓒ 표 2에 따르면 초등학교의 경우 정품만을 구입했다고 응답한 학생의 비율은 35.3%로 절반에 미치지 못하므로 옳지 않은 내용이다.

19 자료 이해

정답 ⑤

ⓒ 2024년 공공기관 전체 대형공사의 2022년 대비 발주건수는 13건 감소하였으나, 소형공사의 발주건수는 2022년 32,198건에서 2024년 37,323건으로 증가하였으므로 옳은 내용이다.

ⓔ 2024년 정부기관 발주공사 중에서 대형공사가 차지하는 발주건수의 비율은 약 1%이고, 공사금액의 비율은 약 24%이므로 옳은 내용이다.

ⓜ 2024년 지방자치단체의 공사 발주규모는 소형공사가 대형공사보다 건수와 금액 모두 크므로 옳은 내용이다.

[오답분석]

㉠ 2023년 대형공사 발주금액은 3,172십억 원으로 2022년 3,362십억 원에서 감소하였으므로 옳지 않은 내용이다.

ⓒ 매년 공공기관 전체에서 대형공사와 소형공사를 비교해보면 발주건수, 발주금액 모두 소형공사가 크므로 옳지 않은 내용이다.

20 응용 수리

정답 ③

두 사람이 x시간 후에 만난다고 하면 $3x+5x=24$이다. 따라서 $x=3$이므로 두 사람은 3시간 후에 만나게 된다.

21 SWOT 분석
정답 ①

SWOT 분석은 내부 환경요인과 외부 환경요인의 2개의 축으로 구성되어 있다. 내부 환경요인은 자사 내부의 환경을 분석하는 것으로, 자사의 강점과 약점으로 분석된다. 외부 환경요인은 자사 외부의 환경을 분석하는 것으로, 기회와 위협으로 구분된다.

22 문제 유형
정답 ④

문제는 일반적으로 창의적 문제, 분석적 문제로 구분된다.

23 명제 추론
정답 ⑤

5명 중 단 1명만이 거짓말을 하고 있으므로 C와 D 중 1명은 반드시 거짓을 말하고 있다.
1) C의 진술이 거짓일 경우
   B와 C의 진술이 모두 거짓이 되므로 1명만 거짓말을 하고 있다는 조건이 성립하지 않는다.
2) D의 진술이 거짓일 경우

구분	A	B	C	D	E
출장 지역	잠실	광화문	여의도	강남	상암

따라서 ⑤는 항상 거짓이 된다.

24 명제 추론
정답 ④

수호는 주스를 좋아하므로, 디자인 담당이 아니다. 또한 편집 담당과 이웃해 있으므로 기획 담당이다. 편집 담당은 검은색 책상에 앉아 있다. 그런데 종대는 갈색 책상에 앉아 있으므로 종대는 디자인 담당이며, 민석이는 검은색 책상에 앉아 있다. 그러므로 수호는 흰색 책상에 앉아 있다.

수호	민석	종대
흰색 책상	검은색 책상	갈색 책상
기획	편집	디자인
주스	콜라	커피

[오답분석]
ㄷ. 수호가 편집을 하지 않는 것은 맞지만, 민석이는 콜라를 좋아한다.
ㄹ. 민석이는 편집 담당이므로 검은색 책상에 앉아 있다.

25 명제 추론
정답 ②

주어진 조건을 정리해 보면 왼쪽에서부터 E, A, (B, C, D)이다. 괄호 안의 B, C, D는 왼쪽에서 3 ~ 5번째에 서 있다는 것을 알 수 있을 뿐, 순서는 알 수 없다. 따라서 반드시 참인 것은 (나)이다.

26 문제 유형
정답 ④

(가) 하드 어프로치 : 하드 어프로치에 의한 문제해결 방법은 상이한 문화적 토양을 가지고 있는 구성원을 가정하고, 서로의 생각을 직설적으로 주장하고 논쟁이나 협상을 통해 서로의 의견을 조정해 가는 방법이다.
(나) 퍼실리테이션 : 퍼실리테이션이란 '촉진'을 의미하며, 어떤 그룹이나 집단이 의사결정을 잘 하도록 도와주는 일을 의미한다. 퍼실리테이션에 의한 문제해결 방법은 깊이 있는 커뮤니케이션을 통해 서로의 문제점을 이해하고 공감함으로써 창조적인 문제해결을 도모한다.
(다) 소프트 어프로치 : 소프트 어프로치에 의한 문제해결 방법은 대부분의 기업에서 볼 수 있는 전형적인 스타일로 조직 구성원들을 같은 문화적 토양을 가지고 이심전심으로 서로를 이해하는 상황을 가정한다.

27 규칙 적용

정답 ②

한글 자음을 순서에 따라 바로 뒤의 자음으로 변환하면 다음과 같다.

ㄱ	ㄴ	ㄷ	ㄹ	ㅁ	ㅂ	ㅅ
ㄴ	ㄷ	ㄹ	ㅁ	ㅂ	ㅅ	ㅇ
ㅇ	ㅈ	ㅊ	ㅋ	ㅌ	ㅍ	ㅎ
ㅈ	ㅊ	ㅋ	ㅌ	ㅍ	ㅎ	ㄱ

한글 모음을 순서에 따라 알파벳으로 변환하면 다음과 같다.

ㅏ	ㅐ	ㅑ	ㅒ	ㅓ	ㅔ	ㅕ
a	b	c	d	e	f	g
ㅖ	ㅗ	ㅘ	ㅙ	ㅚ	ㅛ	ㅜ
h	i	j	k	l	m	n
ㅝ	ㅞ	ㅟ	ㅠ	ㅡ	ㅢ	ㅣ
o	p	q	r	s	t	u

ㄴ=ㄱ, u=ㅣ, ㅂ=ㅁ, ㅋ=ㅊ, u=ㅣ, ㅊㅊ=ㅉ, u=ㅣ, ㄴ=ㄱ, b=ㅐ
따라서 김대리가 말한 메뉴는 김치찌개이다.

28 규칙 적용

정답 ③

ㅈ=ㅊ, ㅗ=i, ㄴ=ㄷ, ㅈ=ㅊ, ㅜ=n, ㅇ=ㅈ, ㄱ=ㄴ, ㅘ=j, 공백=0, ㅂ=ㅅ, ㅐ=b, ㄹ=ㅁ, ㅕ=g
따라서 암호화 규칙에 따라 변환하면 'ㅊㄷㅊnㅈㄴj0ㅅbㅁg'이다.

29 자료 해석

정답 ③

월요일과 화요일에는 크림이 들어간 카페모카, 비엔나커피 중 하나를 마시는데, 화요일에는 우유가 들어가지 않은 음료를 마시므로 비엔나커피를 마시고, 전날 마신 음료는 다음 날 마시지 않으므로 월요일에는 카페모카를 마신다. 수요일에는 바닐라가 들어간 유일한 음료인 바닐라라테를 마신다. 목요일에는 우유가 들어가지 않은 아메리카노와 비엔나커피 중 하나를 마시는데, 비엔나커피는 일주일에 2번 이상 마시지 않으며, 비엔나커피는 이미 화요일에 마셨으므로 아메리카노를 마신다. 금요일에는 홍차라테를 마시고, 토요일과 일요일에는 시럽이 없고 우유가 들어가는 카페라테와 홍차라테 중 하나를 마신다. 바로 전날 마신 음료는 마시지 않으므로 토요일에는 카페라테를, 일요일에는 홍차라테를 마신다. 이를 표로 정리하면 다음과 같다.

일	월	화	수	목	금	토
홍차라테	카페모카	비엔나커피	바닐라라테	아메리카노	홍차라테	카페라테

따라서 아메리카노를 마신 날은 목요일이다.

30 자료 해석

정답 ④

바뀐 조건에 따라 甲이 요일별로 마실 음료를 정리하면 다음과 같다.

일	월	화	수	목	금	토
카페라테	카페모카	비엔나커피	바닐라라테	아메리카노	카페라테	홍차라테

금요일에는 카페라테를 마시고, 토요일과 일요일에는 시럽이 없고 우유가 들어가는 카페라테와 홍차라테를 한 잔씩 마신다. 바로 전날 마신 음료는 마실 수 없으므로 토요일에는 홍차라테를, 일요일에는 카페라테를 마신다.

PART 3

01	02	03	04	05	06	07	08	09	10										
③	⑤	③	③	①	③	④	①	②	②										

01 　비용 계산 　　　　　　　　　　　　　　　　　　　　　　　　　　　정답 ③

상 종류별로 수상인원을 고려하여, 상패와 물품의 총수량과 비용을 계산하면 다음과 같다.

상패 혹은 물품	총수량(개)	개당 비용(원)	총비용(원)
금 도금 상패	7	49,500원(10% 할인)	7×49,500=346,500
은 도금 상패	5	42,000	4(1개 무료)×42,000=168,000
동 상패	2	35,000	2×35,000=70,000
식기 세트	5	450,000	5×450,000=2,250,000
신형 노트북	1	1,500,000	1×1,500,000=1,500,000
태블릿 PC	6	600,000	6×600,000=3,600,000
안마의자	4	1,700,000	4×1,700,000=6,800,000
만년필	8	100,000	8×100,000=800,000
합계	-	-	15,534,500

따라서 상품 구입비용은 총 15,534,500원이다.

02 　인원 선발 　　　　　　　　　　　　　　　　　　　　　　　　　　　정답 ⑤

신입사원 채용시험 영역별 점수를 가중치를 적용하여 총점을 계산하면 다음과 같다.

(단위 : 점)

구분	언어	수리	정보	상식	인성	총점
A	90×0.3=27	80×0.3=24	90×0.1=9	80×0.1=8	90×0.2=18	86
B	80×0.3=24	90×0.3=27	80×0.1=8	90×0.1=9	90×0.2=18	86
C	90×0.3=27	70×0.3=21	100×0.1=10	90×0.1=9	80×0.2=16	83
D	80×0.3=24	90×0.3=27	100×0.1=10	100×0.1=10	80×0.2=16	87
E	100×0.3=30	80×0.3=24	70×0.1=7	80×0.1=8	90×0.2=18	87

따라서 D와 E가 합격자로 선발된다.

03 　인원 선발 　　　　　　　　　　　　　　　　　　　　　　　　　　　정답 ③

변화된 선발기준의 가중치를 적용하여 총점을 계산하면 다음과 같다.

(단위 : 점)

구분	언어	수리	정보	상식	인성	총점
A	90×0.3=27	80×0.2=16	90×0.1=9	80×0.1=8	90×0.3=27	87
B	80×0.3=24	90×0.2=18	80×0.1=8	90×0.1=9	90×0.3=27	86
C	90×0.3=27	70×0.2=14	100×0.1=10	90×0.1=9	80×0.3=24	84
D	80×0.3=24	90×0.2=18	100×0.1=10	100×0.1=10	80×0.3=24	86
E	100×0.3=30	80×0.2=16	70×0.1=7	80×0.1=8	90×0.3=27	88

따라서 A와 E가 합격자로 선발된다.

04 시간 계획 　　정답 ③

B사원의 대화내용을 살펴보면, 16:00부터 사내 정기 강연으로 2시간 정도 소요된다는 것을 알 수 있다. 또한 B사원은 강연 준비로 30분 정도 더 일찍 나서야 하므로, 15:30부터는 가용할 시간이 없다. 그리고 기획안 작성업무는 두 시간 정도 걸릴 것으로 보고 있는데, A팀장이 먼저 기획안부터 마무리 짓자고 하였으므로, 11:00부터 업무를 시작하는 것으로 볼 수 있다. 그런데 중간에 점심 시간이 껴 있으므로, 기획안 업무는 14:00에 완료될 것으로 볼 수 있다. 따라서 A팀장과 B사원 모두 여유가 되는 시간은 14:00 ~15:30이므로 보기에서 가장 적절한 시간대는 ③이다.

05 품목 확정 　　정답 ①

과목별 의무 교육이수 시간은 다음과 같다.

구분	글로벌 경영	해외사무영어	국제회계
의무 교육 시간	$\dfrac{15점}{1점/h}=15시간$	$\dfrac{60점}{1점/h}=60시간$	$\dfrac{20점}{2점/h}=10시간$

이제까지 B과장이 이수한 시간을 계산해 보면, 글로벌 경영과 국제회계의 초과 이수 시간은 2+14=16시간이며, 해외사무영어의 부족한 시간은 10시간이다. 초과 이수 시간을 점수로 환산하면 3.2점이고, 이 점수를 부족한 해외사무영어 점수 10점에서 제외하면 6.8점이 부족하다. 따라서 미달인 과목은 해외사무영어이며, 부족한 점수는 6.8점이다.

06 시간 계획 　　정답 ③

면접에 참여하는 직원들의 휴가 일정은 다음과 같다.
• 마케팅팀 차장 : 6월 29일 ~ 7월 3일
• 인사팀 차장 : 7월 6 ~ 10일
• 인사팀 부장 : 7월 6 ~ 10일
• 인사팀 과장 : 7월 6 ~ 9일
• 총무팀 주임 : 7월 1 ~ 3일
선택지에 제시된 날짜 중에서 직원들의 휴가 일정이 잡히지 않은 유일한 날짜가 면접 가능 날짜가 되므로 정답은 7월 5일이다.

07 인원 선발 　　정답 ④

추가근무 계획표를 정리하면 다음과 같다.

월요일	화요일	수요일	목요일	금요일	토요일	일요일
김혜정 정해리 정지원	이지호 이승기 최명진	김재건 신혜선	박주환 신혜선 정지원 김우석 이상엽	김혜정 김유미 차지수	이설희 임유진 김유미	임유진 한예리 이상엽

위와 같이 목요일 추가 근무자가 5명임을 알 수 있다. 또한 목요일 추가근무자 중 단 1명만 추가근무 일정을 바꿔야 한다면 목요일 6시간과 일요일 3시간 일정으로 6+(3×1.5)=10.5시간을 근무하는 이상엽 직원의 일정을 바꿔야 한다. 따라서 목요일에 추가근무 예정인 이상엽 직원의 요일과 시간을 수정해야 한다.

08 비용 계산 　　정답 ①

기본급은 180만 원이며, 시간외근무는 10시간이므로 $1,800,000 \times \dfrac{10}{200} \times 1.5 = 135,000$원이다.

09 비용 계산

자료3을 바탕으로 9월의 사용량은 9월 전력량계 지침 3,863kWh에서 8월 전력량계 지침 3,543kWh를 뺀 320kWh이다.
9월 전력량은 인하된 전기요금표를 적용해서 계산하면 다음과 같다.

- 기본요금 : 1,600원
- 전력량요금(10원 미만 절사) : 6,070(처음 100kWh×60.7원)+12,590(다음 100kWh×125.9원)+18,790(100kWh×187.9원)+3,758(20kWh×187.9원)=41,200원
- 기본요금+전력량요금 : 1,600+41,200=42,800원
- 부가가치세(10원 미만 절사) : 42,800×0.1=4,280원
- 전력산업기반금(10원 미만 절사) : 42,800×0.037=1,580원

그러므로 9월의 청구금액은 42,800+4,280+1,580=48,660원이다.
자료3을 바탕으로 10월의 사용량은 10월 전력량계 지침 4,183kWh에서 9월 전력량계 지침 3,863kWh를 뺀 320kWh이다.
10월 전력량은 정상 전기요금표를 적용해서 계산하면 다음과 같다.

- 기본요금 : 3,850원
- 전력량요금(10원 미만 절사) : 6,070(처음 100kWh×60.7원)+12,590(다음 100kWh×125.9원)+18,790(100kWh×187.9원)+5,612(20kWh×280.6원)=43,060원
- 기본요금+전력량요금 : 3,850+43,060=46,910원
- 부가가치세(10원 미만 절사) : 46,910×0.1=4,690원
- 전력산업기반금(10원 미만 절사) : 46,910×0.037=1,730원

그러므로 10월의 청구금액은 46,910+4,690+1,730=53,330원이다.
따라서 9월과 10월의 전기요금 차이는 53,330-48,660=4,670원이다.

10 비용 계산

ⅰ) A사원이 용산역에서 오전 7시 30분 이후에 출발한다고 하였으므로 오전 7시 45분에 출발하는 KTX 781 열차를 탑승하고, 여수에 오전 11시 19분에 도착한다. 여수 지사방문 일정에는 40분이 소요되므로 일정을 마치는 시각은 오전 11시 59분이고, 낮 12시부터는 점심식사 시간이다. 식사를 마친 뒤 여수에서 순천으로 가는 열차는 오후 1시 5분에 출발하는 KTX 712 열차를 탑승하고, 순천에 오후 1시 22분에 도착한다. 순천 지사방문 일정에는 2시간이 소요되므로 일정을 마치는 시간은 오후 3시 22분이다. 따라서 용산역으로 돌아오는 열차는 오후 4시 57분에 출발하는 KTX 718 열차를 탑승할 수 있고, 이때 용산역 도착시간은 오후 7시 31분이다.

ⅱ) 열차의 요금은 KTX 781-46,000원, KTX 712-8,400원, KTX 718-44,000원이므로, 총요금은 46,000+8,400+44,000=98,400원이다.

01	02	03	04	05	06	07	08	09	10										
②	⑤	②	⑤	②	③	②	②	③	①										

01   정보 이해   정답 ②

컴퓨터 시스템의 구성요소
• 중앙처리장치(CPU) : 컴퓨터의 시스템을 제어하고 프로그램의 연산을 수행하는 처리장치이다.
• 주기억장치 : Main Memory로, 프로그램이 실행될 때 보조기억장치로부터 프로그램이나 자료를 이동시켜 실행시킬 수 있는 기억장치이다.
• 보조저장장치 : 2차 기억장치, 디스크나 CD-ROM과 같이 영구 저장 능력을 가진 기억장치이다.
• 입출력장치 : 장치마다 별도의 제어기가 있어 CPU로부터 명령을 받아 장치의 동작을 제어하고 데이터를 이동시키는 일을 수행한다.

02   정보 이해   정답 ⑤

전자우편을 사용할 때는 가능한 짧게 요점만 작성하는 것이 네티켓에 해당한다.

[오답분석]
① 네티켓((Netiquette)은 네트워크(Network)와 에티켓(Etiquette)의 합성어이다.
② 게시판의 잘못된 정보는 빠르게 수정하거나 삭제하는 것이 인터넷 이용 예절이다.
③ 온라인 채팅은 용도에 맞게 대화 목적으로 사용하여야 한다.
④ 네티켓은 법제화된 규율은 아니며, 사이버 공간상의 비공식적 규약이다.

03   정보 이해   정답 ②

ㄱ. 소득 정보가 아닌 신용 정보이며, 소득 정보는 직장, 수입원 등을 가리킨다.
ㄷ. 조직 정보가 아닌 고용 정보이며, 조직 정보는 가입 정당, 가입 협회 등 사적으로 가입된 조직을 가리킨다.

04   정보 이해   정답 ⑤

디스크 정리는 메모리(RAM) 용량 부족이 아닌 하드디스크 용량 부족의 해결방법이다.

05   정보 이해   정답 ②

[오답분석]
① 풀 노드(Full Node) : 블록체인의 모든 내역을 저장하는 노드이다.
③ 라이트 노드(Light Node) : 핵심본만 저장하는 노드이다.
④ 마스터 노드(Master Node) : 일정 지분의 코인을 가지고 해당 코인을 채굴하는 방식을 가지는 노드이다.
⑤ 슈퍼 노드(Super Node) : 노드 사이에 전압이 있으면, 그 두 개를 묶어서 노달 회로분석(Nodal Analysis)을 적용하는 회로이다.

06 정보 이해

ㄴ. 제3자에 대한 정보 제공이 이루어지더라도, 해당 내용이 조항에 명시되어 있고, 이용자가 동의한다면 개인정보를 제공하여도 된다. 번거롭지 않게 서비스를 제공 받기 위해 정보제공이 필요한 제3자에게 정보를 제공하는 것이 유용할 수도 있다. 따라서 단언적으로 개인정보를 제공하지 않아야 한다는 설명은 잘못된 설명이다.

ㄹ. 비밀번호는 주기적으로 변경하여야 하며, 관리의 수월성보다도 보안을 더 고려하여 동일하지 않은 비밀번호를 사용하는 것이 좋다.

[오답분석]

ㄱ. 개인정보제공 전 관련 조항을 상세히 읽는 것은 필수적 요소이다.
ㄷ. 제공 정보와 이용목적의 적합성 여부는 꼭 확인하여야 한다.
ㅁ. 정보파기 여부와 시점도 확인하여야 한다.

07 엑셀 함수

ISNONTEXT 함수는 값이 텍스트가 아닐 경우 논리값 'TRUE'를 반환한다. [A2] 셀의 값은 텍스트이므로 함수의 결괏값으로 'FALSE'가 산출된다.

[오답분석]

① ISNUMBER 함수 : 값이 숫자일 경우 논리값 'TRUE'를 반환한다.
③ ISTEXT 함수 : 값이 텍스트일 경우 논리값 'TRUE'를 반환한다.
④ ISEVEN 함수 : 값이 짝수이면 논리값 'TRUE'를 반환한다.
⑤ ISODD 함수 : 값이 홀수이면 논리값 'TRUE'를 반환한다.

08 엑셀 함수

VLOOKUP은 목록 범위의 첫 번째 열에서 세로 방향으로 검색하면서 원하는 값을 추출하는 함수이고, HLOOKUP은 목록 범위의 첫 번째 행에서 가로방향으로 검색하면서 원하는 값을 추출하는 함수이다. 즉, 첫 번째 열에 있는 '박지성'의 결석값을 찾아야 하므로 VLOOKUP 함수를 이용해야 한다. VLOOKUP 함수의 형식은 「=VLOOKUP(찾을 값,범위,열 번호,찾기 옵션)」이다. 범위는 절대참조로 지정해줘야 하며, 근사값을 찾고자 할 경우 찾기 옵션에 1 또는 TRUE를 입력하고 정확히 일치하는 값을 찾고자 할 경우 0 또는 FALSE를 입력해야 한다. 따라서 '박지성'의 결석 값을 찾기 위한 함수식은 「=VLOOKUP("박지성",$A$3:$D$5,4,0)」이다.

09 엑셀 함수

INDEX 함수는 「=INDEX(배열로 입력된 셀의 범위,배열이나 참조의 행 번호,배열이나 참조의 열 번호)」로 표시되고, MATCH 함수는 「=MATCH(찾으려고 하는 값,연속된 셀 범위,되돌릴 값을 표시하는 숫자)」로 표시된다. 따라서 [E10] 셀에 「=INDEX(E2: E9,MATCH(0,D2:D9,0))」를 입력하면 근무연수가 0인 사람의 근무월수가 셀에 표시되므로 결괏값은 2이다.

10 엑셀 함수

WEEKDAY 함수는 일정 날짜의 요일을 나타내는 1에서 7까지의 수를 구하는 함수다. WEEKDAY 함수의 두 번째 인수에 '1'을 입력해 주면 '일요일(1) ~ 토요일(7)'로 표시되고, '2'를 넣으면 '월요일(1) ~ 일요일(7)'로 표시되며, '3'을 입력하면 '월요일(0) ~ 일요일(6)'로 표시된다.

01	02	03	04	05	06	07	08	09	10										
③	③	②	①	②	④	②	④	③	⑤										

01 기술 이해 　　　　　　　　정답 ③

[오답분석]
① 빅데이터 : 디지털 환경에서 발생하는 대량의 데이터에서 가치를 추출하고 결과를 분석하는 기술을 말한다.
② 블록체인 : 네트워크에 참여하는 모든 사용자가 모든 데이터를 분산 및 저장하는 기술을 말한다.
④ 알고리즘 : 문제 해결을 위한 일련의 단계적 절차 및 처리과정의 순서를 말한다.
⑤ 로봇공학 : 로봇을 설계 개발한 후 생산 및 응용하는 분야의 집합체를 말한다.

02 기술 이해 　　　　　　　　정답 ③

기술능력이 뛰어난 사람의 특징
• 실질적 해결을 필요로 하는 문제를 인식한다.
• 인식된 문제를 위한 다양한 해결책을 개발하고 평가한다.
• 실제적 문제를 해결하기 위해 지식이나 기타 자원을 선택하고 최적화시키며 적용한다.
• 주어진 한계 속에서 제한된 자원을 가지고 일한다.
• 기술적 해결에 대한 효용성을 평가한다.
• 여러 상황 속에서 기술의 체계와 도구를 사용하고 습득한다.

03 기술 이해 　　　　　　　　정답 ②

근로자가 업무에 관계되는 건설물, 설비, 원재료, 가스, 증기, 분진 등에 의하거나, 직업과 관련된 기타 업무에 의하여 사망 또는 부상하거나 질병에 걸리게 되는 것을 산업 재해로 정의하고 있기 때문에 휴가 중 일어나 사고는 업무와 무관하므로 산업 재해가 아니다.

04 기술 이해 　　　　　　　　정답 ①

벤치마킹 데이터를 수집하고 분석하는 과정에서는 여러 보고서를 동시에 보고 붙이고 자르는 작업을 용이하게 해주는 문서 편집 시스템을 이용하는 것이 매우 유용하다.

05 기술 이해 　　　　　　　　정답 ②

디지털 카메라를 개발하였지만 주력 업종을 스스로 잡아먹는 신제품을 낼 이유가 없다는 안일한 판단이 코닥을 몰락으로 이어가게 한 것이다. 즉 변화하는 시대에 발맞춰 나아가지 못한 것이다.

06 기술 적용 　　　　　　　　정답 ④

다른 전화기에서 울리는 전화를 내 전화기에서 받으려면 '당겨받기' 기능을 사용하면 된다.

07 기술 적용 정답 ②

전화걸기 중 세 번째 문항에 대한 그림으로, 통화 중인 상태에서 다른 곳으로 전화를 걸기 원할 때의 사용방법을 설명하고 있다.

[오답분석]
① 전화받기에 해당하는 그림으로, 통화 중에 다른 전화를 받길 원할 때의 방법을 설명하고 있다.
③ 수신전환에 해당하는 그림으로, 다른 전화기로 수신을 전환하는 방법을 설명하고 있다.
④ 돌려주기에 해당하는 그림으로, 통화 중일 때 다른 전화기로 돌려주는 방법을 설명하고 있다.
⑤ 3자통화에 해당하는 그림으로, 통화 중일 때 제3자를 추가하여 통화하는 방법을 설명하고 있다.

08 기술 적용 정답 ④

본 제품에는 배터리 보호를 위하여 과충전 보호회로가 내장되어 있어 적정 충전시간을 초과하여도 큰 손상이 없다. 따라서 고장의 원인으로 적절하지 않다.

09 기술 적용 정답 ③

청소기 전원을 끄고 이물질 제거 후 전원을 켜면 파워브러시가 재작동하며 평상시에도 파워브러시가 멈추었을 때는 전원 스위치를 껐다 켜면 재작동한다.

10 기술 적용 정답 ⑤

사용 중 갑자기 흡입력이 떨어지는 이유는 흡입구를 커다란 이물질이 막고 있거나, 먼지 필터가 막혀 있거나, 먼지통 내에 오물이 가득 차 있을 경우이다.

01　공통영역(사무 / 전기 / ICT)

01	02	03	04	05	06	07	08	09	10	11	12	13	14	15	16	17	18	19	20
②	②	③	③	⑤	④	①	④	④	③	③	②	①	⑤	①	④	④	④	③	③

21	22	23	24	25	26	27	28	29	30										
④	④	②	④	①	③	②	②	④	④										

01　문서 내용 이해　　　정답 ②

오답분석
① 풀에 들어 있는 여러 가지 물질이 김칫소에 있는 미생물을 쉽게 자랄 수 있도록 해주는 영양분의 역할을 한다.
③ 김치 국물의 맛이 시큼해지는 것은 유산균이 당을 분해해 시큼한 맛이 나는 젖산을 생산하기 때문이다.
④ 미생물들이 만들어 내는 여러 종류의 향미 성분이 더해지면서 특색 있는 김치 맛이 만들어진다.
⑤ 호기성 세균의 수는 김치가 익어갈수록 점점 줄어들어 나중에는 효모의 수와 비슷해진다. 하지만 혐기성 세균의 수는 김치가 익어갈수록 증가하며 결국 많이 익어서 시큼한 맛이 나는 김치에 있는 미생물 중 대부분을 차지한다.

02　어휘　　　정답 ②

'가옥(家屋)'은 '집'을 의미하는 한자어이므로 ㉠과 ㉡의 관계는 동일한 의미를 지니는 한자어와 고유어의 관계이다. ②의 '수확(收穫)'은 익은 농작물을 거두어들이는 것 또는 거두어들인 농작물의 의미를 가지므로 '벼'는 수확의 대상이 될 뿐 수확과 동일한 의미를 지니지 않는다.

03　경청　　　정답 ③

경청이란 다른 사람의 말을 주의 깊게 들으며, 공감하는 능력이다. 경청은 대화의 과정에서 당신에 대한 신뢰를 쌓을 수 있는 최고의 방법이다. 우리가 경청하면 상대는 본능적으로 안도감을 느끼고, 우리가 말을 할 경우 자신도 모르게 더 집중하게 된다.

04　의사 표현　　　정답 ③

공식적 말하기는 대중을 상대로 사전에 준비된 내용을 말하는 것이므로 ㉠ 토론, ㉡ 연설, ㉢ 토의가 이에 해당한다.

오답분석
㉣ · ㉤ : 의례적 말하기
㉥ : 친교적 말하기

05 내용 추론 정답 ⑤

마지막 문단을 통해 선거 기간 중 여론 조사 결과의 공표 금지 기간이 과거에 비해 대폭 줄어든 것은 국민들의 알 권리를 보장하기 위한 것임을 알 수 있다. 그러므로 공표 금지 기간이 길어질수록 알 권리는 약화된다.

06 빈칸 삽입 정답 ④

빈칸에 들어갈 내용을 판단하기 위해 앞의 문단에서 제기한 질문의 형태에 유의하자. 즉, '올바른 답을 추론해 내는 데 필요한 모든 정보와 정답 제시가 올바른 추론 능력의 필요충분조건은 아니다.'라는 문장이 제시문의 중심 내용이다. 왓슨의 어리석음은 추론에 필요한 정보를 활용하지 못한 데에 있음을 알 수 있으므로 빈칸에는 ④가 들어가야 한다.

오답분석
① 왓슨의 문제는 정보를 올바르게 추론하지 못한 데 있다.
② 왓슨은 올바른 추론의 방법을 알고 있지 못했다.
③ 왓슨이 전문적인 추론 훈련을 받지 못했다는 정보는 없다.
⑤ 왓슨은 추론에 필요한 관련 정보를 가지고 있었다.

07 글의 제목 정답 ①

제시문은 CCTV가 인공지능(AI)과 융합되면 기대할 수 있는 효과들(범인 추적, 자연재해 예측)에 대해 설명하고 있다. 따라서 글의 제목으로는 'AI와 융합한 CCTV의 진화'가 가장 적절하다.

08 맞춤법 정답 ④

㉠ '소개하다'는 '서로 모르는 사람들 사이에서 양편이 알고 지내도록 관계를 맺어 주다.'의 의미로 단어 자체가 사동의 의미를 지니고 있으므로 '소개시켰다'가 아닌 '소개했다'가 들어가야 한다.
㉡ '쓰여지다'는 피동 접사 '-이-'와 '-어지다'가 결합한 이중 피동 표현이므로 '쓰여진'이 아닌 '쓰인'이 들어가야 한다.
㉢ '부딪치다'는 '무엇과 무엇이 힘 있게 마주 닿거나 마주 대다.'의 의미인 '부딪다'를 강조하여 이르는 말이고, '부딪히다'는 '부딪다'의 피동사이므로 의미상 '부딪쳤다'가 들어가야 한다.

09 문단 나열 정답 ④

제시문은 '본성 대 양육 논쟁'을 제시하며 시간의 흐름에 따른 논쟁의 방향에 대해 설명하는 글이다. 따라서 (나) 본성 대 양육 논쟁이라는 화제 제기 및 양육 쪽의 승리 – (다) 선천론과 진화 심리학을 통한 본성의 승리 – (라) 인간 게놈 프로젝트로 강화된 본성에 대한 지지 및 유전자 수의 발견으로 재연된 본성 대 양육 논쟁 – (가) 본성과 양육 모두 인간의 행동에 있어 필수적 요인 순서로 나열해야 한다.

10 어휘 정답 ③

'선연하다'는 실제로 보는 것같이 생생하다는 의미이다. 따라서 유의 관계에 있는 것은 '엉클어지거나 흐리지 않고 아주 분명하다.'는 의미를 가진 '뚜렷하다'가 적절하다.

11 응용 수리

정답 ③

- A계열사의 제품이 불량일 확률 : $\dfrac{3}{10} \times \dfrac{2}{100} = \dfrac{6}{1,000}$

- B계열사의 제품이 불량일 확률 : $\dfrac{7}{10} \times \dfrac{3}{100} = \dfrac{21}{1,000}$

- 불량품인 부품을 선정할 확률 : $\dfrac{6}{1,000} + \dfrac{21}{1,000} = \dfrac{27}{1,000}$

따라서 B계열사의 불량품일 확률은 $\dfrac{(\text{B계열사의 제품이 불량일 확률})}{(\text{불량품인 부품을 선정할 확률})} = \dfrac{21}{27} = \dfrac{7}{9}$ 이다.

12 응용 수리

정답 ②

영희는 총 3종류의 과일을 주문한다고 하였으며, 그중 포도, 딸기, 감, 귤에 대해서는 최대 2종류의 과일을 주문한다고 하였다. 포도, 딸기, 감, 귤 중에서 과일이 0개, 1개, 2개 선택된다고 하였을 때, 영희는 나머지 과일에서 3개, 2개, 1개를 선택한다. 따라서 영희가 주문할 수 있는 모든 경우의 수는 $_4C_3 + (_4C_2 \times {_4C_1}) + (_4C_1 \times {_4C_2}) = 52$가지이다.

13 응용 수리

정답 ①

지난달에는 $\dfrac{3,750,000}{12,500} = 300$포대의 쌀을 구매하였으므로 이번 달에 쌀을 구매하는 데 사용한 금액은 $14,000 \times 300 = 4,200,000$ 원이다. 따라서 이번 달의 쌀 구매비용은 지난달보다 $4,200,000 - 3,750,000 = 450,000$원 더 증가하였다.

14 자료 계산

정답 ⑤

L씨는 휴일 오후 3시에 택시를 타고 서울에서 경기도 맛집으로 이동 중이다. 택시요금 계산표에 따라 경기도 진입 전까지 기본요금으로 2km까지 3,800원이며, $4.64 - 2 = 2.64$km는 주간 거리요금으로 계산하면 $\dfrac{2,640}{132} \times 100 = 2,000$원이 나온다. 경기도에 진입 후 맛집에 도착까지 거리는 $12.56 - 4.64 = 7.92$km로 시계외 할증이 적용되어 심야 거리요금으로 계산하면 $\dfrac{7,920}{132} \times 120 = 7,200$ 원이고, 경기도 진입 후 8분의 시간요금은 $\dfrac{8 \times 60}{30} \times 120 = 1,920$원이다.

따라서 L씨가 가족과 맛집에 도착하여 지불하는 택시요금은 $3,800 + 2,000 + 7,200 + 1,920 = 14,920$원이다.

15 응용 수리

정답 ①

퍼낸 소금물의 양을 xg이라고 하면 다음과 같다.

$$\left(\dfrac{6}{100} \times 700 \right) - \dfrac{6}{100}x + \dfrac{13}{100}x = \dfrac{9}{100} \times 700$$

$\rightarrow 4,200 - 6x + 13x = 6,300$

$\rightarrow 7x = 2,100$

$\therefore x = 300$

따라서 퍼낸 소금물은 300g이다.

16 자료 계산

정답 ④

2024년에 세 번째로 많은 생산을 했던 분야는 일반기계 분야이므로, 일반기계 분야의 2022년에서 2023년까지의 변화율은 $\dfrac{4,020 - 4,370}{4,370} \times 100 ≒ -8\%$이므로 8% 감소하였다.

17 자료 계산

세차 가격이 무료가 되는 주유량은 다음과 같다.
- A주유소의 경우 : $1,550a \geq 50,000$원 → $a \geq 32.2$이므로 33L부터 세차 가격이 무료이다.
- B주유소의 경우 : $1,500b \geq 70,000$원 → $b \geq 46.6$이므로 47L부터 세차 가격이 무료이다.

주유량에 따른 주유와 세차에 드는 비용은 다음과 같다.

구분	32L 이하	33L 이상 46L 이하	47L 이상
A주유소	$1,550a+3,000$	$1,550a$	$1,550a$
B주유소	$1,500a+3,000$	$1,500a+3,000$	$1,500a$

주유량이 32L 이하와 47L 이상일 때, A주유소와 B주유소의 세차 가격 포함유무가 동일하므로 이때는 B주유소가 더 저렴하다. 따라서 A주유소에서 33L 이상 46L 이하를 주유할 때 B주유소보다 더 저렴하다.

18 자료 계산

A ~ D의 청년층 정부신뢰율을 구하면 다음과 같다.
- A : $14-6.4=7.6\%$
- B : $35-(-14.1)=49.1\%$
- C : $48.0-(-9.1)=57.1\%$
- D : $82.0-2.0=80.0\%$

첫 번째 조건에 따라 $7.6 \times 10 < 80$이므로 A는 그리스, D는 스위스이다. 또한 두 번째 조건에 따라 B와 C는 영국과 미국(또는 미국과 영국)이다. 마지막으로 세 번째 조건에 따라 $80.0\%-30\%=50.0\%$로 미국의 청년층 정부신뢰율은 50% 이하여야 하므로, B는 미국, C는 영국이다. 따라서 A는 그리스, B는 미국, C는 영국, D는 스위스이다.

19 자료 이해

ㄴ. $115,155 \times 2=230,310>193,832$이므로 옳은 설명이다.

ㄷ. • 2022년 : $\dfrac{18.2}{53.3} \times 100 ≒ 34.1\%$

     • 2023년 : $\dfrac{18.6}{54.0} \times 100 ≒ 34.4\%$

     • 2024년 : $\dfrac{19.1}{51.9} \times 100 ≒ 36.8\%$

     따라서 2022 ~ 2024년 동안 석유제품 소비량 대비 전력 소비량의 비율은 매년 증가한다.

[오답분석]

ㄱ. 비율은 매년 증가하지만, 전체 최종에너지 소비량 추이를 알 수 없으므로 절대적인 소비량까지 증가하는지는 알 수 없다.

ㄹ. • 산업부문 : $\dfrac{4,750}{15,317} \times 100 ≒ 31.0\%$

     • 가정 · 상업부문 : $\dfrac{901}{4,636} \times 100 ≒ 19.4\%$

     따라서 산업부문의 유연탄 소비량 대비 무연탄 소비량의 비율은 25% 이상이므로 옳지 않다.

20 자료 이해

정답 ③

ㄱ. 서울특별시의 실내 라돈 농도 평균값은 66.5Bq/m^3이고, 평균값의 1.1배는 $66.5 \times 1.1 = 73.15\text{Bq/m}^3$이다. 경기도의 평균값은 74.3Bq/m^3로 서울특별시 평균값의 1.1배보다 높다.

ㄷ. 조사대상 공동주택 중 실내 라돈 농도가 실내 라돈 권고 기준치 200Bq/m^3를 초과하는 공동주택의 비율이 5% 이상인 행정구역은 대전광역시, 경기도, 강원도, 충청북도, 충청남도, 전라북도, 전라남도, 경상북도, 제주특별자치도로 9곳이다. 여기서 5%의 값을 빨리 계산하기 위해서는 먼저 조사대상 공동주택수에 $\frac{1}{10}$ 을 곱하고 2로 나눠주면 0.05를 곱하는 것보다 눈으로 수월하게 비교할 수 있다.

[오답분석]

ㄴ. 세종특별자치시와 충청북도의 실내 라돈 농도를 평균값과 중앙값을 비교하면, 세종특별자치시의 평균값은 충청북도보다 낮지만 중앙값은 높으므로 옳지 않은 설명이다.

21 명제 추론

정답 ④

주어진 조건을 정리해 보면 다음과 같다.

구분	미국	영국	중국	프랑스
작년	C	A	D	B
올해	D	C	B	A

따라서 항상 참인 것은 ④이다.

22 명제 추론

정답 ④

지하철에는 D를 포함한 두 사람이 타는데, B가 탈 수 있는 교통수단은 지하철뿐이므로 지하철에는 D와 B가 타며, 둘 중 한 명은 라 회사에 지원했다는 것이 된다. 또한, 어떤 교통수단을 선택해도 지원한 회사에 갈 수 있는 E는 버스와 택시로 서로 겹치는 회사인 가 회사에 지원했음을 알 수 있다. 한편, A는 다 회사에 지원했고 버스나 택시를 타야 하는데, 택시를 타면 다 회사에 갈 수 없으므로 버스를 탄다. 따라서 C는 나 또는 마 회사에 지원했음을 알 수 있으며, 택시를 타면 갈 수 있는 회사 중 가 회사를 제외하면 버스로 갈 수 있는 회사와 겹치지 않으므로 택시를 이용한다. 따라서 ④는 옳지 않다.

23 자료 해석

정답 ②

주어진 상황에 따라 각 후보자가 갖춘 직무역량을 정리하면 다음과 같다.

구분	의사소통역량	대인관계역량	문제해결역량	정보수집역량	자원관리역량
갑	○	○	×	×	○
을	×	×	○	○	○
병	○	×	○	○	×
정	×	○	○	×	○

이를 바탕으로 각 후보자가 수행 가능한 업무는 다음과 같다.

- 갑 : 심리상담, 지역안전망구축
- 을 : 진학지도
- 병 : 위기청소년지원, 진학지도
- 정 : 지역안전망구축

따라서 서로 다른 업무를 맡으면서 4가지 업무를 분담할 수 있는 후보자는 갑과 병뿐이므로 K복지관에 채용될 후보자는 갑, 병이다.

24 › 문제 유형

정답 ④

문제해결에 필요한 기본적 사고
전략적 사고, 분석적 사고, 발상의 전환, 내·외부자원의 활용

25 › 명제 추론

정답 ①

제시문의 내용을 조건식으로 정리하면 다음과 같다.
ⅰ) (젊다 ∧ 섬세하다 ∧ 유연하다) → 아름답다
ⅱ) 덕을 가졌다 → 훌륭하다
ⅲ) (아름답다 ∧ 훌륭하다) → 행복하다
이때, '아름다운 자가 모두 훌륭한 것은 아니다.'라는 조건은 기호화하기가 복잡하므로 일단 체크만 해두고 넘어간다. 이 조건식에서 '행복하다.'가 결론으로 주어지는 ⅲ)을 바탕으로 아테나가 행복하다는 결론을 도출하기 위해서는 아테나가 아름답고 훌륭해야 한다는 조건을 끌어내면 된다. 일단 제시문에서 아테나는 덕을 가졌다고 했으므로 ⅱ)를 통해 아테나는 훌륭하다는 것을 알 수 있다. 다음으로, 아테나가 아름답다는 조건을 끌어내기 위해서는 ⅰ)을 살펴보아야 한다. ⅰ)에서는 젊고 섬세하고 유연하면 아름답 다고 하였는데, 제시문에서 아테나는 섬세하고 유연하다고 하였으므로 '아테나가 젊다.'는 조건만 추가되면 아테나가 아름답다는 결론을 이끌어낼 수 있다.

26 › 명제 추론

정답 ③

상준이는 토요일과 일요일에 운동하지 못하고, 금요일 오후에 운동을 했다. 또한 이틀 연속으로 할 수 없으므로 목요일에는 운동을 할 수 없다. 금요일을 제외한 나머지 요일에는 오후에 운동을 하지 못했고 마지막 조건에 따라 월요일에는 이틀 연속 운동이 불가능 하므로 화요일(오전), 수요일(오전), 금요일(오후)이 옳은 답이다.

27 › 문제 유형

정답 ②

오답분석
① 깊이 있는 커뮤니케이션을 통해 서로의 문제점을 이해하고 공감하게 한다.
③ 초기에 생각하지 못했던 창조적인 해결 방법을 도출한다.
④ 구성원이 자율적으로 실행하는 것으로 제3자가 합의점이나 줄거리를 준비해놓고 예정대로 결론이 도출되는 것이 아니다.
⑤ 구성원의 동기가 강화되고 팀워크도 한층 강화된다는 특징을 보인다.

28 › SWOT 분석

정답 ②

ㄱ. 기술개발을 통해 연비를 개선하는 것은 막대한 R&D 역량이라는 강점으로 휘발유의 부족 및 가격의 급등이라는 위협을 회피하 거나 최소화하는 전략에 해당하므로 적절하다.
ㄹ. 생산설비에 막대한 투자를 했기 때문에 차량모델 변경의 어려움이라는 약점이 있는데, 레저용 차량 전반에 대한 수요 침체 및 다른 회사들과의 경쟁이 심화되고 있으므로 생산량 감축을 고려할 수 있다.
ㅁ. 생산 공장을 한 곳만 가지고 있다는 약점이 있지만 새로운 해외시장이 출현하고 있는 기회를 살려서 국내 다른 지역이나 해외에 공장들을 분산 설립할 수 있을 것이다.
ㅂ. 막대한 R&D 역량이라는 강점을 이용하여 휘발유의 부족 및 가격의 급등이라는 위협을 회피하거나 최소화하기 위해 경유용 레저 차량 생산을 고려할 수 있다.

오답분석
ㄴ. 소형 레저용 차량에 대한 수요 증대라는 기회 상황에서 대형 레저용 차량을 생산하는 것은 적절하지 않은 전략이다.
ㄷ. 차량모델 변경의 어려움이라는 약점을 보완하는 전략도 아니고, 소형 또는 저가형 레저용 차량에 대한 선호가 증가하는 기회에 대응하는 전략도 아니다. 또한, 차량 안전 기준의 강화 같은 규제 강화는 기회 요인이 아니라 위협 요인이다.
ㅅ. 기회는 새로운 해외시장의 출현인데 내수 확대에 집중하는 것은 기회를 살리는 전략이 아니다.

29 규칙 적용

'KS901012'는 아동용 10kg 이하의 자전거로, 109동 101호 입주민이 2번째로 등록한 자전거이다.

오답분석

① 등록순서를 제외한 일련번호는 7자리로 구성되어야 하며, 종류와 무게 구분 번호의 자리가 서로 바뀌어야 한다.
② 등록순서를 제외한 일련번호는 7자리로 구성되어야 한다.
③ 자전거 무게를 구분하는 두 번째 자리에는 L, M, S 중 하나만 올 수 있다.
⑤ 등록순서는 한 자리 숫자로 기재한다.

30 규칙 적용

마지막의 숫자는 동일 세대주가 자전거를 등록한 순서를 나타내므로 해당 자전거는 2번째로 등록한 자전거임을 알 수 있다. 따라서 자전거를 2대 이상 등록한 입주민의 자전거이다.

오답분석

① 'T'를 통해 산악용 자전거임을 알 수 있다.
② 'M'을 통해 자전거의 무게는 10kg 초과 20kg 미만임을 알 수 있다.
③ 104동 1205호에 거주하는 입주민의 자전거이다.
⑤ 자전거 등록대수 제한에 대한 정보는 나타나 있지 않다.

---

02   자원관리능력(사무 / 전기)

01	02	03	04	05	06	07	08	09	10										
④	③	④	③	④	③	④	③	①	②										

01 시간 계획

모스크바에서의 체류시간을 구하기 위해서는 모스크바에 도착하는 시각과 모스크바에서 런던으로 출발하는 시각을 알아야 한다. 우선 각국의 시차를 알아보면, 러시아는 한국보다 6시간이 느리고(GMT+9−GMT+3), 영국보다는 3시간이 빠르다(GMT+0− GMT+3). 이를 참고하여 모스크바의 도착 및 출발시각을 구하면 다음과 같다.
• 모스크바 도착시간 : 7/14 09:00(대한민국 기준)+09:30(비행시간)−06:00(시차)=7/14 12:30(러시아 기준)
• 모스크바 출발시간(런던행) : 7/14 18:30(영국 기준)−04:00(비행시간)+03:00(시차)=7/14 17:30(러시아 기준)
따라서 모스크바에서는 총 5시간(12:30~17:30)을 체류한다.

02 시간 계획

밴쿠버 지사에 메일이 도착한 시각은 4월 22일 오전 12시 15분이지만, 업무 시간이 아니므로 메일을 읽을 수 없다. 따라서 밴쿠버 지사에서 가장 빠르게 읽을 수 있는 시각은 전력 점검이 끝난 4월 22일 오전 10시 15분이다. 모스크바는 밴쿠버와 10시간의 시차가 있으므로 이때의 모스크바 현지 시각은 4월 22일 오후 8시 15분이다.

03 시간 계획

한국은 프랑스보다 7시간이 더 빠르므로 프랑스가 2일 오전 9시 30분이라면, 한국은 2일 오후 4시 30분이다. 이때, 비행시간은 총 13시간이다. 따라서 K부장이 인천에 도착했을 때 현지 시각은 3일 오전 5시 30분이다.

04 인원 선발

ㄱ. 각 팀장이 매긴 순위에 대한 가중치는 모두 동일하다고 했으므로 1, 2, 3, 4순위의 가중치를 각각 4, 3, 2, 1점으로 정해 네 사람의 면접점수를 산정하면 다음과 같다.
- 갑 : 2+4+1+2=9점
- 을 : 4+3+4+1=12점
- 병 : 1+1+3+4=9점
- 정 : 3+2+2+3=10점

면접점수가 높은 을, 정 중 한 명이 입사를 포기하면 갑, 병 중 한 명이 채용된다. 갑과 병의 면접점수는 9점으로 동점이지만 조건에 따라 인사팀장이 부여한 순위가 높은 갑을 채용하게 된다.

ㄷ. 경영관리팀장이 갑과 병의 순위를 바꿨을 때, 네 사람의 면접점수를 산정하면 다음과 같다.
- 갑 : 2+1+1+2=6점
- 을 : 4+3+4+1=12점
- 병 : 1+4+3+4=12점
- 정 : 3+2+2+3=10점

즉, 을과 병이 채용되므로 정은 채용되지 못한다.

오답분석

ㄴ. 인사팀장이 을과 정의 순위를 바꿨을 때, 네 사람의 면접점수를 산정하면 다음과 같다.
- 갑 : 2+4+1+2=9점
- 을 : 3+3+4+1=11점
- 병 : 1+1+3+4=9점
- 정 : 4+2+2+3=11점

즉, 을과 정이 채용되므로 갑은 채용되지 못한다.

05 품목 확정

- A문구 : 비품가격은 32,000+31,900+2,500=66,400원이다. 20%를 할인받을 수 있는 쿠폰을 사용하면 총 주문금액은 66,400× 0.8=53,120원이다. 배송료를 더하면 53,120+4,000=57,120원이므로 견적금액은 57,100원이다(∵ 백 원 미만 절사).
- B문구 : 비품가격은 25,000+22,800+1,800=49,600원이다. 회원가 구매 시 판매가의 7%를 할인받으므로 총 주문금액은 49,600×0.93=46,128원이다. 배송료를 더하면 46,128+2,500=48,628원이므로 견적금액은 48,600원이다(∵ 백 원 미만 절사).
- C문구 : 문서파일을 제외한 비품가격은 24,100+28,000=52,100원이다. 45,000원 이상 구매 시 문서 파일 1개를 무료 증정 하기 때문에 문서 파일은 따로 살 필요가 없다. 즉, 견적금액은 52,100-4,000(∵ 첫 구매 적립금)=48,100원이다. 배송료를 더하면 48,100+4,500=52,600원이다.

따라서 48,600원으로 가장 저렴한 B문구와 거래한다.

06 비용 계산

도시락 구매비용을 요일별로 계산하면 다음과 같다.
- 월요일 : (5,000×3)+(2,900×10)=44,000원
- 화요일 : (3,900×10)+(4,300×3)=51,900원
- 수요일 : (3,000×8)+(3,900×2)=31,800원
- 목요일 : (4,500×4)+(7,900×2)=33,800원
- 금요일 : (5,500×4)+(4,300×7)=52,100원
- 토요일 : (3,900×2)+(3,400×10)=41,800원
- 일요일 : (3,700×10)+(6,000×4)=61,000원

따라서 K공사의 지난주 도시락 구매비용은 총 316,400원이다.

07 비용 계산

대리와 이사장은 2급 이상 차이 나기 때문에 A대리는 이사장과 같은 호텔 등급의 객실에서 묵을 수 있다.

오답분석

① 비행기 요금은 실비이기 때문에 총비용은 변동이 있을 수 있다.

② 숙박비 5만 원, 교통비 2만 원, 일비 6만 원, 식비 4만 원으로 C차장의 출장비는 17만 원이다.

③ 같은 조건이라면 이사장과 이사는 출장비가 같다.

⑤ 부장과 차장은 출장비가 다르기 때문에 부장이 더 많이 받는다.

08 비용 계산

정답 ③

- A부장의 숙박비 : $80,000 \times 9 = 720,000$원
- P차장의 숙박비 : $50,000 \times 9 = 450,000$원

따라서 P차장의 호텔을 한 단계 업그레이드했을 때, $720,000 - 450,000 = 270,000$원 이득이다.

09 품목 확정

정답 ①

우선 제품 특성표를 ★의 개수로 수치화하면 다음과 같다.

제품	가격	브랜드가치	무게	디자인	실용성
A	3	5	4	2	3
B	5	4	4	3	2
C	3	3	3	4	3
D	4	5	2	3	3
E	4	3	3	2	3

이때, 50대 고객이 선호하는 특성인 브랜드가치, 무게, 실용성 점수만 더하여 계산하면 다음과 같다.

- A : $5+4+3=12$
- B : $4+4+2=10$
- C : $3+3+3=9$
- D : $5+2+3=10$
- E : $3+3+3=9$

따라서 점수가 가장 높은 A제품을 판매하는 것이 가장 합리적이다.

10 품목 확정

정답 ②

9번 해설의 표를 바탕으로 20대와 30대 고객이 선호하는 특성인 가격, 무게, 디자인, 실용성 점수만 더하여 계산하면 다음과 같다.

- A : $3+4+2+3=12$
- B : $5+4+3+2=14$
- C : $3+3+4+3=13$
- D : $4+2+3+3=12$
- E : $4+3+2+3=12$

따라서 점수가 가장 높은 B제품을 판매하는 것이 가장 합리적이다.

01	02	03	04	05	06	07	08	09	10										
②	③	②	③	④	④	①	④	③	③										

01 정보 이해 정답 ②

오답분석

① RFID : 무선인식이라고도 하며, 반도체 칩이 내장된 태그, 라벨, 카드 등의 저장된 데이터를 무선주파수를 이용하여 비접촉으로 읽어내는 인식시스템이다.

③ 이더넷(Ethernet) : 가장 대표적인 버스 구조 방식의 근거리통신망(LAN) 중 하나이다.

④ 유비쿼터스 센서 네트워크(USN; Ubiquitous Sensor Network) : 첨단 유비쿼터스 환경을 구현하기 위한 근간으로, 각종 센서에서 수집한 정보를 무선으로 수집할 수 있도록 구성한 네트워크를 가리킨다.

⑤ M2M : Machine-to-Machine으로 모든 사물에 센서와 통신 기능을 달아 정보를 수집하고 원격 제어하는 통신체계를 말한다.

02 정보 이해 정답 ③

연번	기호	연산자	검색조건
ㄱ	*, &	AND	두 단어가 모두 포함된 문서를 검색
ㄴ	l	OR	두 단어가 모두 포함되거나, 두 단어 중 하나만 포함된 문서를 검색
ㄷ	-, !	NOT	'-' 기호나 '!' 기호 다음에 오는 단어는 포함하지 않는 문서를 검색
ㄹ	~, near	인접검색	앞/뒤의 단어가 가깝게 인접해 있는 문서를 검색

03 정보 이해 정답 ②

• 김대리 : 일반적인 검색 이외에 특정한 데이터(논문, 특허 등)는 나름대로의 검색 방법이 따로 존재하므로 적절한 검색 엔진의 선택이 중요하다. 한 검색 엔진을 이용하여 원하는 검색 결과가 나오지 않았을 경우에는 다른 검색 엔진을 이용하여 검색한다.

• 최과장 : 웹 검색 결과로 검색 엔진이 제시하는 결과물의 가중치를 너무 신뢰해서는 안 된다. 검색 엔진 나름대로 정확성이 높다고 판단되는 데이터를 화면의 상단에 표시하지만 실제 그렇지 않은 경우가 많이 발생하므로 사용자 자신이 직접 보면서 검색한 자료가 자신이 원하는 자료인지 판단해야 한다.

오답분석

• 정사원 : 키워드가 너무 짧으면 필요 이상의 넓은 범위에서 정보를 가져오게 되어 원하는 결과를 쉽게 찾을 수 없는 경우가 많다. 따라서 키워드는 구체적이고 자세하게 만드는 것이 좋은 방법이다.

• 박주임 : 웹 검색이 정보 검색의 최선은 아니다. 웹 검색 이외에도 각종 BBS, 뉴스 그룹, 메일링 리스트도 이용하고, 도서관 자료와 정보를 가지고 있는 사람에게 직접 전자우편으로 부탁하는 등의 다른 방법도 적극 활용하여야 한다.

04 정보 이해 정답 ③

정보화 사회의 심화로 정보의 중요성이 높아지면, 그 필요성에 따라 정보에 대한 요구가 폭증한다. 또한 방대한 지식을 토대로 정보의 생산 속도도 증가하므로 더욱 많은 정보가 생성된다. 따라서 이러한 정보들을 토대로 사회의 발전 속도는 더욱 증가하므로 정보의 변화 속도도 증가한다.

오답분석

① 개인 생활을 비롯하여 정치, 경제, 문화, 교육, 스포츠 등 거의 모든 분야의 사회생활에서 정보에 의존하는 경향이 점점 더 커지기 때문에 정보화 사회는 정보의 사회적 중요성이 가장 많이 요구된다.

② 정보화의 심화로 인해 정보 독점성이 더욱 중요한 이슈가 되어 국가 간 갈등이 발생할 수 있지만, 실물 상품뿐만 아니라 노동, 자본, 기술 등의 생산 요소와 교육과 같은 서비스의 국제 교류가 활발해져 세계화가 진전된다.

④ 정보관리주체들이 존재하지만, 정보이동 경로가 다양화되는 만큼 개인들에게는 개인정보 보안, 효율적 정보 활용 등을 위한 정보관리의 필요성이 더욱 커진다.

⑤ 정보화 사회에서는 지식정보와 관련된 산업이 부가가치를 높일 수 있는 산업으로 각광받으나, 그렇다고 해서 물질이나 에너지 산업의 부가가치 생산성이 저하되지는 않는다. 오히려 풍부한 정보와 지식을 토대로 다른 산업의 생산성이 증대될 수 있다.

05 　정보 이해 　　　　　　　　　　　　　　　　　　　　　　　정답 ④

데이터베이스는 여러 개의 연관된 파일(㉠)을 의미하며, 파일관리시스템은 한 번에 한 개의 파일(㉡)을 생성, 유지, 검색할 수 있는 소프트웨어이다.

06 　엑셀 함수 　　　　　　　　　　　　　　　　　　　　　　　정답 ④

LARGE 함수는 데이터 집합에서 N번째로 큰 값을 구하는 함수이다. 따라서 「=LARGE(D2:D9,2)」를 입력하면 [D2:D9] 범위에서 두 번째로 큰 값인 20,000이 산출된다.

오답분석

① MAX 함수 : 최댓값을 구하는 함수이다.
② MIN 함수 : 최솟값을 구하는 함수이다.
③ MID 함수 : 문자열의 지정 위치에서 문자를 지정한 개수만큼 돌려주는 함수이다.
⑤ INDEX 함수 : 범위 내에서 값이나 참조 영역을 구하는 함수이다.

07 　엑셀 함수 　　　　　　　　　　　　　　　　　　　　　　　정답 ①

SUMIF 함수는 주어진 조건에 의해 지정된 셀들의 합을 구하는 함수이며, 「=SUMIF(조건 범위,조건,계산할 범위)」로 구성된다. 따라서 「=SUMIF(A2:A9,A2,C2:C9)」를 입력하면 계산할 범위 [C2:C9] 안에서 [A2:A9] 범위 안의 조건인 [A2](의류)로 지정된 셀들의 합인 42가 산출된다.

오답분석

② COUNTIF 함수 : 지정한 범위 내에서 조건에 맞는 셀의 개수를 구하는 함수이다.
③ VLOOKUP 함수는 목록 범위의 첫 번째 열에서 세로방향으로 검색하면서 원하는 값을 추출하는 함수이다.
④ HLOOKUP 함수는 목록 범위의 첫 번째 행에서 가로방향으로 검색하면서 원하는 값을 추출하는 함수이다.
⑤ AVERAGEIF 함수 : 주어진 조건에 따라 지정되는 셀의 평균을 구하는 함수이다.

08 　엑셀 함수 　　　　　　　　　　　　　　　　　　　　　　　정답 ④

• COUNTIF 함수 : 지정한 범위 내에서 조건에 맞는 셀의 개수를 구한다.
• 함수식 : 「=COUNTIF(D3:D10,">=2024-07-01"」

오답분석

① COUNT 함수 : 범위에서 숫자가 포함된 셀의 개수를 구한다.
② COUNTA 함수 : 범위가 비어 있지 않은 셀의 개수를 구한다.
③ SUMIF 함수 : 주어진 조건에 의해 지정된 셀들의 합을 구한다.
⑤ MATCH 함수 : 배열에서 지정된 순서상의 지정된 값에 일치하는 항목의 상대 위치 값을 찾는다.

09 　엑셀 함수 　　　　　　　　　　　　　　　　　　　　　　　정답 ③

오답분석

① · ② AND 함수는 인수의 모든 조건이 참(TRUE)일 경우에 성별을 구분하여 표시할 수 있으므로 적절하지 않다.
④ 함수식에서 "남자"와 "여자"가 바뀌었다.
⑤ 함수식에 "2"와 "3"이 아니라, "1"과 "3"이 들어가야 한다.

'볼펜은 행사에 참석한 직원 1인당 1개씩 지급한다.'라고 되어 있고 퇴직자가 속한 부서의 팀원 수가 [C2:C11]에 나와 있으므로 옳은 설명이다.

오답분석

㉠ '퇴직하는 직원이 소속된 부서당 화분 1개가 필요하다.'라고 되어 있고 자료를 보면 각 퇴직자의 소속부서가 모두 다르기 때문에 화분은 총 10개가 필요하다.

㉡ '근속연수 20년 이상인 직원에게 명패를 준다.'라고 되어 있으므로 입사년도가 2006년 이하인 직원부터 해당된다. 퇴직자 중에서는 B씨, C씨, F씨, I씨 총 4명이지만 주어진 자료만 보고 행사에 참석하는 모든 직원의 입사년도를 알 수 없으므로 옳지 않은 설명이다.

04　기술능력(전기 / ICT)

01	02	03	04	05	06	07	08	09	10										
②	④	①	④	③	④	①	⑤	②	③										

01　기술 이해　　　　　　　　　　　　　　　　　　　　　　　　　　　　　　　정답　②

상향식 기술선택(Bottom Up Approach)은 기술자들로 하여금 자율적으로 기술을 선택하게 함으로써 기술자들의 흥미를 유발할 수 있고, 이를 통해 그들의 창의적인 아이디어를 활용할 수 있는 장점이 있다.

오답분석

① 상향식 기술선택은 기술자들로 하여금 자율적으로 기술을 선택하게 함으로써 시장에서 불리한 기술이 선택될 수 있다.

③ 상향식 기술선택은 기술자들이 자신의 과학기술 전문 분야에 대한 지식과 흥미만을 고려하여 기술을 선택하게 함으로써 시장의 고객들이 요구하는 제품이나 서비스를 개발하는 데 부적합한 기술이 선택될 수 있다.

④ 하향식 기술선택은 기술에 대한 체계적인 분석을 한 후, 기업이 획득해야 하는 대상기술과 목표기술수준을 결정한다.

⑤ 하향식 기술선택은 먼저 기업이 직면하고 있는 외부환경과 기업의 보유 자원에 대한 분석을 통해 기업의 중·장기적인 사업목표를 설정하고, 이를 달성하기 위해 확보해야 하는 핵심고객층과 그들에게 제공하고자 하는 제품과 서비스를 결정한다.

02　기술 이해　　　　　　　　　　　　　　　　　　　　　　　　　　　　　　　정답　④

'피재해자는 전기 관련 자격이 없었으며, 복장은 일반 안전화, 면장갑, 패딩점퍼를 착용한 상태였다.'는 문장에서 불안전한 행동·상태, 작업 관리상 원인, 작업 준비 불충분이란 것을 확인할 수 있다. 그러나 기술적 원인은 제시문에서 찾을 수 없다.

오답분석

① 불안전한 행동 : 위험 장소 접근, 안전장치 기능 제거, 보호 장비의 미착용 및 잘못 사용, 운전 중인 기계의 속도 조작, 기계·기구의 잘못된 사용, 위험물 취급 부주의, 불안전한 상태 방치, 불안전한 자세와 동작, 감독 및 연락 잘못 등이 해당된다.

② 불안전한 상태 : 시설물 자체 결함, 전기 시설물의 누전, 구조물의 불안정, 소방기구의 미확보, 안전 보호 장치 결함, 복장·보호구의 결함, 시설물의 배치 및 장소 불량, 작업 환경 결함, 생산 공정의 결함, 경계 표시 설비의 결함 등이 해당된다.

③ 작업 관리상 원인 : 안전 관리 조직의 결함, 안전 수칙 미제정, 작업 준비 불충분, 인원 배치 및 작업 지시 부적당 등이 해당된다.

⑤ 작업 준비 불충분 : 작업 관리상 원인의 하나이며, 피재해자는 경첩의 높이가 높음에도 불구하고 작업 준비에 필요한 자재를 준비하지 않은 채 불안전한 자세로 일을 시작하였다.

03　기술 이해　　　　　　　　　　　　　　　　　　　　　　　　　　　　　　　정답　①

제품 매뉴얼은 제품의 설계상 결함이나 위험 요소를 대변해서는 안 된다.

04   기술 이해   정답 ④

송전(가)은 발전소에서 발생된 전력을 수요지 근처의 변전소로 보내는 일이며, 넓은 의미로는 최종소비자에게 전력을 보내는 것을 일컫는다. 변전(나)은 전력의 집중, 분배, 변성 등을 하는 일이며, 외부에서 전송되어 온 전력을 구내에 시설한 변압기, 회전기, 정류기 등에 의해 변성하고 이것을 다시 외부로 전송한다. 배전(다)은 부하의 밀집지역에 설치되는 배전용 변전소에서 부하단까지의 근거리에 전력을 공급하는 일이다. 대전력을 장거리에 공급하는 송전과는 구분되며, 사용 전압도 낮다. 즉, 원거리 대전력을 수송하는 송전에 비해 어떤 지역에 선로당 전력이 적은 전기공급 형태를 말한다.

05   기술 적용   정답 ③

배터리의 방전 유무를 확인한 후 충전하는 조치는 트랙터 시동모터가 회전하지 않을 경우 점검해야 하는 사항이다.

06   기술 적용   정답 ④

상부링크, 체크체인 확인, 링크볼의 일치여부 점검은 작업기 연결 전에 확인해야 할 사항들이다. 시동 전에 점검해야 할 사항은 윤활유, 연료, 냉각수량이다.

07   기술 적용   정답 ①

제품사양에 따르면 '에듀프렌드'는 내장 500GB, 외장 500GB 총 1TB의 메모리를 지원하고 있다. 1TB까지 저장이 가능하므로 500GB를 초과하더라도 추가로 저장할 수 있다.

오답분석
② 학습자 관리 기능으로 인적사항을 등록할 수 있다.
③ 교사 스케줄링 기능으로 일정을 등록할 수 있고, 중요한 일정은 알람을 설정할 수 있다.
④ 위치정보를 활용해 학습자 방문지와의 거리 및 시간 정보와 경로를 탐색할 수 있다.
⑤ 커뮤니티에 접속해 공지사항을 확인할 수 있다.

08   기술 적용   정답 ⑤

주의사항에 따르면 기기에 색을 칠하거나 도료를 입히면 안 되며, 이를 위반하였을 경우 제품손상이 발생할 수 있다. 그러나 ⑤와 같이 기기가 아닌 보호 커버 위에 매직펜으로 이름을 쓰는 것은 제품손상과 관계없다.

오답분석
① 출력 커넥터에 허용되는 헤드셋 또는 이어폰을 사용해야 한다.
② 자성을 이용한 제품을 가까이 두면 제품손상의 원인이 될 수 있다.
③ 물 또는 빗물에 던지거나 담그는 것은 제품손상의 원인이 될 수 있다.
④ 기기를 떨어뜨리는 것은 제품손상의 원인이 될 수 있다.

09   기술 이해   정답 ②

화상 방지 시스템을 개발한 이유가 이용자들의 화상을 염려하였다는 점을 볼 때, 기술이 필요한 이유를 설명하는 노와이(Know – why)의 사례로 가장 적절하다.

10   기술 이해   정답 ③

하인리히의 법칙은 큰 사고로 인해 산업 재해가 일어나기 전에 작은 사고나 징후인 '불안전한 행동 및 상태'가 보인다는 것이다.

남에게 이기는 방법의 하나는
예의범절로 이기는 것이다.

– 조쉬 빌링스 –

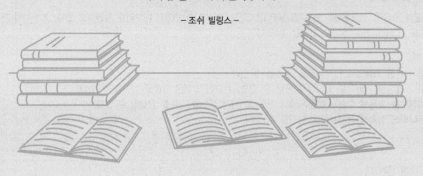

한국전력공사 고졸채용 답안카드

성 명

지원 분야

문제지 형별기재란

( )형   Ⓐ Ⓑ

수 험 번 호

⓪	⓪	⓪	⓪	⓪	⓪	
①	①	①	①	①	①	①
②	②	②	②	②	②	②
③	③	③	③	③	③	③
④	④	④	④	④	④	④
⑤	⑤	⑤	⑤	⑤	⑤	⑤
⑥	⑥	⑥	⑥	⑥	⑥	⑥
⑦	⑦	⑦	⑦	⑦	⑦	⑦
⑧	⑧	⑧	⑧	⑧	⑧	⑧
⑨	⑨	⑨	⑨	⑨	⑨	⑨

감독위원 확인

(인)

번호	1	2	3	4	5		번호	1	2	3	4	5		번호	1	2	3	4	5
1	①	②	③	④	⑤		21	①	②	③	④	⑤		41	①	②	③	④	⑤
2	①	②	③	④	⑤		22	①	②	③	④	⑤		42	①	②	③	④	⑤
3	①	②	③	④	⑤		23	①	②	③	④	⑤		43	①	②	③	④	⑤
4	①	②	③	④	⑤		24	①	②	③	④	⑤		44	①	②	③	④	⑤
5	①	②	③	④	⑤		25	①	②	③	④	⑤		45	①	②	③	④	⑤
6	①	②	③	④	⑤		26	①	②	③	④	⑤		46	①	②	③	④	⑤
7	①	②	③	④	⑤		27	①	②	③	④	⑤		47	①	②	③	④	⑤
8	①	②	③	④	⑤		28	①	②	③	④	⑤		48	①	②	③	④	⑤
9	①	②	③	④	⑤		29	①	②	③	④	⑤		49	①	②	③	④	⑤
10	①	②	③	④	⑤		30	①	②	③	④	⑤		50	①	②	③	④	⑤
11	①	②	③	④	⑤		31	①	②	③	④	⑤							
12	①	②	③	④	⑤		32	①	②	③	④	⑤							
13	①	②	③	④	⑤		33	①	②	③	④	⑤							
14	①	②	③	④	⑤		34	①	②	③	④	⑤							
15	①	②	③	④	⑤		35	①	②	③	④	⑤							
16	①	②	③	④	⑤		36	①	②	③	④	⑤							
17	①	②	③	④	⑤		37	①	②	③	④	⑤							
18	①	②	③	④	⑤		38	①	②	③	④	⑤							
19	①	②	③	④	⑤		39	①	②	③	④	⑤							
20	①	②	③	④	⑤		40	①	②	③	④	⑤							

※ 본 답안지는 마킹연습용 모의 답안지입니다.

한국전력공사 고졸채용 답안카드

번호	1	2	3	4	5
1	①	②	③	④	⑤
2	①	②	③	④	⑤
3	①	②	③	④	⑤
4	①	②	③	④	⑤
5	①	②	③	④	⑤
6	①	②	③	④	⑤
7	①	②	③	④	⑤
8	①	②	③	④	⑤
9	①	②	③	④	⑤
10	①	②	③	④	⑤
11	①	②	③	④	⑤
12	①	②	③	④	⑤
13	①	②	③	④	⑤
14	①	②	③	④	⑤
15	①	②	③	④	⑤
16	①	②	③	④	⑤
17	①	②	③	④	⑤
18	①	②	③	④	⑤
19	①	②	③	④	⑤
20	①	②	③	④	⑤

번호	1	2	3	4	5
21	①	②	③	④	⑤
22	①	②	③	④	⑤
23	①	②	③	④	⑤
24	①	②	③	④	⑤
25	①	②	③	④	⑤
26	①	②	③	④	⑤
27	①	②	③	④	⑤
28	①	②	③	④	⑤
29	①	②	③	④	⑤
30	①	②	③	④	⑤
31	①	②	③	④	⑤
32	①	②	③	④	⑤
33	①	②	③	④	⑤
34	①	②	③	④	⑤
35	①	②	③	④	⑤
36	①	②	③	④	⑤
37	①	②	③	④	⑤
38	①	②	③	④	⑤
39	①	②	③	④	⑤
40	①	②	③	④	⑤

번호	1	2	3	4	5
41	①	②	③	④	⑤
42	①	②	③	④	⑤
43	①	②	③	④	⑤
44	①	②	③	④	⑤
45	①	②	③	④	⑤
46	①	②	③	④	⑤
47	①	②	③	④	⑤
48	①	②	③	④	⑤
49	①	②	③	④	⑤
50	①	②	③	④	⑤

성 명

지원 분야

문제지 형별기재란

( )형 Ⓐ Ⓑ

수 험 번 호

⓪	①	②	③	④	⑤	⑥	⑦	⑧	⑨
⓪	①	②	③	④	⑤	⑥	⑦	⑧	⑨
⓪	①	②	③	④	⑤	⑥	⑦	⑧	⑨
⓪	①	②	③	④	⑤	⑥	⑦	⑧	⑨
⓪	①	②	③	④	⑤	⑥	⑦	⑧	⑨
⓪	①	②	③	④	⑤	⑥	⑦	⑧	⑨
⓪	①	②	③	④	⑤	⑥	⑦	⑧	⑨

감독위원 확인

(인)

한국전력공사 고졸채용 답안카드

성 명

지원 분야

문제지 형별기재란

( )형   Ⓐ Ⓑ

수험번호

⓪ ① ② ③ ④ ⑤ ⑥ ⑦ ⑧ ⑨
⓪ ① ② ③ ④ ⑤ ⑥ ⑦ ⑧ ⑨
⓪ ① ② ③ ④ ⑤ ⑥ ⑦ ⑧ ⑨
⓪ ① ② ③ ④ ⑤ ⑥ ⑦ ⑧ ⑨
⓪ ① ② ③ ④ ⑤ ⑥ ⑦ ⑧ ⑨
⓪ ① ② ③ ④ ⑤ ⑥ ⑦ ⑧ ⑨
① ② ③ ④ ⑤ ⑥ ⑦ ⑧ ⑨

감독위원 확인

(인)

번호	답란					번호	답란					번호	답란				
1	①	②	③	④	⑤	21	①	②	③	④	⑤	41	①	②	③	④	⑤
2	①	②	③	④	⑤	22	①	②	③	④	⑤	42	①	②	③	④	⑤
3	①	②	③	④	⑤	23	①	②	③	④	⑤	43	①	②	③	④	⑤
4	①	②	③	④	⑤	24	①	②	③	④	⑤	44	①	②	③	④	⑤
5	①	②	③	④	⑤	25	①	②	③	④	⑤	45	①	②	③	④	⑤
6	①	②	③	④	⑤	26	①	②	③	④	⑤	46	①	②	③	④	⑤
7	①	②	③	④	⑤	27	①	②	③	④	⑤	47	①	②	③	④	⑤
8	①	②	③	④	⑤	28	①	②	③	④	⑤	48	①	②	③	④	⑤
9	①	②	③	④	⑤	29	①	②	③	④	⑤	49	①	②	③	④	⑤
10	①	②	③	④	⑤	30	①	②	③	④	⑤	50	①	②	③	④	⑤
11	①	②	③	④	⑤	31	①	②	③	④	⑤						
12	①	②	③	④	⑤	32	①	②	③	④	⑤						
13	①	②	③	④	⑤	33	①	②	③	④	⑤						
14	①	②	③	④	⑤	34	①	②	③	④	⑤						
15	①	②	③	④	⑤	35	①	②	③	④	⑤						
16	①	②	③	④	⑤	36	①	②	③	④	⑤						
17	①	②	③	④	⑤	37	①	②	③	④	⑤						
18	①	②	③	④	⑤	38	①	②	③	④	⑤						
19	①	②	③	④	⑤	39	①	②	③	④	⑤						
20	①	②	③	④	⑤	40	①	②	③	④	⑤						

※ 본 답안지는 마킹연습용 모의 답안지입니다.

〈절취선〉

한국전력공사 고졸채용 답안카드

성 명		
지원 분야		
문제지 형별기재란	( )형	Ⓐ Ⓑ
수 험 번 호		

수 험 번 호: ⓪①②③④⑤⑥⑦⑧⑨ (각 자리)

감독위원 확인	(인)

1	① ② ③ ④ ⑤	21	① ② ③ ④ ⑤	41	① ② ③ ④ ⑤
2	① ② ③ ④ ⑤	22	① ② ③ ④ ⑤	42	① ② ③ ④ ⑤
3	① ② ③ ④ ⑤	23	① ② ③ ④ ⑤	43	① ② ③ ④ ⑤
4	① ② ③ ④ ⑤	24	① ② ③ ④ ⑤	44	① ② ③ ④ ⑤
5	① ② ③ ④ ⑤	25	① ② ③ ④ ⑤	45	① ② ③ ④ ⑤
6	① ② ③ ④ ⑤	26	① ② ③ ④ ⑤	46	① ② ③ ④ ⑤
7	① ② ③ ④ ⑤	27	① ② ③ ④ ⑤	47	① ② ③ ④ ⑤
8	① ② ③ ④ ⑤	28	① ② ③ ④ ⑤	48	① ② ③ ④ ⑤
9	① ② ③ ④ ⑤	29	① ② ③ ④ ⑤	49	① ② ③ ④ ⑤
10	① ② ③ ④ ⑤	30	① ② ③ ④ ⑤	50	① ② ③ ④ ⑤
11	① ② ③ ④ ⑤	31	① ② ③ ④ ⑤		
12	① ② ③ ④ ⑤	32	① ② ③ ④ ⑤		
13	① ② ③ ④ ⑤	33	① ② ③ ④ ⑤		
14	① ② ③ ④ ⑤	34	① ② ③ ④ ⑤		
15	① ② ③ ④ ⑤	35	① ② ③ ④ ⑤		
16	① ② ③ ④ ⑤	36	① ② ③ ④ ⑤		
17	① ② ③ ④ ⑤	37	① ② ③ ④ ⑤		
18	① ② ③ ④ ⑤	38	① ② ③ ④ ⑤		
19	① ② ③ ④ ⑤	39	① ② ③ ④ ⑤		
20	① ② ③ ④ ⑤	40	① ② ③ ④ ⑤		

2025 최신판 시대에듀 한국전력공사 고졸채용
4개년 기출 + NCS + 모의고사 4회 + 무료한전특강

개정13판1쇄 발행	2025년 04월 15일 (인쇄 2025년 03월 20일)
초 판 발 행	2013년 03월 05일 (인쇄 2013년 02월 20일)
발 행 인	박영일
책 임 편 집	이해욱
편 저	SDC(Sidae Data Center)
편 집 진 행	김재희 · 윤소빈
표 지 디 자 인	박종우
편 집 디 자 인	최미림 · 장성복
발 행 처	(주)시대고시기획
출 판 등 록	제10-1521호
주 소	서울시 마포구 큰우물로 75 [도화동 538 성지 B/D] 9F
전 화	1600-3600
팩 스	02-701-8823
홈 페 이 지	www.sdedu.co.kr
I S B N	979-11-383-8997-6 (13320)
정 가	24,000원

한국
전력공사
고졸채용

4개년 기출 + NCS + 모의고사 4회

최신 출제경향 전면 반영

NEXT STEP

시대에듀가 합격을 준비하는
당신에게 제안합니다.

성공의 기회
시대에듀를 잡으십시오.

시대에듀

기회란 포착되어 활용되기 전에는 기회인지조차 알 수 없는 것이다.

— 마크 트웨인 —